Rhagair

Fe awgrymodd Mr D. Tecwyn Lloyd yn *Y Genhinen* (1970-1) fod digon o 'ddeunydd disberod' am Ddaniel Owen ar gael mewn cylchgronau a chyfnodolion i lenwi tair neu bedair cyfrol. Fe ddywedodd galon y gwir — go brin fod unrhyw awdur rhyddiaith Gymraeg arall wedi bod yn destun cynifer o astudiaethau dros gynifer o flynyddoedd. Ymgais yw'r gyfrol hon i gyflawni, yn rhannol o leiaf, y dasg a nodwyd gan Mr Lloyd — cyfrol sy'n cynnwys nifer helaeth o erthyglau am y Nofelydd a'i waith. Am resymau a fynegir eto fe farnwyd y byddai detholiad o'r erthyglau'n fwy addas na chasgliad cwbl gyflawn; fe obeithir, serch hynny, fod popeth o bwys (ym marn y detholwr) wedi'i gynnwys.

Fe garwn ddiolch i Mr Alan Llwyd, golygydd *'Cyfres y Meistri'*, am y gwahoddiad i wneud y detholiad hwn ac am ei gefnogaeth gyson i'r gwaith. Diolch hefyd i Wasg Christopher Davies am ymgymryd â chyhoeddi'r gyfrol ac i'r awduron a'r gweisg eraill am eu caniatâd parod i ailgyhoeddi'r erthyglau — i Mr John Lewis a Gwasg Gomer am ganiatâd i gyhoeddi erthyglau o'r *Geninen* a'r *Genhinen*, i Mr D. Tecwyn Lloyd a'r Academi Gymreig am ganiatâd i gyhoeddi erthyglau o *Taliesin*, i'r Athro J. Caerwyn Williams am ganiatâd i gyhoeddi erthyglau o'r *Traethodydd*, i'r Athro A. O. H. Jarman am ganiatâd i gyhoeddi erthyglau o *Llên Cymru*, i'r Parch. Gwilym Tilsley am ganiatâd i gyhoeddi erthyglau yn *Yr Eurgrawn*, ac i Mrs Jennie Eirian Davies am ganiatâd i gyhoeddi erthyglau o'r *Faner*.

Yn olaf carwn ddiolch i Mr Brynmor Jones, Llyfrgell Rydd Caerdydd, am ei gymorth parod yntau.

U.W. 15.7.80.

Cyfres y Meistri (4)

Cyfres y Meistri (4)

DANIEL OWEN

(CYFROL 1)

Detholiad o Erthyglau,
gan Urien Wiliam

Gwasg Christopher Davies
Llandybïe

Cyhoeddwyd gan
Christopher Davies (Cyhoeddwyr) Cyf
Heol Rawlings, Llandybïe
Dyfed SA18 3YD

ISBN 0 7154 0584 5

Argraffwyd gan
Wasg Salesbury Cyf
Llandybïe, Rhydaman
Dyfed

Cynnwys

5

Bydd Atodiad a Mynegai yn ymddangos yng Nghyfrol 2 o
Daniel Owen: Cyfres y Meistri (5)

Rhagymadrodd

Er pan fu farw Daniel Owen yn y flwyddyn 1895, cafodd le blaenllaw yn hanes llenyddiaeth Gymraeg a sylw parhaus gan lenorion, ysgolheigion a beirniaid llenyddol. Cyhoeddwyd nifer helaeth o erthyglau a chyfrolau amdano; cafodd ei alw'n 'grëwr y Nofel Gymraeg' ac mae'i safle fel nofelydd Cymraeg yn unigryw hyd y dydd hwn. Adlewyrchir y diddordeb cyffredinol a gymerir yng ngweithiau Daniel Owen gan amlder yr erthyglau a'r llyfrau; fe'i hadlewyrchir yn ogystal gan boblogrwydd y dramâu a luniwyd o'i nofelau yn ystod traean cyntaf y ganrif hon, y defnydd a wneir o hyd o'i nofelau fel testunau gosod yn yr ysgolion a'r colegau, ac yn ddiweddar yr addasiadau o'i nofelau ar gyfer y teledu. Yn y flwyddyn 1975 agorwyd Ystafell Goffa Daniel Owen yn Yr Wyddgrug yn ganolfan astudiaethau ar y nofelydd (a gafodd unrhyw lenor Cymraeg arall fraint debyg?) a bellach fe gyhoeddir darlith flynyddol gan Bwyllgor yr Ystafell. Mae'r diddordeb yn ddi-ball a'r astudiaethau'n parhau hyd y dydd hwn.

Gyda chyhoeddi'r gyfrol *Llyfryddiaeth Llenyddiaeth Gymraeg* (Parry a Morgan, 1976) cafwyd rhestr gynhwysfawr o ddefnyddiau ar gyfer y sawl sy'n awyddus i astudio bywyd a gwaith Daniel Owen. Eto i gyd, nid peth hawdd yw cael gafael ar y defnyddiau hynny bob amser; amcan y gyfrol hon, gan hynny, yw cyflwyno detholiad o'r erthyglau hynny na ellir eu cael yn hwylus y tu allan i lyfrgell. Nid yw'n amcanu at fod yn hollgynhwysfawr gan fod amryw erthyglau o bwys ar gael mewn cyfrolau diweddar, fel y gyfres *Ysgrifau Beirniadol* neu gyfres *Darlithiau Coffa Daniel Owen*. Chwaneger at y rhain erthygl faith (a chynnar) David James, Defynnog, 'Gwaith ac Athrylith Daniel Owen' (Cyfrol Eisteddfod Genedlaethol 1902, tt 167-253), sy'n rhy hir i'w chynnwys yma. Yn sicr ni ellir ffurfio barn gyflawn am waith Daniel Owen heb ddarllen yr erthyglau hyn a chyfrolau adnabyddus Mr Saunders Lewis, T. Gwynn Jones a Dr J. Gwilym Jones. Felly, erthyglau mewn cylchgronau a gynhwysir yn y gyfrol hon yn bennaf a'r rheiny wedi'u dethol am eu bod yn cyfrannu at ein gwybodaeth am Ddaniel Owen a'i waith. Ar y maen prawf hwn y detholwyd gan fod amryw erthyglau'n brin eu cyfraniad i'r hyn y gellir ei alw'n feirniadaeth lenyddol. O'r holl erthyglau a gyhoeddwyd rhwng marw Daniel Owen a chanmlwyddiant ei eni, dyrnaid yn unig ohonyn nhw sy'n werth eu hystyried o'r safbwynt hwn, ynghyd â nifer fach o erthyglau bywgraffiadol. Dyna esbonio pam na chynhwyswyd, er enghraifft, 'Cofgolofn Daniel Owen' gan John Owen (*Cymru*, xxii) (na dim arall o'i waith ef) a 'Daniel Owen fel Pregethwr' gan T. R. Jones (*Y Geninen*, xxiii). Yn nes at ein cyfnod ni nid oes dim tebyg i feirniadaeth lenyddol, chwaith, yn nwy ysgrif ddiddan Trebor Lloyd Evans 'Daniel Owen a'r Saint' a 'Tonic Daniel Owen i Bregethwr' (*Y Dysgedydd*, 1953) a phrin y gellid dal eu bod yn cyfrannu at ein gwybodaeth am y nofelydd.

Ni ellid llwyr osgoi ailadrodd yr un sylwadau neu sylwadau tebyg o bryd i'w gilydd. Mae hanes gyrfa gynnar Daniel Owen, er enghraifft, i'w gael mewn amryw erthyglau ac anfuddiol fyddai cynnwys y cyfan, o ganlyniad. Cofier hefyd fod awduron mwy diweddar yn gyfarwydd â'r awduron cynnar, a'u bod hefyd yn gallu beirniadu o bellter amser ac yn fwy cytbwys eu barn, gyda safonau beirniadaeth lenyddol mwy diduedd nag ym mlynyddoedd cynnar y ganrif hon. Heddiw fe fedir cynhaeaf yr ysgolheictod a feithrinwyd yn ystod y ganrif hon gan raddedigion y Brifysgol. Mae hynny'n rheswm digonol pam y mae nifer helaethaf yr erthyglau yn y gyfrol hon yn perthyn i'r cyfnod diweddar, o 1936 ymlaen. Serch hynny, mae'n werth darllen ambell erthygl sâl weithiau er mwyn gweld natur y rhagfarnau oedd yn gyffredin yn y cyfnod cynnar.

Dyna T. R. Jones, er enghraifft, yn ei erthygl 'Daniel Owen' (*Y Traethodydd*, 1904) yn diffinio 'dyletswydd' y nofelydd yn y frawddeg awdurdodol hon,

'Amcan pob nofel deilwng ydyw gweinyddu mwynhad pur i'r darllenydd, a'i symbylu i ddilyn buchedd anrhydeddus' neu 'Un o amcanion mawr nofel deilwng ydyw gwella moesau ei darllenwyr. Mewn gwirionedd, pregeth ydyw wedi ei hysgrifennu yn y ffurf o chwedl.'
(Gweler hefyd nodiadau Mr E. G. Millward yn *Llên Cymru*, 12, 1973, ar Lewis Lewis a Robert Hughes)

Mae safonau beirniadaeth lenyddol wedi datblygu'n helaeth er sgrifennu'r geiriau uchod. Yn sicr, mae eu syniadaeth yn ymddangos yn gul ac yn chwerthinllyd o syml yn wyneb yr ehangu a'r datblygu a fu yng nghwmpawd y nofel a llenyddiaeth yn gyffredinol yn ystod y ganrif hon. Mae'n wir, o bosibl, fod nofelydd yn 'pregethu' pan fydd yn beirniadu drygau mewn cymdeithas neu'n mynegi safbwynt gwleidyddol neu athronyddol, ond nid yw o anghenraid yn gwneud hynny o safbwynt crefydd. Mae nofelau'r ganrif hon yn meddu ar amrywiaeth eang o amcanion ac nid yw 'gweinyddu mwynhad pur' yn nod amlwg *bob* amser. Mae'n bur sicr na fyddai llenorion heddiw'n barod i ganiatáu i T. R. Jones a'i debyg dra-arglwyddiaethu drostyn nhw gyda'u syniadau cyfyng am amcanion llenyddiaeth. Pur wahanol yw amgyffrediad y Prifathro Pennar Davies o amcanion nofelydd yn ei erthygl 'Gwir ac Anwir y Nofel', *Barn*, 133 (1973). Digon yw cyferbynnu'r dyfyniadau uchod o eiddo T. R. Jones a'r dyfyniad hwn:

'Fe gytunir yn bur gyffredinol mai nod amgen nofel, o'i chyferbynnu â'r epig a'r saga a'r rhamant a'r ffantasi, yw ei hymgais i gyflwyno bywyd dyn fel y mae . . . .' Dweud y gwir am fywyd dyn, y gwir moesegol, eneidegol, cymdeithasegol — dyna yw tasg amhosibl y nofelydd . . .'

Does dim sôn am lenyddiaeth ddidactig nac am bregethu yn niffiniad y prifathro coleg diwinyddol o amcan nofel, ond mae ganddo bwyslais ar nabod dynion a'r gwirionedd. Mae'r Parch. Islwyn Ffowc Elis yn dweud peth digon tebyg:

'. . . thema pob nofel o bwys yw'r hyn sy'n digwydd i ddyn mewn rhyw argyfwng yn ei fywyd. A'r peth hwnnw, mewn gair, yw 'Adnabod'. Adnabod ei deulu, ei ardal, ei enwad, ei genedl, y byd — unrhyw un o'r rheina — ac/neu ei adnabod ei hun. Troi rhagrith yn ddadrith. Tynnu'r masg. Codi'r caead. Dyna thema sylfaenol y Nofel fel ffurf ar lenyddiaeth.'

(*Thema Yn Y Nofel Gymraeg,* 1962).

Fe welir oddi wrth y dyfyniadau uchod mor annigonol oedd amgyffrediad T. R. Jones o amcanion llenyddiaeth — go brin ei fod yn gyfarwydd â barn Jane Austen

'. . . mai cyfrwng yw nofel i roi i'r byd adnabyddiaeth drwyddi o'r natur ddynol yn ei hamrywiaeth ddihysbydd a hynny'n

11

ffrydlif fywiog o arabedd a synnwyr cymesuredd ac yn yr iaith
addasaf i'r pwnc.'
(John Gwilym Jones, *Taliesin*, 15, 1967, 'Y Nofel')
Gweler yn ogystal erthygl yr Athro T. J. Morgan 'Dau Deyrngarwch
Daniel Owen', *Y Gwrandäwr*, 19, (Ionawr, 1970).

* * *

Ar wahân i erthyglau 'crynodebol' (er enghraifft, erthyglau'r
Adran Addysgol yn *Barn*) ac adolygiadau, nid peth hawdd yw
dosbarthu'r erthyglau'n daclus oherwydd eu tuedd i drafod
amrywiaeth o faterion o dan un pennawd cyffredinol, fel 'Athrylith
Daniel Owen', J. T. Jones, *Y Eurgrawn*, cxxii (1930), a T. M. Jones,
Y Traethodydd (1905), neu'n symlach, 'Daniel Owen' J. Breese
Davies, *Eurgrawn*, cxvii, (1925); E. Tegla Davies, *Eurgrawn*,
cxxxviii, (1946) a'r *Drysorfa*, (1936); D. Gwenallt Jones, *Yr
Efrydydd*, ii (1936); Syr Thomas Parry, *Yr Efrydydd*, (1936); J. J.
Williams, *Y Traethodydd*, (1936) a G. T. Roberts, *Eurgrawn*, cxlix,
(1957).
Nid yw'n syndod fod yr erthyglau sy'n canolbwyntio ar lyfrau
unigol Daniel Owen yn brin dros ben; gwell gan yr erthyglwyr ymdrin
â'r nofelau a'r straeon fel cyfangorff ar y cyfan — yn wir, mae'n
rheidrwydd arnyn nhw i wneud hynny fel arfer. Anodd, wedi'r cyfan,
yw trafod rhan o waith awdur fel pe na bai cyswllt mewn rhyw fodd
neu'i gilydd rhyngddo a rhannai eraill ei waith. Hyd yn oed pan na
fydd cyswllt bwriadol — cyswllt thematig, er enghraifft — mae
personoliaeth yr awdur, ei gefndir, ei ddiddordebau a'i ddoniau yn
peri cyswllt anochel am ei fod ef ei hunan yn elfen barhaol yn ei waith.
Ac eithrio'r pytiau byrion sy'n ymwneud â materion arbennig, fel
'Deng Noswaith yn y Black Lion', gan yr Athro Bedwyr Lewis Jones
a Mr E. G. Millward, *Llên Cymru*, VIII (1964-5), fe fydd yr
erthyglwyr gorau'n hamddena'n bwyllog dros eu meysydd gan
gymharu a chyferbynnu cymeriadau, trafod dylanwadau a sefyll-
faoedd neu olrhain datblygiad syniadol o'r naill waith i'r llall — fel y
gwneir, er enghraifft, gan yr Athro T. J. Morgan yn ei ddwy erthygl
yn y *Llenor* (1946 a 1948), neu Mr D. Tecwyn Lloyd yn ei erthygl
yntau yn y *Traethodydd* (1964). Bron na ellir dal mai'r unig
astudiaethau unigol o weithiau Daniel Owen yw'r erthyglau
addysgiadol a chrynodebol y cyfeiriwyd atyn nhw eisoes ac

adolygiadau ar gyfrolau unigol, a hyd yn oed wedyn, anodd yw ymatal rhag cyfeirio o bryd i'w gilydd at weithiau eraill yr awdur.

Gall adolygiad fod yn ffynhonnell ddiddorol a gwerthfawr yn fynych; nid yn unig y mae'n taflu goleuni ar gyflwr beirniadaeth lenyddol ar adeg arbennig ond hefyd bydd yn mynegi barn y naill ysgolhaig (dyweder) am y llall, ac yn ogystal, yn rhoi cyfle i'r adolygwr godi materion o'r gyfrol a adolygir a'u gwyntyllu. Mewn adolygiad ceir cyfle i anghydweld â'r awdur a gwthio'r drafodaeth ymhellach — fel y gwnaeth Dr Kate Roberts, er enghraifft, yn ei hadolygiad 'Ailbrisio Awduron' yn *Y Faner* (Mawrth 7, 1963), ac fel y gwnaeth W. J. Gruffydd wrth adolygu cyfrolau Mr Saunders Lewis a T. Gwynn Jones yn y *Llenor*, XV (1936). Yn sicr ddigon, mae'r adolygiadau a gynhwysir yn y gyfrol hon yn haeddu lle pwysig mewn unrhyw astudiaeth o weithiau Daniel Owen.

Cyfeiriwyd eisoes at boblogrwydd Daniel Owen ar hyd y blynyddoedd a lluosogrwydd yr astudiaethau; nid peth annisgwyl felly yw canfod yr amrywiaeth a geir yn y pynciau a drafodir, er enghraifft, crefydd a Daniel Owen, ei gymhellion llenyddol, ei hiwmor, ei arddull a'i grefft fel llenor, cefndir cymdeithasol ei gyfrolau, dirywiad mewn cymdeithas, yr hunangofiant, y cymeriadau yn ei weithiau, rhagrith, Daniel Owen a Charles Dickens, ei safle yn hanes y nofel Gymraeg — mae'r rhestr yn faith ac yn dystiolaeth i bwysigrwydd Daniel Owen fel llenor Cymraeg.

Fel yr awgrymwyd eisoes ni ellir yn hawdd ddosbarthu'r erthyglau'n daclus dan wahanol benawdau; peth mwy buddiol, o bosibl, fydd olrhain ambell gyswllt rhwng gwahanol erthyglau a'i gilydd, fel y gwnaed eisoes ar y thema 'y nofel' i raddau. Cyn gadael y thema honno, fodd bynnag, fe ddylid cyfeirio'r darllenwr at erthygl R. W. Williams yn y *Traethodydd* (1909) 'Y Nofel yng Nghymru' (a sylwadau Mr Hywel Teifi Edwards arno yn ei lyfryn, *Daniel Owen a'r 'Gwir'*), erthygl arall Mr Islwyn Ffowc Elis, 'Y Nofelydd a'i Gymdeithas' yn *Taliesin*, 13 (1966) erthygl Mr Dafydd Jenkins, 'Y Nofel', yn y gyfrol, *Gwŷr Llên y Bedwaredd Ganrif ar Bymtheg*, (1968), erthygl Mr R. Gerallt Jones, 'Ansawdd y Seiliau', *Taliesin*, 13 (1966) a sylwadau'r Athro A. O. H. Jarman ar 'Daniel Owen — Crewr y Nofel' yn *Y Brython* yn ôl ym 1936.

Un 'thema' neu ddolen gyswllt yw'r atgofion personol a bywgraffiadol. Mae amryw wedi sgrifennu amdano, e.e. E. Tegla Davies, 'Daniel Owen', *Y Drysorfa* (1936), a 'Daniel Owen' gan John Morgsn yn *Y Traethodydd* (1906). Mae'n anochel hefyd fod amryw gyfeiriadau bywgraffiadol i'w cael yma a thraw. Trwy'r erthyglau hyn fe geir darlun o gymdeithas yr Wyddgrug ganrif yn ôl a'r dylanwadau yng nghefndir y nofelydd — crefydd, cartref, ei yrfa gynnar, ei hanes yn y siop deiliwr a'r bywyd diwylliannol o'i gwmpas. Rhwng yr erthyglau hyn a chyhoeddiadau fel *Cofio Daniel Owen* gan Eleisa Davies ac *Yr Hen Ddaniel* gan Mr T. Ceiriog Williams, — a heb anghofio hunangofiant byr yr Awdur ei hun yn *Trysorfa y Plant*, (1892) gellir cael syniad da o gefndir a bywyd personol Daniel Owen.

Fe welir fod yr erthyglau wedi'u rhestru'n fras yn nhrefn amser, gan gychwyn gyda hunangofiant Daniel Owen. Y fantais o wneud hyn yw ei bod yn ein cynorthwyo i ddilyn y cyswllt sy'n rhedeg o'r naill erthygl i'r llall a gweld hefyd fel y newidiodd syniadau dynion ar ryw bwnc neu'i gilydd gyda threigl y blynyddoedd.

Fe gyfeiriwyd eisoes at y drydedd erthygl yn y gyfrol (T. R. Jones; 1904); y bedwaredd erthygl yw'r un ddwbwl gan T. M. Jones ar 'Daniel Owen: Ei Waith' a 'Daniel Owen: Ei Athrylith' yn *Y Traethodydd* (1905). Yn yr ail ran, sy'n rhagori ar y rhan gyntaf, fe geir ymgais i gloriannu gwaith Daniel Owen yn gytbwys a phwyllog, gan drafod ei le ymhlith nofelwyr Cymru, ei gymharu â nofelwyr Saesneg, trafod dylanwad Dickens arno, ac yn ogystal, mae'n ceisio pwyso a mesur ei agwedd tuag at grefydd, nodweddion ei gymeriadau ac amryw bethau eraill. Ac nid yw ei gyswllt personol â Daniel Owen yn ei rwystro rhag gwneud rhai sylwadau beirniadol ar ei waith ambell dro, er iddo'i alw '. . . y nofelydd goreu, cryfaf, a phennaf, a ymddangosodd, hyd yn hyn, yng Nghymru'.

Gellid olrhain y cysylltiadau yn yr erthygl hon i sawl cyfeiriad; un cyswllt hwylus yw'r cyfeiriad at Dickens, thema a drafodir yn yr erthygl nesaf ond un yn y gyfrol, 'Dickens a Daniel Owen' gan J. M. Roberts yn *Y Traethodydd* (1909). Mae'r erthygl hon yn ceisio dangos y tebygrwydd rhwng y ddau nofelydd ac ar yr un pryd yn ymdrechu i ddangos nad efelychu Dickens a wnaeth Daniel Owen ond ei fod yn rhagori arno wrth 'ddisgrifio yr ochr oreu a mwyaf ysbrydol dynoliaeth':

> 'Pan yr elai Dickens i ddarlunio Nadolig, welai ef ddim mwy na bir, biff, a *mistletoe* ond gweled yr engyl yn esgyn ac yn disgyn mewn prysurdeb, clywed meibion Duw yn gorfoleddu, a swn carolau y ddaear, a syllu ar ser newydd yn ymddangos a wnai Daniel Owen'.

Mae'r dyfyniad hwn yn nodweddiadol o safon isel y feirniadaeth lenyddol a geir yn yr erthygl drwyddi draw. Ei phrif werth, mewn gwirionedd, yw dangos, wrth basio, fod mam Daniel Owen yn gyfarwydd â Thwm o'r Nant. Yn sicr, mae gagendor rhwng rhethreg sentimental J. M. Roberts a sylwadaeth dreiddgar Mr Saunders Lewis ar y mater yn ei gyfrol ar Ddaniel Owen (tud. 13, 14). Efallai na ddylid rhoi gormod o goel ar farn R. Hughes Williams — a roes y flaenoriaeth i Llew Llwyfo — ond o leiaf ni cheisiodd fychanu Dickens wrth gymharu Daniel Owen ag ef (gweler eto'r *Traethodydd*, 1909). Fe fu'r gymhariaeth rhwng Charles Dickens a Daniel Owen yn destun sylw i amryw erthyglwyr eraill hefyd, e.e. J. Breese Davies, *Yr Eurgrawn*, (1925), J. T. Jones, Yr Eurgrawn, cxxii, (1930), J. J. Williams, *Y Traethodydd* (1936), E. Tegla Davies, *Yr Eurgrawn*, cxxxviii, (1946), D. Gwenallt Jones, *Llên Cymru*, (1956), W. M. Roger, *Yr Athro* (1966), a'r Prifathro Pennar Davies (op.cit.).

Erthygl fer yw 'Beirniadaeth' O. M. Edwards, yn *Cymru*, xlv (1913) ond mae'n werth ei darllen gan ei bod yn trafod rhai o hanfodion beirniadaeth lenyddol. Mae'n enghraifft gynnar o drafodaeth ddeallus ar faterion llenyddol, ac yn arddangos y gwelliant yn safon beirniadaeth lenyddol. Mae hefyd yn cychwyn trafodaeth ar gymeriadau Daniel Owen sy'n datblygu o'r naill erthygl i'r llall dros y blynyddoedd; mae'n trafod y gwahaniaethau syniadau rhwng Mari Lewis a'i mab, Bob, er enghraifft, yn *Rhys Lewis*, — trafodaeth a ddatblygir gan yr un sgrifennwr mewn erthygl arall yn yr un cylchgrawn dan y teitl 'Cymeriadau Rhys Lewis'. Ymdrinir â'r 'cymeriadau' hefyd yn erthygl J. Breese Davies (op.cit.) ac yn nwy erthygl yr Athro T. J. Morgan yn *Y Llenor* (1946, 1948). 'Byd ac Eglwys Daniel Owen' yw teitl yr erthygl gyntaf ac fe barheir i drafod 'eglwys' Daniel Owen yn ei ail erthygl 'Enoc Huws: Nofel y Dirywiad'. Er bod mwy nag un ystyr i'r 'dirywiad' hwn, y cyswllt yma yw'r dirywiad yn y bywyd a'r safonau crefyddol — y modd yr oedd culni unplyg a gonest y saint a aeth trwy fwlch argyhoeddiad yn ildio'r maes i ragrith a pharchusrwydd dosbarth canol Capten Trefor a'i debyg. [Diddorol yw cymharu'r ddwy erthygl hon ag un Mr D. Tecwyn Lloyd yn *Y Traethodydd* (1964), yn ymdrin â chyfnod cynharach *Gwen Tomos*, pan nad oedd Methodistiaeth wedi cyrraedd ei hanterth, a hefyd ysgrif wych yr Athro Bobi Jones ar 'Rhys Lewis' yn ei gyfrol, *I'r Arch* (1959)].

Bedair blynedd ar ôl ail erthygl yr Athro Morgan fe barhawyd y drafodaeth gan W. Gilbert Williams yn *Y Drysorfa* (1952) sy'n awgrymu'n gynnil fod dylanwad 'Tad Sosialaeth', Robert Owen, i'w weld yng nghymeriad Bob Lewis.

Ym 1956 fe gyhoeddodd D. Gwenallt Jones ei erthygl sylweddol 'Nofelau Cylchgronol Daniel Owen', yn *Llên Cymru*, cyfrol IV, gan drafod rhai o'r dylanwadau a fu ar Ddaniel Owen ac yn dangos pwysigrwydd y ffaith mai sgrifennu ar gyfer cylchgrawn y byddai ef (mater sy'n ein harwain at gyfrol Dr John Gwilym Jones *Daniel Owen: Astudiaeth*) — ond hefyd yn cyfeirio at rai o gymeriadau llai adnabyddus Daniel Owen.

Mae G. T. Roberts yn *Yr Eurgrawn*, cxlix (1957), yn codi pwynt o erthygl Gwenallt — fod Daniel Owen wedi ystyried cynnwys pennod ar Goleg y Bala yn *Rhys Lewis* — ond ei brif destun yntau yw'r cymeriadau ac mae ganddo sylwadau pur graff ar amryw o'r rheiny. Craff hefyd, fel y byddid yn ei ddisgwyl, yw sylwadau Hugh Bevan yn *Barn* (1963) — a dyma ni nôl mewn cylch eto at Mari Lewis a Bob. Ac yn ogystal, mae'r erthyglau addysgol eraill yn *Barn* yn rhan o'r un cylch — erthyglau Mrs Beti Hughes (1963), Mr R. Gerallt Jones (1963/4) a Mr E. G. Millward (1966/7).

Cyfeiriwyd eisoes at enw J. Breese Davies a'i gyfres o erthyglau; roedd yntau, fel O. M. Edwards, wedi deall yr angen am feirniadu deallus ac mae'i gyfres erthyglau'n gynhwysfawr ac yn gytbwys. Dyma'r ymdriniaeth fwyaf sylweddol o ddigon yn nhraean gyntaf y ganrif hon.

Diddorol yw darllen 'Athrylith Daniel Owen' gan J. T. Jones, *Yr Eurgrawn*, cxxii (1930) a'i chymharu ag erthygl Syr Thomas Parry yn *Yr Efrydydd* (1936). Tra bo'r naill yn honni ei bod yn

'ffaith nodedig nad ymddiddorai Daniel Owen ond ychydig iawn yng ngweithrediadau meddyliol dynion'

ac mai

'Allanol yn hytrach na mewnol, corfforol yn hytrach nag eneidegol, oedd y diddordeb a gymerai mewn dynion'

mae'r llall yn dangos nad oes sail i honiadau o'r fath —

'Ond yr oedd yn un peth diamheuol, sef yr hyn a elwir heddiw yn feddylegwr (neu eneidegwr, os yw'n well gan rywun y term amwys hwnnw). Nid ei fod wedi astudio meddyleg yn gyfundrefnol fel gwyddor, ac wedi dyfeisio nifer o dermau technegol a

16

fai'n ddychryn i'r anghyfarwydd, ond ei fod yn hytrach wrth ei fodd yn olrhain teimladau dynion, yn dadansoddi eu dyheadau, eu hamcanion, eu hiraeth, eu hofnau, eu hatgofion. Credaf na phwysleisiwyd hanner digon ar y duedd hon yn ei gymeriad . . .'

Nid oedd Daniel Owen yn athronydd yn ôl Syr Thomas Parry 'ac ni cheir dim goleuni ar ei gampweithiau trwy chwilio ynddynt am athroniaeth bywyd' ond roedd ganddo 'flys deall dieithrwch y meddyliau anghyfarwydd.'

Un o gnwd toreithiog y flwyddyn 1936, blwyddyn canmlwyddiant geni Daniel Owen, oedd yr erthygl olaf uchod. Fe ymddangosodd tair cyfrol y flwyddyn honno i ddathlu'r achlysur ac yn ei sgîl fe gafwyd dyrnaid o adolygiadau pwysig. Ychydig o sylw a gafodd llyfr J. J. Morgan (cafodd ei Gofiant sylw byr gan Tecwyn Evans yn *Y Brython*) ond fe sgrifennwyd adolygiadau helaeth ar y ddwy gyfrol arall (cyfrolau Mr Saunders Lewis a T. Gwynn Jones) gan Mr D. Myrddin Lloyd, *Y Brython* (Hydref 29, 1936), W. J. Gruffydd, *Y Llenor*, XV (1936), D. Gwenallt Jones, *Yr Efrydydd* (1936), ac E. Tegla Davies yn *Yr Eurgrawn*, cxxxviii (1936).

Mae Mr Lloyd, wrth ganmol llyfr Mr Lewis, yn anghyd-weld i ryw raddau â'i sylw nad yw'r gymdeithas gyfoes yn 'creu ffurfiau priodol iddi ei hun mewn llenyddiaeth a chelfyddyd' ac mae'n gwneud y sylw trawiadol hwn:

'Dyn, sef yr unigolyn, sydd yn creu neu yn llunio, ac yna lle bo ef yn mynegi cyd-ddyheadau fe ymafael pawb yn sicr ac yn gyndyn yn ei waith. Ni luniodd y gymdeithas bendefigaidd Gymraeg erioed bennill o gywydd nac englyn; ni chyfansoddodd y Seiat emyn, na'r Corff bregeth na chofiant'.

Nid yw adolygiad Gwenallt yn trafod y mater hwn ond mae'i adolygiad yntau'n talu teyrnged uchel i'r gyfrol. Mae hefyd yn dangos yn gryno ac eglur gymaint oedd rhagoriaeth Daniel Owen ar nofelwyr eraill ei ganrif:

'Nid ysgrifennodd ef nofelau i hyrwyddo'r mudiad dirwestol; nid ysgrifennodd ef i glodfori Methodistiaeth nac i ddilorni'r Eglwys, ni chlodforodd yr Eglwys ac ymosod ar y Capel; nid ysgrifennodd i ddangos trais a gormes landlordiaid a chyni a dioddefaint y werin; nid aeth yn ôl i'r gorffennol i chwilio am ddeunyddiau rhamantau carwriaethol a hanesyddol. Ni ddisgrifiodd feddwon a dirwestwyr; ni wnaeth gyff gwawd o offeiriad na chocyn hitio o bregethwr. Nid propaganda na rhamant yw ei weithiau ef, ond nofelau.'

Mae adolygiad y diweddar Athro W. J. Gruffydd (a gyhoeddwyd hefyd gydag ychydig newidiadau yn ei gyfrol *Y Tro Olaf* ym 1939) yn fwy miniog na'r ddau arall, gan ei fod yn bur feirniadol o un elfen yng nghyfrol Mr Lewis:

> 'Mae dau beth i'w ddweud gan feirniad am y nofelydd a'i amgylchfyd — ceisio mynegi yn ei idiom ei hun yr hyn a ddywed y nofelydd am yr amgylchfyd hwnnw, a cheisio dweud yr hyn a feddylia ef ei hun, y beirniad am amgylchfyd y nofelydd. Gwnaeth Mr Lewis ei ddyletswydd gyntaf yn gampus . . . ni all ef dderbyn, yn wir ni all *ddeall,* dim yn y cyfnodau neu'r credoau hynny nad oes ganddo gydymdeimlad â hwy, *er eu mwyn eu hunain.* Rhaid iddo bob amser gael eu cyfiawnhau iddo'i hun drwy eu hystumio i fod yn rhan o'i gredo bersonol ef; . . . mae'r seiat, ac yn wir yr holl Ddiwygiad Methodistaidd, iddo ef yn werthfawr am yr olion sydd ynddynt (neu a dybia fod ynddynt) o ymddyheu am brofiadau'r Hen Eglwys Gatholig. Felly hefyd ym myd llenyddiaeth, ni all feddwl am esboniad ar fyrder a chrynhoad y nofel Gymraeg ond drwy weled ein perthynas â'r "traddodiad clasurol" a'n pellter oddi wrth y syniadau "Nordig".'

Mae adlais i'r sylw hwn yn *Gŵyr Llên* (1948) yn erthygl yr Athro J. Gwyn Griffiths ar 'Saunders Lewis'. (Gweler hefyd erthygl Mr Dafydd Glyn Jones, 'Enoc Huws a Hunan-Dwyll' yn *Ysgrifau Beirniadol*, III.) Mae adolygiad E. Tegla Davies (*Yr Eurgrawn* 1936) hefyd yn cyffwrdd â'r 'gyffelybiaeth Nordig' ac yn cynnig rheswm arall pam na fu Daniel Owen mor doreithiog ei gynyrchiadau â'r awduron hynny. Mae hefyd yn awgrymu' fod Daniel Owen yn fwy yn nhraddodiad Dickens nag yn nhraddodiad y Bardd Cwsg' ac mae ganddo yntau brofiad personol o'r hen ragfarn yn erbyn nofelau ymhlith y saint.

Mae erthygl J. J. Williams yn *Y Traethodydd* (1936) yn ddiddorol ar lawer cyfrif ond mae un pwynt yn arbennig yn haeddu sylw — ynglŷn â'r frawddeg adnabyddus honno yn y Rhagymadrodd i *Rhys Lewis* — 'Nid i'r doeth a'r deallus yr ysgrifennais, ond i'r dyn cyffredin.' Hon, yn ôl yr erthyglwr, oedd 'unig frawddeg ffôl' Daniel Owen. Fe'i naddwyd ar ei gofgolofn —

'Ac i wneud pethau'n waeth, cyfieithwyd yr ysmaldod hwn i'r Saesneg . . . Cymerodd yr ysgolheigion ef ar ei air ac ni chroes-awyd ef dros drothwy ein hysgolion a'n colegau am ddeng mlynedd ar hugain.'

Yn ystod y tri degau a'r pedwar degau fe ddiwygiwyd argraff *Rhys Lewis, Gwen Tomos* ac *Enoc Huws* a'u talfyrru'n ogystal ac fe fu peth cwyno ynglŷn â'r cwtogi o bryd i'w gilydd. Serch hynny, gwelliant, at ei gilydd, fu'r talfyrru, fel y dangosodd W. J. Gruffydd yn *Y Llenor* (op.cit) a'r Dr Kate Roberts yn *Y Faner* (9.2.1949). Y syndod yw fod Gwasg Hughes a'i Fab wedi ailargraffu *Y Siswrn* yn yr hen orgraff, degawd a rhagor ar ôl cyhoeddi llyfr yr *Orgraff* gan y Brifysgol. Gwelir y rheswm am hyn yn adolygiad Mr Dafydd Jenkins yn *Heddiw*, cyfrol iii (1937), sy'n adolygiad annisgwyl braidd gan fod Mr Elvet Thomas yntau wedi adolygu'r un llyfr yn y cylchgrawn hwnnw yn y gyfrol flaenorol.

Mae tri adolygiad eto i'w crybwyll, tri a ymddangosodd yn nechrau'r degawd diwethaf, y cyntaf gan 'B.J.' yn *Barn* (1971), yr ail yn *Barn eto* (1971) gan Mr Hywel Teifi Edwards, a'r trydydd yn *Y Genhinen* tua'r un pryd — tri adolygiad ar gyfrol Dr John Gwilym Jones, *Daniel Owen: Astudiaeth* (1970), a'r tri'n wahanol iawn eu pwyslais. Adolygiad bywiog ar y patrwm arferol yw un Mr Edwards, yn rhoi amlinelliad bras o gynnwys y gyfrol ac yn gwneud sylwadau perthnasol, er enghraifft, mae'n codi'r pwynt fod 'aflunieidd-dra' cylchgronol y nofelau'n 'beth bwriadus hollol' — sylw sy'n rhoi tipyn o ysgytwad iddo. Ar y llaw arall, mae'n amlwg fod 'B.J.' (sef yr Athro Bobi Jones) wedi'i gynhyrfu gan anwybodaeth honedig Dr Jones o egwyddorion Calfiniaeth ac mae'n dannod iddo 'siaced gaeth ei hiwmanistiaeth' a'r 'myth hiwmanistig fod niwtraliaeth a gwrth-rycholdeb yn bosibl o gwbl' mae'n llawenhau fod Daniel Owen — fel Dostoieffsci — yn oddrychol, oblegid —

' . . . byddai Daniel Owen wedi *peidio'n* llwyr â bod yn nofelydd . . . pe bai'r gwir *wrthrycholdeb* rhyfedd hwn wedi ymwthio i'w waith ef.'

[Dylid nodi wrth basio nad yw Dr John Gwilym Jones ddim wedi newid ei farn ynglŷn â Chalfiniaeth Daniel Owen, a barnu wrth ei lyfryn *Nofelydd yr Wyddgrug* (1976). Gweler hefyd *Llên Cymru* (1977)].

Fe'n cawn ein hunain mewn penbleth wrth ddarllen y sylwadau uchod. Digon gwir ar un olwg yw bod yn rhaid i artist creadigol greu o safbwynt neilltuol — ni allai Mr Islwyn Ffowc Elis guddio'u ddaliadau gwleidyddol a chrefyddol yn ei nofelau ac mae ymlyniad Mr Saunders Lewis i'w Eglwys yn sylfaen i gorff helaethaf ei weithiau, ac fel y mae heddychaeth yn sylfaen i gerddi Waldo Williams a Marcsiaeth i T. E. Nicholas, mae Methodistiaeth yn bwysig i Daniel Owen. Serch hynny, go brin y byddem yn barod i dderbyn fod *pob* llenor yn sgrifennu o'i safbwynt arbennig ef ei hun *bob* amser. Ffugio yw gwaith y storïwr a'r dramodydd — llunio ffuglen, ac nid oes rheswm pam na all ffugio safbwyntiau ac agweddau yn ogystal â ffugio digwyddiadau a sefyllfaoedd, cymeriadau a dialog. Rhaid i'r crëwr ymroi i astudio'i gymeriadau o'r tu fewn a cheisio meddwl a theimlo'u meddyliau a'u teimladau *nhw* — rhaid iddo gyd-deimlo â'r dihiryn sy'n cynrychioli popeth sy'n atgas ganddo os yw'n mofyn creu rhywbeth amgenach na chymeriad papur yn unig. Y funud y mae'r dramodydd neu'r nofelydd yn llefaru meddyliau'r dihiryn nid ei feddyliau ef ei hun a lefarir ganddo ond meddyliau sydd y tu allan iddo, y rhywbeth delweddol a dychmygol hwnnw sydd y tu allan i'w natur ef ei hun ond yn rhan o'i brofiad; dyletswydd yr artist yw rhoi cyfle i'r cymeriad siarad a gweithredu'n unol â'r natur ddychmygol a roddwyd iddo gan ei grëwr.

Fel y disgwylid, mae adolygiad Mr D. Tecwyn Lloyd yn rhoi ystyriaeth deg a barn gytbwys ar lyfr Dr John Gwilym Jones. Mae yntau'n ymaflyd yn ei syniadau am Galfiniaeth Daniel Owen, ond yn wahanol i'r Athro Bobi Jones mae'n cyd-weld â dadl sylfaenol yr awdur. O'r ddau adolygiad, ei adolygiad ef yw'r mwyaf gwrthrychol, ond tebyg mai arwydd o ganmoliaeth i'r Athro Jones fyddai dweud fod ei adolygiad ef yn arddangos y 'goddrycholdeb' hwnnw sy mor agos at ei galon, ei Gristnogaeth Galfinaidd.

Nid yw'r materion wedi'u dihysbyddu a diau y gellid clymu'r erthyglau ynghyd dan benawdau eraill. Trafodir cymhellion llenyddol Daniel Owen, er enghraifft, gan O. M. Edwards, *Cymru* (1913), gan J. Breese Davies (op.cit.), gan yr Athro T. J. Morgan *Ysgrifau Llenyddol*, (1951), a chan G. T. Roberts (op.cit.). Mae iaith, arddull a chrefft Daniel Owen yn destun sy'n cysylltu J. Breese Davies, Mr W. Beynon Davies, *Yr Athro*, (1936), Syr Thomas Parry

20

(op.cit.) a'r Athro T. J. Morgan, *Ysgrifau Llenyddol* (1951). Mae'n syndod cyn lleied sydd wedi trafod y dramâu a seiliwyd ar nofelau Daniel Owen, fel y gwnaeth Mr D. Tecwyn Lloyd yn *Llên Cymru*, X, (1968-9) a D. R. Davies, *Y Llenor*, XXX (1951). Ar y llaw arall, mae amryfal agweddau crefydd yn gwau trwy'r erthyglau bron i gyd a gwaith anfuddiol fyddai eu rhestru yn y cipolwg byr hwn (fwy nag a wnaed eisoes), rhag symleiddio'n ormodol ac annigonol y ffenomen pŵerus hwnnw ym mywyd a gwaith y Nofelydd o'r Wyddgrug, gan gofio, gyda'r Athro Bobi Jones, mai

' . . . yn gyntaf peth ac yn olaf, Methodist oedd Daniel Owen, yn sgrifennu ar gyfer Methodistiaid mewn cylchgrawn Methodistaidd.' (*I'r Arch*, tud. 108).

U. W., *Y Barri*, Gorffennaf, 1980.

1. Hunangofiant Daniel Owen, Trysorfa y Plant, (1892)

Mae Cymru bellach wedi cael o hyd i Nofelydd Cymreig. Ni chafwyd nofel wir Gymreig hyd nes y caed *Y Dreflan, Rhys Lewis* ac *Enoc Huws*. Yn y rhai hyn cawn fywyd Cymreig yn cael ei adlewyrchu fel yr ateb wyneb i wyneb mewn dwfr, neu mewn drych.

Ar gais taer cyfaill, ysgrifenodd Mr Owen lythyr o Hunangofiant. Nid oedd yn meddwl iddo gael ei gyhoeddi ar hyn o bryd, ond llithro allan i'r byd a wnaeth, ac y mae Mr Owen yn garedig wedi caniatáu i ni ei gyhoeddi yn gysylltiedig â'i ddarlun, a bydd yn ddifyr gan filoedd ei ddarllen. Caiff ymddangos ar ddwywaith:—

Mae yn fwy na thebyg y byddwch byw ar fy ol i, ac hwyrach y bydd yr ychydig ffeithiau canlynol yn help i chwi wneyd paragraph ar fy marwolaeth, os tybiwch y byddai hyny yn ddymunol. Cewch arfer eich doethineb pa ddefnydd i wneyd o honynt i'ch pwrpas presennol. Os oes ynof fymryn o dalent, yr wyf yn credu i mi ei etifeddu o ochr fy mam, gan nad oedd dim neillduol, am a wn i, yn fy nhad ond ei fod yn gymydog da, yn ddyn gonest, ac yn Gristion cywir. Brodor oedd Robert Owen, fy nhad, o Ddolgellau, ond yn Llanfair, ger Rhuthyn, y ganwyd ac y magwyd fy mam. Yr oedd Thomas Edwards, tad fy mam, yn rhyw berthynas i Twm o'r Nant, ac yr oeddynt yn gyfeillgar iawn. Yr oedd tipyn o ddawn prydyddu yn fy nhaid, a chlywais fy mam yn adrodd fel y byddai Twm ac yntau yn cystadlu prydyddu yn ddifyfyr pan ddeuai y blaenaf i ymweled â'r teulu yn Llanfair. Pan yn hogen fach, bu fy mam laweroedd o weithiau yn gwrando Interliwdiau Twm o'r Nant. Mewn ysguboriau, meddai, y cynnelid y cyfarfodydd hyn. Hyd yn nod wedi iddi adael ei phedwar ugain oed byddai gan fy mam linell o Twm i setlo pobpeth. Clywais hi hefyd yn son llawer am Interliwdiau, neu brydyddiaeth, nid wyf yn cofio'r enw yn iawn, rhyw Ellis y *Cooper,* ond ni wn i fawr am y gŵr hwnw. Yn ei hen ddyddiau yr hyn yr ymffrostiai hi fwyaf ynddo oedd ddarfod iddi gael y fraint, pan yn

23

ddeuddeg oed, o adrodd pennod i Mr Charles o'r Bala, ac eilwaith pan yn dair ar ddeg oed. Yr oedd ganddi uwch syniad am Mr Charles nag am neb arall, am y rheswm, mae yn ddiammheu, ei fod wedi ei ffurfio pan oedd hi yn hogen mor ieuanc. Dynes fechan oedd fy mam, ond yr oedd rhyw ddefnydd anghyffredin ynddi. Nis gwn pa fodd y daeth fy nhad a hithau i gydnabyddiaeth â'u gilydd. Ond yr wyf yn meddwl mai i Rhesycae, ger Rhosesmor, yr aethant i fyw gyntaf ar ol priodi. Ac i ddangos y defnydd yr oedd fy mam wedi ei wneyd a hono, yr wyf yn adrodd i chwi yr hanesyn hwn — gallwn adrodd eraill lawn mor rhyfedd: Cerddodd o Resycae i'r Wyddgrug â plentyn yn ei breichiau. Yr oedd iddi chwaer yn gwasanaethu yn Nghaer, a chwaer arall yn gwasanaethu chwe' milldir tu draw i Gaer. Yr oedd y chwaer a wasanaethai yn Nghaer yn symud i wasanaethu at y chwaer arall y diwrnod hwnnw, a chariodd y plentyn am y chwe' milldir. Wedi bod yno ychydig amser, a chael cwpanaid o dê, dychwelodd fy mam i'r Wyddgrug gan gario y plentyn yr holl ffordd, a buasai wedi myn'd i Rhesycae — noson hono oni b'ai i fy nhaid a fy nain ei hattal. Felly yr oedd hi wedi cerdded ar ddiwrnod gwresog, 44 milldir, ac wedi cario y plentyn 38 milldir.

Mŵnwr oedd fy nhad, ac yr oedd efe a'r teulu wedi symud i'r Wyddgrug pan anwyd fi, yr hyn a gymerodd le Hydref 20fed, 1836. Myfi oedd yr ieuengaf o chwech o blant. Gweithiai fy nhad a dau frawd i mi yn ngwaith glo yr Argoed. Ffair G'lamai, Mai 12fed, 1837, torodd y dw'r yn y gwaith, a boddwyd fy nhad a'm dau frawd, ac amryw eraill. Gadawyd fy mam yn weddw gyda phedwar o blant — dau fab a dwy ferch — myfi yn blentyn saith mis oed. Amgylchiad ofnadwy oedd hwnw i fy mam, a bu iddi fyned allan o'i phwyll am lawer o wythnosau, gan godi bob awr o'r nos am amser wedi claddu ei gŵr a'i dau fab, ac agor y ffenestr gan ryw led-ddysgwyl eu gweled yn dyfod adref o'r gwaith. Yr oedd damweiniau o'r fath yn bethau lled anghyffredin y dyddiau hyny, a chynhyrfwyd y wlad drwyddi oll. Drwy ymdrechion y Parch. Roger Edwards, yr hwn oedd ŵr ieuanc newydd ddyfod i'r Wyddgrug, a'r Parch. Owen Jones, diweddar o Llandudno, ac, yr wyf yn meddwl, y Parch. Thomas Jones, awdwr y *Noe Bres*, ac eraill, casglwyd cannoedd o bunnau i'r gweddwon a'r amddifaid a niweidiwyd yn namwain Gwaith yr Argoed. Rhoddwyd yr arian yn manc Treffynnon, ac yn ol y trefniadau derbyniasai fy mam, fel eraill, 14s. yr wythnos hyd nes y buaswn i — plentyn ieuengaf — yn bedair blwydd ar ddeg oed. Ond och! ymhen ychydig wythnosau torodd y banc a chollwyd yr holl arian. Brwydr galed a fu hi wed'yn ar fy mam i fagu ei phlant. Ni feiddiaf ddesgrifio i chwi fy mhrofiad, wedi i mi ddyfod i ddeall pethau — y cyfyngder a'r tlodi — mwyaf a feddyliaf am dano mwyaf oll yr edmygaf ddewrder, ffydd, ac ysbryd di-ildio fy mam. Ond beth yr ydwyf yn son, mi a geisiais bortreadu ychydig o'i phrofedigaethau yn Mari Lewis — mam Rhys Lewis — ond fy mod wedi ymattal rhag desgrifio ambell gyfyngder. Gwyddai Golygydd y DRYSORFA lle yr oeddwn arni yn burion. O herwydd yr hyn yr wyf wedi ei adrodd, ni chawsom ni fel plant ond y nesaf peth i ddim o addysg — ystyriai fy mam fod cael bwyd a dillad i ni yn llawer mwy nag a allai hi ei fforddio. A dyna oedd y ffaith, ac am flynyddau ni chawsom hanner digon o'r naill na'r llall. Pa fodd bynag, cawsom addysg Fiblaidd ac Ysgol Sul.

2. 'Barn Ffrancwr am Daniel Owen'

ANATOLE LE BRAZ, (*Cymru*, 1895?)

Yn y *Journal des Débates* am Tachwedd 11, ceir erthygl wedi ei harwyddo gan "A. le. Braz," ar Daniel Owen — y "teiliwr rhamantus" — fel y geilw'r Ffrancwr ef. Dywed yr ysgrifennydd:—

Hysbysir marwolaeth gynamserol Daniel Owen, mewn iaith dyner a theimladwy, gan y newyddiaduron Seisnig. Ni thybiaf fod yr enw hwn yn codi llawer o adgofion yr ochr hon i'r Sianel. Nid yw y meddwl Ffrengig mwyach wedi ymgau iddo ei hun; yn hytrach, parod yw i dderbyn datguddiad meddyliol cenedloedd eraill ond y mae ein gwybodaeth o lenyddiaeth dramor yn peri i ni fod yn ochelgar, ac efallai yn rhwystr i ni feddu gwybodaeth gyflawn. Ond yma ysgrifenydd yn yr hwn y mae ei gydwladwyr yn canfod nodweddion uwchaf a phuraf ei genedl, ond i ni y mae ei weithiau, ei athrylith, a hyd yn nod ei enw yn hollol anhysbys.

Hyn yn unig a wyddom — fod llenyddiaeth Gymreig ddyfnddysg ac o wreiddioldeb neillduol yn bodoli, ac yn gallu cadw ei phurdeb crefyddol yn nghanol agweddau cyfnewidiol syniadaeth ddiweddar. Gwlad fechan yw Cymru — "Gwyllt Walia" fel ei gelwir. Ond y fath lettygarwch geir yno! Ac uwchlaw pobpeth, y fath fywyd! Y fath edmygedd o holl ffurfiau dyrchafedig bywyd! Yn unman ni cheir diwylliant cryfach na mwy rhydd, na gwreiddioldeb mor feiddgar yn mysg gwerin unrhyw wlad. Y mae teimlad gwerinol cryf, a doeth ar y cyfan, yn ysbrydoli cydwybod y genedl fechan iach hon.

A dyma'r ysbryd sydd wedi hydreiddio i'w holl lenyddiaeth, ac wedi cael ei bortreadu mor ffyddlon, mor graff, ac mor hyawdl, yn ol beirniaid cymhwys, gan Daniel Owen. Nid yw nifer ei lyfrau yn lluosog, ac ni wnai ond ffigiwr gwael wrth ochr nifer enfawr y "Rougon Macquart," er y gellir dweyd wrth fynd heibio fod ei weithiau, fel eiddo M. Zola, wedi cyrhaedd miloedd ar filoedd o gopiau. Tair neu bedair nofel, ym mlith y rhai y mwyaf adnabyddus yw *Y Dreflan, Profedigaethau Enoc Huws,* a *Rhys Lewis, Gweinidog Bethel* — amlinelliad maith o fywyd eglwysig — mi gredaf, yw'r oll a adawodd Daniel Owen ar ei ol. Cofier i'w fywyd llenyddol gyrhaedd am dros ugain mlynedd. Pwy yn ein plith ni, y cylch llenyddol, nad oes ganddo gymaint, os nad mwy, o weithiau yn dwyn ei enw? Ond y mae y mwyaf cyffredin o'r llyfrau hyn yn llawn o sylwedd, sylwadaeth, a *reality.* Y mae ysbryd yr holl genedl wedi ei gorphori yn ngweithiau Daniel Owen; ac nid oes raid ond eu gweled i gydnabod hyn. Y mae'r Cymry eu hunain yn cadarnhau hyn. Pa glodforedd uwch i unrhyw ysgrifennydd y gwyddoch am dano?

Ni fu neb erioed yn fwy o brophwyd yn ei wlad ei hun na Daniel Owen. Cylchynid ef gan barch ac edmygedd cyffredinol. Ceid pob dosbarth yn trafod ei weithiau cynted ag yr ymddangosent. Edrychid ar eu cyhoeddiad, pa un bynag ai yn y ffurf o lyfr neu yn un o gylchgronau'r Dywysogaeth, fel amgylchiad cenedlaethol. Ychydig o awduron a gydoesai ag ef a ddarllenid ac a ailddarllenid yn fwy nag ef. Mor fuan ag y dodech eich traed yn Nghymru, chwi glywech yr un anogaeth ym mhob ty:— "Gofalwch beidio ymadael heb ymweled â Daniel Owen, ein nofelydd enwog." A phwy bynag a wnaeth yr ymweliad hwn, sicr yw iddo gael argraph wreiddiol iawn am dano. Un diwrnod braf, chwi gyrhaeddech y Wyddgrug, tref ddestlus a phrydferth yn sir Fflint, lle treuliodd Daniel Owen ei holl fywyd gyda'r eithriad o flynyddau ei efrydiaeth yn y Bala, canolfan dysg Cymru. Yr oedd y cyntaf ofynech iddo am breswyl yr ysgrifenydd enwog yn awyddus i'ch arwain yno, a safech, nid heb syndod, o flaen shop ddinod "teiliwr a dilledydd." Dyna'r lle'r oedd! Derbynid chwi ar riniog y drws gan Daniel Owen, gwrandawai arnoch yn mynegi eich amcan yn ymweled ag ef, ac yna dangosai chwi i ystafell yn y cefn yr hon oedd yn haner parlwr a haner gweithdy.

Yn mhell cyn i Tolstoi bregethu adgenedliad dynoliaeth trwy lafur corphorol, yr oedd Daniel Owen wedi ymarfer y ddamcaniaeth, oblegyd ei bod yn sicrhau urddas i'w fywyd, ac ymddangosai y pin bob amser iddo ef yn offeryn o harddwch yn hytrach nag i ddwyn elw. Nid y lleiaf o neillduolion y dyn rhyfedd hwnw oedd ei amddifadrwydd hollol o "arddangosiad" (*pose*) llenyddol. Ped ysgrifenasai yn Saesneg, buasai ei lyfrau a'i enw ar eu henill oherwydd cyffredinolrwydd yr iaith hono, ond ni ddaeth i'w feddwl i enill enwogrwydd ar feusydd eangach tuallan i Gymru. Gwell oedd ganddo barhau yn ffyddlon i iaith ei genedl. Digon ganddo ef oedd codi colofn arosol i lenyddiaeth ei wlad. Nid aeth ei uchelgais ym mhellach na hyny.

Cafodd y teiliwr-nofelydd o'r Wyddgrug angladd anrhydeddus. Huna yn nghladdfa ei dref enedigol, yn nghanol amgylchoedd oedd yn anwyl ganddo. O'r holl areithiau draddodwyd uwch ei hunell, ni wnaf ond dyfynu un ymadrodd sy'n cynwys cymaint: "Yr hyn oedd Walter Scott i'r Alban oedd Daniel Owen i Gymru."

Nid oedd dim neillduol yn fy chwïorydd; ond yr oedd fy mrawd Dafydd yn sicr yn un o'r bechgyn mwyaf talentog — yn naturiol — a anwyd yn Nghymru. Pe buasai genyf chwarter ei dalent, buaswn yn ddiolchgar. Ond — ïe, yr 'ond' ydyw yr aflwydd! — ac nid oes eisiau son mwy am dano. Ni wnaeth efe niwed i neb ond iddo ei hun. Ennillodd Andreas o Fôn dair gini mewn bet arno am adrodd ystoriau. Gwastraffodd ei athrylith mewn cylchoedd na ddylasai. Ond cafodd — drwy hir gystudd — amser i edifarhau, a mi gredaf iddo gael trugaredd.

Er mai y fi ydyw yr unig un sydd wedi ei adael o'r teulu, ni bum erioed yn gryf o ran fy iechyd. O herwydd fy ngwendid, pan yn dair ar ddeg oed, prentisiwyd fi yn deiliwr gydag Angel Jones — y blaenor enwog — i'r hwn y canodd Glan Alun farwnad. Mae genyf lawer o achos diolch i mi gael myned o dan ofal yr hen Angel, o herwydd cyn hyny yr oeddwn wedi dechreu ymhoffi mewn cwmni drwg. Yr oedd y rheolau yn fanwl gydag ef — byddai raid i mi fod dair gwaith yn y capel ar y Sul, ac ymhob moddion ganol yr wythnos. Gweithiai ar y bwrdd gyda'r hen Angel hanner dwsin o ddynion call, sobr, a darllengar, a bu yn fath o goleg i mi. Deffrodd ynof ryw gymaint o feddylgarwch. Darllenid ar y bwrdd bob gair o'r hen *Amserau*, a mawr oedd y dyddordeb a gymerid yn llythyrau "Yr Hen Ffarmwr,' ac yn y ddadl fawr ar ryfel rhwng 'Meddyliwr' a 'Phreswylydd Bryniau Cribog Cymru.' Yr oedd hanner y gweithwyr yn Wesles a'r hanner arall yn Galfins, a llawer o ddadlu dduwinyddol a gymerai le ar y bwrdd. Yn y man, daeth yno weithiwr newydd o Ddyffryn Clwyd â'i holl fryd ar farddoniaeth. Dygodd hyn elfen newydd i'r bwrdd, a bu o ddyddanwch mawr, a chreodd ynoff hoffder at farddoniaeth, a pharodd i mi golli ambell noswaith o gysgu i geisio prydyddu. Ac nid yn hollol ddifudd, oblegid gallaf ddyweyd yn onest i mi fod yn llwyddiannus i ennill y wobr gyntaf neu'r ail bob tro y cystadleuais. Ond byddwn yn lled ofalus pa bryd, ymha le, ac ar ba destyn y cystadleuwn.

Gwnaeth y bardd ieuanc o Langynhafal lawer o les i mi. Mae efe bellach yn ŵr teitlog ac enwog yn Nghymru.

Drwy ddylanwad Mr Edward Griffith, Wyddgrug, a Mr Peter Roberts, yn awr o Lanelwy, ac eraill, perswadiwyd Mr Roger Edwards i gychwyn y cyfarfodydd cystadleuol, y rhai a ddaethant wedi hyn i gael eu cynnal ymhob llan a chwm. Yr oedd hyn tua phymtheng mlynedd ar hugain yn ol neu ychwaneg, ac y maent wedi eu cynnal yn yr Wyddgrug o hyny hyd yn awr yn ddifwlch. Bu y cyfarfodydd hyn o fendith annhraethol i mi, ac yn gychwyniad i ambell yrfa ddefnyddiol, megys yr eiddo y diweddar Barch. Robert Davies, Amwythig; W. Hinton Jones, Amwythig; Dr Cynhafal Jones, Peter Roberts, a llïaws eraill. Ennillais lawer o wobrwyon yn y cyfarfodydd hyn am gyfansoddiadau mewn rhyddiaeth a barddoniaeth na fynwn er dim i neb eu gweled yn awr. Yn 1864, os wyf yn cofio yn dda, cymhellwyd Mr Ellis Edwards — yn awr Proffeswr Edwards — a minnau i ddechreu pregethu. Yr oeddwn yn anfoddlawn iawn i ufuddhau, fel y gŵyr y cymhellwyr sydd yn awr yn fyw. Gwelwn fod Mr Edwards wedi ei fwriadu i'r gwaith mawr, a'i fod eisoes yn ysgolhaig gwych, tra yr oeddwn i yn ddiddysg a diddawn. O'r diwedd, ufuddheais fel math o gwmpeini i Mr Edwards. Yn 1865, aethum i'r Bala dan fil o anfanteision. Bum yn bur onest yno, — ni ddygais lawer oddiyno! Dwy flynedd a hanner y bum yn y coleg, pryd y gorfu i mi ddychwelyd adref o herwydd amgylchiadau teuluaidd. Deliais i bregethu hyd y flwyddyn 1876 yn weddol dderbyniol, — ni byddai genyf byth Sabboth gwag, a bum yn pregethu ymhob capel yn Lerpwl, Manchester, a phrif drefydd Gogledd Cymru. Yn Mawrth, 1876, torais *blood vessel* yn yr ysgyfaint dair gwaith mewn ystod pythefnos. Ni feddyliodd neb y buaswn yn byw, a bum yn dihoeni am flynyddau. Bu Dr Edwards, Wyddgrug, a Dr J. Roberts, Caer, yn hynod o ofalus o honof y pryd hwnw. Yn y cyfnod hwn ysgrifenais saith o bregethau i'r DRYSORFA dan yr enw 'Offrymau Neill-duaeth.' Wedi hyn ysgrifenais ychydig frasluniau o gymeriadau i'r un cyhoeddiad, a chyhoeddais y pregethau a'r brasluniau yn llyfr. Yn ddigymhell, bu y Dr Edwards, Bala, garediced a chymeryd 60 o gopïau o hono, ac ysgrifenodd lythyr i'r *Goleuad* llawer rhy ganmoliaethol. Gwerthwyd yr argraffiad ymhen rhyw ddeufis. Cymhellwyd fi gan olygydd y DRYSORFA i ysgrifenu nofel, ac er i mi wrthod yn bendant ymgymeryd â'r fath orchwyl, ni fynai Mr Roger Edwards ei nacâu, ac ar amlen y DRYSORFA ddiwedd y flwyddyn, gwelwn

ymhlith llawer o addewidion eraill ar gyfer y flwyddyn ddyfodol, —
'Y Dreflan, gan Daniel Owen.' Mr Edwards bïa'r teitl, ac ni wyddwn
ar y pryd beth a ddysgwyliai. Nid oedd dim i'w wneyd bellach ond
dechrau arni. Ymddangosodd y Dreflan yn y DRYSORFA am ddwy
flynedd, a chyhoeddwyd y chwedl yn llyfr gan Mri P. M. Evans and
Son, Treffynnon.

Ni chefais lonydd wedi hyn gan Mr Edwards heb ddechreu chwedl
arall, ac er mwyn heddwch dechreuais ysgrifenu Rhys Lewis —
pennod ar gyfer pob mis, heb fod genyf air wrth gefn. Parhaodd am
dair blynedd. Wedi ei chwblhau, cyhoeddais hi yn llyfr 4s., a
gwerthais ddwy fil o gopïau — sef yr argraffiad — mewn chwe' mis.
Yna gwerthais y copyright i Mr Hughes, Gwrecsam, a chyhoeddodd
yntau ail argraffiad Cymraeg, ac yn ddilynol argraffiad Saesoneg.
Wedi hyn cyhoeddodd Mr John Lloyd Morris, Wyddgrug, Y Siswrn,
o fy ngwaith, ac yn ddilynol ail argraffiad. Gwyddoch am y gweddill
llenyddol cystal a minnau.

Daniel Owen, Mehefin 4, 1891.

3. Daniel Owen

T. R. JONES, *Y Traethodydd* (1904)

Sylwa De Quincey fod dau ddosbarth o lenyddiaeth, sef llenyddiaeth gwybodaeth a llenyddiaeth nerth. Amcan pennaf y cyntaf ydyw cyfrannu gwybodaeth am ffeithiau ac egwyddorion. Mae y llyfrau a wnant i fyny y dosbarth hwn yn newid yn barhaus, am fod gwybodaeth yn cynyddu ac yn ymberffeithio. Rhaid wrth argraffiadau newyddion, gyda chywiriadau ac ychwanegiadau, o Eiriaduron a Gwyddoniaduron i genhedlaeth ar ôl cenedlaeth. Ond y mae y dosbarth arall yn aros, heb angen cyfnewidiad mewn cynnwys na ffurf. I'r dosbarth hwn y perthyn chwedloniaeth. Gwir fod ffug-chwedlau poblogaidd, fel eiddo Syr Walter Scott, i raddau helaeth yn hanesyddol, ac ambell un yn ddaearyddol hefyd; er hynny, nid amcan eu cyfansoddiad a'u cyhoeddiad ydoedd cyfrannu gwybodaeth am ddigwyddiadau na lleoedd. Amcan pob nofel deilwng ydyw gweinyddu mwynhad pur i'r darllenydd, a'i symbulu i ddilyn buchedd anrhydeddus. Ac nid yw yn ormod dweud fod gweithiau rhai o'r prif nofelwyr wedi gwneud mwy dros ddeddfwriaeth ddyngarol nag areithiau sêr disgleiriaf y Senedd, a mwy dros rinwedd a chrefydd nag a allodd cedyrn pennaf y pulpud ei gyflawni drwy eu llafur gweinidogaethol. Gellir ystyried llafur amryw seneddwyr a phregethwyr blaenaf y deyrnas yn y cyfeiriad hwn yn addefiad ymarferol o hynny.

Nis gall neb ymgydnabyddu â hanes Cymru heb gael ei daro â syndod gan swm ac ansawdd ei llenyddiaeth, yn arbennig pan yn ystyried ei phoblogaeth, ei manteision addysgol, ynghyd â'r ffaith fod sawdl y gormeswr wedi bod ar ei gwddf drwy y canrifoedd. Y mae bywyd llenyddol iach a chryf yn y wlad, a serch dwfn yng nghalon y genedl at lenydda. Nid yw ein llenorion galwedigaethol yn lluosog; nid yw rhifedi y genedl yn caniatáu i lawer fyw ar ysgrifennu yn unig; ond y mae cariad at y gwaith yn galluogi ambell un i hunanymwadu ac i ddyfalbarhau pan heb obaith elw am ei lafur. Ac y mae y bywyd llenyddol hwn yn ein plith mor iach ag ydyw o gryf. Gogoniant llenyddiaeth Cymru ydyw ei phurdeb a'i chrefyddolder. Nid yw yn amrywiol iawn, nac yn gymhesur yn holl gangennau gwybodaeth. Gwneir llawer ohoni i fyny o farddoniaeth, gaeth a rhydd; ac nid yw yn ddiffygiol mewn diwinyddiaeth, ar ffurf traethodau a phregethau. Ceir hefyd liaws o fywgraffiadau yn yr iaith. Ar y llaw arall, ychydig iawn sydd wedi ei gyfansoddi ar athroniaeth foesol a meddyliol, ac nid yw y gwyddorau ond ieuainc eto yn ein plith. Diweddarach drachefn ydyw adeg cyfodiad y ffug-chwedl Gymreig: bron nad ellir dweud mai gyda Daniel Owen o'r Wyddgrug, y cyfododd. Ond gellir cyfrif am ddiweddarwch ymddangosiad y ffug-chwedl gyda'r ffaith na chroesawir hi i unman hyd nes i'r paratoadau angenrheidiol ar ei chyfer gael eu cwblhau, ac i'r genedl gyrraedd gradd benodol o aeddfedrwydd a diwylliant meddyliol. Nis gallai cenedl y Cymry roddi y parch dyledus i'r nofel yn flaenorol i'r deffroad cenedlaethol a brofwyd yn yr hanes olaf o'r ganrif ddiweddaf. Y pryd hwnnw daeth i sylweddoli yn fwy byw nag o'r blaen ei bod yn genedl wahaniaethol, fod nodweddion cenedl yn perthyn iddi, ac y byddai yn golled i'r byd fod y nodweddion hynny heb eu dwyn i'r amlwg a'u pwysleisio. Yn y cyfnod hwnnw yr ymddangosodd Daniel Owen, ac nis gallesid croesawu ei ysgrifeniadau yn gynt. Daeth ef yng nghyflawnder yr amser, a sicrhaodd le parhaol i lenyddiaeth chwedlonol. Esgynnodd, a hynny bron ag un naid, i binacl o enwogrwydd, nad oes yr un nofelydd arall yng Nghymru eto wedi ei gyrraedd.

Nid oes un dosbarth o lenyddiaeth yn fwy poblogaidd y dyddiau hyn na chwedloniaeth. Cwynir gan rai golygwyr cyhoeddiadau misol, ac eraill y perthyn iddynt adolygu llyfrau er budd y cyhoedd, fod y fath gawodydd o nofelau yn disgyn arnynt fel nas gwyddant pa beth i'w wneud â hwy. Ac ni buasai y cynnyrch mor doreithiog oni bai fod y prynwyr mor luosog. Os edrychir drwy restrau ein llyfrgelloedd cyhoeddus, gwelir mai nofelau yw y rhan fwyaf o'r llyfrau sydd ynddynt, a hwy a gymerir allan i'w darllen gan amlaf. Ar y gwersi a ddysgir trwyddynt y dibynna, i ryw fesur, o leiaf, gymeriadau miloedd o fechgyn a genethod ieuainc y wlad, oblegid am bob un a geir i ddarllen llyfr cyffredin ceir deg, a mwy, i ddarllen stori. Ni ddylid condemnio ffug-hanesiaeth yn gyffredinol wrth gydnabod fod llawer o'r nofelau a gyhoeddir yn wagsaw a difudd. Haedda y rhai hynny y condemniad mwyaf llym oddi ar law pob dyn sydd yn caru purdeb a chwaeth lenyddol, uchel. Gwasgerir hwynt drwy gyfrwng llyfrgelloedd benthyciol, a dygir llawer ohonynt i gyrraedd pawb yn y ffurf o arswydolion ceiniog. Gresyn fod cynifer yn gwastraffu eu hamser trwy eu darllen. Y maent trwy wneud hynny yn cynhyrchu eiddilwch meddyliol, yn mallu pob archwaeth at ymborth sylweddol, ac yn fynych yn gwyrdroi eu syniadau am yr hyn sydd bur a dyrchafedig. Rhaid i'r enaid wrth ymborth iachus a chryf cyn y bydd iddo gasglu cadernid. Siaradai Arglwydd Rosebery yn Birmingham, Hydref 15, 1901, fel y canlyn:

The mere fact of reading merely to occupy a vacant mind is nothing. It may even be injurious. There is an immense amount of books in existence which the world might very well do without, even of books which may be called wholesome and unobjectionable, — immense fens of stagnant literature, which can produce nothing but intellectual malaria . . . Every reader can ask himself occasionally, To what good shall I read this, or am I reading this? If it be found that the answer is invariably relaxation and amusement, it may suggest to the reader that he must change his course.

Eithr nid efrau yn unig sydd yn tyfu yn y maes hwn. Rhaid dysgu gwahanu yr us oddi wrth y gwenith, ac iawn-brisio y grawn pur. Y mae i'r nofel, yn ddiamheuol, ei lle a'i gwerth, a buasai llenyddiaeth yn llawer tlotach pe buasid yn ei hamddifadu o'r gweithiau rhagorol sydd wedi ei chyfoethogi yn yr adran hon. Pwy fedr fesur yr effeithiau daionus, ymarferol, ar foesoldeb a Christionogaeth y gwledydd a ddilynodd ddarlleniad ystyriol o *Daith y Pererin* gan John Bunyan, neu *Gaban F'ewyrth Twm* gan Mrs Beecher Stowe? Trwy gyfrwng nofelau gellir egluro a datblygu cwestiynau mawrion yr oes mewn gwlad-lywiaeth, moes a chrefydd. Ac os dysgir gwersi pwysig yn effeithiol drwy y cyfrwng hwnnw, pa ddrwg all fod mewn defnyddio y cyfryw ffurf? Ond os bu adeg pryd yr edrychid ar nofelau naill ai fel pethau dibwys neu fel pethau peryglus, fel pethau anheilwng o sylw dynion deallus a chrefyddol, neu fel pethau i'w gwarafun a'u condemnio, erbyn hyn y mae y nofel wedi sicrhau iddi ei hun safle sydd yn hawlio ac yn derbyn sylw, a chydnabyddir ei bod yn ddylanwad meddyliol a moesol effeithiol a phwysig. Gwir yw hyn hefyd am y nofel Gymreig, ac yn arbennig am Daniel Owen fel y pencampwr gyda hi. Cyflawnodd yr orchest o ehangu cylch darllenwyr Cymreig; sicrhaodd glust ei genedl o bob dosbarth a gradd, a llefarodd wrth fodd ei chalon. Pery hefyd yn ei boblogrwydd; mae yn ei lyfrau deilyngdod i fyw. Gwerthir rhai ohonynt bob dydd drwy y blynyddoedd. Gellir gofyn yn fuan —

'A oes un drigfa trwy Walia drylen
Na edwyn lewyrch ein Daniel Owen?'

Un peth sydd yn cyfrif am boblogrwydd a swyn Daniel Owen ydyw ei arddull fyw, ddirodres, fel ysgrifennydd. Nid peth dibwys ydyw y wisg a rydd awdwr am ei syniadau a'i feddyliau. Mantais i'r meddyliau cryfaf ydyw cael eu gwisgo yn drwsiadus a da, — nid yn goeg-falch a thrystfawr, eto yn hardd a boneddigaidd. Pan ddechreuodd Daniel Owen ddwyn ei gynhyrchion allan trwy'r wasg ceid llawer o ysgrifeniadau Cymraeg yn gaeth a thrymaidd. Lleddid nerth cystrawen yr iaith Gymraeg gan ddylanwad Seisnig. Gorlwythid hi â phriod-ddulliau estronol a dieithr, a chollai ei 'phrif ragorgamp,' sef ei phurdeb. Ond yn ei nofelau ef defnyddir Cymraeg syml a gwladaidd, Cymraeg Cymreig. Cymro Cymraeg ydoedd ef ei hun, a llewyrcha ei gymeriad yn glir drwy ei arddull. Teimla y gwladwr cyffredin yn gartrefol wrth ddarllen ei weithiau. Ceir ganddo liaws o eiriau sydd bellach yn ddieithr i doreth y genedl, ond hen eiriau caneuon Cymreig ei berthynas — Twm o'r Nant — ac eraill ydynt, neu ynteu rai o briod-ddulliau Sir Fflint. Deallwn oddi wrth ei gofiant na ddarfu iddo erioed feistroli gramadeg Cymraeg, ond yr oedd ganddo yn naturiol allu mynegiadol eithriadol o gryf. Nid yn unig gwelai lawer mwy nag eraill, ond medrai ei ddisgrifio yn gywir a chroyw, a hynny yn uniongyrchol. Ni byddai un amser yn ymddangos yn ymbalfalu am ymadrodd mwy nag am syniad, er iddo ysgrifennu rhai rhannau, yn arbennig o *Gwen Thomas*, amryw weithiau drosodd. Pan y disgynnai yr ysbryd arno fe ysgrifennai gyda chyflymdra mawr; ni byddai raid iddo wrth amser i ddethol ei eiriau: deuai y geiriau cymeradwy, yn ymddangosiadol o leiaf, heb chwilio amdanynt. Perffeithrwydd ei gelfyddyd o ysgrifennu sydd yn cyfrif am hynny. Nid yw hyd yn oed yr athrylithgar un amser yn cyfansoddi yn gwbl ddidrafferth. Rhaid i athrylith wrth ddiwydrwydd i wneud gwaith teilwng. Popeth rhagorol mewn llenyddiaeth, y pethau y gwrthoda y byd iddynt farw, cynhyrchion athrylith a llafur ydynt. Felly am Daniel Owen: yr oedd nerth diwydrwydd yn ei ewynnau yntau, ac erys ei weithiau yn enghraifft odidog o gyfoeth, amrywiaeth, ac uniongyrchedd yr iaith Gymraeg. Ceir ganddo lawer o frawddegau gafaelgar a grymus, cyffyrddiadau llenyddol prydferth a dymunol yn profi cydnabyddiaeth eang a manwl â llenyddiaeth gyffredinol, coginiaeth flasus a phersawr yn brawf o fedr dihafal a llafur dyfal pen-cogydd. Heblaw fod ei eirfa yn helaeth, trinia ei eiriau gyda deheurwydd. Dichon fod rhai brawddegau yma a thraw yn ei lyfrau ydynt yn rhy ddoniol a gogleisiol, a buasent yn brydferthach pe wedi eu dihatru o ran o'r addurn a roddwyd arnynt. Ei ddull cyffredin o ddangos y gwrthun yn ei wrthuni, a cheisio ennyn casineb ei ddarllenwyr at y gwrthddrych ydyw trwy ormodiaeth. Ond ffyddloned ydoedd i'r gwir fel nad yw y gorliwiadau hyn yn bethau mynych.

Heblaw Cymreigrwydd y wisg, y mae llawer o gymeriadau Daniel Owen yn nodweddiadol Gymreig. Bywyd trwyadl Gymreig ydyw maes arbennig ei lafur, ac yr oedd yn faes toreithiog heb fod neb wedi medi ynddo o'r blaen. Y mae y Cymro yn naturiol hoff o draddodiadau ei genedl, ac yn caru aros gyda'i hanes hen a diweddar. Gydag aiddgarwch ac astudrwydd y gwrendy plant ar eu rhieni, ar hirnos gaeaf, yn adrodd hanes gwrhydri arwyr Cymru Fu, neu droeon trwstan neu ddywediadau pert ei gymeriadau gwreiddiol, lleyg a llên. Ysgrifennai Mr A. G. Bradley, awdwr *Owen Glyndwr* a *Highways and Byways of North Wales*, yn y *Macmillan* am Chwefror, 1902, fel y canlyn am y *Welsh Marches*:—

> The Scottish Border has hitherto almost monopolised that class of literature which deals in popular fashion with border conflict. The 150 or so ruined castles of the Welsh Marches may, some day, perhaps, be galvanised into life, and made to tell their stirring tales of racial strife to a public outside the societies of antiquaries. Sir Walter Scott fell at once under the spell of the Marcher Castle in his only visit to Wales, and *The Betrothed* has the splendour of Powis Castle which was in Scott's mind when he wrote his Welsh romance.

Diau fod yna faes cyfoethog o hanesion a chwedlau Cymreig yn y *Marches* hynny. Mae rhai ohonynt wedi eu casglu oddi ar lafar gwlad a gweithiau yr hen awduron, a'u cyhoeddi yn gyfrol dan y teitl *Cymru Fu*. Aralleiriwyd rhai ohonynt er mwyn eu cyfaddasu yn fwy at briod-iaith arferedig yr oes hon, er y ceisiwyd hefyd gadw yn ddilwgr at yr hen arddull Gymreig. Oherwydd ei agosrwydd i'r Goror a Chlawdd Offa, ynghyd â'r traddodiadau lluosog ynglŷn â'r parthau hynny o Fflint a Dinbych, gallasai Daniel Owen roddi i'w wlad chwedl seiliedig ar ddigwyddiadau cynnar yn hanes y Dywysogaeth; ond gwelodd efe faes arall, ac un yr oedd efe mewn llawer mwy o gydymdeimlad ag ef, sef bywyd gwladaidd pobl gyffredin eu hamgylchiadau, a chrefyddol eu hysbryd a'u harferion. A darlunio y cyfryw, yn onest a theilwng, fu ei uchelgais ef. 'Cymro o'r gwraidd i'r brig' ydoedd Daniel Owen, a gweithiwr cyffredin, ac ym mysg y dosbarth hwnnw y carai efe aros a byw. Ac o'r hyn a welodd ac a glywodd ymhlith ei gydnabod y rhoddodd efe bortread. Ei gymdeithion a'i gydweithwyr yn yr ystafell bwytho, a'r ymwelwyr diddorol a ddeuent yno yn fynych a chyson, a ddisgrifir ganddo. Gyda'i allu eithriadol i sylwi gwelodd yn eu plith gymeriadau trwy hanes y rhai y gallai ddarlunio yr hyn sydd wir i raddau am lawer o bersonau trwy Gymru. Yr oedd yn adnabod y natur ddynol yn drwyadl: yn meddu yr 'ysbryd dyn' a'i galluogai i adnabod 'pethau' dynion eraill, er iddynt fod yn dra anhebyg. Dygai gymeraid dynion o dan bwysau a'u galluoedd o dan linyn. Yr oedd yn ddyn o gyd-ymdeimlad eang a dwys, — 'ei fron yn galon i gyd.' Nis gellir meddu dealltwriaeth wirioneddol o fywyd dynion heb gydymdeimlad â hwynt. Cydymdeimlad a chariad sydd yn rhoddi canfyddiaeth glir yn y meddwl, ac yn galluogi dyn i weled barddoniaeth a gogoniant bywyd. *'He who sees without loving is only straining his eyes in the darkness.'* Y natur ddynol oedd testyn efrydiaeth ddyfal Daniel Owen, a phrin yr oedd dyfnder yn yr enaid nad allai efe ei blymio, na haen yn y cymeriad nad allai efe ei ddwyn i'r amlwg. Medrai gael gafael ar, a rhoddi mynegiad i, deimladau mwyaf dirgelaidd dynion. Deallai eu harferion mwyaf cuddiedig; gwyddai beth fyddai yn cyniwair trwy ystafelloedd cefn eu meddyliau. Gwelai drwodd at y gwir yn eu hanes. Creodd ei gymeriadau yn ôl deddfau naturiol bywyd ymarferol, a llwydda i'w cadw ar wahân. Safant allan yn glir ar y cynfas ger ein bron. Daw y sylwadau a roddir yng ngenau pob un yn gwbl naturiol oddi wrtho. Ac nid yn unig gwahaniaetha bob cymeriad a grewyd ganddo, ond edrych eu hanes gyda'r manylrwydd a'r cywirdeb sydd yn codi o lawnder gwybodaeth yn eu cylch. Llywodraethir eu mynediad a'u dyfodiad, eu hamseroedd a'u lle, gyda meistrolaeth sicr a chywirdeb di-feth. Darlunia rai cymeriadau nes peri i ni eu ffieiddio, ac i benderfynu peidio eu dilyn. Amhosibl i neb ddarllen hanes Capten Trefor heb deimlo yr atgasrwydd mwyaf at y cyfryw, yn codi oddi ar ymdeimlad mai twyll a rhagrith ydyw y bratiau o rinweddau â pha rai y mae yn ceisio gwisgo ei hun. Diosga y 'crys o rawn' oddi am y trahaus, yr honiadol a'r chwyddedig. Rhwyga hugan y cybydd yn gareiau, fel na byddo neb yn methu ei adnabod a'i wahaniaethu oddi wrth y cynnil a'r darbodus. Daw un arall ger ein bron yn awdurdodol a chethin, cymylau ar ei aeliau, a tharanau yn ei lais. Wrth ddarllen am y cyfryw bydd y gwaed yn fferu yn ein gwythiennau neu y gwallt yn codi ar ein pennau. Ond tra y mae yn dynoethi ffolinebau ac yn condemnio drwg-arferion trwy rai o'i gymeriadau, neu yn defnyddio gwatwareg lem a deifiol, nid yw yn cyffwrdd pethau mawrion a thrymion un amser heb arddangos parchedigaeth sydd yn fyw i'w cysegredigrwydd, ac yn debyg o beri i'r darllenydd deimlo yn well o gael ei ddwyn i gyffyrddiad â hwynt. Gyda'i gymeriadau rhinweddol a chrefyddol y cymerodd efe y drafferth fwyaf, rhai ohonynt yn drwsgl a diniwed, a chylchdro eu bywyd yn fychan, ond y maent yn werth eu pwysau mewn aur.

Gan fod darllen nofelau yn un o ffeithiau mawrion y dydd, dylid cyfarfod y duedd at hynny trwy feithrin purdeb chwaeth. Gellir dweyd yn bendant nad oes llinell yng ngweithiau Daniel Owen a allai ddysgu bachgen i fod yn anghywir neu yn anonest, neu eneth i fod yn aflednais ac aniwair. Tuedda yr holl i foesoli a dyrchafu y darllenwyr, ac yr oedd ei fywyd personol yntau yn cyd-fynd â hwy, ac o'r herwydd yr oeddynt yn llawer mwy gwerthfawr a dylanwadol. Dywed y nofelydd enwog a'r gwleidyddwr, Arglwydd Lytton, yn un o'i nofelau, nad ydyw o fawr bwys i'r byd pa fath ydyw cymeriad awdwr yn bersonol mewn cymhariaeth i'r hyn yr ymddengys i'r byd ei fod yn ei weithiau cyhoeddus. Y mae cylch ei ddylanwad personol yn gyffredin yn dra chyfyng, ond os bydd gallu a bywyd gwirioneddol yn ei lyfrau, fe barhant hwy i symud dros y byd ac i lawr yr oesau, a bydd cenhedlaeth ar ôl cenhedlaeth yn derbyn oddi wrthynt symbyliad i fath neillduol o fywyd. Y mae o bwys anrhaethol, gan hynny, i lyfrau sydd wedi eu hamcanu i effeithio ar deimladau a syniadau, ac i ddylanwadu ar weithredoedd miliynau o ddynion mewn amrywiol wledydd a gwahanol oesau fod wedi eu haddasu o ran tôn a chymeriad i wella a dyrchafu y darllenwyr. Ond y cwestiwn yw, a all efe ysgrifennu yn effeithiol a dylanwadol uwchlaw lefel ei fywyd ei hun? A ddichon efe ysgrifennu yn fawrfrydig a thyner a byw bywyd hunanol, cul? neu ysgrifennu yn lân a phur ac arwain bywyd anfoesol? A fedr efe ymddatod oddi wrtho ei hun ac ymarallu mor drwyadl fel na byddo dim o ddelw ei gymeriad ar ei weithiau? Y teimladau sydd yn cyflwyno i awdwyr y defnyddiau o ba rai y gweithiant eu syniadau. Rhaid i'r bardd deimlo ei ganeuon cyn eu troi i fydryddiaeth; rhaid i'r cerddor deimlo y gerddoriaeth yn ei galon yn gyntaf cyn ei throi i nodau cerddorol. Yr un modd am y nofelydd; rhaid i'w bersonoliaeth a'i gymeriad yntau roddi eu hargraffiadau ar ei nofelau. Crea o'r defnyddiau a gyflwynir iddo gan ei deimladaeth a'i brofiad yn ogystal a chan ei sylwadaeth ddeallol. Felly mae yn bwysig iddo gadw ei galon yn dra diesgeulus, a'i chwaeth yn bur, modd y gallo adlewyrchu gyda chywirdeb deimladau a syniadau goreu y natur ddynol. Llyfrau drwg ydyw cêl-genhadon peryclaf y diafol; llygrant gyda phla marwol awyrgylch foesol y byd. Ar y llaw arall mae y teimladau a gynyrchir gan astudiaeth o weithiau awduron pur eu meddwl a'u moes yn gyfryw ag sydd yn arwain i ddymuniad am gyrhaeddiadau uwch a mwy dyrchafedig, a'r dymuniad hwnnw yn arwain i ymgais uchel a gwrolfrydig i'w sylweddoli. Un o amcanion mawr nofel deilwng ydyw gwella moesau ei darllenwyr. Mewn gwirionedd, pregeth ydyw wedi ei hysgrifennu yn y ffurf o chwedl. Trwyddi crëir edmygedd o rinweddau ac atgasedd at bechod yn ei wahanol ffurfiau. Dywedai Syr Walter Scott ychydig cyn marw: 'Yr wyf yn ymyl y terfyn. Bûm, o bosibl, yr awdwr mwyaf cynyrchiol yn fy nydd, ac y mae yn gysur i mi feddwl, yn awr, na amcenais siglo cred na llygru egwyddor neb, ac nad wyf wedi ysgrifennu dim y dewiswn cyn marw ei ddileu.' Gallasai Daniel Owen wneud cyffelyb honiad. Ymgadwodd yntau rhag dwyn dim i mewn i'w lyfrau allai beri i bechod ymddangos yn hardd a swynol; a defnyddiai ei gyfleusdra i gymell rhinwedd a daioni mewn ffordd esmwyth a didramgwydd. Dywed un dosbarth o feirniaid llenyddol mai amcan blaenaf y llenor, y bardd, y cerddor, a'r nofelydd yw diddori y darllenydd trwy gynyrchu y prydferth i'w edmygu ganddo, ac nad yw yn rhan o'u cenhadaeth hwy i wella a sancteiddio cymeriadau. Y mae yr arlunydd llenyddol, meddant, yn anghofio natur ei waith pan yn troi i addysgu a phregethu. Nid felly yr edrychai Daniel Owen ar y dalent a ymddiriedwyd iddo ef, eithr fel un i'w defnyddio er mantais i foesoldeb. Wedi methu gwneud hynny yn llafaredig oddi ar y llwyfan, parhaodd yn yr un gwaith gyda'i ysgrifell. Ac y mae y casineb a enynnir ym mynwes ei ddarllenwyr at ei gymeriadau drwg, a'r edmygedd a'r cariad a'u meddiannai yng nghymdeithas ei bobl dda a thirion, yn gadael arnynt argraff o ddaioni a'u gwna yn ddiarwybod iddynt yn fwy pur ac yn fwy hawddgar.

Disgwylir mewn nofelydd da gael disgrifiadau diddorus a swynol, ynghyd â gwythïen o ffraethder a donioldeb yn rhedeg drwyddynt; ac nid yw Daniel Owen yn ddi-ddawn yn y cyfeiriad hwn. Dywedodd un ysgrifennydd Cymreig nad ydyw meddwl Cymru erioed wedi llwyddo i roddi y wedd ddigrifol ar fywyd. 'Nid yw caneuon digrif Ceiriog yn urddasol, ac nis gwelai Mynyddog bob amser y llinell rhwng y digrif a'r di-chwaeth. Prin y gellir galw yr hen Domos Bartley yn gymeriad naturiol ddigrif. Darluniwr y *direidus*, y tyner a'r difrifol oedd Daniel Owen. Hiraethog, yn *Llythyrau 'Rhen Ffarmwr*, yw'r goreu yn y maes hwn.' Dichon fod y feirniadaeth hon yn deg: yr oedd Daniel Owen yn Gelt trwyadl, ac yn byw llawer yn y cywair lleddf. Elfen leddf oedd yn gynhenid ynddo, a bu i amgylchiadau profedigaethus a chyfyngderau bywyd ddwysáu y teimlad hwnnw. Yr un pryd yr oedd yn llawn o ysmaldod iachus. Gwelai ochr ddigrif pethau a phersonau, siriolai ei wyneb yn yr olwg arni, ac enynnai ei ddawn i'w darlunio. Efe fyddai enaid y cwmni ar gyfrif ei ffraethineb a'i ddonioldeb. Byddai ei lygaid yn serennu, a rhyw air treiddiol yn disgyn oddi ar ei wefusau. Ei arwyddair ydoedd *truc to nature;* carai fyw yn naturiol, casái ragrith a ffug. Gwyddai fod anhraethol wahaniaeth rhwng 'sant-wynebog-rwydd' a phurdeb, a maentumiai mai y dynion mwyaf naturiol, rhydd a diofal (yn ystyr dda y gair) ydynt y rhai cywiraf a mwyaf dihoced. Fel rheol yr oedd yn ddoniol heb fod yn frathog, neu, os byddai yn brathu, nid byddai gwenwyn ar ei dafod. 'Ffyddlawn yw archollion cyfaill,' a phan y byddai Daniel Owen yn archolli, gwnâi hynny er mwyn gollwng gwaed drwg allan. Gofalai rhag croesi y ffin oddi wrth y difyr a'r digrif at yr isel a'r dichwaeth. Gall rhai o'i ddywediadau pert, digrifol, ymddangos yn anaturiol, a chael eu tynnu i mewn i'r ymddiddan yn ddialw amdanynt, ond fel rheol maent yn adfywiol iawn. Mae ei ysmaldod yn nawsaidd a doeth, gan mwyaf, ei chwareus-rwydd yn ddiniwed, a'r difyrwch a weinydda o natur bur ac uwchraddol.

Ar gyfrif elfen gysurol ei weithiau daethant ar unwaith yn boblogaidd gyda'r canol oed, a rhai wedi cyfarfod â siomedigaethau a helbulon. Nid ffrwyth dychymyg oer yn gweithio ar gof cywir a welwn yn ei ddisgrifiadau, ond dyn yn meddu ar lawer iawn o *natur*, a honno yn twymo ei ddychymyg. Cydymdeimlai yn ddwfn â'r rhai a ddisgrifiai: mae amryw o'i gymeriadau wedi eu cysegru iddo eî hun trwy ddagrau. Dywedodd cyfaill wrtho fod llawer o golli dagrau wedi bod wrth ddarllen hanes Seth Bartley a'r Capel Mawr. 'Wel,' meddai'r nofelydd yn ôl, ' 'wylodd neb gymaint ag y gwnes i wrth ysgrifennu.' Y mae darllen am ymdrech Mari Lewis i fagu ei hamddifaid, marwolaeth Bob wrolgalon, colli Seth ddiniwed i

Thomas a Barbara Bartley, profedigaethau amrywiol Enoc Huws, ac amgylchiadau eraill, wedi apelio yn ddwys at lu oeddynt yn dioddef, ac wedi bod yn ollyngdod i lawer calon drom. Galluogid hwy i anghofio eu poen am ennyd, i fyw mewn byd arall, ac i gael esmwythâd wrth ddarllen helyntion blinion eraill. Pan oedd James Russell Lowell yn gorwedd ar ei wely angau, ymwelwyd ag ef gan Oliver Wendell Holmes, yr hwn a ofynnodd iddo pa fodd yr ydoedd. Atebodd Lowell ef trwy ddweud ei fod wedi anghofio ei holl boen corfforol am ei fod yn darllen *Rob Roy*, un o nofelau Syr Walter Scott. Yn yr un amgylch-iadau dywedir am Whewell ei fod yn darllen *Mansfield Park*, un o nofelau Jane Austen. Dug yr esiamplau yna, ac eraill, dystiolaeth i'r dylanwad sydd gan lenyddiaeth ffugchwedleuol dda i esmwythau poenau corff.

Rheswm cryf dros boblogrwydd nofelau Daniel Owen yw eu crefyddolder. Cawsai ei athrylith fyw ei meithrin a'i chyfeirio gan ddylanwadau o natur grefyddol a'i hamgylchynent yn nyddiau ei febyd a thymor ei ieuenctid, megys duwioldeb a thalent ei fam, yr Ysgol Sabothol, a phregethu. A thrachefn, mewn dyddiau diweddarach, yn yr ymddiddanion a ddygid ymlaen yn ei fasnachdy — cyfnewidfa feddyliol y dref, — yr oedd y pynciau drinid yn gyffredin yn rhai uchel a phwysig, ac yn apelio at alluoedd gorau y cwmni. Wrth ystyried y pethau hyn yn ei hanes nid ydym yn rhyfeddu fod i'w nofelau amcan crefyddol. Deallir yn fuan, wrth eu darllen, argyhoedd-iad yr awdwr mai ymddygiad y dyn at yr hyn sydd iawn sydd yn gwir benderfynu ei le. Yr oedd efe ei hun yn ddyn uniawn, a'i amcan clir ydoedd gwneuthur daioni, ac nid anhawdd ydyw canfod yr arwyddion ffordd sydd ganddo i gyrraedd yr amcan hwnnw. Teimlwn wrth ddarllen ei lyfrau fod yma 'enaid o ddifrif, un wedi ymgydnabyddu â phethau o dragwyddol bwys, ac yn rhy deyrngarol i'r argyhoeddiadau dyfnaf i lunio neu i ddarlunio dim heb gofio fod a fynno pob dyn, boed wael boed wych, boed sawdl boed lygad — fod a fynno pob dyn â'r anweledig agos, â'r tragwyddol pell.' Ac yn fynych cawn ef yn ddigon Piwritanaidd, wedi cyfleu gwirionedd, i roddi modrwyau a throsolion at gario y wers adref. Rhoddir lle mawr i grefydd mewn llawer o nofelau Seisnig yn y blynyddoedd hyn, ac os byddant wedi eu hysgrifennu yn dda nid oes un math o nofelau yn gwerthu yn well, ac felly yn cael eu darllen yn fwy cyffredinol. Y mae crefydd, mewn rhyw wedd neu gilydd, yn fater o ddiddordeb angerddol i Brydeinwyr yn gyffredin. Y mae credo a bywyd yn faterion trafodaeth barhaus yn eu plith, a dyna paham y mae y fath brynu a'r fath ddarllen ar nofelau sydd yn ymwneud â chwestiynau crefyddol. Dysgir syniadau crefyddol digon afiach a chyfeiliornus mewn llawer ohonynt, ond y mae y ffaith eu bod yn cyffwrdd crefydd yn sicrhau iddynt ddarllenwyr. Os ydyw yr uchod yn wir am Brydain yn gyffredinol, pa faint mwy felly am Gymru — wedi iddi unwaith dderbyn y ffug-chwedl? Crefyddolder cynnwys chwedlau Daniel Owen oedd eu trwydded i dai nad oedd y cyfryw lenyddiaeth ddim wedi arfer cael mynediad rhydd, digwestiwn i mewn iddynt. Pan hysbysodd y Golygydd y byddai i nofel ymddangos yng ngholofnau *Y Drysorfa*, dychrynai llawer o'i hen ddarllenwyr duwiol yn y gwahanol ardaloedd; ond wedi ymddangosiad rhyw dair neu bedair o benodau, pwy ond hwy oedd y rhai mwyaf awchus am ei ddarllen, a phan ddeuai *Y Drysorfa* i'w tai ddechreu y mis, darllenent y nofel y peth cyntaf o'r cynnwys. Un rheswm am hynny ydoedd cysylltiad rhai o'r cymeriadau â chrefydd. Nid yn unig yr oedd llyfrau Daniel Owen yn ymwneud â chwestiynau eglwysig, neu â phersonau crefyddol, ond yr oedd ysbryd yr awdwr wrth sôn amdanynt yn amlwg wedi ei drwytho yng ngwirioneddau crefydd. Hawdd fuasai dwyn crefydd neu grefyddwyr i mewn i ffug-chwedl i wneud gwawd o'r cyfryw. Ceir rhai o brif nofelwyr Seisnig y ganrif ddiweddaf yn hollol amddifad o gydymdeimlad â chrefydd efengylaidd, ac ambell un yn ymwrthod yn gwbl â Christionogaeth, ac eto yn mynnu trafod cwestiynau crefyddol yn eu llyfrau. Detholodd Charles Dickens lawer o'i gnafiaid gwaethaf o blith rhai yn gwneud honiadau crefyddol uchel. Gwna Syr Walter Scott, Mrs Oliphant, ac eraill, gymeriadau Ymneillduol yn fynych yn wrthddrychau gwawd a dirmyg. Ond bellach caiff ysgrifenwyr fel Barrie, y brodyr Hocking, Ian Maclaren, Crocket, ac eraill, dyrfa o ddarllenwyr eiddgar pan yn darlunio cymeriadau gwir grefyddol, er eu bod o blith Ymneillduwyr a gwerin y wlad. Pa sawl un sydd wedi sefyll mewn edmygedd, addolgar bron, uwchben darlun Barrie o Margaret Ogilvy, ei fam? Ac un deilwng i sefyll wrth ochr Margaret Ogilvy ydyw Mari Lewis, sef mam Daniel Owen. A gogoniant pennaf y ddwy ydyw eu crefyddolder. Teilyngai cymeriad Mari Lewis yr wrogaeth uchel a roddir iddi yn y Farwnad Ryddieithol geir yn *Rhys Lewis*, un o'r penodau hynotaf o'i fewn. 'Trafferthus a fu dy fywyd; ar rai adegau yr oeddit yn wir dlawd, ond danghosai y dyrfa ddaeth i dy gynhebrwng fod rhywrai eraill heblaw fi yn gweled rhywbeth yn dy gymeriad gwerth ei edmygu. Nid rhyfedd i Carlyle ddywedyd: "*Sublimer in this world know I nothing than a peasant saint.*" '

Tra mae gweithiau Daniel Owen yn dangos llawer o'i athrylith, ac yn arwydd o'i dalent, yr oedd efe ei hun yn fwy nag un o'i lyfrau ac na'r oll gyda'i gilydd. Y mae Cymru dan ddyled drom iddo am un o'r cymwynasau pennaf a dderbyniodd, — darlun byw a diddorol o'i bywyd mewn cyfnod sydd bellach wedi mynd heibio braidd yn llwyr. Oherwydd natur ac ansawdd ei waith bydd Cymru Fydd dan ddyled drymach drachefn iddo. Bydd nofelwyr Cymreig y dyfodol yn dyfod at ei gofgolofn i'r Wyddgrug i dalu gwrogaeth ddiffuant iddo, ac yn myned at ei weithiau i dderbyn calondid ac ysbrydiaeth i gyflawni gwaith cyffelyb a rhagorach. Gwêl y dyfodol fwy o ragoriaethau yn ei weithiau, a gwêl hwynt yn gliriach nag y gallwn ni eu gweled heddyw. Nid yw gwreiddiolder yn ymwybodol ohono ei hun; nid yw y genhedlaeth bresennol o Gymry, ac nid oedd Daniel Owen ei hun, yn sylweddoli yn llawn holl ystyr yr hyn a ysgrifennai. Datguddir yn ôl llaw gyfoeth yn ei weithiau nad oes neb eto wedi llwyddo i'w darganfod. Y mae digon o nerth yn ei athrylith, ac o rym yn ei ddaioni, iddo atgynyrchu ei hun mewn ysgrifenwyr ydynt eto, o bosibl, heb eu geni. Safodd yn gadarn dros yr ansoddau moesol uchaf, dywedai yr hyn a gredai oedd wirionedd, a gobeithiai yn Nuw; ac ni bydd treigliad amser yn peri i lawer o'r gemau sydd yn ei weithiau golli dim o'u gloywder.

4. Daniel Owen: (1) Ei Waith

T. M. JONES, Y Traethodydd (1905)

Hyd yn oed pe buasai gofod yn caniatáu prin y mae angen egluro hanes Daniel Owen i ddarllenwyr Y Traethodydd. Un Daniel Owen sydd wedi ymddangos yng Nghymru hyd yn hyn, ac y mae hanes bywyd yr un hwnnw yn ddigon hysbys bellach i gorff mawr y genedl Gymreig, fel nad oes angen, ar ddechrau ysgrif fel hon, i ymdroi gyda'i hanes. Ond, er cymaint sydd yn cael ei ysgrifennu amdano, ac yn cael ei ddarlithio arno, gall fod gormod o ddieithrwch ynghylch y gwaith a gyflawnwyd ganddo, a chredaf mai da fyddai galw sylw at yr hyn a wnaeth, at ei wasanaeth i fuddiannau a gwir gynnydd Cymru — dyna fydd gennyf yn yr ysgrif hon, ac yna, mewn ysgrif ddilynol, ceisir galw sylw at wahanol agweddau ar ei athrylith, &c.

Cyn dechreu cyfeirio at ei weithiau llenyddol, rhaid peidio anghofio yn llwyr ei wasanaeth mewn cyfeiriadau eraill: cyflawnodd ei ran yn dda fel Dinesydd yn nhref Yr Wyddgrug — cymerai ddiddordeb mewn symudiadau lleol a gwelliantau cymdeithasol. Ar lawer cyfrif, gellid ei ystyried yn ddyn ymarferol iawn, gwelai anghenion, a gwnaeth lawer, mewn amrywiol ffyrdd, i'r dref a'r cylch; nid yn unig mewn ffordd ddistaw i gynorthwyo y gweddwon a'r amddifaid, fel cyfaill i'r tlodion ac i ieuenctid ymdrechgar, ac fel cymydog cymwynasgar, ond gwnaeth lawer yn gyhoeddus fel trefwr. Dewiswyd ef yn aelod ar hen Fwrdd Lleol y dref, a phan ddaeth Deddf newydd y Cyngor Dinesig i weithrediad, dewiswyd ef yn aelod ar Gyngor cyntaf Dosbarth Yr Wyddgrug, a gwnaed ef yn gadeirydd y Cynghor hwnnw, yn rhinwedd yr hyn y daeth yn Ustus Heddwch. Hefyd, efe oedd prif hyrwyddwr y symudiad i gael cangen o Gymdeithas yr Iaith Gymraeg yn y dref, ac efe oedd llywydd ac athraw y Gymdeithas honno, &c. Fel aelod eglwysig, cyflawnodd lawer o waith da ynglŷn â'r achos crefyddol; bu yn athraw ffyddlawn a galluog am amser maith yn yr Ysgol Sabothol, a bu ganddo, am flynyddau, fath o Ddosbarth

Darllen ar nos Sabothau, ar ôl y gwasanaeth hwyrol; ac wedi dychwelyd gartref o Athrofa'r Bala, bu yn holwyddorwr yr Ysgol Sabothol yn Nosbarth Yr Wyddgrug am y tymor o dair blynedd. Nid pawb, efallai, sydd yn gwybod ei fod ef yn bregethwr rheolaidd gyda'r Methodistiaid Calfinaidd, ac edrychai yn rhyfedd, rhywfodd, pe gelwid ef yn 'Parch. Daniel Owen, Wyddgrug,' ac eto ceir ei fod, yn y flwyddyn 1864, wedi cael ei gymell i ddechreu pregethu, ac yn y flwyddyn 1865 aeth i Athrofa Bala, ac arhosodd yno am ddwy flynedd a hanner, pryd y gorfuwyd arno ddychwelyd gartref ar gyfrif amgylchiadau teuluaidd; gadawodd yr athrofa yn ystod gwyliau y Nadolig, 1867, er mwyn cynorthwyo ei fam a'i chwaer i fyw heb ofyn elusen blwyfol, gan i'w frawd (David) briodi oddeutu yr adeg hon; gadawyd ei fam a'i chwaer yn hollol unig, ac er mwyn ei deulu, fel mab a brawd, gadawodd ei efrydiau athrofaol, ac aeth gartref i weithio drachefn gyda'i hen alwedigaeth fel dilledydd. Wedi dyfod gartref, parhaodd i bregethu ar y Sabothau, ond ym mis Mawrth 1876, torrodd llestr gwaed iddo dair gwaith mewn ystod llai na thair wythnos o amser, ac aeth i wendid mawr, a bu yn dihoeni am flwyddyn yr adeg honno, a gorfu arno roddi i fyny yn gwbl y weinidogaeth ar ôl bod yn pregethu am un mlynedd ar ddeg. Dengys Adroddiadau Arholiad Athrofa'r Bala am y blynyddoedd 1866 ac 1867 ei fod yn sefyll yn dda gyda'i addysg, yn arbennig mewn rhai materion, a rhaid cofio mai hynod ychydig a fu ei fanteision addysg cyn myned i'r Bala. Gyda golwg arno fel pregethwr ymddengys mai arddull ymddiddanol, i raddau, ydoedd ei eiddo; meddai graffder arbennig i elfennu cymeriadau, cymerai gymeriadau o'r Beibl yn destunau, manylai yn ôl ac ym mlaen arnynt, hoffai ddisgrifio golygfeydd, llenwi i fyny y manylion, gyda llawer iawn o athroniaeth yn ei sylwadau; ac er nas gellir dweud iddo gael hamdden i ddatblygu yn llawn fel pregethwr, gan i'w iechyd dorri i lawr mor gynnar, eto yr oedd yn dderbyniol a chymeradwy. Hawdd y gallesid manylu ychwaneg arno yn y cysylltiadau hyn — cysylltiadau gwladol, cymdeithasol, ac eglwysig ac yn wir prin iawn y mae digon o bwyslais wedi ei roddi ar ei wasanaeth yn y cysylltiadau hyn. Pe heb ysgrifennu llinell, pe wedi noswylio heb gyflawni dim ond yr hyn a wnaeth yn ddistaw, ac yn gydmarol anghyhoedd, fel mab i'w fam a brawd i'w chwaer, fel dinesydd a chymydog, fel aelod eglwysig, fel athraw a llywydd, fel efrydydd a phregethwr, &c. — yn gwbl ar wahân i'w lafur llenyddol — buasai wedi cyflawni diwrnod da o waith, a chenir clychau swnfawr ar ôl llawer o ddynion wedi cyflawni llai o wir wasanaeth nag ef hyd yn oed ar y wedd honno yn unig i'w fywyd.

Hefyd, ychydig iawn o sylw sydd wedi ei roddi i Daniel Owen fel Bardd. Os ydyw disgrifiad Tennyson am y gwir fardd yn gywir:—

> He saw thro' life and death, thro' good and ill;
> He saw thro' his own soul,
> The marvel of the everlasting Will,
> An open scroll,
> Before him lay: with echoing feet he threaded
> The secretest walks of fame;
> The viewless arrows of his thoughts were headed
> And wing'd with flame.

Ni phetrusir galw Daniel Owen yn un o feibion yr awen wir, ac er yr addefir nad yw nifer ei gynyrchion yn lluosog, eto prin y mae y genedl, hyd yn hyn, wedi edrych digon arno fel Bardd. Gall fod gwahanol resymau am hyn, ac mai un rheswm ydyw fod ei ragoriaethau mewn cymeriad neillduol arall wedi ennill sylw y wlad, nes ei anghofio ym mhob gwisg ond honno, ac efallai bod mewn perygl o fethu ei adnabod o gwbl ond yn y wisg honno. Er nad arferai gystadlu llawer, ceir iddo ennill y brif wobr unwaith yng Nghyfarfod Llenyddol Yr Wyddgrug (Nadolig) am bryddest ar y testun — 'Y Wraig Weddw o Nain,' a hawdd credu fod perlau ynddi. Defnyddiai ef y ffugenw 'Glaslwyn' ar adegau, a chyda'r enw hwn yr anfonodd rai cynyrchion boreuol i'r *Methodist,* a chylchgronau eraill. Fel ffaith ddiddorol yn ei hanes, wele y darn barddonol cyntaf erioed o'i waith i ymddangos yn y wasg (*Methodist,* Mai, 1856), a'r testun ydyw, 'Mynwent Yr Wyddgrug':

> Fy anadl dynnaf ataf, byddaf ddwys,
> Na foed i'm dyrfu dim, na rhoddi pwys
> Fy nhroed yn drwm ar oer weddillion rhai
> Sy'n huno'n dêr dan do o oerllyd glai.
> Ah! Wilson, ai fan hyn mae'th isel fedd?
> Diaddurnedig yw, a hagr ei wedd;
> Heb ol celfyddyd mewn cywreinwaith cain
> Yn codi colofn it' o'r mynor glain,
> Ai am nad ydwyt deilwng o'r fath fri
> Y darfu'th genedl ymddwyn atat ti
> Fel hyn? O na, yr wyt yn deilwng iawn

O bob rhyw fri a pharch a chofiant llawn.
Fy ngwlad! fy ngwlad! pa fodd y gwnaethost hyn
Ag un o'th feibion enwog? 'Rwyf yn syn!
Yn dy wladgarwch nac ymffrostia mwy
Rhag peri gofid im', ac agor clwy'
Fy mron wrth gofio'th Wilson sydd yn awr,
Er dy dragwyddol warth, mor wael ei wawr.
Ond er pob amharch gefaist, Wilson gu,
Yr wyt yn ddistaw yn dy feddrod du;
Un gair anhawddgar chwaith ni roddi im,
Ond perffaith ddistaw wyt heb rwgnach dim.
Yn iach it, Wilson, hûn mewn tawel hedd,
Ac wrth i'm fyn'd, rhof ddeigryn ar dy fedd.

Diau fod y darn hwn — y cyntaf o'i eiddo i ymddangos yn y wasg —
yn ddigon i benderfynu ar unwaith ei allu yn y cyfeiriad hwn; ac
ymddengys i mi ei fod yn y darn cyntaf hwn, er mai y flwyddyn 1856
ydoedd, yn rhoddi ei fys ar un o fannau gwan cenedl y Cymry —
graddau o ddiffyg parch coffadwriaethol i'w phlant mwyaf
athrylithgar. Wele enghraifft ohono fel englynwr digrifol:—

Benyw a'i bryd ar ei bonnet — a'i gwallt,
  A'i gown, a'i *silk jacket;*
  A'i chelf yw dal â melfet
Segur ŵr y sigaret!

Eto o nodwedd hollol wahanol:

A'i arian a'i clod sydd orau — i ddyn?
  'Wn i ddim, ond diau
  Na bod yn ôl — mae'n olau
Gwell i ddyn golli y ddau.

Disgrifia, mewn darn arall, yr Arglwydd Iesu yn cysgu yn y llong ar
Ystorm Môr Tiberias:—

O'r neillduy, cwsg Creawdwr mawr y byd;
Ymryson am y fraint o siglo'i gryd
Wna'r gwyntoedd gwylltion; yntau, er mewn hûn,
A'u dalia yn ei ddyrnau bob yr un!

---

1 Mr John Wilson, R.A., a fu farw yn y Colomendy, ger Yr Wyddgrug, ac a gladdwyd
   ym mynwent y dref, a'r hwn hefyd oedd yn arlunydd enwog.

Diau y gellir ystyried ei 'Hiraethgân ar ôl y diweddar Barch. John Evans, Croesoswallt' (Garston gynt) — hen gyfaill a chyd-fyfyriwr iddo yn Y Bala — yn un wir dda, a phrofedigaeth ydyw peidio dyfynnu yn helaeth ohoni, ond wele ychydig linellau:—

Eisteddais wrth dy ochr lawer awr
Ar fainc y Coleg, ddyddiau hapus gynt,
Pan oedd hoenusrwydd ysbryd yn rhoi gwawr
Ar ein breuddwydion — aethant gyda'r gwynt!
Pa le mae'r bechgyn oeddynt gylch y bwrdd?
Rhai yma, a rhai acw — rhai'n y ne':
A gawn ni eto gyda'n gilydd gwrdd,
Heb neb ar ol — heb neb yn wag ei le?

Gwell gennyt oedd, mi wn, y gwaith na'r wledd,
A dyna p'am yr oedaist braidd yn hir
Heb ufuddhau — nid ofnir glyn a'r bedd—
Ond awydd eilwaith gael pregethu'r gwir;
Ond llaw dy Feistr gododd gwrr y llen,
Er mwyn it weled cyfoeth llawn y bwrdd;
A'r foment honno syrthiodd yr holl gèn
Oddi ar dy lygaid — tithau est i ffwrdd.'

Mor naturiol! Mor deimladwy, ac eto mor ddiymdrech am effaith. Pwy sydd heb ddarllen ei 'Ymson Boreu Nadolig, 1894'? Nid llawer o ddarnau mwy naturiol, prydferth, ac addysgiadol a geir yn yr iaith. Ond, er y cyfan, cydnabyddir mai ei brif waith barddonol ydyw y Bryddest ar 'Offrymiad Isaac,' yr hon a ymddangosodd yn *Y Traethodydd* am Ebrill 1871, a cheir ynddi agos i 550 o linellau. Hyfryd a fuasai dyfynnu, ond ni chaniatâ gofod. Diau fod nodau yr awen wir ar ei gynhyrchion, ac er nad yw yr adran hon o'i waith wedi cael llawer o sylw hyd yn hyn, rhyfedd os na bydd i'w gynyrchion barddonol eto ennill mwy o sylw nag a roddwyd iddynt o'r blaen.

Ond, pan y sonnir am waith Daniel Owen, diau rnai at ei lyfrau y cyfeirir yn fwyaf uniongyrchol, a chyn dyfod at hynny, dylid ceisio edrych am yr eglurhad, os oes un i'w gael, paham y darfu iddo ddechreu ysgrifennu yn y dull y gwnaeth. Fel y sylwyd eisoes, torrodd ei iechyd i lawr ym Mawrth, 1876, a rhoddodd i fyny fyned oddi amgylch i bregethu, a dyna yr adeg y dechreuodd ysgrifennu i'r wasg. Gan fod hyn yn meddu diddordeb a phwysigrwydd, a chan fod adroddiadau mor wahanol i'w gilydd wedi ymddangos ar hyn, buddiol fydd aros ychydig i geisio cael allan y gwir fel mater o ffaith hanesyddol. Gwnaed yn hysbys, mewn un cylghgrawn, mai i'r Parch. Ellis Edwards, M.A., Y Bala, y mae Cymru i ddiolch am Daniel Owen — mai efe a awgrymodd gyntaf erioed i'w dad (y diweddar Barch. Roger Edwards, Wyddgrug), i geisio gan Daniel Owen i ysgrifennu ei ffug-chwedl gyntaf i'r *Drysorfa*, ac mai dyna y dechreuad. Mewn newyddiadur arall, dywedir mai fel hyn y bu: Fod golygydd *Y Drysorfa* (y diweddar Barch. Roger Edwards) wedi ymgynghori â'r diweddar Dr Lewis Edwards, Y Bala, a wyddai ef am rywun ym mhlith efrydwyr Y Bala a allasai ddilyn ymlaen i ysgrifennu i'r cylchgrawn hwnnw rywbeth tebyg i'r ysgrifau — 'Y Tri Brawd' — oeddynt wedi ymddangos yn flaenorol yn *Y Drysorfa*, ac yna, fod Dr Edwards wedi cyfeirio sylw y golygydd at Daniel Owen, ac nad oedd eisieu myned o'r Wyddgrug i gael un, ac ar ôl hynny na chafodd efe heddwch o gwbl nes cydsynio, ac mai felly y dechreuodd. Anhawdd sicrhau yn bendant pa un o'r ddau adroddiad sydd wirionedd — gall fod peth gwir yn y naill a'r llall, oherwydd hysbys ydyw fod y Parch. Ellis Edwards, M.A., yn gyfaill agos iawn i Daniel Owen, yn ei adwaen yn dda, a digon naturiol a fuasai iddo ef awgrymu rhywbeth i'w dad; ac, o'r tu arall, hysbys ydyw fod Dr Lewis Edwards, Bala, yn ffafriol iawn i Daniel Owen, gan iddo gymeryd 60 o gopïau ei hunan o'r llyfr *Offrymau Neillduaeth;* ac ysgrifennodd lythyr canmoliaethus i'r *Goleuad,* fel mai digon posibl iddo ef siarad â'r golygydd ynghylch y gŵr ieuanc fel un â defnyddiau Nofelydd ynddo. Ond, modd bynnag, dyma a ddywed Daniel Owen ei hun ar y mater hwn:—

Cymhellwyd fi gan olygydd *Y Drysòrfa* i ysgrifennu Nofel, ac er i mi wrthod yn bendant ymgymeryd â'r fath orchwyl, ni fynnai Mr Edwards ei nacáu, ac ar amlen *Y Drysorfa* ddiwedd y flwyddyn, gwelwn, ym mhlith llawer o addewidion eraill ar gyfer y flwyddyn ddyfodol, 'Y Dreflan', gan Daniel Owen. Mr Edwards bia'r teitl, ac ni wyddwn ar y pryd beth a ddisgwyliai. Nid oedd dim i'w wneud bellach ond dechreu arni. Ymddangosodd 'Y Dreflan' yn *Y Drysorfa* am ddwy flynedd, a chyhoeddwyd y chwedl yn llyfr gan Mri. P. M. Evans a'i Fab, Treffynnon. Ni chefais lonydd wedi hyn gan Mr Edwards heb ddechreu chwedl arall, ac er mwyn heddwch dechreuais ysgrifennu 'Rhys Lewis' — pennod ar gyfer pob mis, heb fod gennyf air wrth gefn.

Dyna ei eiriau ef ei hun, a dylent fod yn derfynol ar hyn. Gwelir mai posibl fod y Parch. Ellis Edwards, M.A., neu D. Lewis Edwards — neu efallai y ddau — wedi awgrymu rhywbeth i'r golygydd haeddbarch yn y dechreu cyntaf am Daniel Owen; ond, er caniatáu hynny, ymddengys i mi yn eglur mai i'r diweddar Barch. Roger Edwards, yn bennaf, y perthyn yr anrhydedd am dynnu allan neu yn hytrach, ddwyn i'r golwg, y dyn ieuanc syml o'r Wyddgrug, gan mai efe, fel golygydd, a wasgodd yn drwm arno, ac a'i gwthiodd i'r dwfr gyntaf. Bellach, gelwir sylw at ei weithiau llenyddol yn ôl trefn eu cyhoeddiad:—

1. *Offrymau Neillduaeth.* — Dyma enw ei gyntafanedig. Math o Bregethau sydd yn y llyfr hwn dan y penawdau: (a) Yr amhosibilrwydd i Grist fod yn guddiedig; (b) Ffordd Cain; (c) Hunandwyll; (d) Agar; (e) Y Ddau Ddisgybl; (f) Simon Pedr; (g) Ffydd y Canwriad. Ymddangosasant — mewn saith o ysgrifau — yn *Y Drysorfa*, 1877, yn y rhifynnau am Ionawr, Chwefror, Mawrth, Ebrill, Mehefin, Medi, a Rhagfyr. Pennawd cyffredinol yr ysgrifau yn *Y Drysorfa* ydoedd, 'Offrymau gan Bregethwr o Neillduaeth Cystudd,' i gyfleu y syniad fod yr awdwr wedi ei gaethiwo i neillduaeth cystudd, ac yn anfon yr offrymau hyn oddi yno. Cyhoeddwyd yr oll yn llyfr yn Gorffennaf, 1879, gan Mr John Ll. Morris, argraffydd, Wyddgrug, a'i bris ydoedd 1s. 6c. Wele 'At y Darllennydd' i'r llyfr hwn:—

Paratowyd yr 'Offrymau' hyn i'r wasg gan mwyaf yn ystod afiechyd a hir nychdod, ac ymddangosasant, bron yn y wedd bresennol, o dro i dro, yn *Y Drysorfa*, ac hwyrach fod esgusawd yn ddyledus oddiwrthyf am eu cyhoeddi fel hyn yn llyfr. Nid wyf yn disgwyl elw nac enwogrwydd oddiwrth fy llyfrau; ond rhagrithiwn pe dywedwn nad ydwyf yn ystyried fod ynddo ronyn bach o deilyngdod, a chredaf y gall y darlleniad ohono wneud peth lles, a fforddio ychydig o ddifyrwch. Nid ydwyf heb gofio y gall gwendid corfforol gynyrchu gwendid meddyliol, ac fod yn bosibl mai cyfuniad o'r ddau wendid a barodd i mi ymgymeryd â'r anturiaeth hon. Os bydd darlleniad o'r llyfr yn cadarnhau y dybiaeth, nid oes gennyf ond erfyn ar y darllennydd i edrych arno fel gwendid.

Mor syml, ac mor nodweddiadol o'r awdur ieuanc! Cyhoeddwyd *Offrymau Neillduaeth* drachefn yn gysylltiedig â *Chofiant Daniel Owen,* gan Mri Hughes a'i Fab, Wrecsam, yn y flwyddyn 1899, dan olygiad y Parch. John Owen, Wyddgrug. Darfu i'r diweddar Dr Edwards ysgrifennu llythyr cymeradwyol i'r *Goleuad* am y llyfr ar ei ymddangosiad cyntaf, a chymerodd, fel y dywedwyd, dri ugain o gopïau ei hunan, a diau y bu hyn yn fantais ddirfawr i Daniel Owen ar ei gychwyniad awdurol.

Gellir dweyd am yr ysgrifau hyn eu bod yn dangos yr un gallu i ddeall a dadansoddi cymeriad ag a amlygir wedi hynny yn y Nofelau, ac yn sicr y mae rhai ohonynt yn rhagorol, er rhaid dweyd mai prin y buasai y llyfr hwn, arno ei hun, yn rhoddi safle iddo fel awdur. Prif genadwri yr ysgrifau ydyw dyfod ag egwyddorion i gylch diddordeb y lliaws; egluro gwirioneddau fel y deuent i'r golwg yn hanes cyffredin dynion, ac yn gwneud hynny mewn gwedd gartrefol a hoffus.

2. *Y Siswrn.* — Llyfryn bychan ydyw hwn, yn cynnwys 'detholion prudd a dyddanol, newydd a hen,' o wahanol gynhyrchion yr awdur. Cyhoeddwyd ef gan Mr John Ll. Morris, argraffydd, Wyddgrug, yn y flwyddyn 1888, a daeth ailargraffiad ohono allan. Ei bris ydyw 1s. 6c. Wele ei gynnwys:— Ysgrifau ar 'Yr Ysmygwr', 'Siarad a Siaradwyr', 'Rhai o fanteision Tlodi', 'Y Bethma', 'Darlun', 'Yn y Capel', 'Mr Jones y Shop a George Rhodric', 'Mr Jones y Shop a William Thomas', 'William Thomas a'r dewis Blaenoriaid', 'Y Blaenoriaid Newydd yn y Glorian', 'Llythyr fy Nghefnder', ynghyd â nifer o ddarnau barddonol. Ysgrifau byrion sydd yn y llyfr hwn, a rhai ohonynt yn ddoniol iawn, tra eraill heb fod cystal. Ystyrir yr ysgrif ar y gair 'Bethma' yn un ddoniol, ac y mae 'Darlun' (tud. 58-60) mor ddisgrifiadol fel na theimlir unrhyw anhawster i weled mai at y diweddar Barch. John Davies, Nercwis, y cyfeirir, er nad enwir ef; ac er nas gellir dweud fod yr ysgrifau ar 'Mr Jones y Shop a William Thomas,' a 'Dewis Blaenoriaid,' yn rhai hynod orffennol, eto gwelir ynddynt hadau enwogrwydd diweddarach yr awdur.

3. *Y Dreflan.* — Ymddangosodd cynnwys y llyfr hwn, o fis i fis yn *Y Drysorfa* am ddwy flynedd (1879-1880), ac yn y flwyddyn 1881 cyhoeddwyd yr oll yn llyfr yn swyddfa Mri. P. M. Evans a'i Fab, Treffynnon, a'i bris ydoedd 1s. 6c. Ar ôl ychydig flynyddoedd cyhoeddwyd argraffiad newydd ohono (gyda darluniau da o waith Mri. Llewelyn a Walter Roberts, Manchester), gan Mri. Hughes a'i Fab, Wrecsam, yn llyfryn destlus, pris dau swllt. Math o hanes y Dreflan ydyw y llyfr hwn yn ei phobl a'i phethau, a bu i'r ysgrifau dynnu sylw, ac yr oedd ymddangosiad math o Ffug-chwedl mewn cylchgrawn crefyddol fel *Y Drysorfa* yn newydd-beth yng Nghymru.

Prif gymeriadau *Y Dreflan* ydynt: — Robert Pugh (dyn da iawn), Jeremiah Jenkins (dyn annoeth, creulawn a thwyllodrus), John Aelod Jones (mursenaidd a balch), Benjamin Prys (blaenor hynaf y Dreflan, ac yn ddyn crefyddol iawn), Jim (y gwas a ddengys y gall gemau a charpiau fod gyda'i gilydd weithiau), Meistri Smart a Bevan (diniwed). Llyfr nodedig o ddisgrifiadol ydyw hwn — ym gymaint felly fel nad anhawdd ydyw adnabod llawer o'r cymeriadau yn bregethwyr a blaenoriaid; ac yn bennod x. disgrifir y White Horse nes peri i'r darllenydd deimlo bron fel pe buasai mewn tafarndy. Mor ddiddorol ac addysgiadol a fuasai dyfynnu ymadroddion Robert Pugh wrth Noah Rees (gweinidog ieuanc y Dreflan), a hefyd cynghor Benjamin Prys i Noah Rees (tud. 127-8), ond gofod a ballai. Yn pennod xvii. darlunir siomedigaeth John Aelod Jones wrth weld ei adroddiad (digon i lenwi tair colofn) i *Udgorn y Werin* yn rhoddi hanes 'cyfarfod sefydlu' Noah Rees, wedi cael ei wasgu i lawr gan y golygydd i nodyn byr, ac onid oes yn hyn wers bwysig i ohebwyr ieuainc Cymru i beidio bod mor hunan-hyderus gyda'u cynhyrchion? Yn pennod xx. tud. 184-7, ceir diwedd gyrfa Jeremiah Jenkins, ac y mae hanes ei fywyd yn llinell unionsyth — yn ddiweddu bron fel y buasid yn disgwyl i yrfa o'r fath. Cymeriad balch, grwgnachlyd, anfoddog, ydoedd ef, a gwnelai ei orau yn erbyn i'r Hen Gapel alw gweinidog, a phoenodd lawer ar Mr Williams, yr hen weinidog; ac yna, wedi ei farwolaeth, yn ei ganmol er mwyn trywanu y bugail ieuanc, yn llawn llwfrdra iselwael, yn llwyddo i fyw nas gwyddai neb pa fodd, creulawn wrth ei briod a'i blentyn, ac yn y diwedd yn rhoddi ei fasnachdy ar dân, ac yn ffoi ymaith fel lleidr, ac oni buasai am eiriau yr afradlawn Bob Pugh ni buasid yn gwybod dull ei ddiwedd: gwybyddir, trwy gyffes gwely angau hwnnw, i Jeremiah Jenkins farw mewn ysbyty estronol yn adyn unig a thruenus — yn marw yn y pangfeydd a'r dychrynfeydd mwyaf arwydus. Ie, dyna y dyn a dreuliodd ei fywyd i feirniadu pregethwyr a blaenoriaid! Gellir ei ystyried yn enghraifft nodedig i ddangos erchylldra ariangarwch, ac y mae Bob Pugh yn engraifft dda i ddangos canlyniadau dinistriol anghymedroldeb. Rhaid dwyn tystiolaeth uchel i lyfr *Y Dreflan:* deil yn dda drwyddo — nid yw yn gwanychu yn ei benodau olaf, eithr yn hytrach yn cryfhau. Ceir fod ei wahanol gymeriadau, i raddau pell, yn cynrychioli gwahanol egwyddorion, a dangosir yn fyw berthynas achos ac effaith, ac mai yr hyn a heuo dyn, hynny hefyd a fêd efe.

4. *Rhys Lewis.* — Math o Hunangofiant ydyw y llyfr hwn o eiddo Rhys Lewis, gweinidog Bethel, wedi ei ysgrifennu ar ddull Ffugchwedl. Ysgrifennwyd ef, i gychwyn, i'r *Drysorfa,* ac ymddangosodd yr ysgrif gyntaf yn y rhifyn am Ionawr, 1882, a pharhaodd i ddyfod allan trwy y flwyddyn, ynghyd â'r rhifynnau am y flwyddyn 1883, ac ymlaen i'r flwyddyn ddyfodol, ac yn y rhifyn am Rhagfyr, 1884, ceir math o ôl-nodiad gan Daniel Owen ei hun, yn hysbysu na 'chyhoeddid rhagor yn *Y Drysorfa,*' . . . 'Pa fodd bynnag,' meddai, 'os bydd awydd gan y rhai a ddilynasant y Cofiant o bennod i bennod yn ystod y tair blynedd diweddaf am gael y rhelyw ohono, ac os gwelaf argoelion sicr na fydd yr anturiaeth yn golled, cyhoeddaf ar fyrder yr Hunangofiant yn gyfrol ddestlus, ac am bris rhesymol.' Ceir yn fuan ar ôl hyn, yn nechreu y flwyddyn 1885, fod y llyfr addawedig wedi ei gyhoeddi, gydag amryw benodau newyddion, ac argraffwyd y llyfr hwn gan Mr J. Ll. Morris, Wyddgrug. Gwerthwyd 2000 o gopïau — sef yr argraffiad i gyd — mewn chwe mis. Yna gwerthodd yr awdwr yr hawl-ysgrif i Mr Hughes a'i Fab, Wrecsam, a chyhoeddwyd ailargraffiad yn ddioed, a gwerthwyd ef wrth y miloedd; a hefyd, yn y flwyddyn 1888, cyhoeddwyd argraffiad Saesneg ohono, er na chanmolir y cyfieithiad hwnnw, ac o bosibl nad llyfr i'w gyfieithu i'r Saesneg ydyw *Rhys Lewis.* Gellir dweud yn ddibetrus mai dyma y llyfr a dynnodd fwyaf o sylw cyffredinol yng Nghymru, o leiaf yn ystod y blynyddoedd diweddaf hyn, os nad o gwbl, a diau mai un o'r rhesymau dros hynny ydyw y disgrifir ynddo gymeriadau ag ydynt i'w cael, i raddau mwy neu lai, ar hyd a lled Cymru, a gosodir hwy gerbron mewn dull swynol, naturiol, gogleisiol, a hollol newydd. Baich y llyfr, fel y sylwyd, ydyw Hunangofiant Rhys Lewis, a'i brif gymeriadau ydynt Rhys ei hun, Bob (brawd Rhys), Mari Lewis, Wil Bryan, Abel Hughes, Thomas a Barbara Bartley, Seth, Mr Brown (person y plwyf), Dafydd Dafis, James Lewis (ewythr Rhys), &c. Yn hanes Rhys ei hun dangosir yr anhawsterau, anfanteision, tlodi, &c., oedd ac sydd gan liaws o fechgyn athrylithgar Cymru i fyned ym mlaen gyda gwaith y weinidogaeth, &c.; Mari Lewis yn enghraifft i ddangos y dosbarth goreu o famau Cymreig; trwy Bob y gwelir y gall dynion ieuainc gonest gael eu camddeall; y mae Abel Hughes yn engraifft nodedig o swyddogion eglwysig yr oes o'r blaen; Wil Bryan yn hynod am grafter, pertrwydd, digrifwch doniol, a dengys bosibilrwydd ardderchog synnwyr cyffredin; Thomas a Barbara Bartley yn dangos

symledd unplyg llawer o bobl gyffredin Cymru; trwy Evan Jones (hwsmon Gwern-y-ffynnon) ceir golwg ar hen athrawon plant yn Ysgolion Sabothol Cymru, a Robyn y Sowldiwr yn enghraifft o hen ysgolfeistriaid Ysgolion Dyddiol ein gwlad yn yr amseroedd a aethant heibio; ac y mae Dafydd Dafis, Seth, a Mr Brown — yr oll yn dangos cymeriadau a geir yn y Dywysogaeth yn ddigon mynych, a diau fod tad Rhys Lewis (Robert Lewis), a'i ewythr (James Lewis), yr Hen Niclas, Magdalen Bennet, &c., yn enghreifftiau o'r cymeriad Cymreig yn ei odreuon a'i wehilion. Cymeriad rhagorol oedd Mari Lewis: 'y fam oreu yn y byd', meddai Rhys amdani, ac yn sicr yr oedd yn un o'r mamau goreu; er, ar yr un pryd, awgrymir gan Rhys ei hun ei bod yn rhy dueddol i edrych ar yr ochr dywyll i'r natur ddynol. Anturiwn ddweud fod pennod xxi, ar ddyfodiad Thomas Bartley a'i briod yn aelodau eglwysig yn galon-gyffyrddiol, yn ysgwyd y darllenydd, ac anhawdd cael gwell darluniad o'r hen seiat Gymreig, a diau fod y bennod hon drwyddi yn un o'r pethau mwyaf iachus-ddoniol yn yr iaith Gymraeg. Gellir ystyried Cyngor Wil Bryan (yr hwn oedd yn nodedig am ei allu i weled pethau fel yr oeddynt, ac nid fel yr ymddangosent) yn un o'r pethau gorau yn yr iaith ar y mater hwn (pennod xxix.). Ymddengys i mi fod geiriau Abel Hughes (pennod xxxi.) ar Urddas Pregethu yn werth eu darllen ym mhob capel yng Nghymru, a rhyfedd iawn yw y cyfuniad a geir yn y bennod honno — sylwadau dyfnion-gyfrwys Wil Bryan am *cheek*, a sylwadau ysbrydol Abel Hughes ar bregethu. Ystyrir pennod xxxvii. am ymweliad Thomas Bartley â'r Bala yn wir ddoniol, a thrwy yr holl ddigrifwch ceir tuedd i gywiro syniadau y wlad am fywyd efrydydd. Dengys diwedd hanes James Lewis i ba le yr arweinia pydredd cymeriad — bu farw yng ngharchar Old Bailey; dengys hanes Wil Bryan nad oes daioni o fod yn amhenderfynol ac amhenodol gyda dibenion bywyd; a dengys hanes Rhys Lewis ei hun fod Arglwydd Dduw y lluoedd yn sicr o gynorthwyo yr hwn a amcana yn gyd-wybodol gyflawni ei ddyletswydd. Ceir, mewn cymhariaeth, lai o gymeriadau yn y llyfr hwn nag a geir yn llyfrau eraill yr awdur, ac felly llai o amrywiaeth, a thrwy hynny lai o elfennau syndod sydyn *(surprises)*, a gall ambell i ddarllenydd deimlo hynny yn wendid; ond rhaid cofio yn wastad mai Hunangofiant Rhys Lewis, gweinidog Bethel,' ydyw y llyfr, dyna ei sylwedd, a dyna ei enw, ac felly, o angen-rheidrwydd, prin y gellid disgwyl cymaint o gyffredinolrwydd ac ehangder — yn ôl natur y llyfr, rhaid iddo fod mewn cyfeiriad penodol, neu ni fuasai i fyny ag un o'i brif arwydd-eiriau ei hun — *true to nature*. Ymddengys mai *Rhys Lewis* oedd yr anwylaf o' lyfrau gan Daniel Owen ei hun: yr hyn ydoedd *Waverley* i Walter Scott, *Adam Bede* i George Eliot, *David Copperfield* i Charles Dickens, hynny hefyd ydoedd *Rhys Lewis* i Daniel Owen.

5. *Enoc Huws*. — Ymddangosodd cynnwys y llyfr hwn mewn penodau wythnosol yn *Y Cymro,* a cheir yr ysgrif gyntaf yn y rhifyn am Mai 20fed, 1890, ac a barhaodd, o bennod i bennod, i ymddangos yn ddifwlch am y flwyddyn honno, fel mai 52ain o benodau a geir. Gall mai i daerni a symbyliad perchennog *Y Cymro* (y diweddar Mr Isaac Foulkes, Lerpwl) y dylid priodoli ymddangosiad cyntaf 'Enoc Huws.' Cyhoeddwyd yr oll yn llyfr yn y flwyddyn 1891, ac argraffwyd ef gan Mri. Hughes a'i Fab, Wrecsam, a'i bris ydyw 3s. 6c. Teg ydyw hysbysu yr ymddangosodd cyfieithiad da o *Enoc Huws* yn *Wales* gan yr Anrhyd. Claud Vivian, dan olygiaeth Mr O. M. Edwards, M.A., Rhydychen. Dywed yr awdur yn ei ragymadrodd i'r llyfr 'y bwriedid i'r hanes hwn fod yn rhyw fath o atodiad i 'Hunan-gofiant Rhys Lewis,' a hefyd yn ei ragarweiniad, gofyna i'r darllenydd dderbyn popeth a geir yn y llyfr hwn fel 'ffeithiau diamheuol.' Dywed yn tud. 9:—

Pobl Bethel a ddygir i sylw yn yr hanes hwn, ac er nad wyf yn bwriadu myned dros yr un tir ag a gerddodd Rhys Lewis, bydd raid i mi yn achlysurol gyfeirio yn gynnil at rai o'r cymeriadau sydd eisoes yn adnabyddus i'r darllennydd — megis Tomos Bartley, Wil Bryan, &c. Ni bydd y gwaith hwn yn dwyn gwedd mor grefyddol a'r Hunangofiant, bydd a wnelo â chymeriadau, gan mwyaf, nad oeddynt yn hynod am eu crefyddolder.

Diau mai amcan mawr y llyfr hwn ydyw dinoethi rhagrith a thwyll, a gweithir hynny allan yn ei brif gymeriadau. Enoc Huws ei hun ydyw arwr y llyfr, yna daw ymlaen Capten Trefor a'i briod a'i ferch, Mr Denman, Eos Prydain, Sem Llwyd, Didymus, Marged, Jones y plismon, Obediah Simon (olynydd Rhys Lewis fel bugail). Ceir fod Sem Llwyd yn enghraifft rhagorol i ddangos dosbarth honiadol o ddynion: yn proffesu bod yn wybodus ac yn ysgolheigaidd, tra mai anwybodus a chyfyng ydoedd, ac y mae ei ymddiddan â Tomos Bartley yn rhoddi hanes 'pwy a ddusgyfrodd baco, &c.,' yn profi ei anwybodaeth hollol bron ar bopeth, ac eto yn arfer cael ei gymeryd gan gymdeithas fel dyn gwybodus (tud. 116-125). Y mae Eos Prydain (tud. 126) a'i *vital spark* yn dangos y rhodres a'r rhagrith sydd yn aml ynglŷn â chaniadaeth y cysegr, ac ofnir fod hanes Eos Prydain yn siarad (ar ei gyfrifoldeb ei hun) gyda'r Parch. Obediah Simon fel un tebyg i ddilyn Rhys Lewis fel bugail ar eglwys Bethel, a'i resymau dros weithredu felly, a'i ddull yn gweithio y peth ymlaen &c., yn ddangosiad o'r anhegwch, daearoldeb, a'r iselder sydd yn nodweddu aml i alwad eglwysig yng Nghymru. Diau fod pennod xxiv., sef Dafydd Dafis ar y 'Seiat Brofiad,' yn un nodedig o dda, ac yn werth ei darllen yn gyhoeddus yn holl gyrddau mawr crefyddol Cymru, ac yn dangos fod yr awdur yn broffwyd — fod llygad, clust, a chalon proffwyd ganddo. Mawr edmygir Miss Trefor ar ôl ei throedigaeth — dywedodd lawer o bethau ardderchog, a cheir fod y dynion goreu mewn cydymdeimlad hollol â'i sylwadau ar *hunan* — 'mai hunan ydyw damnedigaeth pawb, &c.' Gwel. tud. 224-5. Cymeriad beirniadol oedd Didymus, ac wele ei ddisgrifiad o'r Parch. Obediah Simon, 'un wedi ei brentisio i fod yn weinidog, heb erioed ei eni yn bregethwr.' Un o brif gymeriadau y llyfr ydyw Capten Trefor, ac y mae yn enghraifft nodedig i ddangos twyll a rhagrith a'r dyfnder ofnadwy y gall dyn ddisgyn iddo; efe a agorodd waith plwm Pwll-ygwynt, tra yn gofalu am dano fel prif arolygydd, ac yn llwyddo i gael dynion diniwed eraill i roddi arian ynddo, ar ol methu yn druenus gyda'r gwaith hwnnw, a dinystrio bywoliaeth y teuluoedd hynny, yna drachefn, yn gwbl trwy dwyll, yn dechreu gwaith plwm arall yng Nghoed Madog, a thrwy gael arian yn dwyllodrus gan Mr Denman (nes gwneud y bonheddwr hwnnw a'i deulu yn hollol dlawd), ac Enoc Huws yn rhoddi cannoedd o bunnau iddo, nes iddo yntau gael ei golledu, llwyddodd i ddal i fyny am ysbaid, ond yn fuan gorfu arno adael i'r gwaith sefyll yn gyfan gwbl. Dyn ofnadwy oedd Capten Tefor: twyllodd ei deulu, twyllo yr eglwys, twyllo ei gyfeillion, twyllo y gweithwyr, &c., a phe gallasai, buasai yn twyllo yr Anfeidrol ei hunan. Gweithir hanes Enoc Huws yn dda o Dloty yr Undeb, trwy ei fywyd profedigaethus, nes ei ddiweddu yn foneddwr yn Chicago, a chyn gadael Cymru yn priodi â Miss Bifan; a cheir fod Miss Trefor (yr hon, fel y cafwyd allan yn y diwedd, oedd yn chwaer i Enoc Huws) yn priodi â Wil Bryan, ac yna yn dyfod yn berchenogion cysurus a llwyddiannus Siop y Groes. Dangosir yn amlwg, yn y llyfr hwn, fel y mae egwyddorion sefydlog a thragwyddol y Beibl yn cael eu cadarnhau:— (a) Bod amddiffyn Dwyfol, mewn rhyw ffordd neu'i gilydd, yn dilyn y rhai sydd yn gwir ymdrechu cyflawni eu dyletswydd, a bod y Brenin Mawr yn eu gwobrwyo. Eglurir hyn yn hanes gyrfa Enoc Huws, Miss Trefor, &c. (b) Bod anfoddlonrwydd a barn Duw yn aros ar y twyllodrus a'r rhagrithiol, a'u bod yn cael eu dal yng nghadwyn eu hanwiredd eu hunain, &c. Eglurir hyn yn hanes Capten Trefor, &c. (c) Nad oes byth unrhyw ddaioni yn dyfod o falchder ysbryd, bod yn wenieithus, ac i ddyn ymddangos, mewn gwahanol gysylltiadau, yr hyn nad ydyw. Dangosir hyn gan hanes bywyd Sem Llwyd, Eos Prydain, ac Obediah Simon, &c.

6. *Gwen Tomos, merch y Wernddu.* — Ymddangosodd cynnwys y llyfr hwn mewn ysgrifau wythnosol yn *Y Cymro,* yn dechrau gyda'r rhifyn am Ebrill 20fed, 1893, ac yn y flwyddyn 1894 cyhoeddwyd yr holl ysgrifau (48ain o benodau) yn llyfr, ac argraffwyd ef gan Mri. Hughes a'i Fab. Wrecsam. Ei bris ydyw 3s. 6c. Wrth ddarlunio bywyd Gwen Tomos — o'r crud i'r bedd — yn ei wahanol gysylltiadau, darlunir y bywyd Cymreig, a rhwng yr holl gymeriadau ceir golwg lled dda ar sefyllfa Cymru oes neu ddwy yn ôl. Oherwydd math o anesmwythder bydol, meddyliodd Rheinallt Tomos am fynd i'r America, a llwyddodd i ennill ei wraig (Gwen Tomos) i gydsynio, er nad oedd hi o gwbl eisieu mynd; ac er llwyddo i gasglu cyfoeth, eto blinderus iawn fuont ar ôl mynd; collodd Ann (y forwyn) ei hiechyd, a bu farw yno, a phallodd iechyd Gwen Tomos, a bu hithau farw yno, ac wedi hynny yr oedd y byd yn wag hollol i deimlad Rheinallt, a daeth yn ôl i Gymru, yn ddyn unig, prudd, siomedig, a dywedai mai gadael gwlad ei enedigaeth oedd camgymeriad mawr ei fywyd, a dywedai iddo feddwl ganwaith am gyngor Mr Thomson cyn iddo ymfudo: 'Os bydd dyn yn gallu byw uwchlaw pryder am ymborth a dillad — yn byw yng nghanol ei gyfeillion — yn derbyn bendith gan Dduw, ac yn ymwybodol ei fod o fendith i'w gymydogion, nis gall Duw roddi ychwaneg iddo yn y byd hwn — mae popeth dros ben hyn yn *margin* nas gall ei fwynhau.' 'Nad all dyn fwynhau a gwneud defnydd ond o hyn a hyn.' Dywedir, yn y diwedd fod 'gorthrwm yn ddigon o reswm dros i ddyn fyned i ben pellaf y byd, ond os ydyw yn gallu byw yn gyfforddus yng nghanol ei gyfeillion, a'i gyfleusterau crefyddol a chymdeithasol yn weddol ddymunol, ynfydrwydd ydyw iddo ymfudo i wlad ddieithr a phell.' Ychydig, mewn cymhariaeth, a geir am gysylltiadau eglwysig yn *Gwen Tomos* — mae yr ychydig a geir yn troi o gwmpas dychweliad Gwen dan weinidogaeth seraffaidd John Phillips, Treffynnon, yng nghapel bach Tanyfron, a'i diarddeliad am briodi dyn o'r byd, sef Rheinallt Tomos, a'i derbyniad drachefn, a

hefyd y cyfeiriadau at Robert Wynn, Pant-y-Buarth, a'r teulu, ac Elin Wynn, merch Pant-y-Buarth, yn priodi Lewis Jones, y pregethwr, &c., gyda'r eithriadau hyn, cyfeirir at gysylltiadau bydol (cyffredinol eu nodwedd), a dygir i mewn lawer iawn o'r bywyd masnachol a theithiol — eu helyntion teuluaidd ac amaethyddol, &c. Gellir, ar un olwg, ystyried y llyfr hwn yn fwy amrywiol ei gylch na'r un o lyfrau yr awdur, a cheir golwg dda ar y bywyd gwledig yng Nghymru fel yr ydoedd oddeutu hanner can mlynedd yn ôl. Byddai cymeriadau fel Nansi'r Nant (y swyngyfareddes gyfrwys), Dafydd Ifans, y cipar (yn llawn ysbryd trahaus a swyddogol), Mr Jones, y person (difater, a gwas bach y bobl fawr), Ernest Griffith (rhodresgar, balch, a di-dalent), Harri Tomos (a laddwyd gan ei flysiau pechadurus), Wmphre y gwas, (caredig, ond di-allu), Twm Nansi (di-ymddiried hollol), &c., yn aml iawn yn y blynyddoedd hynny; a thrwy drugaredd, byddai cymeriadau fel Robert Wynn, Pant-y-buarth (blaenor cydwybodol), Elin Wyn (y ferch ieuanc hawddgar a chrefyddol), a Lewis Jones (y pregethwr difrifol a diymhongar, &c), yn aml hefyd, ac i bob golwg prif amcan y llyfr hwn ydyw disgrifio y cymeriad Cymreig gwledig, yn ei wahanol agweddau, fel yr ydoedd yn syml yn amser ein tadau. Yn wir, cadarnheir hyn gan yr awdwr ei hun yn ei 'At y Darllenydd,' pan y dywed:—

'Ddeugain mlynedd yn ôl, a llai, yr oedd cymeriadau fel Robert Wynn, Pant-y-buarth, yn gyffredin yng Nghymru. Erbyn hyn, ysywaeth, y maent yn brinion, ac yr oedd yn hen bryd i rywun eu *photographio* cyn iddynt fyned ar ddifancoll. Mae addysg neu rywbeth yn y dyddiau hyn yn llyfnhau conglau cymeriadau fel nad oes fawr wahaniaeth rhyngom.'

Dyna amcan eithaf y llyfr, a theg ydyw edrych ar y llyfr yng ngoleuni yr amcan a nodwyd; ac y mae pob beirniadaeth ag sydd yn anghofio amcan yr awdur yn y llyfr hwn yn rhwym o fod yn annheg — gwneud cam â'r awdur — ac yn colli mewn gwerth.

7. *Straeon y Pentan.* — Cyhoeddwyd y llyfr hwn yn y flwyddyn 1895, gan Mri Hughes a'i Fab, Wrecsam. Ei bris ydyw swllt. Dywed yr awdwr yn ei 'At ei Ddarllenydd,' mai 'straeon gwir ydyw y rhai hyn.' Rhydd y straeon yng ngenau 'F'ewyrth Edward,' er mwyn ysgafnhau yr arddull, a'u gwneud yn fwy darllenadwy i bawb. Dywed:—

'Nid llawer o lyfrau cyffelyb i 'Straeon y Pentan' sydd yn Gymraeg, o leiaf, ni wn i ond am ychydig, ac os bydd ei ymddangosiad yn gymhelliad i rywrai eraill i wneud casgliad gwell o straeon sydd yn berffaith wir, bydd un amcan wedi ei gyrhaeddyd.

Hwyrach y bydd ambell frawd go solet yn tynnu cuchiau uwchben rhai o'r tudalennau, ac yn sibrwd 'gwirion hen,' er hynny, hyderaf fod i bob un o'r straeon ei hergyd, ac nad oes dim yn un ohonynt i iselu tôn moesoldeb y darllennydd.'

Amrywiol yw cynnwys y llyfryn hwn — gwahanol ystorïau ynddo, a'r oll yn ddifyrus, a rhai ohonynt yn wir addysgiadol. Y mae yr ystorïau am 'Enoc Evans, Bala,' 'Thomas Owen, Ty'r Capel,' 'Fy anwyl Fam fy hunan,' &c., yn dra diddorol, ac ymddengys i mi fod yr ystorïau — 'Doli yr Hafod Gam,' 'Y Gweinidog,' ac 'Nid wrth ei big mae prynu Cyffylog,' &c., yn llawn o wersi pwysig.

Bellach, rhoddwyd rhestr o'i holl weithiau, a'r gwahanol fanylion amdanynt, er y dylid cofio iddo ysgrifennu aml i erthygl alluog i rai cylchgronau na cheir hwy yn ei lyfrau. Ceir ambell i awgrym, yma ac acw yn y llyfrau a nodwyd, fod ganddo fwriad, pe wedi cael byw, i ysgrifennu ychwaneg; ond dangoswyd unwaith eto, 'mai nid fy meddyliau i yw eich meddyliau chwi, ac nid eich ffyrdd chwi yw fy ffyrdd i, medd yr Arglwydd' (Es. 1v. 8). Dylid bod yn ddiolchgar am yr iechyd a'r nerth a gafodd i ysgrifennu hynny a wnaeth.

Daniel Owen: (2) Ei Athrylith
(Ail Ysgrif.)

Diau fod Daniel Owen yn hannu o deulu talentog, ac y mae yn amlwg fod athrylith yn y teulu, yn arbennig ar ochr y fam. Dangoswyd yn ei achos ef, fel mewn lliaws eraill, fod athrylith a thlodi yn ddigon mynych gyda'i gilydd. Yn ei blentyndod, aeth ef trwy y fath dlodi, gerwinder, a helyntion, fel mai cyhydig syd yn cael eu cyffelyb, ond diau i'r tlodi teuluaidd hwn droi yn fantais genedlaethol i'r Cymru, a phe heb fyned trwy y fath amgylchiadau cyfyng, yn ei hanes a'i brofiad ei hun, buasai yn amhosibl iddo allu cynhyrchu y fath weithiau llenyddol, gan fod perthynas bendant rhwng y disgrifiadau â'i ymwybyddiaeth ef ei hun. Teg ydyw hysbysu iddo ddyfod i amgylchiadau cysurus flynyddoedd lawer cyn ei farwolaeth. Rhaid cofio am ei gysylltiadau â Mr Angel Jones, Yr Wyddgrug — gydag ef y treuliodd ei brentisiaeth fel dilledydd: 'Bu gweithdy y teilwriaid,' meddai Daniel Owen, 'yn fath o goleg i mi, a deffrodd ynof ryw gymaint o feddylgarwch. Darllennid ar y bwrdd bob gair o'r hen *Amserau*, a mawr oedd y diddordeb a gymerid yn llythyrau 'Yr Hen Ffarmwr,' ac yn y ddadl fawr rhwng 'Meddyliwr' a 'Preswylydd Bryniau Cribog Cymru.' Yr oedd hanner y gweithwyr yn Wesleyaid, a'r hanner arall yn Galfiniaid, a llawer o ddadlau diwinyddol a gymerai le ar y bwrdd, a cheir fod barddoniaeth yn cael cryn sylw hefyd.' Credir fod ei alwedigaeth fel dilledydd, a'r ffaith iddo, lawer o flynyddoedd yn ôl, ddyfod yn berchen masnachdy ei hunan, droi yn fantais iddo ddyfod i gyfathrach agos â dynion — rhai yn dyfod ato i brynu dilladau, ac i bob golwg, byddai ef wrth fesur eu cyrff i wneuthur dilladau iddynt, yr un pryd yn taflu ei linyn mesur dros eu meddyliau, eu tymherau, eu neillduolion, &c., er rhoddi gwisgoedd llenyddol am danynt ar ôl hynny. Nid dibwys hefyd ydyw cofio mai Yr Wyddgrug oedd ei dref enedigol, tref ei ieuenctid, a thref ei fywyd: tref a manteision pwysig yn perthyn iddi ar lawer cyfrif, ac yn dref gyfoethog mewn cymeriadau cryfion — mewn dynion gwerthfawr — ynddi y magwyd Mr Humphreys Parry, golygydd y *Cambro Briton*; Alun, y bardd tlws ac awen-bêr; a Glan Alun amlochrog. Bu y diweddar Barch. Owen Jones (Meudwy Môn) yn byw ynddi am ran gyhoeddus gyntaf ei oes, a thra yno y cychwynodd *Y Newyddiadur Hanesyddol* (1835), ac y cyfieithodd waith Charnock ar 'Y Bôd o Dduw a'i briodoliaethau,' &c., ac yno hefyd yr oedd yr hen argraffwyr anturiaethus — Mri John ac Evan Lloyd — yn byw. Yn y flwyddyn 1851, cychwynwyd a sefydlwyd math o Gyfarfod Cystadleuol yn y dref (Cyfarfod Nadolig), a'r hwn sydd yn parhau yn ei fri hyd heddiw, a fu o fantais ddirfawr i Daniel Owen ym mlynyddoedd cyntaf a phwysicaf ei oes. Hefyd, yn y dref hon y bu'r diweddar Barch. Roger Edwards yn preswylio bron drwy ei oes gyhoeddus, ac yno y bu farw, a diau ei fod ef yn un o gewri llenyddol Cymru, a meddylier am fachgen ieuanc fel Daniel Owen yn aelod o eglwys dan weinidog fel Mr Edwards, ac ni phetrusir dweud fod dylanwad y Parch. Roger Edwards (mewn gwahanol ffyrdd) yn ddwfn iawn ar ddull a chwrs llenyddol Daniel Owen. Credaf fod yr holl ffeithiau a nodwyd i'w cymeryd i'r cyfrif wrth geisio ymdrin ag athrylith yr ymadawedig, ac yn elfennau nerthol oeddynt yn ymdoddi i mewn i'w alluoedd, a gall eu bod yn gynorthwy, i fesur, i ddeall cyfeiriad a nodwedd ei waith.

Cyn mynd ymhellach, efallai y dylid dweud gair byr ar wir le Daniel Owen ym mhlith Nofelwyr Cymru. Nis gellir peidio sylwi ar ein prinder dirfawr mewn Chwedloniaeth wir Gymreig, a chredai ef yn wastad mai Piwritaniaeth Cymru ydyw y rheswm am hynny. Nid diffyg dychymyg gref sydd yn cyfrif am hyn, nid diffyg gwres, ac nid diffyg defnyddiau — gan fod gwlad y gân mor llawn o destunau ag unrhyw wlad. Mewn erthygl alluog ar 'Gymru a'i Llenyddiaeth,' yn *Y Traethodydd* am 1848, cwyna yr ysgrifennydd fod y Cymry yn mynd ar ôl pobl estronol eraill ym mhopeth, ac wrth bwyso ar ysgrifenwyr goreu y genedl i gadw at wreiddiolder Cymreig, &c., gofyna yn yr erthygl: 'Pa niwed a fyddai i athrylith a dychymyg Gymreig gael eu dangos allan mewn ambell i chwedl fywiog er darlunio hen arferion ac egluro hanesyddiaeth Gymreig?' Gofynid hyn yn y flwyddyn 1848, a bron na ellid gofyn yr un cwestiwn heddiw! Addefir fod degau o ffug-chwedlau wedi ymddangos, o dro i dro, yn y newyddiaduron a'r cylch-gronnau Cymreig, ond gydag ychydig o eithriadau, adlewyrchiadau ac efelychiadau o nofelau Saesneg ydynt i raddau helaeth. Nid anghofir fod rhai medrus yn y gangen chwedleuol yn byw yng

Nghymru yn y 14eg a'r 15fed ganrif, nid anghofir am y Mabinogion Cymreig, nac am 'Anterliwtiau Twm o'r Nant,' nag am ymdrechion y Parch. Roger Edwards i gael yr elfen hon i lenyddiaeth Gymreig gyda'i *Reuben Gruffydd* a'i *Dri Brawd a'u Teuluoedd*, ac nid anghofir am ddarluniau ardderchog y diweddar Barch. W. Rees (Hiraethog) o'r cymeriad Cymreig yn ei *Helyntion Bywyd Hen Deiliwr* a *Cyfrinach yr Aelwyd*, &c., nac am *Llewelyn Parry* (gan Llew Llwyfo), *Llon a Lleddf*, a lliaws fod diffyg yn y cyfeiriad hwn, ac nis gellir anghofio hyn wrth sôn am safle Daniel Owen yn mhlith Nofelwyr Cymru, ac hefyd ynglŷn â hyn rhaid cofio iddi ef fod yn dra hapus yn newisiad ei destunau — cymerodd y pethau mwyaf nodweddiadol o Gymru, a chyffyrddodd y nodau tebycaf i daro calon y genedl. Er heb anghofio gweithiau eraill, ac yn cydnabod eu gwasanaeth gwerthfawr, eto, ar gyfrif ei naturioldeb, coethder, Cymreigrwydd trwyadl, ehangder, cywirdeb i nodweddion dwfn cenedlaethol, craffder, a gallu disgrifiadol, &c., wrth ystyried y pethau hyn oll, yr oll ynghyd, diau fod Daniel Owen yn cymeryd ei le fel y Nofelydd goreu, cryfaf, a phennaf, a ymddangosodd, hyd yn hyn, yng Nghymru. Heblaw hynny, gellir dweud y deil Daniel Owen, rhwng popeth, gymhariaeth ffafriol â Nofelwyr Saesneg yr oes: addefir ei fod yn cadw braidd yn ormodol at y nacaol a'r goddefol, nes tueddu at fod yn or-ochelgar weithiau, ond tybed nad oedd hyn yn codi o'i awydd cryf at fod yn naturiol a chywir? Y ffyddlondeb hwn i natur ydyw ei nerth, ac eto, oddi ar safle arddull Chwedleuol, gall mai dyma ei wendid hefyd. Ei gryfder ydyw ei naturioldeb, ond efallai iddo yn ei awydd i fod yn *true to nature* golli ychydig, oddi ar safle beirniadaeth i edrych ar hyn, mewn celfyddyd Ffug-chwedleuol.

Cyfeirir ei fod yn diweddu ei lyfrau yn wan: '*Daniel Owen,*' medd un ysgrifennydd, '*lacked the ability of "rounding off" his tales artistically.*' Cydnabyddir fod peth yn *true to nature* (fel yr hoffai ddweud), o leiaf yr wyf yn gwybod i sicrwydd, oddi ar ei dystiolaeth bersonol ef ei hunan wrthyf, ei fod yn casáu pob ymdrech i or-wneud (hyd yn oed mewn Ffug-chwedl) â chasineb perffaith. Ceir rhai Nofelwyr yn gryfion yn yr hanes a ddadlennant, yn amgyffrediad *(conception)* eu Chwedl, nes ennyn chwilfrydedd a chywreinrwydd eu darllenwyr i frysio ymlaen i weld y diwedd: y diweddiad ydyw coron eu gwaith. Prin y gellir rhoddi Daniel Owen yn y dosbarth hwnnw; digon cyffredin ydyw ef yn niweddiad rhai o'i gymeriadau pwysicaf, a gallesid yn deg ddisgwyl, yn ôl natur ei ddefnyddiau, i'w lyfrau feddu mwy o uchafbwynt *(climax)*. Er yn gryf mewn olrhain teimladau ar achlysuron neillduol, nis gellir ei restru gyda George Eliot neu George Meredith am allu manwl i elfennu datblygiad graddol ei gymeriadau. Ond, ar y llaw arall, ceir rhai Nofelwyr yn rhagori yn nodwedd gyffredinol eu gweithiau yn fwy nag yn y gweithiad allan a'r terfynbwynt — penodau ardderchog hyd yn oed yn nechreu yr hanes, ac ar y canol, ergyd yma ac ergyd acw, ac efallai gwanhau ychydig at y diwedd, nes peri i ni deimlo fod mwy o'r adeiladydd yn dyfod i'r golwg nag o'r cynllunydd, ac i'r dosbarth hwn y perthyn Daniel Owen. Bydd rhai yn ei gyffelybu i'r ysgrifenwyr Americanaidd — Miss Wilkins a Miss Wiggin, ac eraill i'r nofelyddes enwog o'r Iwerddon — Jane Barlow. Y safle a roddir iddo gan liaws ydyw yn rhywle rhwng Charles Dickens ag Ian Maclaren. Sicrheir fod Daniel Owen yn edmygydd o Dickens: a diau fod y Nofelydd Cymreig yn meddu llawer o graffder Dickens, ynghyd â'i ddigrifwch gogleisiol, ond heb y gormod rhysedd — y duedd i or-liwio a gorwneud sydd yn Dickens, heb y neidio a'r llamu tu hwynt i natur, ac anfynych iawn y teimlir fod y Cymro o'r Wyddgrug yn cario yn rhy bell. Gwir fod Charles Dickens, o ran medr gyda'r gelfyddyd a'r delweddau, a chadernid *plot*, yn rhagori ar y Cymro; ond o ran gallu disgrifiadol diau nad yw Daniel Owen ymhell yn ôl, ac mewn cadw at naturioldeb ei gymeriadau, credir ei fod yn rhagori hyd yn oed ar y Nofelydd Saesneg enwog, a gall ei fod yn meddu mwy o gydymdeimlad â chymeriadau crefyddol syml nag awdur *Oliver Twist*. Mewn deall crefydd ei gymeriadau, tebyca yn fwy i Ian Maclaren: mewn dwysder, tynerwch, saif yn gryf, ac yn sicr y mae tynerwch cydymdeimladol yn un o haenau dyfnaf llyfrau Daniel Owen. Darfu i Charles Dickens ysgwyd cymdeithas i chwerthin; a darfu i Ian Maclaren ysgwyd cymdeithas i wylo; yr oedd angen y ddau, a rhagorodd y ddau bob un yn ei gyfeiriad ei hun. Saif Daniel Owen rhyngddynt; tra ceir llawer o deimlad ac ysbryd Ian Maclaren, ceir llawer o deimlad ac ysbryd Ian Maclaren, ceir llawer o hoywder a donioldeb Dickens, a llwyddodd ef i beri i genedl y Cymry wylo a chwerthin, a chwerthin ac wylo, bob yn ail, o bennod i bennod, ac o lyfr i lyfr, ac yn ei linell neillduol ei hun, gan gofio mai Cymro yn ysgrifennu i Gymry ydoedd, gellir ei enwi yn yr un dosbarth â rhestr anrhydeddus Nofelwyr Saesneg yr oes.

Gofynnir weithiau: Beth all fod dylanwad gweithiau Daniel Owen? Teimlir dan anfantais i ateb y cwestiwn hwn, oherwydd byrdra yr amser er adeg ei farwolaeth, a bydd yn llawer hawddach ffurfio barn gywir ar hyn mewn blynyddoedd eto nag yn bresennol. Ond, modd bynag, y mae rhai pethau yn lled amlwg eisoes, a digon posibl na wna treigliad amser ond cadarnhau y casgliadau hynny am ei ddylanwad mewn gwahanol agweddau:— (a) Urddasoli bywyd cyffredin, a dangos pwysigrwydd naturioldeb. Un o'r bobl gyffredin oedd Daniel Owen, a cheir yr elfen gydymdeimladol â buddiannau uchaf y werin yn nodweddu ei lyfrau hefyd. Onid pobl gyffredin ydyw prif gymeriadau ei holl lyfrau bron? Beth am Rhys Lewis, Enoc Huws, a Gwen Tomos? Ni sonnir yn ei weithiau am frenhinoedd, arglwyddi, duciaid, &c. Rhoddodd fri ar y lliaws trwy gymeryd bron yr oll ohonynt i'w lyfrau, a diau iddo gyflawni gwasanaeth i werin Cymru yn y dull hwn, ac anhawdd cofio am unrhyw lyfrau sydd yn egluro gwir gymeriad pobl gyffredin Cymru yn well. Yn *Y Dreflan* (pen. xxi., tud. 191) ceir sylw fel hyn ganddo, wrth sôn am Becca Prys ar adeg gwaeledd ei gŵr, sef yr hen Benjamin Prys:— 'Sôn a wnawn ni am *heroism*! Mae mwy o wir wroniaeth i'w gael yn fynych yn ystafell y claf, ac yng nghylchoedd cyffredin bywyd, nag ar faes y gwaed; ond oherwydd ei fod yn cael ei gyflawni bob dydd, ni seinir ei glodydd mewn udgorn.'

Dyna ysbryd ei lyfrau — dangos ardderchowgrwydd gwroniaeth anghyhoedd. Hefyd, dengys bwysigrwydd naturioldeb, a gellir ei ystyried fel Apostol mawr Naturioldeb, a gall mai dyma brif genhadaeth ei holl lyfrau: ffyddlondeb i natur ym mhob gwedd ac ym mhob ystyr, a theimlir, os bydd i'r Cymry golli eu hunaniaeth cenedlaethol — ymgolli mewn cymysgedd â chenhedloedd eraill, a mynd yn gaeth i arferion dieithr ac efelychiadau estronol — os unrhyw adeg y bydd i'r Cymry fynd felly, nid ar y Nofelydd diymhongar o'r Wyddgrug y bydd y bai. Gwnaeth ei oreu — treuliodd ei nerth — i ddangos gwrthuni annaturioldeb ym mhob gwedd arno! (b) Amddiffyn Crefydd, a hynny, i raddau pell, yn ei ffurf Ymneillduol. Rhaid addef mai prin y gwneir cyfiawnder â Christionogaeth yn y mwyafrif o'r Nofelau Saesneg a ysgrifenwyd yn ystod y ganrif ddiweddaf — ceid ysgrifenwyr yn ceisio beirniadu Crefydd heb ei deall, ac felly yn gwneud cam mawr â hi, ac â chymeriadau crefyddol. Teimlai Daniel Owen hynny, ac yr oedd yn awyddus i gywiro hynny. Gall fod ambell i ddarllenydd yn synio fod y Nofelydd Cymreig yn sôn gormod am yr elfen grefyddol, ond dyma ddywed ef ei hun ar hyn:— 'Byddai yn amhosibl adrodd hanes bywyd gwledig Cymru y ganrif hon heb i'r capel a'r eglwys ffurfio rhan bwysig ohono,' ac yn sicr yr oedd yn hollol gywir ar hyn, a gall fod gormod o ysgrifenwyr yn bresennol yn ceisio egluro Cymru ar wahân i'w chrefydd. Ond ni lwyddent byth yn yr ymdrech. Onid yw pennod xxxiii. (*Rhys Lewis*) yn nerthol iawn yn erbyn yr ysgafnder o ganu emynau cysegredig mewn ysbryd, achlysuron, a lleoedd anghysegredig? Byddai Wil Bryan yn arfer dweyd mai gwneud *parodies* o emynau Williams, Pantycelyn, a fu y peth mwyaf damniol iddo ef, ac ofnir mai dyna hanes aml i Gymro arall! Yn llyfr *Gwen Tomos* pennod xlv., tud. 329, wrth sôn am Lewis Jones (y pregethwr byr ei ddysg ond cryf ei genadwri), gwna sylw fel hyn am y dosbarth hwn o bregethwyr yn yr hen flynyddoedd:— 'Ni fuasai Cymru y peth ydyw heddyw oni bai am danynt hwy.' Ceir llawer o wirionedd yn hyn, ac wrth deimlo yn ddiolchgar, ac edmygu llafur caredigion presennol Cymru, rhaid cofio fod hadau ailenedigaeth cenedlaethol wedi eu plannu yn y tir cyn geni y rhan fwyaf o'r diwygwyr presennol, ac nid ydym, yn y blynyddoedd hyn, mewn rhan fawr ond yn mynd i lafur yr hen weithwyr cymdeithasol a chrefyddol a fu, yn ddigon di-ddiolch, yn dal pwys a gwres y dydd. Cywirir syniadau ar wahanol faterion yn ei lyfrau ef: gweithia ym mhlaid crefydd, a methir gweled fod dim oll yn ei lyfrau — o'r dechreu i'r diwedd — yn tueddu i lygru, i dwyllo teimladau, i godi gau-obeithion, ac i effeithio yn niweidiol, eithr i'r gwrthwynéb, ac nid yn rhy fynych y gellir dweyd hyn am Nofelydd. (c) Meithrin eangder a chydymdeimlad. 'Mae mwy nag un ffordd i addysgu a dyddori ein gilydd,' medd Daniel Owen yn ei ragymadrodd i'r llyfr *Enoc Huws*. Oes, y mae mwy nag un ffordd, a diolch am hynny, a chymerodd ef olwg eang ar wneuthur daioni. Ceir rhywbeth yn dyner yn ei lyfrau tuag at y dyn ieuanc meddylgar, ac un mewn anhawsterau deallol a moesol, nes cael blinder oddi wrth amheuaeth, &c. Y mae ysbryd yr holl lyfrau yn llawn cydymdeimlad â'r cyfryw: dyna holl rediad hanes Bob (brawd Rhys Lewis), ac ym mhennod xxiii. (*Rhys Lewis*) wrth darlunio Bob, teimlir fod yr awdur wedi cyflawni gwasanaeth ardderchog yn yr ystyr o ddangos fel y dylid cyd-ddwyn â dynion ieuainc da sydd mewn brwydrau meddyliol yn chwilio am oleuni — ceir gwers yn hyn ar ehangder Cristionogol, a cheir gwers hefyd, yn hanes Bob, i eglwysi Cymru i fod yn dra gofalus am ba beth a pha fodd i arfer digyblaeth. Ystyriwn fod pennod xxviii. yn un nodedig ar gyfer sefyllfa meddwl llawer o ddynion ieuainc ymchwilgar a gonest — yn bennod orchestol, ie, yn emwaith, fel cyfarwyddyd caredig i ddynion ieuainc o'r fath, a da fuasai i bob meddyliwr ieuanc ddarllen geiriau

Abel Hughes yn y bennod hon. Tybed nad yw sefyllfa Cymru yn awr yn galw am benodau fel hyn? Digon posibl y gall nifer pobl ieuainc pryderus gynyddu yng Nghymru yn ystod y blynyddoedd nesaf, a diau fod cael Nofelydd i gydymdeimlo â hwy, ac i roddi goleuni ac arweiniad mor ddiogel ac iachus iddynt, yn rhwym o effeithio er da. Rhed cydymdeimlad trwy ei weithiau ef â phob dosbarth o ddynion — os byddent yn onest; a hefyd y mae ei lyfrau mor eang nes cyfuno digrifwch diniwed â'r difrifwch llymaf, a gwna hynny mor esmwyth, mor naturiol, ac mor iachus nes yr amheuwn a wnaed hynny mor llwyddiannus gan unrhyw awdur Cymreig arall. Wele engraifft o'r cyfuniad hwn pan yn darlunio Robert Wynne, Pant-y-buarth (*Gwen Tomos*, tud. 152), yng nghanol difrifwch, dywed amdano yn torri ei farf, a bod gwaith 'torri' arni:— 'Yr un fath a'i egwyddorion, yr oedd pob blewyn ar ei wyneb yn stiff ac anhyblyg, ac yn tyfu trwy ei groen fel *tin-tacks.*' (d) Dangos neillduolion cenedl y Cymry, a chryfhau y teimlad Cymreig. Ymhlith ymadroddion eraill, i'r un perwyl, dywed (gwel. *Y Siswrn*, tud. 126-7):— 'Yn eisiau — llyfrau Cymraeg Cymreig — gwreiddiol, swynol, hawdd eu darllen, ond pur ac adeiladol.' Eto, *Y Siswrn*, tud. 129:— 'Mae tuedd yr oes ieuanc at yr hyn sydd yn costio lleiaf o lafur, yn enwedig mewn llenyddiaeth, ac nid oes gennym yn Gymraeg y ddarpariaeth a ddylasai fod gennym ar ei chyfer.' Gwelir felly fod Daniel Owen yn teimlo yn ddwys ar y mater hwn, a diau fod yr ymdeimlad hwn wedi rhoddi grym ac egni i'w athrylith nodweddiadol Geltaidd ef. Yr oedd Daniel Owen yn Gymro o'r Cymry, a phopeth Cymreig yn meddu swyn iddo. Gwrandawer fel y llefara pan yn dal y dylai pob cenedl gefnogi ei llenyddiaeth ei hun:—

> Yn ôl fy marn i, y mae i bob cenedl dan y Nef ei harbenigion nodweddiadol; ac nis gall golli y rhai hynny heb ar yr un pryd golledu y byd, a rhoi cam yng nghyfeiriad unrhywiaeth dôf, oer, masw, ac anaturiol. Dyledswydd pob cenedl ydyw ymaflyd ym manteision dysg a gwareiddiad; ond os esgeulusa, ac os diystyrra hi ei nodweddion cenedlaethol, y mae yn di-anrhydeddu yr Hwn a'i gwnaeth yn genedl. *(Y Siswrn*, tud. 128).

Dyma dir uchel iawn i edrych ar y mater — cenedl os yn anffyddlon i'w nodweddion cynhenid 'yn di-anrhydeddu yr Hwn a'i gwnaeth,' a dyna yn hollol safle Daniel Owen yn ei lyfrau. Yn sicr y mae amcan i fodolaeth cenedl, a diau fod lle ac angen am wahanol genhedloedd, a'r ffordd oreu i bob cenedl gyrraedd ei diben penodol ydyw trwy weithio ar ei llinellau cynhennid ei hun. Y mae y Cymry yn genedl, ac fel cenedl y mae iddi ei chenadwri at y byd, ac os yw ein cenedl am wneuthur ei hunan yn deimladwy i'r byd, ac am gario allan ei chenadwri — rhaid iddi gadw i fyny ei nodweddion gwahaniaethol, a rhaid iddi ddal at ein naturioldeb. Y mae y fath beth yn bod ag annaturioldeb cenedlaethol yn ogystal ag annaturioldeb personol. 'Neu bydd yn di-anrhydeddu yr Hwn a'i gwnaeth.' Y mae Daniel Owen wedi dal y wers bwysig hon ger bron Cymru, a gwnaeth lawer iawn i gryfhau y teimlad cenedlaethol Cymreig. Cyfeirir weithiau fod yn ei lyfrau ar y mwyaf o sôn am dafarndai — 'Bedol,' 'Brown Cow,' 'White Horse,' a geiriau fel 'diawl,' 'cythreulig,' a gormod o'r — am eiriau neillduol, ac eto ni buasai yn gwbl ffyddlon i neillduolion y bywyd Cymreig yn yr oll ohonynt heb y pethau hyn, a gofala ef gadw oddi wrth bob eithafion. Dangosodd Gymru iddi ei hunan — yn eglwysig, cymdeithasol, a theuluaidd, ac efallai mai dyma brif wasanaeth ei lyfrau: dangos y genedl iddi ei hun, ac anturiwn ddatgan ei fod yn rhagori yn hyn — er caniatáu pob diffygion eraill. Nid yn unig dangosodd y genedl iddi hi ei hunan, eithr rhoddodd syniad am neillduolion y Cymro i genhedloedd eraill, ond amser a ballai i ddyfynnu o ffynonellau Seisnig a Ffrengig i ddangos fod ei lyfrau wedi cael argraff ffafriol, ac yn rhoddi syniad newydd i ddieithriaid am y Cymry. Dywed yr awdwr yn ei ragymadrodd i *Rhys Lewis* (argraffiad cyntaf).

Nid i'r doeth a'r deallus yr ysgrifennais, ond i'r dyn cyffredin. Os oes rhyw rinwedd yn y llyfr, Cymreigrwydd ei gymeriadau ydyw hwnnw, a'r ffaith nad ydyw yn ddyledus am ei ddefnyddiau i estroniaid.

Ie, sylwer ar y geiriau — 'Cymreigrwydd ei gymeriadau,' a chredaf mai dyna un o brif neillduolion llyfrau Daniel Owen, ac un o'r pethau a rydd y gwerth pennaf arnynt, ac yn wir pwy a wnaeth fwy i boblogeiddio llenyddiaeth yng Nghymru? Bydd i'r llyfrau ddylanwadu yn gryf i feithrin a chryfhau y teimlad Cymreig, cadw yn fyw, ail-ennyn, adfywio, a gwresogi yr ysbryd Cymreig, a bydd y llyfrau hyn, beth bynnag arall ellir ei ddweud amdanynt, yn un cynorthwy i barhad yr iaith Gymraeg, i gadw i fyny neillduolrwydd llenyddiaeth Gymreig, i ategu a chadarnhau y teimlad gwladgarol a chenedlaethol, ac i foesoli a dyrchafu'r wlad, a hynny mewn dull deniadol, swynol, ac ymarferol.

Ond, i derfynu, gellir nodi prif nodweddion ei Athrylith fel y canlyn:— (a) Nerth Disgrifiadol, (b) Cydymdeimlad, (c) Ehangder, (d) Cariad at Wirionedd, a chynhwysai hyn elyniaeth at bob ffug a rhagrith ym mha wedd bynnag. Pe meddylid am y gallu disgrifiadol: deil rhai fod y gallu hwn yn llawer cryfach ynddo na'r gallu i ddadansoddi a barnu. Gall hynny fod, ond ymddengys i mi fod y galluoedd hyn, i raddau pell, yn canlyn ei gilydd, yn enwedig felly yn ei hanes ef: teimlir fod ei ddisgrifiad ef, rywfodd, yn ddadansoddiad, ac y mae yn amheus a fu neb yng Nghymru yn dadansoddi mwy ar gymeriadau nag ef, a hynny trwy rym canfyddiad naturiol. Yr oedd y gallu i ganfod, neu i adnabod cymeriad, yn nodedig o gryf ynddo, ac anfynych y camgymerai yn ei farn am un. Dywedir weithiau fod cysylltiad rhwng y gair 'athrylith' a'r gair 'trwy' neu 'trwodd,' modd bynnag, meddai ef ar allu i ganfod yn gyflym — gwelai yn ddwfn, gweled drwodd, a byddai yn gallu disgrifio y gweledigaethau mewnol hyn, gwisgo amdanynt, nes eu gwneud yn glir ac amlwg, ac erbyn eu gweled, byddai y teimladau dyfnion hyn yn deimladau pobl eraill hefyd, ond ei fod ef yn meddu gallu i roddi mynegiant iddynt. Gall ei fod, fel ysgrifennydd, yn colli ychydig mewn cydbwysedd, a gall fod rheswm am hynny yn ei ddull o gyfansoddi: clywir yn fynych fod ei weithiau, fel y sylwyd eisoes, yn ddifygiol mewn celfyddyd, mewn gweithiad allan, ac mewn cudd-amcan *(plot)*. Addefai ef ei hun fod peth gwir yn hynny, ac eto rhaid cofio am ei anfanteision, ac am ei ddull yn cyfansoddi ysgrifennai yn ddognau wythnosol a misol i'r newyddiaduron a'r cylchgronnau, a phrin wrth gychwyn ysgrifennu y gwyddai pa le y glaniai yn y diwedd. Ysgrifennai *Y Dreflan a Rhys Lewis* ar ôl dychwelyd gartref yn yr hwyr, wedi bod trwy y dydd gyda'i fasnach, a mynych yr arhosai i fyny hyd y boreu i gwblhau y bennod. Pan gydag *Enoc Huws* a *Gwen Tomos* ysgrifennai yn y masnachdy, ynghanol ei oruchwylion, a thorrid ar ei heddwch yn barhaus. Dyna ei ddull wrth ysgrifennu ei lyfrau, a thybed nad oedd hyn yn anfantais ddirfawr iddo? Oni thorrai hyn ar yr unoliaeth a'r grym? Onid oedd y dull hwn, i fesur mwy neu lai, yn rhwym o beri diffyg yn y cynllun? Hefyd, yn ychwanegol, dylid cofio fod yr awdur yn ddyn mewn oed pan yn dechreu ysgrifennu ei nofelau, fod ei iechyd yn fregus, ac mai masnachwr prysur ydoedd ynghanol gofalon bob dydd! Ond er cydnabod y pethau hyn oll, teimlir yn rhwydd i ddatgan fod ei weithiau, fel disgrifiad o'r cymeriad Cymreig, yn glod bythol i'r awdur. Er bod rhannau o'r *Dreflan* mor nodweddiadol o'r awdur ag unrhyw rai o'r gweithiau dilynol, eto yn sicr *Rhys Lewis* ydoedd y gwaith a gododd Daniel Owen i sylw yr holl genedl, ac o ran gwastadrwydd a chydbwysedd, efallai nad ydyw mor gryf ag a ellid ddisgwyl, ond o ran canfyddiad treiddgar i ddyfnderoedd y natur ddynol, arabedd, dychymyg bywiog, naturioldeb a chywirdeb y darluniau, &c., saif y llyfr hwn fel un gwir ragorol. Digon tebyg fod rhai o gydnabyddion yr awdur yn yr Wyddgrug a'r cylch o flaen ei feddwl pan yn tynnu darlun o Abel Hughes, a dywedir fod prawfion yn llawysgrif Daniel Owen sydd yn penderfynu mai ei fam ef ei hun oedd y gwreiddiol o Mari Lewis. Y ddau gymeriad mwyaf adnabyddus yn y llyfr hwn, yn nesaf at *Rhys Lewis* ei hun, ydyw 'Wil Bryan' a 'Thomas Bartley, er na ddylid anghofio 'Barbara Bartley.' Ymddengys fod Daniel Owen ei hun wedi hysbysu rhai cyfeillion nad oedd ganddo yr un person neillduol mewn golwg wrth ddarlunio 'Wil Bryan,' ond iddo adnabod amryw oedd yn ateb iddo, a dengys y ffaith hon eto nerth darfelydd Daniel Owen — gallu tynnu darlun mor berffaith o gymeriad heb yr un gwreiddiol gerbron, ac eto amheuir a dynnwyd darlun o Gymro cyffredin erioed yn fwy cywir na hwn. Rhaid canmol darlun 'Thomas Bartley,' a deil rhai mai hwn yw campwaith *Rhys Lewis* — mor syml, mor ysmala, mor wledig, ac yn sicr ceir Daniel Owen yn ei fantais orau pan gyda cymeriad fel Bartley. Gwir ei fod yn dda gyda 'Bob' ac eraill, ond prin y mae yn gallu ffurfio un gadwen gyfan o'r math hwn o fywyd, canlyn y camrau, gwylio y datblygiad, dilyn, canlyn, o radd i radd — ond am olrhain teimladau syml pobl fel 'Thomas a Barbara Bartley,' yn enwedig ar achlysuron neillduol, megis angladd 'Seth,' anhawdd fyddai rhagori arno. Addefir fod y llyfrau *Enoc Huws* a *Gwen Tomos* yn ehangach eu cylch, ac yn fwy cyffredinol eu cyfeiriadau na'r *Dreflan* a *Rhys Lewis* — nid yr un ydyw y meysydd a'r cysylltiadau, a gall fod *Gwen Tomos* yn fwy cenedlaethol, yng ngwir ystyr y gair, na'r un o'i lyfrau, a chred rhai na chynyrchodd Daniel Owen ddim prydferthach na chymeriadau Gwen a Nansi; ond, er hynny, y llyfrau eraill sydd wedi ymaflyd ddyfnaf yn y wlad; ceir eu bod yn darlunio cymeriadau mwy adnabyddus i'r lliaws, a gall y byddai Daniel Owen yn gryfach pan yn cyfyngu ei hunan at gymeriadau neillduol mewn cylchoedd neillduol. Modd bynnag, ymddengys i mi, wedi cymryd popeth i ystyriaeth, mai un o brif nodweddion athrylith y Nofelydd o'r Wyddgrug ydoedd, os nad yr amlycaf oll, nerth disgrifiadol.

Bellach, rhaid terfynu. Yr oedd y daith yn lled bell gyda'r ysgrif hon a'r un flaenorol — dros holl Weithiau Daniel Owen, a cheisio dilyn cyfeiriadau ei athrylith, y wefr ryfedd honno a blanwyd yn ei enaid gan Dduw — ond, er y pellder, hyderir nad hollol anniddorol i ddarllenwyr *Y Traethodydd* ydoedd hyn o goffhad am un o'r meibion mwyaf teyrngarol iddi ei hunan a fagodd Cymru erioed.

5. *Daniel Owen*

JOHN MORGAN, *Y Traethodydd* (1906)

ATGOFION A MYFYRION AMDANO

Ganwyd Daniel Owen yn nhref yr Wyddgrug ar 20 Hydref, 1836. Bu farw ar 22 Hydref, 1895. Dyna oedd y dechreu a dyna oedd y diwedd. Gellir dweud yr un peth am y rhan fwyaf o lawer a fu yn y byd erioed, ond yr oedd Daniel Owen yn un o'r rhai y gellir dweyd mwy amdano. Bu fyw yn y byd yma am amser go faith, ac y mae hanes yr hyn a wnaeth, a'r hyn a ddywedodd, yn cyniwair drwy ein gwlad eto. Tra bu yma gyda ni, cyffyrddodd â'r llinellau tyneraf yn ein natur fel nas gwnaeth neb a fu yn ein gwlad o'i flaen, ac oblegid hynny, y mae ei goffadwriaeth yn fendigedig yn ein plith.

Yng ngwanwyn y flwyddyn hon, angenrhaid oedd i mi fynd i gyfarfod yng Nghasnewydd, lle y cyfarfûm â dau oedd wedi darllen ei holl weithiau, y rhai, pan ddeallasant fy mod innau yn frodor o'r Wyddgrug, ni pheidiasant fy holi o bant i bentan, ac o hyd, am Daniel Owen. Sut un ydoedd, sut un oedd ef o gorff, ac yn enwedig, o feddwl? A oeddwn yn meddwl fod ei gerflun yn gwneud chwarae teg âg ef? Sut un ydoedd yn ei gwmni? A fu iddo frodyr, a chwiorydd, a pherthnasau? Pan ddeallasant, yn arbennig, fy mod wedi treulio y rhan fwyaf o'r chwarter canrif olaf o'i oes, yn fwy yn ei gwmni ef nag un arall o'm cyfeillion, nid oedd diwedd ar eu cwestiynau, ni flinent ychwaith ar fy atebion, er mor ddiffygiol oeddynt. Cymaint oedd eu diddordeb yn fy nghyfaill fel yr esgusodent hyd yn oed fy atebion a'm casgliadau gwaelaf, gan fy mod i raddau, er yn wan, yn rhoddi iddynt ryw adlewyrchiadau o'r portread a dynasant o Daniel Owen. 'A ydych chwi yn gwybod am rai o'r cymeriadau a ddisgrifai — fath rai ydoedd y brawd Robert a'i fam? a Wil Bryan, a Thomas Bartley, a Barbara, a Seth, ynghyd â'i Gapel Mawr Iesu Grist?' a chant a mil o gwestiynau eraill, y rhai nad oedd gennyf i 'mor hamdden na'r medr i'w hateb. Dangosai eu gofyn dibaid nad oedd y deng mlynedd o ddistawrwydd oedd wedi mynd heibio ar ôl ei farwolaeth wedi lleddfu dim ar eu chwilfrydedd ynghylch fy annwyl gyfaill. Yr oedd y cymeriadau a ddarluniasai wedi ymgnawdoli iddynt hwy, ac yr oedd Robert ei frawd, a'i fam, Wil Bryan, a'r lleill yn fwy adnabyddus iddynt na'u cyfeillion agosaf, a dangosai y dagrau a ddisgleiriai yn eu llygaid, yn enwedig wrth sôn am Seth a'r Capel Mawr, gymaint oedd eu diddordeb yn y bobl a greasai fy nghyfaill iddynt hwy ac i Gymru oll. Fel y dychwelais drannoeth, ac yr arhosais am y noswaith yn un o ardaloedd mwyaf poblog yng Ngogledd Cymru, cyfarfyddais â nifer o weithwyr, y rhai oeddent oll yn gynefin â gweithiau Daniel Owen, a dyma oedd yn rhyfedd, yr un cwestiynau yn union ag a ofynid gan y dosbarth canolraddol yn y Deheudir a ofynid hefyd gan y dosbarth gweithiol yn y Gogledd. Rhaid eu bod oll wedi bod yn meddwl yr un pethau, a bod ein cyfaill, yn ei ysgrifeniadau, wedi cyffwrdd â chalonnau pobl y De, fel ag â chalonnau pobl y Gogledd. Yr oedd, heb yn wybod iddynt hwy eu hunain, wedi denu eu calonnau oddi arnynt. Yr un oedd yr effaith ym mhob man, a'r cwestiwn yr wyf wedi bod yn ei ofyn i mi fy hunan dros y blynyddau ydyw — beth oedd y gyfaredd honno yn fy hen gyfaill oedd yn swyno ac yn llygad-dynnu cenedl gyfan ato ef? Un atebiad, a'r un mwyaf cyffredinol, ydyw mai ei athrylith neu ei *genius* ydoedd. Ie, athrylith ydoedd, ond pa beth yn yr athrylith? Waith mae rhai mor athrylithgar ag yntau wedi methu denu dim ar neb, yn hytrach eu gyrru ymhellach a wnaethent. Mae rhai eraill ag athrylith ganddynt; rhai ag athrylith i farddoni, eraill i bregethu, eraill i ysgrifennu, ac ambell un i fod yn dlawd; ond, dyma un ag athrylith ganddo i swyno pawb! Beth oedd o, pa athrylith oedd honno? Wel, wn i ddim, os nad rhyw allu i gydymdeimlo. Gallu i gydfynd ag un ym mhrofiadau dyfnaf a melusaf ei natur, gan ddyfod oddi yno a mynegu iddo feddyliau ei galon ei hun, ryw gan mil gwell nag y gallasai efe byth eu mynegu ei hunan. Yn wir, prin y dirnada un fod y fath feddyliau erioed wedi bod yn ei galon, canys anelwig ddigon oeddynt nes y daeth y cyfaill i'w datgudio iddo; neu eto, y gallu i greu neu ddwyn allan y pethau y bu y dyn ei hun yn teimlo oddi wrthynt, ond yn methu â'u dwyn i'r esgoreddfa. Ac edrych yn y wedd yma, ein plant ni ein hunain oedd y cymeriadau a ddisgrifiwyd gan Daniel Owen, ac ni wnaeth efe ond rhoddi ffurf a mynegiant i'r creaduriaid fu yn ymwthio drwy ein meddyliau ni ein hunain, ond ein bod ni wedi

methu â rhoi ein bys arnynt. Ond, yn awr, wedi dyfod o'n cyfaill, dyna
nhw yn fyw ac yn sefyll o flaen ein llygaid, heb berygl i ni golli ein
gafael ohonynt dros byth, yn fyw. Dyna a wnaeth efe, a dyna sy'n rhoi
cyfrif helaeth am ei boblogrwydd; dyfod i ddatguddio ein hunain i ni
ein hunain, ac yr ydym o hynny yn gyfoethocach o'i ddyfodiad na
fuasem yn dragywydd heb hynny.

Fel y mae yn hysbys i nifer mawr o ddarllenwyr *Y Traethodydd*, un
o 'gywion yr estrys' ydoedd ein cyfaill ym moreu ei oes. Bu farw ei dad
pan nad oedd ond chwe mis oed, ac nid oedd ei fam, cyn belled ag y
gallaf fi ddeall, yn y seiat, ond ei bod yn ddynes â llawer o naws
grefyddol arni. Darllennai ei Beibl gyda blas, ac arferai egni i fynychu y
moddion; ac, os nad yn grefyddol, yr oedd yn rinweddol iawn. Dygai
ei phlant i fyny hefyd yr un fath â hi ei hun, yn blant rhinweddol. Ni fu
yr un ohonynt yn destyn blinder iddi erioed, er eu bod, y ddau
fachgen yn enwedig, fel y gwelir plant â rhywbeth ynddynt, yn
fechgyn direidus ddigon, ond direidi diniwed ydoedd, hawsach i chi
wenu o'i herwydd na llidio. Yn hynny, nid oedd na Dafydd na Daniel
ddim yn ôl i'r rhai direidiaf yn y dref. Modd bynnag am hynny, daeth y
ddau, fel yr oeddynt yn prifio i fwy o faint, i ymyrryd yn fwy â phlant
pobl y capel, lle yr oeddynt eisoes yn aelodau o'r Ysgol Sabothol.
Tyfodd y ddau yn fwy, fwy, gan lynu wrth y capel a chlosio at yr
Achos, fel ag y daeth Dafydd o dipyn i beth i gael edrych arno fel un
o'r llanciau mwyaf gobeithiol yn y lle. Nid wyf yn gwybod pa un o'r
ddau ymunodd gyntaf, ond oddeutu yr amser y prentisiodd gyda Mr
Angel Jones yr ymunodd Daniel, fel yr wyf yn tybio. Yr oedd eu
cynnydd ill dau yn amlwg. Cawsent eu dewis yn athrawon yn fuan, a
phan nad oedd eto ond llanc digwyddodd i Dafydd fyned ar Saboth i
ymweld â Rhosesmor. Pan ei gwelodd yn yr ysgol yno, aeth yr
arolygwr ato, gan ddywedyd y byddai raid iddo holi yr ysgol, a chyd-
syniodd yntau â hynny. Yn yr ysgol y prynhawn hwnnw yr oedd y
diweddar Mr Evan Lloyd, Llety'r Eos, yr hwn hefyd oedd un o'r
blaenoriaid. Yn ei amser aeth Dafydd ati i holi, a dywedai wrthyf,
flynyddoedd lawer wedi hynny, iddo gael mwy o flas ar yr holi nag a
gafodd lawer gwaith, ac oblegid hynny, iddo gael ei demtio i ofyn
cwestiynau mwy damcanol (*speculative*) nag a fuasai ddoeth iddo.
Fodd bynnag, ar ganol yr asbri a'r hwyl ar yr holi a'r ateb — pennod
o'r *Hyfforddwr* oedd ganddynt — dyma Dafydd yn gofyn cwestiwn
mwy damcanol na'r cyffredin. Synnodd pawb, ac aethant yn fud. O'r
diwedd dyma lais Mr Lloyd, Llety'r Eos, yn torri ar y distawrwydd, ac

yn dywedyd: 'Dafydd Owen, pe buasai eisieu gofyn y cwestiwn yna, buasai Mr Charles wedi ei ofyn o.' Gwenodd yr ysgol drwyddi, a thawodd Dafydd yn ddigon swta, fel ceiliog wedi cael torri ei grîb, ac o'r bron y gallodd derfynu drwy weddi. Ni flinwyd ei frawd ieuengach erioed gan y fath brofedigaeth, er ei fod yn ddigon chwannog i droi gyda chwestiynau *speculative*, eto yr oedd yn rhy ochelgar, a hawsach fuasai iddo gymeryd rhan Mr Lloyd, Llety'r Eos, na rhan ei frawd. Yn wir, yr oedd ganddo dalent i roi eraill mewn trybini nad ymyrrai ag ef ei hunan ynddo am bris yn y byd. Clywais ef yn ymorchestu droion yn y ffaith na ddarfu iddo erioed roddi cynygiad gerbron Cyfarfod Athrawon heb fedru ei gario. Atebwn innau y buasai yn well iddo fethu efo rhai o'i gynygion na llwyddo, gan ei atgoffa am un y llwyddodd drwyddo i ddinistrio dosbarth o ddynion ieuainc, gobeithiol iawn hefyd. Chwarae teg iddo, addefodd ei fai, gan ymesgusodi ei fod wedi camgymeryd yr amser i wneud cynygiad yn lle edrych am foddion i wella'r clwy. Yr oedd ein cyfaill yn chwannog i rywbeth felly, nid oherwydd ansefydlogrwydd ei farn yn gymaint ag oherwydd ei orawydd am wneuthur daioni. Nis gallai feddiannu digon ar ei amynedd i ystyried digon ar y *pros.* a'r *cons.*, ond rhedai yn ei flaen ar draws ac ar hyd i wneud yr hyn a argymhellid gan ei natur dda ddifeddwlddrwg ei hun. Arweinid ef i brofedigaeth mynych oblegid hyn, y rhai nad oes amser na gofod i mi eu henwi ar hyn o bryd, ond gadawaf hwynt, gan ddweyd mai dyna, yn ôl fy syniad i, oedd ei wendid. Ond, lle yr oedd wan yr oedd hefyd yn gryf, canys lle bynnag y bwriai ei goelbren, yno y byddai. Ni bu neb erioed yn fwy ffyddlon i'w gyfaill a'i egwyddorion hefyd nag ef, a hyn a'i gwnâi hefyd mor deyrngarol i'r achos, â'i trwy y tew a'r teneu er ei fwyn, a glynai wrth yr achos hefyd pa wedd bynnag fyddai arno. 'Glynain'n glòs heb os nac onibai.' Nid un yn dilyn o hirbell fyddai efe, ond bob amser ynghanol y dyrfa, yn wir, o'i blaen yn hytrach. Ac am hynny, ni welid ef un amser yn petruso pa un ai mantais neu anfantais iddo ef yn bersonol allasai rhywbeth fod, eithr yn deyrngarol ac yn benderfynol i fynd â'r peth i'r goel. Meddai unwaith wrth chwaer a'i henw 'Grace' oedd yn ceisio ymesgusodi rhag mynd i dorri bara ac ymenyn a bara brith gogyfer â chyfarfod te oeddym ar gael, 'Mae gen i adnod sydd yn peri i chwi fynd.' 'A oes, Mr Owen, p'run ydi honno deudwch?' 'Wel honno,' atebai yntau, 'Gras fyddo gyda chwi.' Chwarddodd y chwaer yn galonnog, ac ymaith â hi at ei gorchwyl.

Rywbryd tua'r blynyddoedd 1863 neu 1864 y dechreuodd

bregethu, ac fel y dywedwyd wrthyf, yr un adeg ag y dechreuodd y
Proffeswr Ellis Edwards, o'r Bala, a bu eu hachos o flaen yr eglwys yr
un noson. Mewn tŷ annedd ym Maesydref y dechreuodd, lle y
cynhelid Ysgol Sabothol — un o ganghenau Ysgol Sul y Capel Mawr.
Dywedir wrthym mai digon tila y bu hi arno y noswaith honno, a bu
agos iddo dorri lawr yn gyfan gwbl. Ond daliodd ati yn wyneb pob
anhawster, ac yn groes i ddisgwyliad y rhai oedd yn bresennol, daeth
trwyddi. Cafodd afael ar ei *manuscript*, a llwyddodd i gymryd y gŵys
hyd y pen. Y tro nesaf, cafodd gyfleustra i dreio yn Ysgoldy y Capel
Mawr, pryd yr ydoedd wedi paratoi yn fwy gofalus, wedi dysgu ei wers
yn well; heblaw hynny, yr oedd yr anhawster a fu agos a'i rwystro y
noson gyntaf yn fantais iddo byth er hynny. Gorfodwyd ef i baratoi
yn ddyfalach, i fynd tros yr hyn a fwriadai ei ddweud yn amlach, ac i
gadw popeth a baratôi yn fwy gofalus. Cefais brawf diymwad o hynny
yng Nghyfarfod y Gwyliau, 1871, pryd y penodwyd ef a minnau i
'ddywedyd' gair, chwedl hwythau. Dewisodd ef 'y Bethma' yn destyn,
a dewisais innau 'Ymddangos a bod.' Gennyf fi 'roedd y testyn gorau,
ond ganddo ef oedd y bregeth oreu tu hwnt i bob cymhariaeth. Yr
oedd ef wedi astudio ac ysgrifennu pob brawddeg, a hynny drosodd a
throsodd drachefn. Yr oeddwn innau wedi *meddwl* fy araith allan yn
go wych, ond heb ystrifennu gymaint â brawddeg. Mi ffeindiais i
allan, unwaith am byth, fod meddwl rhywbeth gogyfer a'i ddweud, a
hynny mewn cadair o flaen y tân, yn rhywbeth tra gwahanol i'w
ddweud gerbron oddeutu mil o bobl. Penderfynais y noson honno fy
mod wedi cyflawni y ddau ben i'm testun beth bynnag — ymddangos
a bod yn ynfytyn. Ond am Daniel, onid oedd o'n taro yr hoel ar ei
phen bob ergyd? a phawb yn eu hwyliau gorau yn gwrando, tra
oeddwn innau mewn cywilydd a gwarth yn ceisio cuddio fy wyneb.
Ond, dyna fel y bu y noson honno. Erbyn chwilio, deellais fod hyn yn
arferiad ganddo, wedi ei gymryd er y noswaith y bu agos â thorri i lawr
pan yn pregethu ar brawf wyth mlynedd cyn hynny. Yr oedd wedi
ymarfer â hi fel nodded i'w enw ei hun, a hefyd o barch i'r rhai y byddai
yn eu hannerch; ac am a wn i yr oedd yr olaf yn amcan llawn mor
deilwng â'r cyntaf, gan ei fod i raddau yn sicrhau iddynt rywbeth
gwerth ei wrando. Yr oedd y Parch. Joseph Thomas hefyd yn hynod o
ofalus am wneud yr un peth, a chlywais amdano yn rhoi cyngor i
bregethwr ieuanc ar ei fynediad cyntaf allan. 'Gofalwch,' meddai, 'am
roddi pregeth dda iddyn' nhw yrŵan wrth ddechreu pregethu. Dyna i
chi Thomas Kynast yna, mae o'n pregethu'n well na'n hanner ni, ond

'dydi'r bobl ddim yn meddwl hynny, gan mai pregethu rywsut y darfu iddo wrth ddechreu, ac y mae nhw'n meddwl mai pregethu rywsut y mae o o hyd. Gwnaeth gam ag ef ei hun, ac andwyodd ei ddefnyddiol-deb am byth o ddiffyg cymryd tipyn o drafferth pan yn *dechreu* pregethu.' Yr oedd Daniel Owen wedi yfed ysbryd y cyngor, er nas cafodd ef gan Joseph Thomas. Pob braich o englyn a gyfansoddodd erioed maent i'w cael mewn ysgrifen, neu linell o farddoniaeth, wele, hefyd, ysgrifenwyd honno, a phob pwt arall o araith, yr un fath, fel erbyn y diwedd fod ganddo doreth o *stock* i dynnu oddi arni ar unrhyw achlysur a ddeuai i'w gyfarfod. Er enghraifft, dyna araith y 'Bethma' wedi ei chyhoeddi air am air fel yr hadroddwyd hi bymtheng mlynedd. Yr un fath am ei bregethau. Byddai yn ysgrifennu pob gair o'r rhai hynny yn ofalus. Nid wyf yn sicr pa un ai pregethau ynteu myfyrdodau y dylid eu galw, oblegid dygant y wedd o fyfyrdodau yn fwy nag o bregethau, ac wrth bregethu siarad ei fyfyrdodau y byddai yn fwy na phregethu. Byddai yn cymeryd carictor Beiblaidd yn destyn ei fyfyrion, ac olrheiniai droadau, cwympiadau, ac esgyniadau hwnnw fel ei dangosid yn yr Ysgrythyr Lân, ac yn y diwedd, neu, yn wir, wrth fynd ymlaen, tynnai y wers a chymwysai hi ato ei hun ac at ei wrandawyr. Nid oedd y dull hwn o bregethu yn un poblogaidd mae'n wir, ac ni fu Daniel Owen ar un ystod o'i fywyd yn bregethwr poblogaidd, ond yr oedd yn un difyr ryfeddol i wrando arno. Ac nid yn unig yn un difyr, ond yn un adeiladol hefyd. Yr oedd y rhai mwyaf profiadol yn ein heglwysi a'n cynulleidfaoedd yn hoff o'i wrando, ac wedi ei glywed un tro, sychedent am ei glywed drachefn, oherwydd yr oedd yna ryw swyn yn ei bersonoliaeth — pregethwr yr hwn oedd 'yntau wedi ei amgylchu â gwendid,' yn dweud sut y cafodd hwn a'r llall o bechaduriaid llwch y llawr, a sut y cafodd yntau ei hun waredigaeth o'r gwendid yma. Na, 'ni phery ddim yn hir yn ddu dymhestlog nos,' am fod hanes yn dweud fod Un wedi mynd 'unwaith i mewn i'r cysegr, gan gael i ni *dragwyddol ryddhad.*' a hwnnw fyddai prif a hoff destyn myfyrdodau ein cyfaill ymhob pregeth fyddai ganddo.

Mae yn ddiamau fod y pregethau neu y myfyrion hyn wedi bod yn rhagbarotoad o'r fath orau iddo yng ngwaith mwyaf ei fywyd. Drwy y rhai hyn dysgodd ddyfalu ym mha le ac ym mha bethau y deuai prif linellau y cymeriadau i'r amlwg. Dyfalai hefyd pa wedd ar yr Efengyl, neu pa bethau ynddi fyddai yn cyfateb oreu i'w tueddiadau a'u naturiaeth hwythau, ac amcanai felly gael y ddau — y pechadur a'r

Efengyl i siwtio ei gilydd. Ymddangosai yn hynod o fedrus yn yr oll o'i ddyfaliadau, a'i fod — fel y byddai y Parch. Roger Edwards yn dweyd — yn gwybod 'sut i roi'r physyg i ateb i'r clefyd.' Ymdrechai hyd yr oedd ynddo i iachau'r clwyf, ac nid ei basio. Yr oedd yna lawer i un fedrent roi rhyw fath o eli ar y dolur, rhywbeth fyddent yn ei alw er's llawer dydd yn 'eli Treffynnon,' ond mi fyddai y dolur yn torri allan drachefn, ac yn waeth, ond amdano ef amcanai ffeindio yr achos i'r briw, ynghyd â natur y claf, ac yna, gwyddai yn well pa falm i roi ar y briw. Yr oedd yn hynod o dyner, ac ofn ganddo ar ei galon bob amser rhag gwneud y dolur yn waeth trwy ei drwsgleiddiwch ef gyda'r feddyginiaeth. Am hynny, byddai yma lawer o gleifion ar hyd y wlad yn siarad yn uchel am y doctor, er na fyddai y rhan fwyaf difeddwl yn pryderu rhyw lawer yn ei gylch, a hynny, fel yr oeddwn yn meddwl, am nad oedd yn canu ei *recipe*, nac yn dweyd y gair bendigedig hwnnw, 'Mesopotamia,' fel y dymunent hwy. Mae llawer iawn yn hynny, mwy nag a ddychymygasom erioed, ac y mae yn well gan lawer ohonom gael ein suo na chael ein deffro, a disgwyliant gael eu suo i'r nefoedd, megis yr aeth Ulysses adref — yn ei gwsg.

Credai ein cyfaill, ac âi holl galon, nad aiff neb byth i'r nefoedd yn y modd yna; ond rhaid ein deffro ni, os gobeithir am ein cadw, 'rhaid codi'r groes beunydd' os am y nefoedd, ond tra yn credu fel yna mewn angenrheidrwydd am ymdrech, ac ymdrech parhaus, yr oedd yn rhedeg drosodd gan ofalwch i beidio â brifo neb, ac i wneud yr Efengyl mor gyfaddas ag oedd bosibl i gyflwr ac anghenion y gwaelaf ohonom. Bu yn blino ei feddwl am amser wedi i mi ddod i gydnabyddiaeth ag ef gyda rhyw ddamcaniaeth o'i eiddo am ein Hiachawdwr a'r Diafol. Mynnai fod yna rhyw gyfatebiaeth ddirgelaidd rhwng y ddau. Tebyg i rywbeth felly, fel yr oedd yr Ysbryd wedi cael ymddiried iddo gan yr anfeidrol i gymhwyso corff i'n Hiachawdwr, felly fod y diafol hefyd wedi cael math o ganiatâd o gymhwyso corff yn yr hwn y byddai holl alluoedd y fagddu fawr wedi eu huno a'u hymgnawdoli yn un dyn drwg, a hwnnw ydoedd Judas. Felly yr oedd nefoedd ac uffern i fod ar eu goreu, a gwelid pa un fyddai y perffeithiaf. Beth a wnaeth ein cyfaill o'r delfryd, nis gwn, ond braidd nad wyf yn tybied mai yn rhywle ym mro y tywyllwch a thiriogaeth y '*might have been*' yr erys hyd y dydd hwn. Ond, bu ef yn sôn llawer amdani ar un adeg o'i fywyd. Tybed nad oedd yn rhy ochelgar i roddi dim ar bapur am y peth, er fy mod dan y demtasiwn weithiau i ddyfalu pa fodd y gallasai roddi bod i'r fath ddrychfeddwl. Bu yn darllen gwaith Goethe er mwyn cael gafael o'i ddrychfeddwl ef am y diafol; am Satan yn Job, a Satan yn Milton er mwyn cael gafael ar eu drychfeddyliau yno. A gwn ei fod yn credu fod yna gynnydd yn syniadau y tri llyfr am gyfrwystra, drygioni, a ffieidd-dra yr un drwg. Ond, gadawn lonydd iddynt.

Ond i ddychwelyd at yr adeg y dechreuodd bregethu. Wedi iddo ddechrau, nid oedd na byw na bod gan ei gyfeillion heb gael ganddo fynd i Goleg y Bala. Ond, teg yw dywedyd hefyd nad oedd ef ei hun mor awyddus oherwydd rhesymau a ymddengys eto. Mynd a wnaeth sut bynnag, a diamau i'w fynediad yno fod o les anhraethol iddo, gan mai yr adeg y bu yn y coleg ydoedd yr unig un a dreuliodd o'r tu allan i'r Wyddgrug yn ei oes. Daeth i gylch, a daeth i gyfarfod â dynion nad oeddent, hwyrach, er yn cydolygu ag ef ar yr hanfodion, yn edrych ar bob cwestiwn yn hollol fel y bu efe yn arfer ag edrych arnynt. Yr oedd arferion cymdeithas hefyd yn wahanol i arferion Yr Wyddgrug, ac oblegid hynny bu y symudiad o fendith dirfawr iddo. Fe'i helpodd i ddyfod o fod yn ddyn plwy'i ddyfod yn ddyn gwlad, oblegid nid oes neb na fu yn treiglo ychydig ar hyd y byd yma a ŵyr faint o werth yw hynyna. Mae yn ehangu syniadau dyn, yn eu ehangu a'i cywiro hefyd. Nid yn unig amdano ei hun, ond am bobl eraill hefyd, ac o gymaint a hynny yn ei wneud o gymaint a hynny yn fwy gwerthfawr i'r eglwys a'r byd. Ei dystiolaeth ef ei hun gyda golwg arnynt ydoedd, ei fod yn edrych ar y blynyddoedd y bu yn Y Bala fel ei rhai dedwyddaf ei fywyd. Ffurfiodd gyfeillion newydd, y rhai y bu yn hoff ohonynt byth, ac na fynnai ollwng ei afael arnynt er dim. Daeth i gyffyrddiad â dynion gwir fawr, y rhai a osodasant eu delw yn annileadwy ar ei feddwl yntau. Derbyniodd lawer gan y ddau athro, a mwy gan yr athro na sonnid mor fynych amdano; am hwnnw byddai ei straeon bron yn ddiderfyn, ac yr oedd yna ryw gydymdeimlad dwfn a helaeth cydrhyngddynt, mae yn sicr. Edmygai y Doctor L. Edwards i'r pen, ond y Doctor Parry ydoedd ei arwr, rhywbeth yn debyg i'r hyn a ddywedwyd wrthyf flynyddau lawer yn ôl un o brif addurniadau y pulpud Cymreig: 'Mi ês i'r Bala â meddwl uchel o Doctor Edwards, mi dde's oddi yno â meddwl uchel o Doctor Parry.' Yr oedd ysbryd gostyngedig yr olaf wedi ennill ei holl fryd. Urddasolrwydd y naill, ac addfwynder, ynghyd ag anwyldeb, y llall oedd y Doctor yn marchogaeth i'w gyhoeddiad i ardal rhyw bedair neu bum milldir o'r Bala, ac ar ei siwrnai gwelai geffyl a chert ynghyd â dyn wedi ei wisgo mewn côt ddu, a chwip yn ei law yn gyrru ryw led cae neu ddau o'i flaen. Tarawyd ef a syndod! 'Beth! a hyn yn Y Bala! yn Y Bala, uchel ei breintiau, 'fuaswn ni byth yn meddwl!' Mentrai ymlaen beth bynnag, gan farchogaeth yn gyflymach, ac yn synnu a rhyfeddu mwy fel y nesâi at y gert. Daeth o hyd iddi yn y diwedd, a pha beth oedd yno, ond dyn a adwaenai yn dda, ac yn un o aelodau ffyddlonaf yr eglwys — a, a, ie, wel, Robert Thomas, Llidiardau, ar wastad ei gefn yn llond y gert o wellt, ar ei ffordd i'w gyhoeddiad yntau, yn y daith agosaf at yr un yr oedd y doctor ei hun yn mynd iddi! Pan ddeallodd y Dr Parry y sefyllfa dechreuodd chwerthin, a chwerthin y bu nes cyrraedd pen ei daith y bore hwnnw. Wedi cyrraedd beth bynnag, meddiannodd ei hun yn go dda, tra yn mynd trwy y gwasanaeth dechreuol. Ond ar y weddi, dyma yr olwg a gafodd arno ei hun, a'r olwg a gafodd hefyd ar ymddangosiad, ac ar wyneb dwys-ddigrif Robert Thomas yn y gwellt, yn fflachio i'w feddwl nes ei yrru i chwerthin yn anghymedrol. Ni bu'r fath olwg mewn capel erioed o'r blaen—pregethwr Methodist yn torri allan i chwerthin ar weddi! Ni fu erioed 'siwn beth. 'Doedd mor help, sut bynnag, ac nid oedd dim i'w wneud ond terfynu'r gwasanaeth lle yr oedd. Yna yr eglurai yr achos i'r swyddogion o'r neilldu.

Un arall. Yn y *classes* ar brydiau byddai y *students* yn cymryd eu rhyddid yn absenoldeb yr athraw i fod yn llawen, a'r tro sydd gennym mewn golwg ni ddisgwylid Mr Parry i mewn oherwydd rhyw achos neillduol hyd oddeutu hanner awr wedi ei amser arferol. Aeth y 'myfyrwyr' ati hi i gynnal rhith gynghaws. Cyfodwyd cader freichiau ar y bwrdd, a gosodwyd un sydd yn awr yn fyw i eistedd ynddi. Aed ymlaen â'r cynghaws, a'r pryd yr oedd yr asbri uchaf agorwyd y drws, a daeth Dr Parry i mewn. Edrychodd o'i amgylch am funyd, tra oedd pawb ond y cadeirydd yn cilio i'w cornelau. Disgynnodd y cadeirydd, yntau hefyd, cyn bo hir, pryd y dywedodd y doctor wrtho:— '*Well*, Mr ——, you are elevated' Yna chwarddodd yn galonnog, ac o'r diwedd torrodd y dosbarth i fynu am y prynhawn, gan ddweyd fod yr olwg ddyrchafedig a gafodd ar ei ddyfodiad i mewn wedi bod yn ddigon iddo am y diwrnod hwnnw. Dro arall, chwenychai y Dr Edwards ynglŷn â'r arholiad blynyddol gael ryw ychydig o arddangosiad o fedrusrwydd y myfyrwyr, a chael fod y *Principal* (wedi hynny) i'w holi ar dafod leferydd, a chan mai efe hefyd oedd yr arholydd penodedig y flwyddyn honno. Ond nid oedd y myfyrwyr eu hunain yn rhyw orawchus am gael eu dangos. Pan oeddynt yn ceisio darbwyllo eu hunain am y peth, pwy ddeuai i mewn ond y Dr Parry, a dyma y Dr Edwards yn dweud wrtho am y cynnig, gan ofyn iddo beth oedd ei

farn ef am arholiad o'r fath. 'Dymunol iawn, Mr Edwards, dymunol
dros ben, os ydyw syniad y boneddigon ieuainc yma yn ffafriol i
rywbeth o'r fath.' 'Nag ydynt,' ebe y Dr Edwards, 'teimlo braidd yn
wrthwynebus y maent hwy.' 'Oh, felly y cynllun i ddim perffeith-
rwydd, oni bydd calon y cyfeillion ieuainc yn y gwaith.' Ar hyn dyna
hwy yn torri allan mewn cymeradwyaeth, a soniwyd dim am y cynllun
mwy.

Syniad Daniel Owen am y ddau oedd eu bod yn cael llawn cymaint
gan y Doctor Edwards, ond fod y Dr Parry yn well am eu deall hwy.
Medrai fynd yn helaethach i'w teimladau, a pheri iddynt hwythau
ateb yn well i'r chwip. Dr Edwards fyddai yn cael ganddynt feddwl yn
well, a Dr Parry fyddai yn gallu agor eu calon yn well i deimlo y
gwirionedd, ac yr oedd ei ddarnodiad o'r dull y byddai y ddau yn
gweithredu yn feistrolgar iawn. Cyferbynai y ddau a chyfatebai eu
dull o weithio ynghyd â'u dull o weithredu ar feddyliau y myfyrwyr yn
gywrain anarferol. 'Gweithiwch,' meddai un, 'oherwydd y
gwirionedd ei hunan.' 'Gweithiwch,' meddai'r llall, 'oherwydd y
fantais fydd hynny i chwi eich hunain.' 'Mae mawredd y pethau yn
galw arnoch am ymegnïo,' meddai y naill. 'Ymegnïwch,' dysgai y llall,
'canys trwy hynny y deuwch a'ch calon i fwy o gydymdeimlad â'r
gwirionedd, yn ogystal ag i well amgyffrediad ohono.' Rhwng y ddau
yr oedd y dynion ieuainc yn cael eu ysbardyno ymlaen i ymdrech
parhaus, a 'does fawr o ryfedd fod amryw o'r rhai fu dan y fath
ddisgyblaeth wedi troi allan ymysg arweinwyr blaenaf ein cenedl.
Barnai ein cyfaill hefyd mai rhywbeth yn gyffelyb oedd i'w ddisgwyl
oddi wrthynt yn eu dull o gynnal y cyfarfodydd eglwysig. Fel rheol, yr
oedd mwy i'w gael gan Dr Edwards, ond medrai Dr Parry gymhwyso
yr hyn a gaed yn well at ddeall y saint. Medrai hefyd gael mwy o
response o brofiadau yr aelodau eu hunain, a thrwy hynny gwnâi y
seiat yn fwy difyr ac adeiladol. Crybwyllai ein cyfaill am ddau gyfarfod
eglwysig, am un pryd yr oedd Dr Parry yn arwain, gyda rhyw ddyn
dall oedd yno. Yr oedd hwnnw wedi mwynhau profiadau uchel iawn,
ac wedi eu dweud gyda blas mwy nag arfer. Wedi darfod ag ef aeth Dr
Parry at ryw frawd arall, yr hwn a breswyliai ar dir go uchel fel rheol,
ond yr hwn, y noswaith honno, oherwydd rhyw anhawster a welai
mewn adnod, oedd yn methu â'i ddeall fel ag y dymunai. Ymdrechai Dr
Parry ei hegluro, gystal ag y medrai, ond nid oedd yn bodloni mohono
ei hun, na'r brawd, na'r eglwys i ddim pwrpas. Yn ei ddryswch, trôdd
at y brawd dall gan ofyn a fedrai ef esbonio yr anhawster? Atebodd

yntau yn syml mai siarad â chalon yn fwy nag â deall dyn oedd yr adnod. 'Mae y galon yn egluro pethau yn llawer gwell na'r meddwl weithiau, Mr Parry.' Gwelodd y doctor yr adnod yn y fan, a dywedodd: 'Wyddoch chi beth, gyfeillion, mae y dyn dall yna yn gweld yn well na neb ohonom ni, ie, y galon sydd yn gweld. 'Wedi goleuo llygaid eich calonnau fel y gwypoch.' Mae y gwybod yn cyfateb i'r gweld, a 'does dim fel y galon am weld. Gweld a gwybod, y wybodaeth wedi dod yn brofiad, — 'a gwybod cariad Crist yr hwn sydd uwchlaw gwybodaeth.' Rhyw wybod ydi hwnnw sydd ymhell uwchlaw y deall, y galon yn gweld, ac o hynny y galon sydd yn gwybod, ac yr oedd eisieu dyn dall i ddangos hynny i ni.' Crybwyllai ein cyfaill am un tro arall a ddigwyddasai ychydig cyn ei fynediad i'r Bala, ond un a ddywedid wrtho fwy nag unwaith, a mynych y soniai amdano yn ystod ei fywyd. Yr oedd yn y Bala ddyn, yr hwn, er bod yn Fethodist genedigol, a oedd wedi bod am dro yn mynd i'r Eglwys Sefydledig. Daeth yr hyn a elwir yn *ddiwygiad* 1859, ac ymhen ryw ddau fis neu dri wedyn, pwy ddaeth i gynnig ei hun i'r seiat ond y Methodist Eglwysyddol yna, a chan mai tro Dr Edwards i arwain oedd y noswaith honno, aeth i ymddiddan ag ef, a rhywbeth yn gyffelyb i hyn y bu:—

Dr Edwards: 'Wel, hwn-a-hwn, yr ydych chwi wedi bod ynglŷn ag Eglwys Loegr, onid ydech chwi?'

Hwn-a-hwn: 'Ydw, Mr Edwards, ydw, a phobol dda iawn sydd yn Eglwys Loegr hefyd. Da iawn. Gwell o ddim rheswm nag ydi'r Methodistiaid yma.'

Dr Edwards: 'Ai e. Ym mha bethau y maent yn well pobl?'

Hwn-a-hwn: Wel, mae nhw yn well o lawer am edrych ar eich ôl chwi — am dendio fod gennych fwyd a dillad; ie, yn wir, pobl dda iawn ydi pobl Eglwys Loegr, yn siŵr i chi.'

Dr Edwards: 'Sut y bu i chwi eu gadael, a hwythau yn bobl mor dda?'

Hwn-ahwn: 'Rhai sâl yden nhw am fater enaid, welwch chi; ie, yn wir, rhai sâl o'u co'! 'Fynson nhw ddim i mi oedd geni enaid a'i peidio. Naddo, ddaru nhw ddim cymaint a gofyn i mi, ddim eto, welwch chi.'

Dr Edwards: 'Mae yn ddrwg iawn gennym glywed hynna. Ond y mae ganddynt gyfarfodydd diwygiadol yr un fath â ninnau, onid oes?'

Hwn-a-hwn: 'Oes, Mr Edwards, oes. Ond, a wyddoch chi'r adnod a ddaeth i'm meddwl pan ês i iddyn' nhw?'

Dr Edwards: 'Na wn i. Pa adnod oedd hi?'

Hwn-a-hwn: ' "A'u swynwyr," Mr Edwards, "A'u swynwyr a wnaethant yr un modd".'

Soniai ein cyfaill hefyd lawer am un hen frawd arall, yr hwn oedd o natur ychydig yn fwy rhywiog na'r olaf. Dyn wedi mynd i dipyn o oed ydoedd, a digon tlawd ei amgylchiadau, ond â syniadau crefyddol, boneddigaidd, ganddo serch hynny. Y cwestiwn a ofynid yn yr Ysgol Sul y prynhawn hwnnw, canys yno y digwyddodd y tro, oedd hwn — 'Pa un ai yn ben-arglwyddiaeth ai yn angenrheidrwydd natur y mae cariad Duw at ddyn yn gwreiddio?' Atebai corff yr ysgol yn gytûn ac yn barod iawn, 'yn benarglwyddiaeth Duw, mae yn ddiamau,' ac edrychai yr holwr wrth ei fodd; ond, i dorri ar yr unfrydedd, dyna rhyw lais unig a gwan, ond sicr iawn er hynny, yn dyrchafu o gornel y capel ac yn dweud — 'yn angenrheidrwydd natur yn ddiau,' ac yna yn distewi. Dyna bawb yn cyffroi, yn troi i edrych ar ei gilydd, ac mewn parodrwydd i ofyn, 'Pwy yw hwn sydd yn meiddio mynd ar draws ei golygiadau anffaeledig ni, ac, heblaw hynny, golygiadau Mr Charles hefyd? Rhag cywilydd, mae y dyn yn cyfeiliorni.' Dyna y gofyniadau a'r meddyliau a godai i wyneb pawb, pwy bynnag, oedd yn y lle. Edrychodd yr holwr ar y truan, a chyda gwên feistrolgar ar ei wyneb, ebai wrth y dyn tlawd: 'Hwyrach fod gan John Jones adnod i brofi ei bwnc, os oes, dowch i ni ei chael hi.' 'Oes, mae gen i adnod, a hon ydi hi: "Ie, o Dad, canys felly y rhyngodd bodd i ti.' " 'Onid yw yr adnod a ddywedsoch chwi yn profi yn hollol i'r gwrthwyneb i'r peth yr ydych chwi yn 'i ddal?' meddai yr holwr gyda gwên fuddugoliaethus yn lledu tros ei wyneb. 'Ydyw,' meddai'r dyn tlawd. 'Ydyw, os mynwch chwi gamddeall beth sy'n rhyngu ei fodd Ef, digon tebyg ei bod hi, a dyma i chi adnod arall, "Duw, cariad yw." ' Dibennodd y ddadl gyda'r gair hwnnw. Yr oedd ein cyfaill yn credu, mae'n amlwg, fod yr holwr a'r ysgol wedi ennill goruchafiaeth hollol, ond dywedwn innau wrtho nad oeddwn mor siŵr nad y dyn tlawd oedd yn ei le, ac yr oedd yna erioed ym mynwes yr Anfeidrol ryw ddyheuad angerddol am garu ei greaduriaid, yn enwedig yn eu trueni, a bod yna hefyd ryw angerddoldeb drachefn am y *response* o'r un cariad o'u mynwesau hwythau. Nid aethom i ddadlau, ond ymhen ryw flwyddyn neu ddwy wedi hynny sylwodd wrthyf, 'Wyddoch chi, 'rwy i *just* yn meddwl fod yr hen ddyn tlawd hwnnw a chwithau yn eich lle gyda golwg ar ryngu bodd yr Anfeidrol.' Yr wyf yn coffáu yr hanesion yma amdano, yn unig er mwyn i'r darllenydd gael mantais i weld i mewn i'w feddwl, ac i farnu i ba raddau y daeth 'troeon yr yrfa' i lenwi ei fryd ac i fod yn rhan mor helaeth ohono ef ei hun.

Nid wyf yn deall fod yna ddim oll yn hynod o addawol yng ngyrfa athrofaol ein cyfaill — dim ag oedd yn nodweddiadol na phroffwydol am yr enwogrwydd yr hwn yr oedd yn sicr o'i gyrraedd — dim oedd yn rhagolygu ei ragoriaeth mewn modd yn y byd. Ymesgusodai am na fyddai wedi ennill safleoedd anrhydeddus yn arholiadau y myfyrwyr trwy ddweud nad oedd ef wedi ei greu i fod yn 'greadur cyfrifol.' Esgusawd ag a ydoedd ei hunan yn ddangosiad rhagllaw fod yna fwy ynddo nag a freuddwydiai efe ei hun amdano. Clywais ef yn dweud droion os oedd yna rywbeth ynddo yn rhagori ar ambell i un o'i gyd-fyfyrwyr mai yn ei allu i yr ydoedd. Ond, meddai, methais â dangos fy rhagoriaeth hyd yn oed yn hynny yn yr arholiadau. Pan osodwyd y papurau ar athroniaeth ger ein bron yn yr arholiad diweddaf y bûm ynddo, teimlais fy mod yn feistr ar fy ngwaith, ac atebais hwynt rhag blaen; ond, pan yn hel fy mhapurau at ei gilydd ar ddiwedd yr eisteddiad, a'r amser a ganiateid wedi dyfod i fyny, mi ffeindiais, wrth edrych drachefn dros y cwestiynau, fy mod wedi eu camddeall. Fodd bynnag, nid oed gennyf ddim i'w wneud ond ysgrifennu ar y gwaelod fod fy atebion oll wedi eu seilio ar gamddealltwriaeth, a bod yn rhy hwyr i mi aildreio. Felly yr aethant i ddwylaw yr arholwyr. Synnai ei gydfyfyrwyr ei fod yn sefyll mor isel yn y rhestr, a gorfu iddo egluro iddynt paham. Yn eu plith yr oedd Mr John Evans, o Garston, wedi hynny o Groesoswallt, un yr edrychai ein cyfaill arno fel ei ffrind mwyaf mynwesol. Ffurfiwyd cyfeillgarwch arhosol rhyngddynt, yr hwn a arhosodd tra yr arosasant hwythau. Yr oedd y cyfeillgarwch wedi ei sylfaenu ar yr adnabyddiaeth drylwyraf o arbenigolion meddyliol eu gilydd, y cydymdeimlad mwyaf pur, ac ar yr edmygedd gwresocaf o ragoriaethau y naill a'r llall. Ar farwolaeth John Evans, canodd ein cyfaill rai o'r penillion tyneraf yn ein hiaith, ac mae rhai ohonynt wedi eu dyfynnu yn nhudalennau *Y Traethodydd* yn ysgrif y Parch. Thomas M. Jones ac yn ysgrifau Llyfrbryf ac eraill. Ond yn ddisymwth, ar ganol ei yrfa yn Y Bala, a phan yn gosod ei hun i lawr am arosiad o ddwy flynedd arall, cymerodd digwyddiad tra annisgwyl le. Priododd ei frawd Dafydd, a gadawyd ei fam ynghyd â'i chwaer yn hollol ddiswcr. Felly, nid oedd i'w frawd ond un llwybr yn agored. Rhaid oedd un ai rhoi i fyny ei yrfa golegol neu ynteu roi i fyny ei fam a'i chwaer i eisieu a thlodi mwy dygn nag erioed. Nid ymgynghorodd unwaith â chig a gwaed. Rhoddodd i fyny y coleg, ac i bob golwg ei ddyfodol pregethwrol, gan ddewis yn hytrach dlodi cartref ei febyd a bwrdd y teilwriaid.

Wedi cyrraedd yn ôl i'r Wyddgrug o'r Bala, aeth yn gyntaf oll i siop ei hen feistr, gan sicrhau iddo ei hun ei hen le, ac wedi hynny aeth yn syth adref, lle nas disgwylid ef, a rhyfedd oedd gan ei fam a'i chwaer ei weld. Wedi iddo ddweud ei helynt, rhyfeddent yn fwy, gan glymu eu heneidiau ynddo yn glosiach ac yn helaethach nag erioed. Teimlai y naill fod ganddi fab, a'r llall fod ganddi frawd, ac un a lynai wrthynt ill dwy yn 'well na brawd.' Un ydoedd wedi dewis yn hytrach oddef adfyd gyda hwy, gan farnu yn fwy golud ddirmyg y cartref tlawd na rhagolygon gorau Y Bala a'i golegau. Bore trannoeth, dyna fo yn cael ei hun yn ôl ar y ford gyda'r teilwriaid eraill, bedwar neu bump ohonynt, yr un fath â phe na buasai dim wedi digwydd. Wedi i'r rhyfeddu a'r croesawu cyntaf fynd trosodd, aeth popeth yn ei flaen fel arfer. Ond ni fu'n hir, serch hynny, cyn iddynt wybod fod yna rhyw wahaniaeth rhwng yr hwn a aeth i'r Bala a'r hwn a ddaeth oddi yno. Yr oedd yna rywbeth ynddo, yr hyn, er nad allent roddi eu bys arno, ond yr oeddynt yn gorfod teimlo oddi wrtho er hynny. Beth oedd y dirgelwch? Ni theimlent ei fod yn gwybod rhyw lawer mwy nag ydoedd pan yn eu plith y tro o'r blaen, a hefyd, yr oedd yn gwrando yn fwy amyneddgar ar eu dadleuon hwy nag y buasai yn arfer â gwneud cyn eu gadael. Nid oedd ei ddadleuon ef yn well, os yn wir cystal, ag y byddent cynt. Pa beth a ddigwyddasai? Ai gwell iaith oedd ganddo? Nage! ond y mae yna rywbeth! Beth ydyw? 'Onid ydyw yn gyflymach i weled gwendid ein rhesymau ni nag y bu? Ydyw, ond nid yw hynny ychwaith ond rhan o'r gwahaniaeth ynddo, mae yna rywbeth arall. Beth? Wel, yn un peth mae wedi dysgu yn well sut i gymhwyso ei atebion a'i ddadleuon fel ag i ateb ein dadleuon ni. Ie, y mae hynna yn sicr wedi datblygu ynddo; ond nid oedd y ddau reswm a enwyd yn cyfrif am yr oll oedd ynddo ychwaith. Mae y dyn ei hun yn yr hyn oll wedi cynyddu a datblygu — wedi ei egwyddori neu ei hyfforddi a'i ddisgyblu yn well, a hyn oll heb yn wybod iddo ei hun. Deuwyd i deimlo pob un o'r pethau, a'r oll o'r pethau hyn gyda'i gilydd. Teimlid hynny ar y cyntaf yn ystafell y teilwriaid, a thrwy honno yn y dref o benbwygilydd; teimlid fod yna ryw allu newydd wedi dyfod i'w mysg, yr hwn, fel y surdoes yn y blawd, oedd yn treiddio'n raddol drwy eu holl gyfansoddiad. O ychydig i ychydig, daeth siop y teilwriaid i fod yn gyrchfa goreuon y dref. Ymhlith y rhai a gyrchent yno i hogi wynebau a meddyliau ei gilydd yr oedd rhai o fasnachwyr, ysgolfeistriaid, crefftwyr, a glowyr blaenaf y gymdogaeth. Yr oedd dylanwad ac awdurdod y lle y fath, fel nad oeddent yn y Cyngor

Trefol yn fynych ond yn cofrestru yr hyn y penderfynwyd arno eisoes o amgylch bord y teilwriaid. Nid annifyr hwyrach fyddai i ni enwi rhai o'r teilwriaid a rhai o'r rhai a fynychent y gymdeithas. Yr oedd Daniel Owen ei hun yno, wrth gwrs, ac un o'r enw John Williams, a oedd yn bregethwr cynorthwyol gyda'r Wesleyaid. Gŵr craff a phwyllog dros ben, ac un y byddai gan ein cyfaill feddwl uchel am ei farn ac am ei allu. Isaac Jones, dyn bychan, cloff, ond yr oedd ei onestrwydd, ei grefydd, a'i ddirwest yn ddiamheuol. Yr oedd hefyd yn dipyn o grac efo'i dempar, a gallu ynddo i ddweud pethau câs *wrth* ond byth *am* ei gyfeillion, y rhai, bob amser, fyddent yn chwannog i faddeu iddo. Ffoulkes, 'y teiliwr,' oedd un arall, yr hwn yntau fuasai unwaith yn bregethwr cynorthwyol gyda'r Wesleyaid, ond a gwympodd oddi wrth râs, a gadwodd y sêl Wesleyaidd. Yr oedd gan Ffoulkes lais gyda'r mwyneiddiaf a glywais un amser. Medrai ganu lluaws mawr o ganeuon, ac yn eu mysg y 'Minstrel Boy;' mor doddedig ag y gallodd Madame Patti yn ei munudau gorau. Ef, yn ddiamau, oedd y *politician* goreu, heb eithro hyd yn oed ein cyfaill, gan nad oedd mor agored i adael i'w deimladau redeg i ffwrdd efo'i farn, yr hyn oedd y pechod parod i amgylchu Daniel Owen. Datblygodd tua'r diwedd yn un o'r areithwyr gorau ar gwestiynau politicaidd i gynulleidfaoedd gwledig y sir, ond daeth rhyw gwmwl rhyngddo a'n harwr. Nis gwn beth ydoedd, ond yr wyf yn cofio gofyn i'n cyfaill, ond ni wnaeth ond osgoi ateb, ond heb yngan gair yn erbyn Ffoulkes druan, a darfu i minnau osgoi gofyn iddo ar ôl hynny. Ymysg y rhai hynny a ddeuai i mewn i'r gweithdy neu'r siop deilwriaid oedd Dafydd, brawd ein cyfaill, am yr hwn y cawn sôn ymhellach wrth fynd ymlaen. Yr oedd yno hefyd un o'r enw Richards, y *painter*; gŵr cyffredin iawn o ran ei ddawn, ond hynod o gelfydd fel cantwr, — medrai redeg hyd y nodau o waelod y raddfa hyd at y top, ac wedyn o'r top hyd at y gwaelod fel y mynnai a phryd y mynnai, gan seinio pob nodyn yn berffaith, ac eto heb fod yna fwy o fiwsig yn y seiniau nag sydd yna yn llais rhegan y rhych, yn unig bod llais hwnnw o'r ddau yn llai anynad; eto, hwnnw enillodd y gamp am y cyfieithiad goreu o 'Gyflafan Morfa Rhuddlan' yn Eisteddfod fawr Y Wyddgrug, ym 1873, a chyfieithodd yn yr un mydr ac yr un mor orchestol ag y geiriodd Ieuan Glan Geirionydd ei hunan. Un arall oedd ysgolfeistr o'r enw Edward Drury, un na fethwn i rhyw lawer pe dywedwn mai ef oedd y mwyaf o feibion Y Wyddgrug y daethum i gyfarfyddiad ag ef. Nid oedd ond ein cyfaill a allai dynnu yn y dorch gydag ef. Yr oedd ganddo lygad eryr i weld camwri lle bynnag a allai fod, a barn bron yn anffaeledig am bopeth a ddeuai o'i flaen, yr oll gyda'r gostyngeiddrwydd mwyaf didwyll a'r galon fwyaf haelfrydig a welais braidd mewn unman. Carictor ardderchog oedd Edward Drury, hawdd gwneud cyfaill ohono, mor ffyddlon â dur, ac mor ddiysgog â chraig. Y tro olaf y gwelais ef, yr oedd yn mynd mewn cerbyd i bleidleisio i'r diweddar Mr John Roberts, Bryn Gwenallt, ac ymhen rhyw naw diwrnod wedyn yr oeddwn innau mewn gorymdaith i'w gludo yntau i feddrod ei dadau.

Y dull oedd ganddynt yn y gweithdy fyddai i bob un yn ei dro, y naill yn niffyg y llall, ddarllen, hwyrach bapur newydd y dydd, a thra byddai hwnnw yn darllen yr oedd y lleill yn pwytho, ac yna ymgomient ar y materion a roddai y papur newydd gerbron, neu fel yr oedd y rhain yn dwyn perthynas â'r cwestiynau lleol yr ymdrinid â hwy fwyaf yn y dref. Felly, crisialent eu hopiniynau, a byddent yn barod i'w gosod gerbron, a dadlau drostynt pan ddeuai eu cyfeillion i mewn, yr hyn fyddai yn gyffredin yn ystod y prynhawn, neu gyda'r nos; neu, hwyrach, y byddai ganddynt un o weithiau Dickens mewn llaw. Gwnaent yr un modd efo hwnnw, wedi darllen pennod neu ran ohono, cnoent eu cîl arno am y gweddill o'r dydd. Dichon y byddai pennod o athroniaeth gerbron, ac ambell dro bennod o'r Beibl, neu bwnc o athrawiaeth, a thrwy'r cwbl byddai yr ymgom yn eu harwain i fyfyrio, neu i gnoi eu cïl, ar y pethau. Tyfent felly yn fwyfwy, a chwanegent eu nerth bob dydd, nes y deuent yn gewri ag y teimlai y dref oddi wrthynt. Mae cof gennyf am Etholiad Cyffredinol 1874, pryd yr oedd Syr Robert Cunliffe a Mr Ellis Eyton yn gwrthwynebu eu gilydd ar yr ochr Ryddfrydig, ac nid oedd y dref wedi penderfynu pa ffordd yr elai. Yr oedd un ohonynt yn rhy betrusgar, a'r llall yn rhy glaf i fod yn hollol wrth fodd y lluaws. Daeth Syr Robert Cunliffe i ofyn i mi beth a wnâi. Atebais innau mai'r peth gorau a allasai wneud oedd mynd i'r siop deilwriaid a chymryd ei gyweirnod oddi yno. Gwnaeth felly, ac mewn llai na dau ddiwrnod ef oedd hoff-ddyn y dref. Dro arall, rhyw ddeufis cynharach yn yr un gaeaf, yr oedd yma wledd gyhoeddus yn y *Town Hall,* ac yr oedd y pwyllgor yn amheus pwy a gaent i gynrychioli y dosbarth gweithiol ymysg y siaradwyr. Dadleuai rhai gan enwi dynion israddol, y rhai ni pheidiasent erioed â chanmol eu hunain, ac ni ffaelent byth ag andwyo diddordeb y cyhoedd yn y dosbarth gweithiol. Soniodd Mr Benjamin Powell am enw Daniel Owen, a'i enw ef a ddewiswyd. Yr oedd yno yn areithio y noson honno, Syr Robert Cunliffe, Meistriaid R. Muspratt, o Fflint;

John Roberts, Bryn Gwenallt; Parch. T. R. Lloyd (Estyn), a nifer o ddynion blaenaf y sir, a dyna oedd y farn gyffredinol fod araith Daniel Owen yn rhagori ar eiddo pob un ohonynt. Dyna hefyd oedd dyfarniad y wasg, a dywedai yr *Oswestry Advertizer* fod yna fwy o *grit* yn araith gweithiwr o'r enw Daniel Owen nag oedd mewn un o'r areithiau eraill, — tystiolaeth a fawrheid yn fawr ganddo ar y pryd yn ogystal ag mewn amser ar ôl hynny. Ymhlith yr awduron y darllennid eu gweithiau yn y siop yr oedd, heblaw Dickens, Sir Walter Scott, Thackeray (ychydig), George Elliot, Trollope, Emerson, De Quincy, Carlyle, ac eraill, ond nid wyf yn deall fod yna nemawr o ddarllen ar neb o'r awduron hanesyddol, ac nad oeddent wrth ddewis eu llyfrau yn gweithredu ar un cynllun penodol, neu a dynasant allan iddynt eu hunain. Dewisent eu llyfrau rywsut, yn blith drafflith fel yr oedd y mwyafrif yn tueddu ar y pryd. Diamau fod y ddisgyblaeth yr aethai ef ei hun drwyddi yn y cyfnod hwn ar ei fywyd wedi bod o les dirfawr iddo.

Yr oedd yr ymrwbio â meddyliau mawr y gorffennol, yng nghwmpeini meddyliau llai ei oes ei hun, wedi datblygu dyn arall ohono, a'i roddi mewn mwy o fantais i edrych ac ystyried ar y byd yma yn ei grynswth nag oedd wedi disgyn i ran llawer o ddynion. Ond, nid wyf yn sicr na fu ei or-efrydiaeth o Dickens oedd y nofelydd cyntaf i ennill sylw ac edmygedd ein cyfaill, ac oblegid hynny, fod dull hwnnw o or-fanylu ar rai pethau yn tueddu i fod yn *caricature* yn ein cyfaill. Ac ymddengys i mi fod agos yn anichonadwy i ni ddarllen y disgrifiad o farwolaeth Seth yn *Rhys Lewis* heb gael ein hatgoffa o farwolaeth Paul Dombey ieuanc yn *Dombey and Son* gan Dickens. Gwir fod Daniel Owen yn iachach, ond mae y cyffyrddiad yn un o ran natur. Ni hoffwn fyned mor bell â dweud fod disgrifiad ein cyfaill yn efelychiad o un Dickens, ond yn unig fod y cyntaf wedi awgrymu yr olaf. Yr oedd yr olaf hefyd wedi ei ysgrifennu gan un mewn cydymdeimlad hollol â chrefydd Efengylaidd, yr hyn sydd yn esbonio ei iechyd meddyliol mwy perffaith. Mae yr un duedd i orliwio rhyw wedd naturiol ddichon fod yn y cymeriadau yn rhedeg trwy y ddau, gan beri i chwi fawrhau y neb a ddisgrifir, ond yn peri i chwi hefyd ofyn i chwi eich hun a fu erioed y fath rai mewn bywyd cyffredin, bob dydd? O'r hyn lleiaf, dyna yw yr argraff a roddir arnaf fi wrth eu darllen, ac nis gallaf ysgwyd fy hun oddi wrtho pan yn eu hail ddarllen. Y feirniadaeth gyffredinol ar Daniel Owen ydyw, nad oes ganddo gudd-gynllun — *plot* — gwerth sôn amdano mewn un o'i weithiau. Ond fy marn i yw mai ei fai mwyaf ydyw ei dueddiad parhaus i ochri at neu orffwys gormod ar arddull Dickens, a chyda llaw, nid oedd ef ychwaith yn arbennig am ei *plot* mewn un o'i nofelau. Nid oedd hyn yn rhywbeth i ryfeddu wrtho yn ein cyfaill, oblegid Dickens oedd y cyntaf o'r prif awduron Seisnig y digwyddodd iddo ei ddarllen, ac wrth ei ddarllen a'i astudio caethïwyd ef i'w arddull. Fel Dickens, rhagorai yn ei ddisgrifiadau byw ond gorfanwl o bethau bychain, ac ynddynt eu hunain, dibwys hefyd, ond wedi iddo ef gyda'i ddawn ddigymhar gyffwrdd â hwy, pethau hynod o ddiddorol. Megys y gellir dweyd am un o bregethwyr mwyaf deniadol yr oes sydd newydd ein gadael, edrychai ar bopeth trwy chwyddwydr. Oherwydd hynny, ni lwyddodd i roddi i ni ddarlun perffaith a chymhesurol o ddim. *Interesting* dros ben popeth ydynt, ond nis gellir dywedyd eu bod bob amser yn ffyddlon. Gresyn na fuasai Scott, neu Fielding, neu Thackeray wedi dod i'w ddwylo cyn i'w arddull gael ei sefydlu; pe buasai, gwnelsai yn fwy rhagorol. Ond, a'i gymeryd fel y mae, nid oes yn y Saesneg mwy nag yn y Gymraeg un awdur ag y mae ei allu darluniol yn fwy, nag un y mae symledd a hoenusrwydd, clirder a bywiogrwydd ei ddisgifiadau — pa un bynnag ai o amgylchiadau, neu o bersonau, ai ynteu o bethau, yn fwy i'w hedmygu, nag eiddo ein hoff gyfaill, Daniel Owen.

Pan ddeuais i gydnabyddiaeth ag ef gyntaf yr oedd yn gofalu am y Cyfarfodydd Ysgolion yn nosbarth y Dyffryn, a chefais y fraint o dreulio un Saboth yn ei gymdeithas, yng Nghaerwys, tua'r flwyddyn 1873. Ni allaf ddweud fod dim byd neillduol yn hynodi ei berthynas a'r Cyfarfod Ysgol, a gwelais ddynion, rhai oedd yn anhraethol llai nag ef, yn dangos mwy o ddawn i holi, ac i gael eraill i gymryd diddordeb yn yr atebion, nag a ddangosid fod ganddo ef y Saboth hwnnw, a bûm yn meddwl wrth fyfyrio am y tro mewn blynyddoedd diweddarach nad oedd ganddo rhyw lawer o ddiddordeb mewn diwinyddiaeth, yn enwedig yn y wedd 'Hyfforddiadol' arni. Yn wir, mae yn gwestiwn gennym a fuasai byth yn dyfod yn 'ddifinydd' tan unrhyw amgylchiadau, er bod ganddo gydnabyddiaeth go helaeth o ddiwinyddiaeth bregethwrol y tadau Methodistaidd yn yr oes o'r blaen, yr un fath yn union ag a feddiannid gan bob gwrandawr sylwgar o'r oes honno. Ond, nid yn ei ddiwinyddiaeth yr oedd Daniel yn rhagori, nac yn ei amgyffrediad ohoni ychwaith, ond yn hytrach yn ei gydymdeimlad dwfn â dyn, ac â dynoliaeth, ac yn ei fedr ryfedd i draethu ei gydymdeimlad fel y gallasai neb pwy bynnag adnabod ei hun, a gwybod sut y buasai ef ei hun yn teimlo ac yn gweithredu yn nhemtasiynau bywyd pe yn cyfarfod â hwynt. Yma, mi gredaf, y gorweddai dirgelwch gallu a llwyddiant Daniel Owen.

Y cwestiwn i ni yn awr yw, Pa bryd a pha fodd y daeth i'r ymwybyddiaeth hon o'i allu, ac o'i gymhwyster i ddangos ei hunan i bobl eraill? Wedi meddwl tipyn am y peth, ac yn awr ers rhai misoedd, yr wyf yn barnu mai nid ar unwaith y datguddiwyd hyn iddo, ond iddo ei gael o dipyn i beth, a cheisiaf ddisgrifio sut a pha bryd. Yr oedd yna ryw ysfa am roi pin ar bapur arno erioed; ac wedi ei ddychwelyd o'r Bala dechreuid cyhoeddi yn wythnosol bapur newydd bychan a elwid *The Mold and Denbigh Chronicle.* Yr oedd y papur yn un hynod o ddiymhongar. Ni fedrai y gŵr ieuanc a'i cynrychiolai, er yn feistr purion ar y llaw-fèr, ond ychydig o fedr i ddisgrifio dynion a phethau, er y byddai yn treio ei law ar hynny yn fynych, a'r hyn a gynhyrfodd ein cyfaill i ddechreu oedd gweled y dynionyn hwn yn ceisio, ac yn methu. Yr oedd yn y dref yma y pryd hynny ddyn o'r enw Edward Williams, dyn bach isel a thlawd, ond yr hwn a ymdrechai yn aml am fod yn fwy nag ef ei hun — bai sydd yn barod i amgylchu y rhan fwyaf ohonom, ond bod rhai yn medru cuddio hynny yn well na'i gilydd, neu o'r hyn lleiaf, yn well nag y gwnâi ef. Edward Williams oedd enw y dyn hwn ond, nid adwaenai neb ef wrth ei enw, canys llysenwid ef yn 'Ned Sipian,' a dyma fel yr oedd pawb yn ei adnabod, ac fel yna yr oedd yn *household word* yn y dref. Yr oedd y dyn bychan yn meddu ar gymaint o gonglau fel yr oedd yn gymharol hawdd i'w ddisgrifio. Sut bynnag, ymgymerodd ein cyfaill â'r gwaith, ac yn y *Mold and Denbigh* ryw wythnos dyna bictiwr o 'Ned Sipian,' a phictiwr ohono yn enwedig ar fore trannoeth wedi'r ffair, fel y byddai yn chwilota ac yn troi pob gwelltyn a thamed o bapur o'r neilldu i weld â fyddai yno bres neu rywbeth o werth wedi ei golli noson y ffair. Creodd y disgrifiad dipyn o ddisgwyliad yn y dref am rywbeth yn ychwaneg oddi wrth yr un awdur, ac ymhen rhyw fis neu ddau dyna ddisgrifiad arall o un o henuriaid y dref, yr hwn ydoedd yntau yn gymeriad hollol ar ben ei hun, a'r hwn a ddisgrifir ym mhellach yn ei *Offrymau Neillduaeth* gan yr awdur. Cododd hwn hefyd nid ychydig o gyffro, ond nid wyf yn meddwl iddo ysgrifennu mwy i'r *Mold and Denbigh,* gan i'r papur *farw* cyn pen hir amser wedyn. Oddeutu'r un adeg danfonodd ein cyfaill 'fraslun' o'r diweddar Barch. John Davies, Nercwis, i *Drysorfa y Plant,* pryd y digiodd rhai o gyfeillion wrtho yn aruthr, ac agos yn anfaddeuol. Wedi'r helynt yma, nid wyf yn cael iddo ymyrryd â neb am rai blynyddau. Teimlai nad oedd ei awr ef eto, ac nad oedd raid iddo godi gwrychyn neb trwy ddweud y gwir amdanynt, ac yr oedd yn benderfynol o beidio â gweniaethu i neb er mwyn rhyngu bodd naill na'r lluaws na'r un ei hun chwaith. Yr oedd yna ormod o barch ynddo i'w annibyniaeth ei hun, ac i'r gwirionedd hefyd, i feddwl am y fath beth a hynny am foment. Er hyn i gyd, nid oedd dim a'i boddlonai yn fwy na gallu canmol y sawl a farnai fyddai yn gwneud ei oreu yn y cylch y byddai Rhagluniaeth wedi ei osod.

Oddeutu'r flwyddyn 1874 daeth amgylchiadau Mr Angel Jones i ddryswch, a'r un adeg wele ddrws yn ymagor i'n cyfaill. Dechreuodd gyda Mr James Lloyd, wedi hynny o Fangor, ar fusnes eu hunan. Edrychai Mr Lloyd ar ôl y siop, ac yntau ar ôl y gwaith dilladu, a rhwng y ddau yr oeddent i bob ymddangosiad yn ei gwneud hi yn dda; ond, tra yn ei gwneud hi yn dda, a thra oedd popeth yn gysurus, hwn, tuhwnt i bob dadl, oedd y cyfnod mwyaf dilewyrch a fu erioed yn hanes Daniel Owen. Yr oedd yn dyfod ymlaen yn y byd yn iawn, ac yr wyf yn clywed y bobl 'gall' yn rhyfeddu, ac yn tynnu cuchiau, gan dorri allan i ddweud, 'Y cyfnod hwn! yn gyfnod dilewyrch?' Ie, meddaf, hwn, a'r mwyaf dilewyrch fu yn ei brofiad erioed! Ond, ynghanol y tywyllwch, wele wawr! Aeth yn glaf, a bu yn sâl iawn, yn agos i angau. Tybiodd llawer un ohonom mai trengu a wnelsai, canys yr oedd wedi torri gwaed-lestr, ac wedi bod yn taflu gwaed i fyny fwy nag unwaith. Buom yn gweddïo llawer drosto, ac yn gofyn am ei adferiad yn yr eglwys yn ogystal ag mewn amryw fannau yn y cylchoedd. Ond ryw fodd gwanach, gwanach, yr oedd yn mynd, hyd oni ddaeth rhyw fore Saboth, pryd yr oedd yna bregethwr ieuanc — y pryd hwnnw — yn gwasanaethu, ac yn ein harwain mewn gweddi. Cafodd rhyw afael anghyffredin wrth ymbil am adferiad ein cyfaill nes yr oeddwn i, a llawer o rai eraill hefyd, wrth geisio uno ein gweddïau a'i eiddo yntau, yn teimlo ein bod yn cael ein gwrandawiad, ac yr oeddwn yn hyderus byth ar ôl y weddi honno mai mendio a wnâi. Bu y Doctor Edwards, o'r dref hon, ynghyd â Dr Roberts, o Gaer, gydag ef bob dydd yn gweini arno, fel pe na buasai gan un ohonynt neb arall i ofalu amdanynt ond ef, ac, o 'fesul tipyn,' trôdd, a pharhaodd i wella. Ond, fel yn hanes y deg gwahanglwyfus hynny a iachaodd ein Harglwydd, ni chlywais sôn fod neb yn meddwl am gael cyfarfod i ddiolch i'n Duw am drugarhau wrth ein cyfaill a ninnau. Diau fod gennym le i wella yn hyn o beth.

Pan oedd ei iechyd yn cael ei adfer, a phan yn graddol wella, bu y tywyllwch yn fwyaf caddugol gyda golwg ar ei ragolygon ef ei hun. Meddyliai yn ei wendid fod ei adeg a'i allu i wasanaethu wedi dod i ben, ac nad oedd neb a gymerai ddiddordeb ynddo byth ond hynny. Aeth fel hen dŷ, a'i ben iddo, fel y dywedir, a bu agos iddo â thorri ei galon yn gwbl; ond yn y tywyllwch hwn eto wele wawr. Torrodd y wawr arno pan oedd wannaf, a phan yn ceisio argyhoeddi ei hun fod tymor ei ddefnyddioldeb wedi dibennu; torrodd gwawr arno lle nas disgwyliasai efe erioed am dani. Aeth y wawr yn oleuach, ac yn lle tywyllwch, wele y goleuni yn ymdaenu, a'r bore a ddaeth, a'r bore hwnnw drachefn yn cynnyddu nes cyraraedd hyd hanner dydd, a'r hanner dydd disgleiriaf a ddaeth i ran yr un Cymro a fu o'i flaen erioed. Wrth siarad ag ef un adeg, ar ymweliad ag ef yn ei dŷ pan yn dechreu mendio, deallodd y diweddar Barch. Roger Edwards natur ei glwyf, ac wedi deall y clwyf, hawdd, oedd dyfeisio pa physig fuasai debyg o wneud y tro oreu. Gwyddai fod ein cyfaill yn arfer ag ysgrifennu ei bregethau yn fanwl, a chyngorodd ef i edrych tros un o'r rhai hynny i weld pa dderbyniad a gaffai o fewn cloriau *Y Drysorfa*. Wedi hir gymell, addawodd Daniel wneud felly. Adysgrifennodd un o'i bregethau, ac yn ebrwydd wele hi yn *Y Drysorfa*, ac nid cynt nad oedd hi yno, nad oedd yna gymeradwyaeth unfrydol iddi trwy yr holl wasg Gymreig. Cododd hyn ei galon nid ychydig, yn enwedig gan fod un yn ei chanmol fel yn well hyd yn oed na phregeth y diweddar David Charles, hynaf, Caerfyrddin, a gyhoeddasid yn yr un rhifyn. Dangosodd y feirniadaeth i mi, a siriolodd ei ysbryd trwyddo. 'Ewch ymlaen,' meddwn innau. 'Gellwch gwneud hynna, beth bynnag, a byddwch fel y dywed yr Ysgrythur am waed Abel, "yn llefaru pethau gwell." Felly y dechreuodd, ac felly y cymhellwyd ef i ymdrechu. Dywedai hefyd wrthyf fod Mr R. Edwards wedi bod yn garedig iawn wrtho gan ei gymell i ysgrifennu rhyw ychydig bob dydd — 'Pe buasech chi yn ysgrifennu ond dolen neu ddwy, buasai hynny, ond dal ati hi am fis, yn llenwi y rhan fwyaf o'r *Drysorfa*.' Felly, nid oes amheuaeth yn fy meddwl i nad y Parch. Roger Edwards a'i dangosodd gyntaf iddo ef ei hun, ac mai i'r hybarch olygydd y teimlai ef ei hun yn ddyledus am ei lwyddiant llenyddol. Soniodd am yr un peth wrthyf lawer gwaith ar ôl y tro hwnnw; yn wir, ymhen blynyddoedd wedyn, a phob amser i'r un perwyl. Barna llawer o'm cyfeillion fod gan y diweddar Ddr L. Edwards lawer i'w wneud â'i ddechreuad fel llenor Cymreig, ac nis gallaf siarad yn benderfynol am hynny; ond, a barnu oddi wrth yr hyn a fyddai ef ei hun yn ei ddweud, dylid rhoi yr oll o'r credyd am ei ddechreuad i'r Parch. Roger Edwards. Edrychai ein cyfaill, ar y cyntaf, yn fwy fel ei ysgolfeistr, ac yn olaf, yn fwy fel ei gyfaill, ei athro yn yr Ysgol Sabothol, ac fel yr un a ddywedai 'Well done!' wrtho wedi iddo wneuthur neu ateb yn dda. Rhwng y naill beth a'r llall, cynnyddodd ein cyfaill yn fwyfwy. Wedi dibeniad yr Offrymau Neillduaeth, dechreuodd ar Y Dreflan, a than gymhelliad y Parch. Roger Edwards eto, yr ysgrifau hyn oedd y rhai mwyaf atyniadol a phoblogaidd a gyhoeddwyd yn y Drysorfa ar y pryd, os nad, yn wir, trwy y blynyddoedd. Y mae yn Y Dreflan ddisgrifiad o un cymeriad a hoffai yn fawr, ac a barchai hefyd nid ychydig, sef un Mr Pugh — y dyn mwyaf caredig a welsai ef erioed, ac a welais innau hefyd, a'r hwn, yn ei fywyd, oedd yn dod i fyny yn gyflawn â'r disgrifiad a roddir ohono yn Y Dreflan. Wedi iddo 'gynefino 'i nofelaidd ddawn' yn Y Dreflan, dyna fe yn ymwregysu 'fel pe am anturio'n hy' a neidio i mewn i blith y llu' o brif nofelwyr y byd; a thrwy gymhelliad a chefnogaeth y Parch. Roger Edwards drachefn yn mentro ar Rhys Lewis, campwaith ei fywyd, a'r nofel a wnaeth ac a geidw ei enw yn fendigedig tra erys yr iaith ar enau ei gydwladwyr. Mae yn resyn hefyd ddarfod i Gyfarfod Misol, yn enwedig Cyfarfod Misol Sir Drefaldwyn, fynd i'r drafferth o brotestio yn erbyn cyhoeddi'r fath beth â ffug-chwedl dan gloriau'r Drysorfa!! Debygwn i mai rhaid oedd bod y Cyfarfod Misol yn cysgu pan gynigiwyd ac y pasiwyd y penderfyniad, neu, o'r hyn lleiaf, nid oedd ar ei wyliadwriaeth. Beth bynnag, daethpwyd â'r brotest i'r Gymdeithasfa, a gadawyd hi yno. Bûm i yn meddwl lawer gwaith wrth gofio am y tro wedi hynny, cyn belled y gall eiddigedd ein darostwng hyd yn oed na ni ein hunain! Mor wahanol y siaradai dynion blaenaf ein cyfundeb am y gwaith. Cof gennyf fy mod yng Nghymdeithasfa Y Rhyl, naill a'i yn Nhachwedd neu yn Rhagfyr, 1880, pan alwyd ar y diweddar Barch. O. Thomas i 'ddweud gair' am gyhoeddiadau y Cyfundeb, a phan siaradodd am Y Drysorfa ac am Rhys Lewis, dywedai fod yn amhosibl i ddyn ddarllen am farwolaeth Seth ac am 'Gapel Mawr Iesu Grist' heb iddo deimlo hefyd fod ei galon yn cael ei ehangu, a heb i'w gariad gael ei ddyfnhau at bethau crefydd ac at Iesu Grist, a hawdd ydoedd gweld oddi wrth lleithder llygaid a chryniad llais yr hen wron, ynghyd ag oddi wrth wên foddhaol y sawl oedd yn gwrando, ei fod yn mynegi profiad ei galon ei hun a chalon yr oll a'i gwrandawai. Pa fodd bynnag, yr oedd yn amlwg i'r rhai oeddent yn ei adnabod, fod ein cyfaill wedi teimlo i'r byw oddi wrth y sarhad a gafodd gan y Cyfarfod Misol, yn fwy arbennig felly oherwydd fod yn y rhan honno o'r wlad, ac yn y Cyfarfod Misol hwnnw, rai o'i hen gyfoedion yn Yr Wyddgrug. Teimlai ei fod wedi ei glwyfo yn nhŷ ei gyfeillion, ac ni allai feddwl am ysgrifennu rhagor i'r *Drysorfa*. Bu'm yn ymbil ag ef am hyn, a bu Mr Roger Edwards hefyd, ond buom ein dau yn aflwyddiannus. Yr oedd hyn yn biti hefyd, oblegid nid ysgrifennodd byth mor nwyfus ag y darfu i'r *Drysorfa*. Nid ydyw *Enoch Huws* a *Gwen Thomas* ond adlewyrchiadau neu adseiniau o'i cymharu â *Rhys Lewis*. Dioddefodd Daniel Owen yn fawr, agos i mi a dweud yn anaele, oddi wrth y clwy', a dioddefodd y *Drysorfa* hefyd, o gymaint nag ydyw byth wedi esgyn mor uchel ym marn ac yn serch y wlad ag y cyrhaeddodd iddo yn adeg *Rhys Lewis*. Nid oes un o'r cymeriadau ychwaith, yn *Enoch Huws* nac yn *Gwen Thomas*, wedi dyfod yn *household names* fel y daeth amryw yn *Rhys Lewis*. Ow! Wele faint o ddefnydd y mae ychydig dân yn ei ennyn! Ie, ow! hefyd. Pan yn ysgrifennu i gyhoeddiadau eraill amgen i'r *Drysorfa*, collodd ei gymeriadau eu gwedd arbennig o Fethodistiaid, ac, i'm tyb i, pan gollasant hynny, collasant hefyd eu nodwedd Gymreig. Efallai y bydd rhai yn fy nghollfarnu am ddweud fel hyn, ond yr wyf yn sicr fy mod yn dweud y gwir, oblegid pan yn ysgrifennu i'r misolyn cyfundebol, teimlai o dan yr angenrheidrwydd i osod neu i wneud argraff ryfeddol ar bob cymeriad a ddisgrifiai, ac nis adwaenai neb o'r enwadau eraill yn ddigon trylwyr fel ag i fod yn *true to nature*, chwedl 'Wil Bryan' yn ei bictiwr o'r cymeriadau.

Nid wyf yn bwriadu manylu ar y cymeriadau, hyd yn oed yn *Rhys Lewis*, ond cyfeirio yn unig at ryw un neu hwyrach ddau ohonynt, a'r cyntaf fydd ei frawd ei hun, 'Bob.' Hwn yn ddiau ydoedd y cymeriad mwyaf perffaith ohonynt oll. Disgrifiai ein cyfaill 'Bob' fel un, a barnu oddi wrth ei alluoedd naturiol, y dylasai fod, ac fel un hefyd y disgwyliasai yr awdur iddo fod. Ond, a dweud y gwir, nid yn hollol yn ôl y disgwyliad gan ei gyfeilliion y trôdd ef allan. Yr oedd ei dalentau naturiol yn llawer mwy disglair na'r eiddo ein cyfaill, er nad oedd ynddo, hwyrach, gymaint o ddyfalbarhad. Yr oedd ei wybodaeth gyffredinol hefyd yn helaethach, os mor fanwl, a'r eiddo ei frawd, ac yr oedd ei barodrwydd yn llawn cymaint, a dweud y lleiaf. Y mae un stori ryfedd amdano, ac am ei barodrwydd yn yr ystyr yma, sydd yn haeddu cael ei dweud. Mae pawb oedd yn ei adnabod yn gwybod mai saer maen ydoedd, a'i fod yn fynych yn cael ei osod i ofalu am gloddio *(sink)* pyllau *(shafts)* glo, ai fod yn un hynod o hylaw wrth y gwaith. Un tro yr oedd yn cloddio shafft, ac wedi suddo rhyw hanner can llath i lawr, ac wrth ddisgyn, yn adeiladu mur y shafft efo priddfeini, aeth i edrych a oedd y gwaith yn cael ei wneud yn syth, a rhoddodd ei ben rhwng y wal a oedd yn ei hadeiladu a'r wal oedd uwchben. Tra oedd yn y sefyllfa honno, teimlai fod y wal uwchben yn disgyn, a cheisiodd gymryd ei ben ymaith. Ond methai â symud, a gwyddai os na chawsai ei ben yn rhydd y lleddid ef cyn pen ond munudyn neu ddwy. Ni ddywedodd ddim, ond archai i'r dyn a oedd gydag ef roi trosol haearn yn y lle wrth ochr ei ben, ac felly ei ryddhau. Gwnaeth y dyn hynny mewn eiliad, rhoddodd ei ysgwydd tano, a dyna ben Dafydd yn rhydd. Clywsom ef yn dweud am y tro droion, ond erioed heb deimlo iasau o ddychryn yn cerdded trwyddom wrth geisio dychmygu am ei berygl ar y pryd. Yr oedd gan Dafydd hefyd ('Bob' fel y geilw ei frawd ef yn *Rhys Lewis*) ddawn anghyffredin i ddweyd stori. Cadwai lond tŷ i wrando arno am oriau, ac ni fyddai neb byth yn blino. Meddyliai Daniel y byd ohono, a hoff oedd ganddo adrodd am ei gampau. Dywedai am un yn neillduol — fod Andreas o Fôn un noswaith yng Nghorwen, ac yn aros yn un o'r prif westai yno. Digwyddodd hefyd, y noson honno, fod yno un a oedd yn or-awchus am gael adrodd ei straeon, gwrandawed a fynno. Chwarae teg iddo hefyd; edrychai y cwmpeini arno fel ystorïwr di-ail. Ymhen ychydig, dywedodd gŵr oedd yn adnabod Andreas wrtho —

'Mr Brenton, dyna ydi yr ystorïwr goreu yng Nghymru.'

'Ai e?' atebai yntau. 'Mae gennym ni, yn y Wyddgrug acw, ddyn a'i wneiff o'n giprwns.'

'Nac oes gennoch chi'n wir,' ebe hwnnw drachefn, 'mae yn amhosibl cael dyn i guro hwn.'

Aeth yn ddadl, a'r cwestiwn i'w benderfynu ydoedd, Pa fodd i ddod â'r ddadl i benderfyniad, ac wedi hir ystyriaeth, cynlluniwyd fod yno fath o dynnu yn y dorch neu ornest i gymeryd lle y noson wedyn rhwng y dyn o Gorwen a'r dyn o'r Wyddgrug, y naill na'r llall i wybod dim am yr amcan, ond y ddau i adrodd bob yn ail, a'r cyntaf i dewi i'w ystyried fel yn colli, ac i dalu y gost, a'r cwmpeini i farnu. Dyna'r fargen. Bore drannoeth, danfonwyd telegram at Dafydd yn ei siarsio i gyfarfod Andreas yn Nghorwen y noswaith honno. Aeth Dafydd i'r cyhoeddiad, a dyna lle'r oedd Andreas a'i gydymaith yn ei gyfarfod. Cafwyd swper cynnar, a thra oeddynt ar swper, pwy ddaeth i mewn ond ystorïwr Corwen, ac, fel arfer, mewn brys i ddangos ei ddawn. Eisteddwyd o amgylch y tân, a chafodd dyn Corwen yr hyn oedd yn blysio amdano, y cyfleustra i ddweud ei stori. Gyda ei fod yn ei gorffen, dyna Dafydd yn dweud fod y stori yn ei atgoffa am ddyn a elwid yn Yr Wyddgrug yn Ddafydd y Bacwn. Dywedodd hi, a dyna lle y bu y ddau yn dweud bob un ei stori nes yr oedd hi yn agos i hanner nos, pryd y dechreuodd gŵr Corwen arafu. Cyn pen hir stopiodd yn lân, tra aeth Dafydd ymlaen i ddweyd stori ar ôl stori, tra edrychai ei wrthymgeisydd arno fel llo, heb fod yn siŵr mai a dyn ynteu diafol ydoedd. Aeth ymlaen hyd onid oedd yn rhwng tri a phedwar o'r gloch yn y bore, pryd nad ymddangosai Dafydd ond megis yn dechrau. Felly y terfynwyd yr ornest yng Nghorwen, ac nid oes achos mynegi pwy a ddyfarnwyd yn oreu, na phwy a dalodd y gost.

Mae'r stori yn dangos un ochr o'i garictor yn go dda, ond nid yr oll ohono ychwaith, oblegid yr oedd Dafydd yn ddyn, yn enwedig yn ei gychwyniad cyntaf allan, ac ynddo ryw gydymdeimlad rhyfedd â'r hyn sydd oreu mewn dynoliaeth. Llafuriodd ei oreu i gyfaddasu ei hun i fywyd uwch. Teimlai fod rhywbeth ynddo yn uwch ac yn well na'r cyffredin, a diamau ei fod felly. Darllenai a myfyriai â'i holl egni, hyd nes yr oedd ei gynnydd yn eglur i bawb, ac yntau yn esgyn yn brysur ac yn sicr ym marn a chymeradwyaeth y cyhoedd. Ond, ynghanol ei gynnydd a'i ragoriaethau, yr oedd yn agored i weniaith, a lle 'roedd ei wendid, a thrwy y gwendid yna y daeth ei gwymp. Pan wnelai rywbeth yn wych, doi y temtwyr hyn ato, a chanmolent ef dros ben 'popeth, a chyn gynted ag y deallasant fod hynny yn ei blesio, aent ymlaen i'w ffalsio. Leiciai hynny drachefn, yn enwedig pan fyddai dynion y byddai ef yn meddwl rhywbeth ohonynt yn gwneud hynny. Pan ofynnai ambell un ohonynt a gymerai wydryn efo nhw, nis gallai omedd, ac wedyn gofynnai eraill iddo wneud yr un peth — nid oeddynt yn gofyn am fod yn dda ganddo gael gwydryn yn awr ac yn y man. O!, nac oeddynt hwy, oblegid yr oeddynt yn gwybod yn amgenach, ond yr oedd yn dda ganddynt ddangos eu hedmygaeth ohono, a'u cydymdeimlad tuag ato. Teimlai yntau yn ddiolchgar iddynt hwythau, ac o dipyn i beth, dechreuodd gael hyfrydwch yn eu cwmpeini, os nad, ysywaeth flas ar y gwydryn hefyd; ai i mewn i'r gwestai ei hunan, ac arosai yno yn hwy aml i dro nag y byddai ei amgylchiadau na'i logell yn ei gyfreithloni. Un boreu arbennig, pryd yr oedd arno anwyd trwm, aeth i mewn i dafarn, a galwodd am wydryn o wisci, yfodd ef a daeth allan, a phwy oedd yn digwydd bod yn sefyll ar yr ochr arall i'r heol y boreu hwnnw ond un o flaenoriaid y Capel Mawr. Nid ynganodd un ohonynt air wrth y naill na'r llall, ond y prynhawn hwnnw, digwyddodd i Dafydd fod yn pasio ar yr ochr honno i'r heol, a phwy oedd yn ymddiddan â'r blaenor yn nrws ei siop ond y Parch. Roger Edwards, a phan oedd Dafydd yn mynd heibio iddynt, ebe'r blaenor:

'A wyddoch chi, Mr Edwards, yr oedd yn ddrwg iawn gen i weld Dafydd Owen yma yn dyfod allan o'r dafarn yna, saith o'r gloch heddiw'r bore.'

Atebai Dafydd: 'Digon gwir. Yr oeddwn i dan orfod i fynd i mewn; ac yr oedd yn ddrwg gennych fy ngweld yn dod allan?'

Y Blaenor: 'Oedd, yn ddrwg iawn, yn wir, Dafydd Owen.'

Dafydd: 'Wel, mi fasech chi felly yn ewyllysio fy ngweld yn aros i mewn.'

Torrodd Mr Edwards i wenu; trôdd ar ei sawdl ac ymaith ag ef, oherwydd nid oedd un amser yn ewyllysio clywed aelodau y capel yn cael eu pardduo, yn enwedig os teimlai nad yr amcanion gorau a gymhellai y pardduad. Adroddwyd y stori wrthyf gan Dafydd ei hun, ac ym mhresenoldeb Daniel, yn un o ddyddiau olaf y cyntaf. Yr oedd yno mae'n amlwg ryw gydymdeimlad angerddol rhwng y ddau frawd â'i gilydd, ac yr oedd yno hefyd edmygedd, agos i mi ddweud diderfyn, gan y ddau o'i gilydd. Dafydd, hwyrach, oedd, a chymryd popeth at ei gilydd, y cryfaf, ond Daniel wedi ei 'arfer' yn well. Dafydd oedd y cyfoethocaf o ran ei straeon, ond Daniel oedd yr un a fedrai eu gosod yn y *setting* goreu, ac, am a wn i, eu dweud oreu. Yr oedd yna fwy o ynni yn Dafydd, ond mwy o ddyfal-barhad yn Daniel. Mwy o nerth yn Dafydd, ond mwy o *finesse* yn Daniel. Wrth daro, byddai Dafydd yn defnyddio y *club;* Daniel yn gafael yn y *rapier,* ac am hynny, er mai Dafydd fyddai yn clwyfo, Daniel fyddai yn lladd. Ysgrifennodd yr ieuengaf ar garreg fedd ei frawd ei fod yn ddiarhebol am adrodd ystorïau. Felly yr oedd. Yn *Rhys Lewis* hefyd talodd iddo yr wrogaeth uchaf bosibl oddi wrth un brawd at y llall.Dangosodd beth a allasai Dafydd fod, a pha beth y disgwyliai iddo fod. Cystal oedd y portread o hyn fel y teimlai y brawd ieuengaf fod yn amhosibl iddo fynd ymhellach a chadw i fyny urddas y gwrthrych. Ynglŷn â hyn dywedodd wrthyf ryw flwyddyn neu ddwy cyn ei farwolaeth, mai y feirniadaeth fwyaf craffus a threiddgar a welodd neu a glywodd ef erioed ar *Rhys Lewis* oedd un o eiddo cyfaill iddo yn Lerpwl — un sy'n byw yno yn awr, ac yn troi mewn cylch o gymdeithas uwchlaw y cyffredin. Meddai hwnnw wrthyf un diwrnod:—

'Paham y rhoddaist ti ben mor gynnar ar stori am dy frawd?'

'Wel, mi fuasai y stori yn mynd yn rhy faith pe baswn i'n deud popeth am fy mrawd,' atebwn innau.

'Paid â boddro am dy feithder,' ebe yntau. 'Y fo oedd y carictor goreu yn y nofel i gyd. Ond, yr oeddet ti wedi dywedyd mor dda am Bob fel yr oeddet ti yn teimlo fod yn amhosibl i ti fynd ymlaen i ddweyd cystal, heb sôn am wella dim arno. Am hynny y lleddaist ti o allan o'r ffordd.'

'Wyddoch chi beth,' ychwanegai Daniel, 'dyna oedd y tipyn beirniadaeth mwyaf cyrhaeddgar a glywaist eto. Yr oedd o'n llygad ei le. Fel yna y bu hi yn union.'

Cafodd Daniel Owen ei fagu, fel y gŵyr y rhan fwyaf o ddarllenwyr *Y Traethodydd*, yn Yr Wyddgrug, ynghanol pobl a'u llond o hiwmor, a difyr iawn oedd ei glywed yn disgrifio rhai o'r cymeriadau a adwaenai yn ei febyd. Ac y mae arnaf chwant adrodd ychydig o'r straeon y byddai ef wrth ei fodd yn eu dweud, nid yn gymaint er mwyn y straeon eu hunain, ond fel y gwelai y darllenydd 'y graig y naddwyd, a cheudod y ffos y cloddiwyd ef ohonynt.' Tua thriugain mlynedd yn ôl yr oedd yma yn Yr Wyddgrug ffactri gotwm, ac yr oedd ynddi lawer o bobl yn cael gwaith cyson, er nad oedd y cyflogau ond bychain. Ymysg y rhai oedd yn gweithio yno yr oedd par o drigolion, a oedd yn ddiblant, ac wedi cyrraedd gwth o oedran. Un wythnos, yr oedd yr hen ddeuddyn diniwed wedi bod yn eu mwynhau eu hunain, neu, a dweud y gwir, ar eu term. Nid oeddynt ysywaeth wedi dysgu rhagddarbod, ac nid oedd ganddynt ddim 'wrth gefn,' fel y dywedir. Nid oeddynt yn rhyw dlodion iawn ychwaith, ond yn ceisio rhyw gripian ymlaen a thalu eu ffordd, canys yr oedd ganddynt gymaint â hynny o grefydd, 'Na fyddent yn nyled neb o ddim,' a gwyn fyd na fuasai yn ein heglwysi yn 'yr oes oleu hon' fwy o ddynion a chrefydd o'r un *sort* ganddynt. Fodd bynnag am hynny, yn hwyr y nos Sadwrn yr wythnos honno, eisteddai yr hen ddeuddyn yn bur ddywedwst, un bob ochr i'r lle tân, gan edrych ar ei gilydd a'u dannedd yn rhedeg. O'r diwedd, a chan na fedrai ddal yn hwy, dyna yr hen wraig yn tynnu ei hanadl ati ac yn ocheneidio, gan dorri allan mewn llais crynedig a dweyd:—

'O *dear*! Tomas bach, fe leiciwn i taswn i yn y nefoedd.'

Edrychodd Tomas arni, heb godi ei wyneb, ond â'i lygaid tan ei aeliau, a dywedyd:—

'Hy, fe leiciwn innau 'taswn i yn y dafarn a chwart o gwrw o 'mlaen.'

I hyn atebai hithau:—

'O'r hen greadur barus! wyt ti'n gwbod yn wastad lle mae'r lle goreu, on'd wyt ti?'

Dyma un arall. Yr oedd yn arferiad wrth gladdu ddeugain mlynedd yn ôl, yn enwedig os mynnid gwneud hynny yn *respectable*, — a phwy na fynnai hynny? — wahodd yr holl wrywiaid a ddeuent i hebrwng y corff i'r dafarn agosaf i'r tŷ lle y trigasai y trancedig, lle yr helpent eu hunain i gwrw, ac yfai rhai ohonynt 'yn dda.' Yn wir, elai rhai i'r hebryngau i ddim ond hynny, a byddai y rhai hynny yn 'yfed yn dda' bob amser, petae ond er mwyn cadw i fyny arferiad eu hynafiaid. Yr oedd un o'r rhai hyn yn yr hebrwng un tro, pryd y teimlai nad oedd yr arferiad yn cael ei anrhydeddu fel y dymunai. Eisteddai pawb i lawr yn ddistaw gan edrych yn alarus o galon ar lle y safai y jwg cwrw heb neb yn ei gyffwrdd. Wedi bod fel hyn am ennyd, torrodd y diotyn allan gan ddweud:— 'Deudwch, at bwy y mae'r ddolen?' Rhaid bod rhywun yn esgeuluso y ddyledswydd o beri i'r jwg dramwyo ar frys trwy y cynhebrwng, a beth tase'r trancedig yn codi i'w cyffroi am eu hamharch o'i goffadwriaeth? Gallasai y fath ddrychiolaeth ddigwydd, a 'doedd dim byd tebyg i fod yn siŵr na wnâi trwy ei foddi hefyd gystal â'i ladd. Un o ddifrif oedd ein hen frawd, ac am wneuthur popeth yn saff. Un prydnawnddydd arall, yr oedd yr un hen frawd yn brysur wrth ei orchwyl arferol o gynorthwyo ei gyd-drigolion i ddal i fyny furiau Neuadd y Dref. Safent oll â'u hysgwyddau dan eu pwn, ac yn sôn am fusnes pobl eraill mewn gwlad a thre yr oedd yr hen 'gono' ei hunan, ei lygaid yn syllu ymhell, ac yntau yn synfyfyrio. Ar unwaith, dyma fe yn cyffroi, yn tynnu ei ysgwydd oddi ar y pared, ac yn pregethu:— 'Ysgwn i pwy sydd yn yfed fy siâr i yrŵan?' Gan nad oedd yn yfed, lle y dylasai fod, rhaid oedd fod rhywun arall yn manteisio ar ei siâr, ac am hynny 'doedd e ddim yn ddiddig. Nid oedd yn meddwl fawr am ddim heblaw hynny. Ni bu yn meddwl am ddim yn ychwaneg tra bu byw, a bu farw a'r wanc arno — y weilgi fawr heb ei llanw, er y dywedir y rhoddai'r byd yn awr am ddiferyn o ddŵr oer. Ond, am yr arferiad o ddiota yn y cynhebryngau, mae hynny yn awr, can belled ag y gallaf fi ddeall, ymhlith y pethau a fu, a'r sut y trengodd oedd fel hyn. Oddeutu deugain mlynedd yn ôl bu gwraig un o dafarnwyr Maesydre farw, ac, wrth gwrs, rhaid oedd cadw i fyny yr hen arferiad. Daeth cynulliad lluosog i'r cynhebrwng. Yn y tŷ hefyd yr arhosai y galarwyr (?), ac yn eu mysg yr oedd y tafarnwr ei hun. Ond, rywfodd, nid oedd yno fawr o flas ar y 'galar.' Ni chyniweiriai y 'ddolen' mor gyflym ag y buasai yr hen 'gono' yn dymuno pe buasai yno. Yr oedd y tafarnwr ei hun yn teimlo fod y symudiad yn araf, ac er mwyn hwyluso pethau llefodd allan:— 'Yfwch, *lads,* yfwch. Nid bob dydd yr yden ni'n lladd mochyn.' Cyffrôdd hyd yn oed y rhai mwyaf difraw. Aeth pob enaid allan o'r tŷ a safasant yn yr heol. Trengodd yr hen arferiad, ac ni chlywais fod cynhebrwng wedi bod iddo byth. Yr oedd yr Efengyl, o'i dysgu a'i phregethu, wedi myned yn drech na hi o'r diwedd, a pharodd i feddwl y gymydogaeth ddiflasu arni am byth.

Un stori eto, a honno ond un fer, ac un a hoffai Daniel ei hadrodd, am ryw hen ŵr yn y dref a adwaenai yn dda. Nid wyf yn siŵr nad am Dafydd y Bacwn y mae hi ai peidio. Fodd bynnag, ar Dafydd y tadogwn ni hi. Er y byddai Dafydd yn llymeitian drwy ei oes, nid oedd yn feddwyn o gwbl. Ond, un diwrnod, digwyddodd iddo gymryd gwydriad, neu hwyrach ddau, yn ormod, syrthiodd ar yr heol, ac wedi syrthio gorweddodd yno. Gwelodd yr heddgeidwad ef, ac am na allai symud fe'i cymerwyd i'r *lock-up.* Wedi mynd yno gorfuwyd ei gymeryd o flaen yr ustusiaid, y rhai a'i hadwaenent yn dda. Gwyddent am ei lymeitian, ac am hynny, yn fwy nag am feddwi ar y diwrnod penodol, ac anfonasant Dafydd i'r carchar yn Fflint am wythnos, gan obeithio y buasai hynny yn rhybudd iddo gyda golwg ar y dyfodol. Yn Fflint, yn y blynyddoedd hynny, yr oedd yno hen ŵr o'r enw Mr Pritchard yn geidwad y carchar yr hwn hefyd oedd yn flaenor gyda'r Methodistiaid, ac yn arfer â rhoi cyngor bychan i'r carcharorion pan yn eu gollwng ymaith. Yn niwedd yr wythnos daeth tro Dafydd, yntau, i dderbyn y cyngor, ac i ymadael. Dywedai wrth Dafydd am beidio â dyfod i'r fath le byth eto. "Y fath resyn ydi gweld dyn o'ch oedran chwi wedi eich anfon yma. Yr ydych wedi ymddwyn yn iawn yma, Dafydd. Treiwch wneud yr un fath wedi mynd adref; a gobeithio na welaf fi chi yma byth. Yr wyf yn eich siarsio chi, Dafydd.' 'Ni ddof fi yma byth mwy, Mr Pritchard bach a diolch yn fawr i chi am y'ch cyngor. 'Rwy'n siŵr o'i gofio, Mr Pritchard. Gwnaf, byth.' Daeth adref i'r Wyddgrug, ond cyn pen y mis dacw Dafydd yn cael ei ddanfon i Fflint eilwaith, ac am feddwi gyda hynny. Gyda'i fod yn y carchar, dyma Mr Pritchard ato, ac yn synnu: 'Dafydd, oni addawsoch chi wrthyf i na ddeuech i'r *jail* yma byth eto.' — Ebe yntau: 'Do, Mr Pritchard bach, mi ddaru'm, do. Ond, Mr Pritchard, a wyddoch chi, 'fûm i erioed mewn lle na fedrwn i fynd yno wedyn. Naddo, erioed, Mr Pritchard.'

Dyna y graig y naddwyd, a'r ffos y cloddiwyd Daniel Owen ohoni, a chyfranogai yntau yn helaeth o deithi nodweddiadol yr ardal, yn enwedig yr ymdeimlad llwyraf a'r *sense of humour* sydd mor nodedig yn y lle. Tarewid fi pan ddeuais i'r dref gyntaf, yn awr yn agos i ddeugain mlynedd yn ôl, â syndod wrth weld fod ganddynt lys-enwau ar agos i bob creadur yn y cyffiniau, a hwnnw yn llys-enw hollol ddisgrifiadol ohono. Byddai y naill yn 'Bob Syth,' y llall y 'Dyn Trwm,' ac felly yn ddiddiwedd. Yr oedd yma yn y blynyddoedd hynny un teulu a enwid yn 'Chwanen,' a theulu arall a enwid y 'Gwyddau,' a chlywais am un o'r ddau deulu yn cyfarfod a'i gilydd yn ymyl Capel Pendre un bore yn nechrau Hydref, ac ebe y 'Chwanen' wrth yr 'Ŵydd:' 'Sut mae nhw'n gwerthu gwyddau yn y wlad yma yrŵan, wyddost ti?' Ac i hwnnw ateb yn ôl yn dra diystyrllyd: 'Beth ŵyr ryw chwanen fel ti am wyddau,' ac aeth yn ei flaen heb ychwaneg o lol. Yr oedd yr un *sense* yn nodweddu ein cyfaill. Yr oedd felly erioed, ac ni phetrusai byth rhwng ei gyfaill a'i ysmaldod. Byddem yn gyffredin yn traethu ein barn am y pregethwr a ddigwyddai fod gyda ni y Sul, pan gyfarfyddem ar fore Llun; ond, un Llun y bore, lluddiwyd fi i alw yn ei siop, a digwyddodd i gymydog alw gydag ef a gofyn iddo: 'Sut yr oeddech chi yn leicio y pregethwr ddoe, Mr Owen?' Ebai yntau: 'O, nid ydw' i wedi gweled Morgan yma eto, felly 'allai i ddim deud.' Y cymydog yn dweud yr hanes oedd y modd y daethum i gyntaf i glywed am y stori yr un bore. Yr oeddem ein dau yn cael y gair o fod braidd yn llawdrwm ar y pregethwyr, a charai y cyfeillion gael stori dalai ei hadrodd am un ohonom. Dro wedyn, yr oedd yma bregethwr yn enedigol o Ddyffryn Clwyd, yr hwn oedd yn ddyn defnyddiol a da, ond heb ei gynysgaeddu â nemawr o ddawn y weinidogaeth. Bore Llun, dyna lle y bu ein cyfaill yn torfynyglu ac yn llarpio ei bregeth. Ac, yn wir, 'doedd yna ddim o'r hyn a eilw y Saeson yn *sequence* yn ei bregeth o ben bwy gilydd. 'A wyddoch chi,' ebe Daniel, ac wedi gwylltio drwyddo, 'pe buasai rhywun yn gofyn i mi sut y buaswn i'n aralleirio y bregeth yna, fel hyn y buaswn i'n gwneud — 'Yr ydw' i wedi dod i'r Wyddgrug yma i bregethu, am hynny, mae hi'n bryd i ni fyn'd i godi tatws.'' 'Rhaid i mi ychwanegu fod *sequence* y casgliad a dynnai fy nghyfaill o'r un natur yn hollol ag un y bregeth.

Rhyw ugain neu bum' mlynedd ar hugain yn ôl, byddai dau o bregethwyr blaenaf Sir Fflint a'u cyhoeddiadau yma yn Yr Wyddgrug yn fynych, a'r rhai oeddynt yn wir gymeradwy gan y gynulleidfa hefyd. Yr oeddynt yn gwahaniaethu yn eu dull o feddwl, ac o ran eu dawn, ond yr oeddent ill dau wedi eu hanfon gan y nefoedd yn ddiamheuol, nid yn gymaint hwyrach i argyhoeddi y byd ag i adeiladu dyn Duw, ac i berffeithio y saint. Gan un yr oedd ymadrodd parod, er y byddai yn fynych yn cyfyngu ei hun i'w lawysgrifen, eto byddai ei frawddegau yn *crisp,* ac yn Gymreig, yn ogystal â'u bod yn Gymraeg da. Amlwg ydoedd ei fod wedi darllen llawer, a hefyd wedi meddwl llawer pan yn ieuanc. Wedi darllen a myfyrio cymaint ag i wneud ei feddwl i fyny am byth ar brif wirioneddau'r ffydd — yn gymaint felly fel yr oedd yn amhosibl iddo feddwl y gallai unrhyw un arall edrych ar y gwirionedd ond fel yr edrychasai efe arno, na dyfod i benderfyniad amgen nag y daethai efe iddo. Yr oedd wedi ei feddwl allan, amheuai yn fawr a allasai oes arall godi a fyddai yn gofyn cwestiynau eraill na'r rhai a ofynasai efe. Yr oedd wedi derbyn y gwirionedd a'r oll ohono. Pregethai hwnnw i'r gwrandawyr, a bellach, rhyngddynt hwy ag ef. Traddodai y gwirionedd megis y datguddiwyd ef iddo, a thraddodai y gwirionedd bob amser yr un fath. Nid oedd angen newid dim, naill nag ar y gwirionedd nag ar y modd y traddodir ef; oblegid y pethau hyn, dichon fod gwedd dipyn yn hynafol ar bregethau y brawd ambell dro. Er hynny, yr oedd ei bregethau yn gymeradwy gan y cynulleidfa- oedd. Yr oedd hefyd yn ŵr yr edrychid i fyny ato yng nghynadleddau yr eglwysi, fel un y byddai ei farn agos a bod yn anffaeledig. Dyn cyflawn iawn ydoedd, ac mor barod ag ydoedd o gyflawn. Yr oedd y pregethwr arall yn ddyn ieuengach, wedi ei ddonio fel y cyntaf ag ymadrodd parod, ond fod yr ymadroddion yn cyfodi yn fwy o ysbryd wedi ei baratoi nag o baratoad y brawddegau. Yr oedd wedi darllen cymaint â'r cyntaf, ac wedi myfyrio mwy, neu yr oedd wedi myfyrio yn y fath fodd ag i'w wneud yn awchus am fyfyrio mwy. Nid oedd wedi meddwl y pethau allan fel ei frawd, ond yn unig eu meddwl yn y fath fodd fel y gallai ei feddwl ei hunan ymehangu fel ag i gymryd i mewn unrhyw syniad newydd a allai ddod ger ei fron yn ei ail efrydiaeth. Oblegid hyn, yr oedd ei bregethau yn llawer mwy ffres na'r eiddo ei frawd. I ychydig, wrth gwrs, yr oedd yr arfer hwn chwaith yn fuddiol. Mwy cymeradwy, hwyrach, gan y cynulleidfa- oedd ydyw gwrando ar bregethwr fydd yn benderfynol ar unrhyw bwnc, ac nid yw y bobl yn hoff o drafferth o fath yn y byd. Yr oedd gan y cyntaf neges heb os nac oni bai. Yr oedd gan yr ail hefyd neges, ac un mor benderfynol â'r llall, ond gwelid ei fod yn aml yn petruso sut i'w dweud hi. Yr oedd yn ffurfio ei frawddegau wrth fynd ymlaen, ac felly yr oedd yn colli faint bynnag o *freshness* fyddai ynddi yn y difethdod fyddai yn ei grym wrth geisio ei chyfleu i feddwl y gwrandawyr. Difyr iawn i mi ydoedd gweld pregethwr yn ymaelyd â'i destun wrth bregethu. Yn ôl natur pethau, yr oedd yn amhosibl i'r bregeth honno fynd yn hen, waith er iddi fod yn un o ran ei hamgyffrediad (*conception*) yr oedd yn un arall o ran ei mynegiad. Yr oedd y ddau wedi ennill iddynt eu hunain le mawr ym marn yr eglwysi, ac yr oeddynt hefyd ill dau yn ddynion duwiol diamheuol. Yr oedd gras Duw i'w weld fel wedi ei wastraffu ar y ddau. Hwyrach fod yno fwy o olion brwydro ar y cyntaf. Yr oedd yno yn amlwg fwy o ôl y plygu fu arno, ond am yr olaf, ymddangosai y plygu yn beth naturiol iddo. Yr oedd wedi ei eni i hynny, fel y clywais i Siân Huws, Pontrobert, yn dweud mewn seiat yno ryw dri ugain mlynedd yn ol, ac amdani ei hun, ei bod hi wedi ei hail eni cyn ei geni y tro cyntaf, felly am y pregethwr olaf, nid oedd raid i ras ei esgor drachefn a thrachefn er ffurfio Crist ynddo, am ei fod wedi ei ffurfio eisoes, ac y mae rhai ohonom sydd yn rhoi llai o waith i ras Duw na'i gilydd, ac yr oed ef yn un ohonynt, ond er bod y ddau yn dda, ie, yn dda iawn, ac efo'i gilydd yn rhoddi syniad go helaeth a chywir, debygwn i, o'r pregethwr perffaith, nid oedd y naill na'r llall wrth fodd Daniel Owen, nac yn dyfod i fyny â'r syniad a goleddai am bregethwr. Mynnai ef fod y cyntaf yn meithrin syniadau rhy isel am alluoedd meddyliol ei wrandawyr, ac am hynny na fyddai yn myned i'r drafferth i baratoi dim byd teilwng ohonynt, nac yn enwedig o'r pulpud, ar eu cyfer. Nid oedd yn porthi y defaid. Am yr olaf, beiai hwnnw am synio yn rhy uchel am gyraeddiadau ei wrandawyr, nes peri iddo — fel y dywedodd John Evans, o'r Bala, wrth Mr Charles fwy na chanrif yn ôl — saethu uwch bennau ei wrandawyr ac anghofio y *crowd below*. Neu fel y dywedai y diweddar John Jones o Ruthun, yn y Gymdeithasfa yno, ddeng mlynedd ar hugain yn ôl, wrth siarad am bregethu a phregethwyr, y dylai yr olaf gael ei arfogi â gynnau tebyg i eiddo y Welch Fusiliers, fod gan y rheini ynnau a fedrai saethu rownd y cornelau 'Mynnwch chwithau, 'y nghyfeillion i, ynnau fel y rhai hynny, rhai nad ydynt gan yr un *regiment* arall o sowldiwrs, rhai yn saethu rownd y cornelau, fel ag i glwyfo gelynion y Brenin lle bynnag y bo nhw.' Felly am Daniel. Byddai un pregethwr yn pregethu i'r bobl, megis wrth 'rai bach yng Nghrist.' Ni wnâi hynny mo'r tro, yr oedd eisiau eu dyrchafu. Pregethai y llall 'megis wrth rai ysbrydol,' gan anghofio mai rhai cnawdol oeddynt. Ni wnâi hynny mor tro ychwaith, a dweud y gwir. Yr oedd yn un anhawdd iawn ei blesio, ond llawer o ymgom ddifyr a gawsom am y pregethwyr ac am y pethau, nes y byddem wedi anghofio ein hunain wrth wledda ar ein hatgofion o bethau gwych y pwlpud Cymreig yn fynych iawn.

Hwyrach fod yna rai yn barod i ofyn i mi, gan ei fod ef yn chwannog i roddi ei farn am bregethwyr eraill, beth allai fod fy marn amdano yntau fel pregethwr? Wel, fy nghyfaill, yr wyf eisoes, yn y rhifyn o'r blaen, wedi dweyd yn gynnil beth yr oeddwn yn feddwl amdano. Heblaw hynny, bûm yn aros yn ei gymdeithas yn y pum mlynedd ar hugain olaf o'i fywyd, ond odid, yn fwy na neb arall sydd yn awr yn fyw, gymaint yn wir, nes fy anghymwyso i roddi barn deg amdano. Anhawdd fyddai i mi beidio â gwyro oddi ar lwybr barn, a rhoi yn unig farn cyfaill amdano, canys yr wyf yn teimlo i raddau pell wiredd yr hen air yn y peth hwn hefyd — 'Gwyn y gwêl y frân ei chyw.' Hefyd, ymha ystyr yr ydych yn deall y gair 'pregethwr,' a beth yr ydych yn ei feddwl wrth 'bregeth?' A ydych yn meddwl amdani fel dernyn o lenyddiaeth, pur a chaboledig, ynteu fel cynllun o areithyddiaeth fyddai yn apelio at yr oll o'r dyn, ac yn ei ddwyn yn gaeth i bwrpas yr areithiwr? Neu, a chymeryd yn ganiataol mai yr olaf a ddewiswch, pa un a fynwch, ai yr areithydd fyddo yn eich synnu a'ch rhyfeddu, ynteu yr areithydd fydd yn eich codi i weithredu? Mae y cwestiwn olaf yn dwyn ar gof i mi am ddau o areithwyr arbennig y cynoesoedd, y rhai a ystyrrir hyd eto fel prif areithwyr y byd. Yr oedd un yn hynod am ddichlynedd ei iaith, am ei allu i drefnu ei ffeithiau, a'u gosod gerbron y llys, ac yn ei allu hefyd i osod yr oll gerbron nes y byddai yn cario argyhoeddiad i feddyliau pawb a'u gwrandawai, fel y byddent yn torri allan i weiddi ar draws eu gilydd, 'Ardderchog; dyna i ni genlli o hyawdledd; pwy all ddal yn wyneb y fath araethyddiaeth a honyna?' Araethyddiaeth fyddai yn diweddu mewn canmoliaeth i'r areithydd, ynteu un arall fyddai yn annerch y lluaws. Byddai hon hefyd wedi ei threfnu yn odidog, ac yn yr iaith fwyaf ddichlyn, ond, er hynny, mwyaf syml. Y gwrandawyr a'u teimladau yn corddi yn eu hwynebau, ac yn peri iddynt yn y diwedd lefain ag un floedd, 'Awn, ac ymladdwn â Phylip.' Yr olaf a fernir oedd yr areithiwr pennaf. Yr un fyddai yn codi y bobl i ymladd â Philip. Felly y dywedaf innau am fy nghyfaill, a dodi dim ond barn cariad amdano. Gallai fod ei bregethau yn siamplau gwych o'i allu llenyddol, ac o'i fedr i osod ei feddyliau yn y Gymraeg buraf, ond nid oedd yn medru gwneud i'r bobl dorri allan a dweud, 'Awn, ac ymladdwn â'r diafol ac â phechod.' Ac, a dweud y gwir, ychydig iawn o odfaeon a glywais i yn fy oes pryd y gwnelai y pregethwr y fath gampwaith â hynyna. Eto, na feddylied neb fy mod yn disgwyl i bregethwr wneud hynny bob amser, ond yr wyf yn meddwl y dylai bob pregethwr ymdrechu at hynny yn barhaus, onide mae y pregethwyr i gyd yn syrthio yn fyr o'r *beau ideal* y dylent fod oll yn amcanu ato. Hwyrach hefyd y dylwn ychwanegu fod dysgu a hyfforddi yn rhan mor arbennig o waith pregethwr ag ydyw argyhoeddi, a chof gennyf glywed am y diweddar Barch. David Charles Davies ei fod ef yn gresynnu wrth gyfaill unwaith am nad oedd yn gwybod am gymaint ag un pechadur a argyhoeddwyd trwy ei weinidogaeth, pryd y dywedodd y cyfaill wrtho am 'beidio â blino ei hun, mai nid yn gymaint i argyhoeddi ag i adeiladu ei galwyd. A dyma i chwi adnod ar y pwnc,' ychwanegai, 'Mi a blenais, Apolos a ddyfrhaodd; ond Duw a roddes y cynydd.' Hefyd, yr oedd gan Daniel Owen ryw ddull hynod o bwysleisio ar brydiau, yr hyn ydoedd i mi, beth bynnag, yn agos a bod yn annaturiol, a chan y byddai yn siarad ei bregethau, gwnâi hyn iddo ymddangos yn fwy annaturiol fyth. Bûm yn ymliw ag ef droeon am yr arferiad hwn o'i eiddo, ond, haerai ef mai rhyw ddiffyg ynof i oedd y rheswm, pan nad oeddwn yn gweld fod ei bwysleisiad yn iawn. Felly, ni phenderfynwyd y ddadl, ac erys heb ei phenderfynu hyd yr adeg y byddom ill dau yn gweld megis ein gwelir. Parai ei ymddiheurad i mi gofio am ddywediad o'r eiddo Glan Alun pan yn beirniadu ychydig o benillion o farwnad ddeugain mlynedd yn ôl yng Ngroesoswallt. Gofynnodd i'w hawdur eu darllen. Gwnaed hynny, ac meddai Glan Alun, wedi iddo wneud:— 'Nid yn fynych y clywais i benillion mor dda yn cael eu spwylio gan ddarlleniad mor sâl.' Gelwid ein cyfaill i bregethu i gynulleidfaoedd mwyaf parchus a deallus ein Cyfundeb, ac agos yn ddieithriad byddai yr alwad gyntaf yn alwad i'r ail, ac un drachefn. Felly, yr oedd ei weinidogaeth yn ael ei gwerthfawrogi yn eglwysi pennaf y Methodistiaid yr hyn a ddengys na cyfrifid ef, a dweud y lleiaf ymhlith y distadlaf o bregethwyr ei wlad.

Yr wyf wedi crybwyll eisoes am yr enciliad a wnaeth o'i waith cyhoeddus fel pregethwr, a theg i'w goffadwriaeth yw ychwanegu na wnaeth hynny oherwydd ei fod wedi blino ar bregethu. Na, yr hyn a'i gorfododd i beidio â phregethu oedd ei ofn y buasai sefyll o flaen cynulleidfa yn peri iddo ymgynhyrfu a'i wneud o hynny yn fwy darostyngedig i ddychweliad o'i afiechyd. Bu yn taflu gwaed i fyny yn achlysurol am yn agos i flwyddyn, ac yr wyf yn cofio yn dda ddarfod iddo ar un achlysur gyfodi i fyny yn y seiat i roddi anerchiad. Cyn iddo ond dweud ychydig eiriau, gorfod iddo dewi, eistedd i lawr, a thorri allan i wylo. Nid oedd yno ffug yn y byd yn ei gymhell, ond gwendid gwirioneddol a mwy o ymdeimlad o'r gwendid nag oedd yno o wendid. Bu yn ddrwg gennyf, droeon lawer hefyd, na fuasai wedi gwneud mwy o ddyfalbarhad i orchfygu y gwendid, ac yn ei gystudd olaf, yr ystyriaeth yna fu yn blino llawer arno, a llawer gwaith y gofidiai gan ocheneidio mwy na mwy am na buasai wedi croesawu yn well yr alwad nefol i bregethu Ei fab Ef. Canys dyna ei argyhoeddiad mai at hynny ei galwyd wedi'r cwbl. Ond aeth yn rhy ddiweddar arno. Nid oedd iddo ond ymliw gyda'r rhai hynny, 'Y cynhauaf aeth heibio, darfu yr haf, a minnau heb wrando ar yr alwedigaeth, &c.' Bûm yn tosturio wrtho hefyd! canys pwy a ŵyr na fuasai yr ymdrech i wrando yn rhoi ynddo fwy o ymdeimlad o'r cyfrifoldeb oedd arno, i ofalu yn fwy am ymgadw â'i urddas personol ym mhob dim. Nid wyf yn gwybod, ond wrth ystyried popeth, nid wyf wedi bod heb feddwl hynny rai gweithiau, nid yn unig amdano ef, ond am eraill hefyd, heb eithro un am yr hwn ni soniaf ymhellach. Daeth wedi llawer o flynyddoedd i allu dweud ychydig yn y seiat, yr hyn fyddai yn gymeradwy iawn gennym oll. Yr wyf yn cofio'n arbennig am un tro, ac mewn blwyddyn neu ddwy i'w farwolaeth, yr oedd yno frawd o'r enw William Roberts, yr hwn oedd yn gadael eglwys y dref er mwyn ymaelodi yn eglwys Maesydref, lle y byddai yn fwy cyfleus i'w gartref. Yr oedd William Roberts wedi bod yn mynd i mewn ac allan gyda ni dros ei oes. Dywedai Daniel, wrth ffarwelio ag ef yn Bethesda, y byddai y drws yn agored iddo yno am y gweddill o'i oes, ei fod wedi bod yn aelod ffyddlon gyda ni erioed; meddai ar dalentau disglair, ac yr oedd wedi eu defnyddio yng ngwasanaeth ein Harglwydd trwy'r blynyddoedd. Yr oedd hefyd wedi ennill iddo ei hun le uchel ym marn yr eglwys fel dyn ac fel crefyddwr. 'Ac yn awr,' ychwanegai, ' 'dydach chi ddim yn mynd ymhell, 'fyddwch chi ddim ond megis drws nesa' i ni ym Maesydre, yn reit agos i ni, welwch chi, ac ni fydd raid i chi ond rhoi cnoc yn y wal na fyddwn ni yn eich clywed chi. Ewch, William bach, a Duw fyddo gyda chi.' Dyna fu y gair olaf yn y seiat honno. Aeth William, ond ni roddodd gnoc ar y wal byth, waith yr oedd ei ddiwedd yntau wedi nesáu, a bu Daniel ac yntau farw mewn rhyw ychydig o fisoedd i'w gilydd.

Y mae adrodd un stori yn dwyn ar gof ac yn fy nghynyrfu i ddweud un arall, fel y canodd Pantycelyn:

Pan bwy'n rhyfeddu unpeth
Un arall ddaw i'm bryd.

A rhaid i mi dreio dweud honno yrŵan ag sydd yn dwyn cysylltiad â'r seiat hefyd. Yn niwedd haf, 1871, bedair blynedd ar ddeg ar hugain yn ôl, dechreuwyd adeiladu capel Maesydref, lle buwyd yn cynnal Ysgol Sabothol am liaws o flynyddoedd, dan nawdd y fam eglwys yn Yr Wyddgrug, a lle y gofelid amdani gan Mr John Jones, un o ddi-aconiaid y dref, yr hwn sydd yn awr yn fyw. Yr oedd yma yn yr adeg honno hefyd ddiacon arall, yr hwn a gyfrifid yn un 'da iawn arno,' ac wrth yr hwn y disgwylid cymorth lled sylweddol tuag at y gwaith. Yr oedd gan y diacon yma was a enwid Robert Lloyd, os iawn yr wyf yn cofio, a'r hwn a gâi y credyd o fod yn weddol 'dda arno' hefyd. Yr oedd hwn, bid a fynno, yn nodedig am ei haelfrydigrwydd yn ogystal ag am ei ffyddlondeb i'r achos yn ei holl rannau. Wedi rhoddi ystyriaeth bwysig i'r cwestiwn, aeth y diaconiaid efo'i gilydd at y gwas, a chawsant ganddo yntau addo pleidio o flaen y meistr a'i baratoi i'r gorchwyl. Felly, wedi gwneud popeth yn barod, wele y diaconiaid a'r Parch. Roger Edwards un nos seiat yn mynd at y gŵr mawr. Rhoddwyd yr achos ger ei fron, a chawsant dderbyniad hynod o groesawgar. Addawodd osod y garreg sylfaen, ac aed ymlaen gyda'r gwaith yn galonnog. Yr 'amser nodedig' a ddaeth, a bore hyfryd, hafaidd, tawel, ydoedd. Daeth yno dyrfa lluosog ynghyd. Pawb yn y dymer, ac yn eu dillad goreu hefyd, yn llu oddi amgylch y llannerch. Yno yr oedd Mr Edwards, y diaconiaid, y diacon, ei ferch, ynghyd â'i darpar ŵr, oll yn edrych wrth eu bodd. Yr oedd yno faen hefyd yn grogedig wrth raff, yn cael ei gynnal gan goed trionglog, wedi eu haddurno a rhubanau amryliw. Popeth yn *set* ac yn neis tu hwnt. Y naill du i'r rhain yr oedd yno drowel arian a gordden bychan *mahogany* yn disgleirio yn yr haul, ac yn edrych can hardded â dim. Wedi gwasanaeth syml a byr, dyna y Parch. Roger Edwards yn dod ymlaen i anrhegu y gŵr mawr â hwy. Wrth wneud hynny, cyffelybai y gŵr i hwnnw y sonnir amdano yn Llyfr y Salmau:— 'Hynod oedd gŵr, fel y codasai fwyell mewn dyrysgoed,' ac yn yr anerchiad byr hwnnw taenodd y ganmoliaeth yn blastar. Wedi gwneud hynny heb ball, cyflwynodd iddo y celfi. Derbyniodd y gŵr y celfi yn foesgar, a derbyniodd hefyd y ganmoliaeth gyda gwên foddhaol ar ei wyneb. Aeth at ei waith, gosododd y sylfaen, a datganodd, yn ôl y rheol, fod yr oll wedi ei gwneuthur yn iawn. Yna, gyda gwên hunanfoddhaol arall, edrychodd ar y dorf o'i amgylch, rhoddodd ei fys ym mhoced ei wasgod, tynnodd allan sofren newydd, felen, a gosododd hi ar y maen, a chydag ymgrymiad gostyngedig i'w gydflaenoriaid, ciliodd o'r neilldu, gan wneud lle i'w well. Difyr oedd gweld wynebau y rhai a'i hamgylchynent; yr oedd yno siomedigaeth, dicter, a ffieidd-dra i'w weld ar wyneb pawb oll. Nis ynganwyd gair, ond gwelais un masnachwr yn plygu rhyw bapur oedd ganddo ynghyd a'i ddodi yn ei boced, tra y disgynnai ei law arall i boced arall, a chodai sofren ohoni, gan ei rhoi ar y sylfaen gyda'r llall, tra y deuai y tlodion ymlaen gyda'u hanner coronau, eu sylltau, a'u chwecheiniogau, nes cuddio y ddwy sofren o'r golwg. Yr oedd Mr Edwards a'i wep yn hwy nag y gwelais i hi erioed, 'ngynt na chwedyn. Rhoddodd bennill allan i'w chanu, a gwnaeth yr hen Mr Drury ymgais egniol i'w ganu, ond yr oedd yn amlwg na chanai a'i ysbryd beth bynnag y prynhawn hwnnw. Diwedodd y cyfarfod, a dylwn ychwanegu i'r gwas, Robert Lloyd, ddod at y diaconiaid cyn diwedd yr wythnos a rhoddi iddynt bum punt a'r hugain fel ei gyfran ef tuag at dalu am y capel. Ni chlywais fod y 'gŵr mawr' wedi yngan gair byth wedyn, ond mi glywais fod 'darpar ŵr' y ferch yn ymffrostio fod 'Mr D— wedi dod i ddeall sut i'w trin nhw.' Felly, hwyrach ei fod e, ond y mae y gŵr mawr, y ferch, y darpar ŵr, a'r gwas, oll wedi mynd i ffordd yr holl ddaear ers blynyddau, a'u gweithredoedd, bob un ohonynt, yn eu canlyn. Ni fu yma un seiat yr wythnos honno, ond, yn yr un a gynhaliwyd yr wythnos drachefn, yr oedd yno gynulliad go dda wedi dod ynghyd, ac yn eu plith yr oedd y Parch. Roger Edwards, Daniel Owen, y gŵr mawr, a'i gyd-ddiaconiaid, ac yr oedd yr ymddiddan yn un lled fywiog. Mewn atebiad i amnaid oddi wrth Mr Edwards, cododd 'Mr D —' ar ei draed, a siaradodd rywbeth am Dafydd, ac fel y bu yr Arglwydd yn ei gynorthwyo, dro ar ôl tro. Ar ei ôl cyfododd Daniel, gan ddywedyd yntau pa mor dda yr oedd ganddo glywed 'Mr D —' yn siarad am Dafydd. Yr oedd y Beibl yn sôn llawer am Dafydd, ac yn dweud hefyd ei fod yn ŵr wrth fodd calon Duw, a chyda llaw, 'Mr D —,' yr oedd ym mryd Dafydd adeiladu tŷ i Dduw — tŷ iawn, clamp o dŷ, un a fuase'n werth chweil i edrych arno. Heblaw hynny, nid oedd Dafydd yn disgwyl i bobl eraill gael y fraint i gyd o dalu amdano chwaith. Nag oedd siŵr, nag oedd o, ond yr oedd wedi llunio gwneud hynny ei hun, a soniai y Beibl yma am wmbreth o gannoedd o dalentau o aur ac o dalentau o arian yr ydoedd wedi ei rhoi i gadw tuag at hynny. Yr oedd yno wedi eu rhoi i gadw hefyd beth dialedd o bres ac o'r coed goreu a drutaf a ellid eu cael! Na, yn siŵr i chi, 'doedd Dafydd ddim am adeiladu tŷ i Dduw ar y *cheap;* ac yna, gan droi ei ben yn fwy tua'r bobl, ychwanegai, 'ond Dafydd oedd ef, onide?' Gyda fod

Daniel yn eistedd i lawr, dyma hen ddiacon o amaethwr ar ei draed, Robert Roberts, Broncoed, wrth ei enw, gan ddweud fod y Brenin Mawr yn disgwyl i ni roi bob un yn ôl ei allu ym mhob peth, os brenin, gwneud fel brenin, os ffermwr, gwneud fel ffermwr, os dyn tlawd, gwneud fel dyn tlawd. Mae Duw, yn siŵr i chi, yn disgwyl i ni wneud yn ôl y peth y bo ni. A rhyfedd iawn yr ydan ninnau yn disgwyl wrth ein gilydd yn union yn yr un fath ag y mae Duw yn disgwyl. Tase 'na wêdd yn mynd â wagen i fyny gwern y mynydd yma, ac yn torri i lawr ar y ffordd, a thase Peter Jones yn mynd i'w helpu hefo' i drol a mul, fase 'na neb yn synnu, cans trol a mul sydd ganddo, ac y mae pawb yn gwybod hynny, ond pe taswn i'n cynnyg mynd i'w helpu hefo trol a mul base pawb yn crio cywilydd arna i am y gŵyr pawb fod gen i dri o geffylau cryfion yn fy ymyl.' Gwenai Mr Edwards megys pe bai wrth ei fodd, ac yr oedd John Jones wrth ei fodd yntau. Yr oll o'r sarugrwydd wedi diflannu, ac am 'Mr D —,' 'a thewi a wnaeth Aaron.'

Un Sabboth, yn fuan wedi hynny, nid oedd yr hen frawd cyfoethog yn y capel, a dywedid nad oedd yn rhyw iach iawn, ond ni thybiai neb fod ei ddiwedd yn agosáu. Fodd bynnag, nid oedd yn y capel. Y bore canlynol yr oedd yma ffair, un o rai pennaf y flwyddyn, ac er bod yr hen frawd yn rhy sâl i ddod i'r capel y Sabboth, yr oedd yn un o'r rhai cyntaf yn y ffair ddydd Llun, ac arhosodd yno hyd yr hwyr yn y prynhawn, pryd yr aeth adref. Yr oedd yr hen gyfaill hefyd yn y seiat nos Iau, lle dywedodd air neu ddau o'i brofiad gyda mwy o flas nag arfer, gan sôn am fynydd y tŷ, a'r diddordeb a gymerai hyd yn oed y wennol ac aderyn y to ym mangre ei breswylfod. Ymhen ychydig, gofynnwyd i Daniel ddweud gair, ac i fyny ag ef. Synnu a wnâi efe, a gofyn pa fodd y byddai y saint a hwythau yn greaduriaid mor gyfnewidiol, yn gallu cael cymaint o ddiddordeb yn y tŷ i ewyllysio gwneud eu trigfan ynddo dros byth. Ymddangosent iddo ef fel pe byddent yn llawn tebycach o flino ar *monotony* y lle, ac y byddai rhai ohonynt yno yn ceisio codi ffair neu rywbeth cyffelyb, pe bai ond am gael mwy o ddiddordeb a mymryn o gyfnewidiad. Aeth amryw o'r rhai a adwaenent yr hen frawd i chwerthin, a hawdd ydoedd gweld gan y rhai a edrychent arno ei fod yntau wedi teimlo y cerydd i'r byw. Hwnna oedd y cerydd olaf a gafodd fodd bynnag, oblegid yn fuan wedi hynny clafychodd o ddifrif, aeth o waeth i waeth, a rhyw ddiwrnod aeth adref, ac yn hynod o ddi-sôn-amdano. Er bod ein cyfaill yn teimlo yn bur ddig wrth Mr D. ar y pryd, byddai ganddo feddwl tra uchel ohono, ac nid oedd yn un a fedrai ddal dig yn hir, a gwell oedd ganddo, fel y Meistr Mawr, y canodd D. Saunders, Merthyr, amdano,

Nid byth y deil eiddigedd,
Gwell ganddo drugarhau;

ac er yr ymddangosai yn frwnt ar y tarawiad cyntaf, yr oedd gyda'r mwyaf tyner o bawb, yn enwedig os gwelai rhyw osgo ynddynt am fod yn well.

Nid oes angen i mi ddweud fod Daniel Owen yn fardd, a bod ynddo y galon a feiddiai gydymdeimlo ag anian. Yr oedd hyn yn enwedig ganddo, ac er byddai ganddo fel rheol, reolaeth agos yn berffaith ar iaith, er hyn oll gwelais adegau 'pryd bydda'i enau yn rhy fud i ddwedyd' dim; ac nis anghofiaf fyth y noswaith honno y bu yn ysgrifennu am farwolaeth Seth, pryd y bu yn llefain fel plentyn am dros awr o amser heb fedru dweud nac ysgrifennu gair, a chwedyn pan yn medru, yn ysgrifennu megis â gwaed ei galon. Noson ryfedd oedd honno, a dyna y pryd y deuais i wybod beth oedd cynnwys atebiad Ebenezer Morris i ŵr a ofynnai iddo sut y daeth i reoleiddio ei lais fel y gallai roi yr oslef a fynnai ynddo. 'O,' meddai yntau, 'nid ar chwareu bach y dysgais i hynna.' Felly, nid ar chwarae bach y dysgodd Daniel Owen ysgrifennu, mwy nag y dysgodd Ebenezer Morris weiddi y pethau a rwygai eu calonnau. Canys yr oedd effaith gwaith y ddau yn ddwfn a pharhaol, ac y mae yn rhaid i'r hwn a fynnai gynhyrchu y fath effeithiau fynd ei hunan dan yr un oruchwyliaeth. Un wedi teimlo yn ddwys oedd ein cyfaill, ac yn medru cydymdeimlo ag eraill pan mewn cyfyngder, ac am hynny yn gwybod beth fyddai yn archolli yn ogystal ac yn iacháu. Hwyrach mai yn ei alarebau y byddai yn cyffwrdd â llinellau dyfnaf ein natur, ac yr oedd ganddo fedr neilltuol i hyn, fel y dengys ei alargan i'r diweddar Barch. John Evans, Croesoswallt, cyn hynny o Garston, un a edmygai ac a hoffai yn fawr, ac un a fu yn gydefrydwr ag ef yn Y Bala. Mae honno yn un benigamp. Gellir dywedyd yr un peth am un a ganodd yn niwedd 1879 i'r diweddar Mr Benjamin Powell, Yr Wyddgrug, gŵr a barchai hyd yr eitha, ac a garai hefyd gymaint ag â barchai. Adwaenai Mr Powell er yn fachgen, ac yr oedd yn gwybod am ei ffaeleddau, ond gwelai gyda hynny fod hyd yn oed ei ffaeleddau yn codi o ddidwylledd ac o unplygrwydd y dorraeth o natur dda a feddiannai. Nis gallai Mr Powell gynllunio drwg am neb, a phe buasai y drych-feddwl am gynllunio y fath beth wedi taro ar draws ei feddwl rywbryd, buasai yn amhosibl iddo i'w gario i weithrediad, oherwydd buasai serchogrwydd ei natur yn ei orthrechu. Ef ydoedd y gwreiddiol neu y cynllun o Mr Pugh a ddisgrifir gan ei cyfaill yn *Y Dreflan*, lle y gwelir y portread a dynnwyd gan Daniel Owen ohono. Yr oedd yn ymgnawdoliad o ddiniweidrwydd y golomen, ond heb ddim iot o gyfrwystra y sarff. Aeth Mr Powell i gynhebrwng y Parch. John Davies, Nercwis, tua'r wythnos gyntaf ym Mawrth, 1879, ac yr oedd yn oer iawn i sefyll o amgylch y bedd, ac felly cafodd annwyd trwm, yr hwn a drôdd yn farwolaeth iddo. Cafodd ei gladdu ei hunan cyn diwedd y mis, ac yr oedd ei gladdedigaeth y mwyaf a welais yn Yr Wyddgrug erioed ac eithro un y Parch. Roger Edwards, yr hyn ddangosai y lle mawr a enillasai iddo'i hun yn serch pobl Yr Wyddgrug a'r cymydogaethau. Yn niwedd hyn o erthygl, mae arfaf chwant i roddi yr alarnad a gyfansoddodd Daniel i'w goffadwriaeth, oblegid yng nghyfarfod blynyddol y Gwyliau, 1879, trefnwyd fod gwobr o £2 yn cael ei rhoi am yr alargan orau, heb fod dros dri ugain llinell o hyd amdano. Enwyd y Parch. Roger Edwards ac Andreas o Fon yn feirniaid. 'Rwyf yn cofio i mi fod yn siarad ag Andreas ryw wythnos cyn y cyfarfod, pryd y dangosodd yr wyth neu naw o gyfansoddiadau a ddaethai i'w law i mi, ac y gofynnodd am fy marn arnynt. Edrychais drostynt yn fanwl, nid oedd yr un ohonynt yn sâl, tra yr oedd dwy neu dair yn dda iawn, ac un yn dra rhagorol. Nid oeddwn yn adnabod llawysgrif yr un o'r awduron, nid oeddwn yn adnabod arddull yr un ohonynt; dywedais hynny wrth Andreas, a dywedais hefyd nad oedd un ohonynt i'w cymharu â'r hon ym mha un yr ymliwiai yr awdur â'r gwrthrych. Yr oll a ddywedai Andreas oedd, 'Nac oes, ai oes?' Hynny a fu, ac yn y cyfarfod noson y Gwyliau, aruthr oedd i mi glywed fod y beirniaid wedi rhannu y wobr rhwng dau, sef rhwng un Daniel Owen ac un Robyn Wyn, yr hwn fel y gŵyr pawb yn y byd llenyddol Cymreig ydoedd alarnadwr heb ei fath, yn enwedig os byddai gwobr am hynny. Ymhen rhyw bythefnos wedyn, pwy ddeuai i mewn i siop Daniel ond y diweddar John Parry, Llanarmon, gan edrych yn flin, a gweiddi allan yn groch: 'Pa ddallineb "barnol" fu yn Y Wyddgrug yma noson y Gwyliau, deudwch?' Wedi hynny deallais na fu Mr Edwards ac Andreas yn cydolygu pa un ai un fy nghyfaill ai ynteu un Robyn Wyn oedd y goreu. Ond mae'r oll ohonynt erbyn hyn, yn ymgeiswyr ac yn feirniaid, wedi mynd drosodd at y mwyafrif. A rhydd ydyw i ninnau gael barnu drosom ein hunain. Ac er mwyn i'r darllenydd gael barnu, yr wyf yn rhoi galareb Daniel Owen ar ddiwedd yr erthygl hon.

Crybwyllais fod ein cyfaill yn coleddu y syniadau uchaf am Mr Powell, ac yr wyf yn cofio bod yn y siop ac yn siarad ag ef un bore yn y flwyddyn cyn yr hon y bu farw ynddi, ac yn sydyn, wedi bod yn synfyfyrio am ennyd, torrodd allan i siarad, gan ddywedyd:

'Morgan, a wyddoch chi bûm i yn breuddwydio am Benjamin Powell yna neithiwr?'

Edrychais i'w wyneb, a gwelais fod ei lygad yn llawn a'i wefus yn gwegian. Yr oedd yn ddiamheuol o ddifrif, a theimlais ar unwaith nad oedd mewn tymer i un gellwair ag ef. Felly atebais:

'Breuddwydio am Benjamin Powell! Beth wnaeth i chwi freuddwydio am dano fo yn anad neb?'

'Wn i ddim, wyddoch chi pam yr ydych yn breuddwydio am rywun yn anad am y llall?'

'Na wn, yn wir, os na fyddwn wedi bod yn sôn neu yn meddwl amdanynt yn arbennig.'

'Felly finnau, ond nid oeddwn wedi bod yn meddwl am Benjamin Powell nas gwn i pa bryd. Ond mi *gwelais* i o neithiwr.'

'Aie! Mae y freuddwyd wedi cael effaith ddofn ar eich meddwl, fodd bynnag. Sut y bu hi?'

'Yr oeddwn yn breuddwydio fy mod ynghanol parc braf rhyw wr boneddig — nis gwn i pwy, a phwy oedd yn sefyll yn ddisymwth o 'mlaen i ond Benjamin Powell, ac meddai wrthyf i, 'Daniel! mae hi'n *alright* arna i, 'y ngwas i.' 'Y mae hi,' meddwn innau wrtho yntau.' 'Ydi, mae hi, 'machgen i,' ac yr oedd yn edrych yn rhol hefyd, ond yn ieuengach nag y gwelais i o ers blynyddau, a phan oeddwn ar ei longyfarch, fe ddiflannodd o ngolwg i. Mae Ben yn *alright* weli di, ydi mae Ben yn *alright*. Yr oedd ei farn a'i fater yn dda, ac yr oeddwn i yn arfer meddwl felly amdano fo bob amser. Ond dyma fi wedi cael ei air 'ef ei hun am hynny yrŵan.' Wedi dweud hynny, fe dawodd am ennyd, a thewais innau, ond ymhen ychydig ychwanegais: 'Mae yn dda gen i eich bod yn gallu meddwl hynny am Benjamin annwyl. Dyn go *sound* yn ei farn oedd o wedi'r cwbl.'

'Ei feddwl o,' atebai yntau, 'yr wyf wedi bod yn ei feddwl o bob amser, fel y deudais i yrŵan. Ond yr wyf i yn ei wybod o yn awr, oni ddeudodd o wrtha neithiwr olaf yn y byd? Mae ei air o ei hun yn sicrwydd i mi ei fod wedi pasio'r glorian, a chyda *mending* go dda hefyd.'

Yr wyf yn credu fod Daniel wedi mynd i'w fedd yn argyhoeddedig fod Benjamin wedi ymddangos iddo y noswaith honno, a mynegi iddo ei fod wedi pasio'r glorian, ac nid oes angen i mi awgrymu am barc pa ŵr bonheddig oedd hwnnw ym mha un y cyfarfyddodd y ddau.

Yn niwedd haf, 1893, aeth fy nghyfaill a minnau am dro i Landrindod, lle na buasai yr un ohonom ynddo erioed, a disgwyliem gael treulio ychydig o ddyddiau yn hamddenol ar ein pennau ein hunain, ac heb neb i'n haflonyddu. Ond, wedi cyrraedd yno tua thri o'r gloch y prynhawn, pwy welem ond cynifer o gyfeillion o'r Wyddgrug, y rhai a daenasent eisoes y gair fod *Rhys Lewis* i ddyfod gyda'r trên hwnnw, a dyna lle yr oedd lot o bobl yn llygadrythu arnom ein dau, gan geisio dyfalu p'run oedd p'run. Hysbyswyd i ni hefyd fod yna dyrfa o bobl wedi bod yn ymgasglu yn agos i lyn bychan yno yn rhywle i wrando ar ryw ŵr ieuanc yn adrodd darnau o areithiau Thomas Bartley o *Rhys Lewis,* a gweithiau eraill yr awdur. Dywedent fod yr adroddiad yn un gorchestol, a phan eu mynegwyd fod awdur *Rhys Lewis* i ddod i Landrindod y prynhawn hwnnw, fod yna gynnwrf, nid bychan, wedi cymryd lle, a dyna y rheswm fod cynifer wedi dyfod i'w gyfarfod. Doedd dim amdani hi ond gwneud y gorau o'r gwaethaf, a deallodd fy nghyfaill na allasai yntau 'fod yn guddiedig,' a chwarae teg dioddefodd y gosb o gyhoeddusrwydd heb gymryd arno ei fod yn gwybod oddiwrtho. Cawsom wythnos braf yn Llandrindod, a mwynhau ein hunain yno yn fawr, gan fynd un diwrnod cyn belled â Threfecca i weld mangre Howell Harris, ond gan nad oedd gŵyl yr haf yn darfod hyd y dydd hwnnw, ni chyfarfyddasom ond â dau o'r myfyrwyr â'r rhai yr aethom i siarad, a darfu i minnau gyflwyno fy nghyfaill iddynt. Aethom oddi yno i Dalgarth er mwyn gweld y lle a'r garreg fedd y safai Howell Harris arni pan yn pregethu wedi dyfod allan o'r eglwys, a'r lle yr argyhoeddwyd Williams o Bantycelyn. Yr wyf yn credu fod rhyw deimladau rhyfedd yn ein meddiannu ill dau, pan yn adgofio yr oedfa ryfedd honno, ac am y canlyniadau rhyfeddach a'u dilynodd. Trymhâi a disgleiriai ein hwynebau bob yn ail pan yn treio dyfalu amdanynt, ond nid oedd gennym amser i synfyfyrio, a digwyddodd i rywun ddweud fod Proffeswr Prys adref. Nid oedd ei dŷ yn nepell, a mynnai Daniel alw yno, lle y cawsom groesaw cynnes iawn gan y Proffeswr a Mrs Prys. Canmolai y Proffeswr y disgrifiad o shafio Robert Wyn yn stori *Gwen Thomas.* Diolchai fy nghyfaill iddo am y *compliment,* gan edrych aran i, oblegid dangosasai y *proof sheet* i mi yr wythnos

flaenorol, ac yr oeddwn innau wedi dweud fod y portread wedi ei or-
wneud, yn ormod yn *style* Dickens; ac yr oeddwn yn tybio fod yno
rhyw gipolwg fuddugoliaethus yng ngornel ei lygaid pan edrychai
arnaf i, gystal â gweud, 'Dyna iti beth y mae dyn call yn ei ddweud.
Mae o'n *gwybod* beth ydi beth.' Ond yr un fath yr oeddwn i yn ei
feddwl, serch fod y Proffeswr Prys yn barnu yn wahanol. Ond daeth
wythnos Llandrindod i ben, gan adael atgofion melys dros ben ar ei
hôl.

Yr oeddym wedi cynllunio mynd yno drachefn ym 1895, ond yn
nechreu haf y flwyddyn honno, cymerwyd Daniel Owen yn sâl, ac yn
lle gwella, gwaethygodd o radd i radd, fel erbyn i'r amser ddod i ben yr
oedd ymron yn rhy sâl i ddod o'r tŷ, a gorfu i mi fynd fy hunan i gwr
arall o'r wlad. Haf rhyfedd oedd yr haf hwnnw hefyd, a'r tro olaf y
buom allan ein dau efo'n gilydd — i Ruthun, ac ar ddydd Llun y
Sulgwyn oedd hynny. Yr oedd yr adar yn canu yn fwy peroriaethus
nag y clywodd Daniel na minnau hwy yn ein dydd. Arosasom droeon
ar hyd y ffordd i wrando arnynt, ac yr oedd yn dotio wrth eu clywed.
'Mae yn anhawdd i fiwsig y nefoedd guro hwnna,' ebe fi. 'Wel, onid
miwsig y nefoedd ydi hwnna?' ebe yntau. 'Mae'n Tad Nefol wrth ei
fodd yn gwrando arnynt. Be mae nhw'n sôn am Alun Jones a'i
gonserts yn ymyl hwn, pob aderyn yn waith llaw arbennïg y Duw
Mawr Ei hun.' 'Paid tithau â sôn,' atebais innau wedyn. 'Onid yw pob
llais yng nghonsert Alun Jones yn waith llaw yr un Duw, ond bod y
dyn wedi ei ddysgu hefyd i ganu efo'i gilydd ac i bwrpas neilltuol.' 'Ie,'
meddai yntau, 'yn rhyfedd ac yn ofnadwy y'n gwnaed.' 'Ie, Daniel
bach, rhyfedd ein gwnaed yn siŵr, a beth fydd hi pan fydd y
Conductor Mawr Ei hun yn arwain y gân, a'r holl greadigaeth hefo'i
gilydd yn *joinio* yn yr anthem "Iddo Ef." ' 'Morgan, taw,' ebai yntau,
'nid oes yma onid tŷ i Dduw, a dyma borth y nefoedd.' Llawer gwaith
wedyn y bûm yn meddwl am y tro, ac yn synnu beth fydd y
greadigaeth fawr yma wedi ei pherffeithio fel y gall y Conductor
Mawr swnio y *diapason* ar unwaith. 'Yna y gwelir Ef yn ei ogoniant!'
Cyrraeddasom ben ein siwrnai dipyn wedi hanner dydd. Cymerais i
ginio ac yntau ddysgled o de, ac yna cychwynasom yn gynnar yn y
prynhawn tuag adref. Ofnais amdano ar y ffordd, waith yr oedd yr
awel wedi oeri, ac yntau yn wan, fel na chlywsem un aderyn yn canu er
clustfeinio oreu y gallwn i hynny. Dyna y tro olaf i ni fod yn Rhuthun,
ac y mae un mlynedd ar ddeg er hynny. Buom y ffordd honno lawer
tro o'r blaen, pryd y byddai Meistri. John Price, esgidiwr; William

Pierce, mab y pregethwr o Rhosesmor; ef a minnau, bedwar ohonom hefo'n gilydd, oll oddeutu yr un oed, a'r oll yn aelodau o'r un eglwys. Yn awr y maent oll wedi mynd, a minnau a adawyd yn unig. Aethant bob yn un ac un, a bydd fy lle innau yn wag ddigon. Ac yna, gobeithio 'yr ymgyfarfyddom' oll 'yn ŵr perffaith at fesur oedran cyflawnder Crist.' Gwyn fyd! a phwy a ŵyr na'n gwelir 'yn eu plith' yn nofio mewn cariad a hedd!

Ychydig mewn cymhariaeth o droeon y gwelais i ef wedi y tro hwnnw, oblegid yr oedd yn gwaethygu yn gyflym, a phan yr aeth yr oedd yn ymddangos yn myned mor fuan nes yr aeth yn flinder i mi fynd, ar yr oeddwn ofn iddo weld fy mhryder ar fy ngwyneb yr hyn a barasai iddo dorri ei galon yn gyflymach. Un o'r troeon olaf y gwelais ef ymddangosai yn fwy heini. Gofynnodd i mi a fuaswn i mor garedig â marw o'i flaen, ac atebais innau na wnaethwn, ac y carwn i fyw. 'Waith yr oeddwn eisieu ysgrifennu ryw ychydig amdano, yn ôl y cytundeb oedd rhyngom, ac nad oeddwn yn gwybod am neb fuasai yn gwneud hynny cystal ag y gwnawn i. Chwarddodd mor galonnog ag y gellid disgwyl i ddyn fel ag yr oedd ef wneud. Yr oedd yna brudd-der yn ei wên, a dymunaswn alw fy ngeiriau yn eu hôl, ond yr oedd yn rhy ddiweddar. Aeth yn llesgach o ddydd i ddydd, ac ar yr ail ar hugain o Hydref anadlodd ei anadl olaf, ac aeth ei ysbryd at Dduw yr Hwn a'i rhoes ef. Y mae gennyf hyder lled gryf ei fod yntau wedi dod allan o'r glorian, yn pwyso 'gyda *mending*,' fel y dywedai am ein cyfaill, Benjamin Powell, a'i fod hefyd wedi ei annerch â'r geiriau hynny: 'Da, was da a ffyddlon, buost ffyddlon ar ychydig, mi a'th osodaf ar lawer; dôs i mewn i lawenydd dy Arglwydd.' Canys fel yna yr anerchir pob un a wasanaetho ei genedl a'i oes i bwrpas fel yr wyf yn credu y gwnaeth Daniel Owen.

EI ALAREB ER COF AM MR BENJAMIN POWELL, WYDDGRUG

A raid i mi wrth wobr Powell gu,
I drydan cerdd dy feddrod du?
Ai nid yw adgof byw o'th wyneb glân,
A'th gyfeillgarwch byw yn wystl cân?
Na, gwn, er yn dy arch, y gwgai'th ael
Pe canwn it, er mwyn y wobr wael;
Prydydded eraill am y wobr a'r bri,
Mi ganaf innau am y carwn di.

Ai marw ydwyt? Nid marw i mi,
Mwy byw na phan yn fyw, i mi wyt ti!
Dy ymadawiad chwith â'r fuchedd hon
A fywioca'dd dy ddelw dan fy mron.

Naturiaeth yn garedig iawn a fu
Wrth lunio'th gorff a'th wyneb hawddgar cu
Dianaf a golygus oeddit oll
Yn anterth d'einioes — nid oedd dim yngholl;
Dy dywysogaidd ddull a'th wisgiad glân
Wnaeth iti le yn mynwes mawr a mân:
Dy gadarn ffurf a'th nerth enynodd fawr
Eiddigedd angeu am dy gael i lawr
Ganolddydd bywyd — tithau yn ddifraw
A syrthiais yn ysglyfaith yn ei law!

Ni ddigi, gwn, os dadgan wnaf yn hyf
Na feddit feddwl gwreiddiol, beiddgar cryf;
Nid oeddit yn athronydd cywrain chwaith,
Na bardd, nac awdwr rhyw anfarwol waith;
Nid oeddit yn areithydd mawr ei ddawn,
Na cherddor gwych, nac efengylydd llawn:
'Roedd cuddiad dwfn dy gryfder di i'w gael
Yn ngwraidd dy galon eang, haêl
Yn ngrym dy gydymdeimlad pur â'r gwan,
A'th garedigrwydd serchog ym mhob man —
Yn d'onest ddiddichellrwydd ar bob pryd,
A'th ddiariangar ddull o drin y byd.

114

Yr oeddit braidd yn nwydwyllt, y mae'n wir,
Ond byth ni ddelit ddig at neb yn hir
Os d'wedit eiriau celyd — buan iawn
Y ceisit le i edifeirwch llawn.

A oeddit uchelgeisiol? Pwy nad yw?
Ni chelit ti wendidau dynolryw;
A ymddangosit; oeddit yn ddiffael
Heb blyg na rhagrith ynot byth i'w gael.
Pe buasit yn gyfrwysach yn dy ddydd,
Ti arbedasit lawer cyfwng prudd;
Pe hunan les a fuasai nod dy fryd,
Ti gawsit fwy o glod a gwên y byd.
Nid oeddit heb dy feiau â thi 'nglyn,
Ond cariad fyn eu claddu bob yr un.

Oedd genit grefydd? Credu 'rwyf fi fod,
Er na udganit udgorn fyth i'w chlod.

Mae'th le yn wag fel gwr, fel brawd,
A gwag yw'th le ar aelwyd oer y tlawd;
Mae'th le yn wag fel athraw cywir cu,
A blaenor medrus symudiadau lu,
Mae gwagder mawr ohonot yn y dref,
Ond credaf nad oes gwagder yn y nef.

Fy hiraeth pruddaidd fel y wenol gu,
Dan fondo f'enaid iddo'i hun wnaeth dŷ,
Lle mag ei gywion fyth — sef ing a galar,
Nes caffwyf gwrdd drachefn a'm cyfaill hawddgar.

Wyddgrug   DANIEL OWEN

6. *Dickens a Daniel Owen*

J. M. ROBERTS
Y Traethodydd (1909)

Mae yn bleser gennyf longyfarch, yn galonnog, awdur yr ysgrif ar 'Y novel yng Nghymru' yn *Y Traethodydd* diweddaf. Wrth gwrs, gwahaniaethaf mewn barn oddi wrtho ar rai pwyntiau yn yr ysgrif, eto i gyd, nid yw hynny yn tynnu dim oddi wrth werth a diddordeb yr ysgrif yn fy ngolwg. Mae'n ysgrif flasus ac amserol, a mawr hyderaf y caiff y mater yr ymdrinir arno sylw a thrafodaeth bellach llenorion y genedl.

'Hyd yn hyn,' ys dywed yr awdur, 'nid yw Cymru wedi magu un nofelydd a all hawlio lle arbennig yn rheng flaenaf nofelwyr y byd; yn wir, nid yw wedi magu un a all hawlio lle yn yr ail ddosbarth.' Yn awr, wedi darllen yr uchod, ymrithiodd i'm meddwl a dyym yn peidio bod yn rhy barod fel cenedl i ymostwng i'r llwch pan yn siarad am ein teithi a'u rhagoriaethau. Mor wahanol ydym i'r Sais. *'Assert yourself,'* ydyw iaith y Sais bob amser, ac yn hyn dylai y Cymro gymryd gwers. Credaf fi, beth bynnag, y gall y Cymro yn Daniel Owen — heb fymryn o amheuaeth — hawlio lle arbennig yn ail ddosbarth nofelwyr y byd. Disgrifiodd Daniel Owen ei Oes a'i Chymeriadau fel y gwelodd ef hi. Fel gyda Dickens, ym mysg y Saeson, yr oedd yn yr oes a'r bobl a ddisgrifiai lawer at wneud y darlun yn un swynol a diddorol. Oes ydoedd pan oedd ei genedl yn mynd trwy gyfwng pwysig o chwyldroad meddyliol a chymdeithasol. Ar un llaw, yr oedd hen drefn bywyd y genedl yn dihoeni ac fel hen wreigan oedrannus yn clebran yn rwgnachlyd a bygythiol heb fawr wybod fod dydd ei thranc mor agos; tra, o'r ochr arall, yr oedd y drefn newydd — dipyn yn ffroen-uchel a balch fel meinir ysgafndroed — yn cerdded o gwmpas i wneud dim ond gwawdio. Oes o lesgedd ac oes o adfywiant yn cysgodi ei gilydd ydoedd, ac yr oedd yn amhosibl i athrylith fyw fel yr eiddo Daniel Owen gael lle gwell i ddangos beth fedrai gyflawni. Ar un llaw, yr oedd gwehilion estronaidd yr hen drefn ym mhersonau 'Ficar Brown' a 'Robin y Soldiwr,' yn gwneud ymdrech helbulus i fyw, ond yr oedd yn rhy hwyr. Yr oedd barn a chondemniad wedi eu gollwng yn rhydd. Oes ydoedd pan oedd gwawr o oleuni gobaith yn torri ar y gorwel. 'Dyma gyfle i nofelydd,' meddai Daniel Owen wrtho ei hun, a neidiodd at y cyfleusdra fel brithill at ei abwyd.

Nid oes amheuaeth ym meddwl neb nad nofelau Dickens a fu'n foddion i ddeffro Daniel Owen ac i agor ei lygaid at y ddrama gynhyrfus ond swynol oedd yn pasio o'i flaen; ond tra yn cydnabod hynny fel ffaith, nis gall neb ddweud iddo efelychu Dickens, gan fod yr olygfa a'r cymeriadau yn wahanol i'r hyn a welai Dickens. Ni fedraf fi, ychwaith, yn fy myw, ddeall neb yn dweyd ei fod wedi mabwysiadu dull Dickens yn ei nofelau. Wrth gwrs, y mae yna debygrwydd, ond yn y tebygrwydd mwyaf, yn gyffredin, y cawn y gwahaniaeth a'r amrywiaeth mwyaf hefyd. Mae'n wir fod tebygrwydd rhwng eu dull yn darlunio eu cymeriadau mewn un wedd; o'r ochr arall, y mae yna wahaniaeth mawr rhyngddynt yn ogystal.

Cyfyd y gwahaniaeth hwn, yn bennaf, o'r ffaith fod y ddau nofelydd wedi cael eu dwyn i fyny yn wahanol. 'Rwyf fi yn hollol barod i gydnabod ac i gyfaddef fod Daniel Owen yn cael ei edmygu yng Nghymru ar gyfrif cywirdeb ei ddisgrifiadau, ac na synnodd ei genedl, fel y synnodd Dickens y Saeson, mewn dangos llinellau yn y cymeriadau nad oeddynt hwy eu hunain wedi ei canfod. Cyfyd hyn, yn naturiol, o'r ffaith fod maes Dickens yn ehangach, ac fod mwy o amrywiaeth yn ei gymeriadau. Wedi'r cwbl, y mae yn fater diddorol dros ben i sylwi ar y gwahaniaeth yn ogystal â'r tebygrwydd sydd cydrhwng eu bywyd a'u gweithiau. Ganwyd y ddau ynghanol tlodi ac angen mawr. Daeth y ddau i'r golwg er gwaethaf rhwystrau aneirif. Nodweddir cynhyrchion y ddau gan dlysni, gwreiddioldeb, a nerth. Yr oedd y ddau yn feistriaid ar ysgrifennu nofelau. Cyn bod Dickens ond bachgen bychan, deuddeg oed, clwyfwyd ei galon wrth weld ei dad yn cael ei anfon i garchar am ddyled. Wedi hyn y mae Charles bach yn gwneud ei gartref gyda Bob Sawyer, yn Lant Street, yn y Borough. Yn Lant Street y gwelodd ef 'y parti gwych hwnnw' gyda Bob Sawyer, disgrifiad o'r hwn nad aiff byth yn anghof tra bydd yr iaith Saesneg wrth ei gilydd. Bu carchariad ei dad ym Marshalsea yn fantais iddo, oblegid mewn amser i ddyfod yn *Little Dorrit*, y mae y lle hwn yn ffurfio rhan bwysig yn y ddrama dlos honno. Yn ystod yr amser gweithiai Charles mewn ffatri *blacking*. Rhyw ddiwrnod, y mae

117

yn gadael y ffatri hon oherwydd i'w dad gweryla gyda un o'r meistradoedd. Dyma fel y teimlai yr adeg hon: — *'I know that I worked hard from morning to night with common boys and men, a shabby child. I know that I tried, but ineffectually, not to anticipate my money, and to make it last the week through. I know that I have longed about the streets insufficiently and unsatisfactorily fed. I know that but for the mercy of God I might easily have been, for any care that was taken of me, a little robber or a little vagabond.'*

Nid rhyfedd fel y teimlai Dickens oddi wrth y tlodi a'r cam a gafodd pan yn fachgen. Mor atgas y teimlai yn ei fynwes at yr hen ffatri yn y Strand fel na fedrai basio y lle byth ar ôl hynny heb fynd i'r ochr arall i'r heol. Rhyfedd fel y dylanwadir ar ddynion mawr gan yr ysigiad a'r chwerwder a brofasant pan yn blant. Bron na thybiem i feddwl Carlyle gael ei friwio pan yn ieuanc gan rhyw amryfusedd, ac i'r graith aros byth. Mae agwedd arw ei gymeriad yn dyfod yn amlwg yn ei eiriau byth a hefyd, fel craig wedi ei ffurfio gan dân, a chreithiau eirias yn aros ar ei hwyneb oesau'r ddaear. Ymddengys yn aml yn mynd allan o'i ffordd i ddweud pethau cas. Eto i gyd, yr oedd yna ffynhonnau cudd o dynerwch yn ei feddwl o dan yr holl ymadroddion celyd. Er garwed ei air, ac er llymed ei feddyliau, yr oedd calon dyner yn curo ym mynwes Carlyle.

Bachgen tlawd ystrydoedd Llundain oedd Dickens, a dyna gymeriadau ei nofelau. Bachgen tlawd bywyd enciliedig mynyddoedd Cymru oedd Daniel Owen, a'r cymeriadau hynny a ddisgrifiodd yn ei nofelau. Collodd ei dad pan yn ieuanc, a disgynnodd ei ofal ef a'r teulu ar ysgwydd y fam. Nid oes angen dweud iddi wneud ei gwaith yn ardderchog, oblegid y mae ef ei hun wedi tynnu ei darlun, ac fe erys hwnnw ar oriel hanes Cymru tra bydd y Wyddfa ar ei gwadnau. Brodor o Ddolgellau oedd ei dad; ond yn Llanfair, ger Rhuthun, y ganwyd ac y magwyd ei fam. Yr oedd Thomas Edwards, tad ei fam, yn rhyw berthynas i Twm o'r Nant, ac yr oeddynt yn gyfeillgar iawn. Un o'r pethau cyntaf i ddeffroi meddwl Daniel Owen yn blentyn oedd gwaith ei fam yn adrodd fel y byddai ei daid a Thwm o'r Nant yn cystadlu prydyddu yn ddifyfyr pan ddelai y blaenaf i ymweld â'r teulu yn Llanfair. Pan yn lodes fach byddai mam Daniel Owen yn adrodd anterliwtiau Twm o'r Nant mewn ysguboriau ar hyd a lled y wlad. Hyd yn oed wedi iddi gyrraedd i'r oedran mawr o bedwar ugain byddai gan ei fam linell o waith Twm o'r Nant i setlo pob peth. Dychanwr yn ymddangos yn ei bryd oedd Twm o'r Nant pan oedd hen drefn bywyd ei genedl yn dihoeni, a threfn newydd yn dechrau ymddangos i gymryd ei lle. Digrif-chwareuai Twm, ond yr oedd gwae marwolion o dan ei eiriau. Chwarddai am ben coeg-honiadau yr hen, a chwarddai, hefyd, am ben y newydd yn dysgu cerdded. Ar adegau byddai dipyn yn aflednais, dyna oedd nod cyffredin a melldith yr oes yr oedd yn byw ynddi. Tarawai Twm ergydion llymion, ond byddai bob amser yn barod i amddiffyn cam, ac i gynorthwyo'r eiddil. Dyma gyfle y goganwr, a gwnaeth Twm ei waith yn benigamp. Ymffrost fawr arall mam Daniel Owen oedd iddi gael yr hyfrydwch pan yn ddeuddeg oed o adrodd pennod i Charles o'r Bala, a chyfrifai hynny yn gymaint o fraint a phe buasai wedi ymddangos o flaen y brenin. Dynes a phlwc ynddi i ymladd yn erbyn tlodi ydoedd. Un tro, cerddodd o Res-y-cae i'r Wyddgrug a Daniel bach yn blentyn ar ei braich. Wedi cyrhaedd Yr Wyddgrug, cynorthwyodd ei rhieni i gorddi. Yna cerddodd i Gaerlleon a'r plentyn ar ei breichiau. Dychwelodd yn ôl o Gaer yr un diwrnod, gan gario y plentyn trwy y gwres a'r lludded. Dyna orchest i ferch, cerdded pedair milldir a deugain, a phlentyn ar ei braich!

Wedi gadael yr hen Ffatri yn y Strand, cafodd Dickens le fel clerc yn swyddfa twrnai yn y Gray's Inn, ac er mwyn cael bod yn ohebydd newyddiadurol yn Nhŷ'r Cyffredin fel ei dad, meistrolodd law fer a llwyddodd yn ei amcan. Fel rheol, y mae swyddfa twrnai yn lle bydol ac amheus i astudio cymeriadau a dynolryw. Lle ydyw i fagu amheuaeth am onestrwydd pobl; a dyna y rheswm, efallai, fod yn anhawdd pigo allan yr un bonheddwr rhadlon a chywir ei galon yng nghymeriadau Dickens, a methiant truenus, hefyd, ydyw ei ddisgrifiad o gymeriad crefyddol. Mae pob un yr amcanodd eu disgrifio yn llawn o ragrith ac yn ddynion heb ddynoliaeth, heb sôn am grefydd bur yn rheoli eu bywyd. Mewn llythyr o'i eiddo at gyfaill, cwyna Ruskin yn groch yn erbyn Dickens oherwydd ei fod wedi ymostwng i fod yn arweinydd bondigrybwyll y 'Steam-whistle Party' yn Lloegr. 'Dickens,' meddai 'had no understanding of any power of antiquity, except a sort of jackdaw sentiments for cathedral towns. He knew nothing of the nobler power of superstition – was essentially a stage-manager, and used everything for effect on the pit.'

Wedi iddo dyfu yn fachgen prentisiwyd Daniel Owen yn deiliwr gyda John Angel Jones, ac i'w baratoi ar gyfer y gwaith oedd o'i flaen fel nofelydd, anhawdd fuasai iddo gael gwell ysgol yn unman. Anghyfiawnder cymdeithasol, athrylith farddonol, teilyngdod llenyddol, cerddoriaeth — byth a hefyd y torrai y gweithdy allan yn un cytgan o felodedd gwirioneddol — gwleidyddiaeth, a hefyd diwinyddiaeth — byddai ymwneud llawn o ynni â hwynt oll. Swyn y cwbl, cawsai pawb siarad fel ef ei hun yn boeth o'i galon heb ddim arbed ar hyn a fernid yn afresymol, 'na dim triniaeth y menyg *kid*', chwedl Daniel Owen ei hunan. Lle gwych i astudio cymeriadau. Yma rhoddid min ac awch ar ei 'sylw' a'i graffder, ac wrth rodio llwybrau glannau'r Alun yn yr hwyr, byddai ochr fyfyrgar ei feddwl yn cymryd y defnyddiau o law ei sylw ac yn llunio storïau ohonynt. Darllennid yr hen *Amserau*, a mawr oedd y diddordeb a gymerid yn *Llythyrau yr Hen Ffarmwr*, a'r ddadl fawr rhwng *Meddyliwr* a *Phreswylydd Bryniau Cribog Cymru*. Nid oedd eisieu i Daniel Owen chwilio am *plots*. Yn yr ysgol hon dysgwyd ef gan natur i wybod prif ddirgelwch nofel dda — cael *cymeriad byw* — ac yna y mae *plot* yn dilyn yn naturiol.

Am ddisgrifio yr ochr oreu a mwyaf ysbrydol dynoliaeth fe gurodd y Cymro yn Daniel Owen y Sais yn lân. Pan yr elai Dickens i ddarlunio Nadolig, 'welai ef ddim mwy na bir, biff, a *mistletoe*, ond gweld yr engyl yn esgyn ac yn disgyn mewn prysurdeb, clywed meibion Duw yn gorfoleddu, a sŵn carolau y ddaear, a syllu ar sêr newydd yn ymddangos a wnâi Daniel Owen. Bydd 'Mari Lewis' yn gymeriad a fydd yn parhau tra bydd gair wrth air yn yr iaith Gymraeg. Pwy yn y byd dynnodd well darlun o ddiniweidrwydd syml ond gonest na'r un a geir yn Thomas Bartley? Wrth gwrs, cydnabyddaf fod Dickens wedi treiddio yn ddyfnach i gymeriad dyn. Yr oedd wedi ennill profiad ehangach na Daniel Owen. Yr oedd ei swydd fel gohebydd newyddiadurol yn Nhŷ'r Cyffredin yn estyn iddo lawer mwy o fanteision nag a feddai y Cymro. Rhaid dweud hefyd fod Dickens yn feistr ar y gelf o lunio stori, ac wedi deall cyfrinion y gwaith, ac yn wahanol i Daniel Owen, wedi deall pa sut i ddangos ei gymeriadau mewn *dialogue* yn lle eu disgrifio ei hun. Gwyddai Dickens fod *dialogue* yn un o'r dulliau goreu i ennyn sylw a serch y darllenydd heb godi ei amheuon. Ym mysg nofelwyr diweddar ni chododd neb yn uwch na George Meredith fel meistr ar y gwaith hwn. Mae 'Sandra Belloni' yn feistrolgar ar gyfrif ei rhagoriaeth yn hyn. A chlywais Barry Pain yn dweyd mai y chweched bennod yn y nofel ddiddorol uchod yw y darn gorau o *dialogue* sydd yn holl nofelau y Saeson. Yn y bennod hon y mae Sandra yn dweud ei stori ei hunan. Cedwir dwy beroriaeth i chwarae ar y glust. Cyfleir gwybodaeth i'r darllenydd, ac yn yr ymddiddan y mae un yn cael mantais i wybod pa fath berson oedd Sandra ei hunan. Buasai awdur cyffredin yn difetha y darlun trwy ostwng yr ymddiddan i lefel ei feddwl ei hunan, ond ymgeidw Meredith yn glir oddi wrth hynny. O'r tu arall, buasai nofelydd mwy *advanced* yn difetha yr ymddiddan trwy wneud hynny yn brif beth yn y stori, ond ceidw Meredith oddi wrth syrthio i'r brofedigaeth hon yn ogystal. Mae nofelwyr diweddar wedi codi y gelf o ysgrifennu *dialogue* i uwch tir na'r hyn ydoedd yn amser Dickens.

Mae ysgrifennu *dialogue* yn un o orchestion anhawddaf y nofelydd, ac y mae yn ddigon hawdd gweld y rheswm am hynn. Mewn *dialogue* rhaid i'r nofelydd drawsnewid yr ymddiddan, ac nid dodi i lawr bob peth a ddywed ei gymeriad. Y mae yn fwy o gelf i fantoli na dim arall, a rhaid astudio yr ymddiddan cyn ei roddi yng ngenau y cymeriad. Barna llawer fod *dialogue* gelfgar yr un peth ag ymddiddanion cyffredin, ond y mae hyn yn gamgymeriad mawr. Mae ymddiddan cyffredin yr aelwyd a'r heol yn cael eu dwyn ymlaen, tra mae clust a gallu greddfol y gwrandawr i feirniadu i raddau mwy neu lai yn cymeryd sbel; ond yn yr ymddiddan ysgrifenedig mae llygaid effro y beirniad yn llawn agored, ac os gwna y nofelydd lithro i unrhyw gamgymeriad, fe ffeindia y darllenydd ef allan yn y munud. Beth bynnag a ddywedwn ni yn awr am *dialogue* Daniel Owen, y mae yn hynod esmwyth ac atyniadol. Yr oedd ganddo allu i daflu rhyw *humour* ac arabedd y tu hwnt i'r hyn a ddywedai ei gymeriadau — ac yn fwy na dim — yr oedd ei gymeriadau *yn rhai byw,* ac yr oedd anadl bywyd yn yr hyn a ddywedant. Dyn byw sydd yn siarad yn naturiol. *Bywyd* eu cymeriadau sydd yn gwneud ei ddull ef a dull Dickens mor debyg i'w gilydd. Nis gallwn feddwl amdanynt yn gwneud dim nac yn dweud dim ond fel y maent hwy yn eu portradu.

Mor wahanol yw cymeriadau Dickens a Daniel Owen i gymeriadau nofelau yn y dyddiau hyn. Wrth ddarllen ambell i nofel wedi ei hysgrifennu, hyd yn oed gan nofelydd proffesedig, tarewir fi yn aml gan ffugedd a gwagter y cymeriadau. *Love, money,* a *mystery* ydyw holl diriogaethau y nofelydd penchwiban yn y dyddiau hyn. Disgrifia ei bobl yn eistedd i lawr ac yn ysgrifennu banc-archebau wrth y filltir. Gallwn gyfeirio at gannoedd o enghreifftiau i ddangos yr ysgariad a fodola rhwng pobl y nofelau hyn â phobl bywyd ymarferol, ond credwn nad oes angen hynny. Yr enghraifft fwyaf diddorol i mi yw yr un yr amcana y nofelydd bortreadu ynddi ddyn llwyddiannus. Nid yw o bwys pwy yw yr awdur, na faint ei wybodaeth am y byd a dynoliaeth. Pan y dechreua ddisgrifio y dyn hwn fe dry yn niwl arno yn y foment.

Darlunir ef fel miliwnydd mewn amrantiad, yn berffaith mewn pob gwybodaeth a gwrhydri, yn orchestiog ac ysgubol mewn ennill calon y merched. Mor wag a ffugiol y gwisgir ef fel na all neb ddychmygu am fodyn fel hyn yn byw ar y blaned hon nac yn dioddef oddi wrth anhwylderau sydd yn blino dynolryw. Nid yw y dyn yma byth yn methu, ac os try allan yn rhywbeth gwahanol i ystorfa o bob rhinweddau a grasusau anhebyg, fe dry ar unwaith fel 'cwpan yn y dŵr.' Efallai mai eilliwr neu deiliwr yw'r dyn — taw bwys am hynny — disgrifir ef yn berchen ar bob teithi a rhinweddau annhebyg nad oes ynddynt fwy o gysylltiad mewn gwneud i fyny ddyn llwyddiannus nag sydd rhwng ysgadenyn coch a hosanau cochddu y ddafad, neu rhwng y frân ddu ag elor gerbyd. Yn nofelau y dyddiau hyn y mae dyn llwyddiannus yn *type,* ond yn nofelau Dickens a Daniel Owen y mae yn unrhyw ddyn. Nid oes anadl yn ei ffroenau, ac felly ni all dyn siarad. Sylwer eto ar Sherlock Holmes y dyddiau hyn. Disgrifir ei gampau fel rhai gwyrthiol yn eu gallu, ac yn ofnadwy fel yr eryr mewn treiddio at eu celanedd. Maent yn benigamp yn y gelfyddyd i uno dolen wrth ddolen, ac nid ydynt byth yn methu tirio eu haderyn a dal eu hysglyfaeth.

Credaf finnau, fel y dywed Mr Hughes Williams, na fu gwlad gyfoethocach yn ei defnyddiau at wasanaeth nofelydd na Chymru. Mae hanes Cymru yn llawn o syniadau cyffrous, o eithaf i eithaf, ac fe dery hynny i'r dim i'r nofelydd da. Beth a feddylir am Gymru yn y Canol Oesau fel maes i'r nofelydd penigamp — gwlad yn cael ei llyncu i fyny gan dlysni ffurfiau a defodau Rhufain, ac yn troi allan yn un o gefnogwyr mwyaf ffyddlon y Babaeth? Yr un mor ddiddorol yw y darlun a gawn gan Daniel Owen yn *Rhys Lewis* o Gymru yn symud i'r eithafion gwrthgyferbyniol — i garu ymdrech meddwl noeth a digyfrwng â Duw ei Hun — yn lle drwy ffurfiau a defodau, ac ymgysegriad ffyddlon yn lle ufudd-dod i ddeddfau caeth. A ble yn y byd y ceir amgenach maes eto na'r un nesaf — o Gymru wedi deffro i'w gwaelodion — yn werin bonedd — ac o ganol unigedd mynyddig yn llamu, fel ewig ysgafndroed, ac yn sychedu yn ei chalon am gwmnïaeth yr egnïon cymdeithasol uchaf a choethaf? Denfyn ei meibion a'i merched i glyw dysgeidiaeth y Cyfandir, ac y mae gwersi masnach a rhyddid y Sais yn mynd yn ddolen gref yn ei bywyd, ac i'r graddau y mae'r gymdeithas hon yn tyfu, y mae yn dwyn allan ei chenhadaeth a'i nerthoedd goreu hithau, ac y mae y ddawn sydd iddi trwy gyflymder ei dychymyg a phrydferthwch ei meddwl yn dyfod yn ffaith bwysig yn hanes llên a meddwl yr Ymerodraeth.

7. Y Nofel Yng Nghymru

R. HUGHES WILLIAMS
Y Traethodydd, (1909)

Wrth daflu golwg dros lenyddiaeth Cymru yn ystod yr hanner can mlynedd diweddaf synnir un wrth ganfod gyn lleied o sylw a roddir i'r nofel a'r stori fer. Hyd yn hyn nid yw Cymru wedi magu un nofelydd a all hawlio lle yn rheng flaenaf nofelwyr y byd; yn wir, nid yw wedi magu un a all hawlio lle yn yr ail ddosbarth. Y nofelydd Cymreig goreu, yn ddiau, oedd Daniel Owen. Dangosodd ef fod ganddo allu arbennig i ddisgrifio cymeriadau, ond ni thrafferthodd ddysgu sut i lunio nofel yn briodol. Nid oes ôl llaw y nofelydd cyfarwydd ar hyd yn oed ei nofelau gorau, a dengys ei waith na roes erioed fawr o sylw i gelf stori. Disgrifiodd fywyd gwledig yn syml a dirodres. Rhoes i werin Cymru ddarlun cywir ohonynt eu hunain, mor gywir fel nas gallent fethu adwaen eu hunain ynddo. Ef oedd y nofelydd Cymreig cyntaf i wneud hyn, ac yn naturiol yr oedd newydd-deb ei waith yn rhwym o dynnu sylw, yn enwedig ym mysg Cymry uniaith nad oeddynt yn gwybod am Charles Dickens. Nid oes amheuaeth mai nofelau y gŵr enwog hwn a fu'n fodd i ddeffro athrylith Daniel Owen. Nis gellir dweud iddo efelychu Dickens, gan ei fod yn disgrifio dosbarth gwahanol o bersonau; ond, yn sicr, Dickens a ddangosodd iddo sut i wneud ei waith. Dull Dickens o ddisgrifio sydd ganddo yn ei holl nofelau; ond ni chyrhaeddodd y perffeithrwydd a gyrhaeddodd y nofelydd Seisnig. Edmygid ei ddarluniau ar gyfrif eu cywirdeb, ond ni synnodd ei genedl fel y synnodd Charles Dickens y Saeson trwy ddangos llinellau yn eu cymeriadau nad oeddynt hwy cynt yn ymwybodol ohonynt. Y mae y ddau nofelydd wedi eu cyffelybu i'w gilydd droeon gan feirniaid Cymreig, ond rhaid dweud na fu Daniel Owen erioed yn yr un dosbarth â Charles Dickens. Fel y crybwyllwyd yr oedd y ddau yn llafurio mewn meysydd tebyg, ond fel nofelydd saif y Sais yn uwch o lawer na'r Cymro. Nid yn unig yr oedd cylch ei sylwadaeth yn ehangach, ond treiddiodd yn ddyfnach i gymeriad dyn. Yr oedd Charles Dickens hefyd yn feistr ar lunio stori. Gwyddai werth *dialogue,* ac yn groes i Daniel Owen gadawai i'w gymeriadau ddangos pa fath bersonau oeddynt trwy eu gweithredoedd a'u siarad yn lle eu disgrifio ei hun.

Y mae'n debyg mae rhagfarn ei genedl at y nofel a fu'n rhwystr i Daniel Owen berffeithio ei hun fel nofelydd. Gwyddai nad oedd croeso i chwedleuwr yng Nghymru, ac ysgrifennodd ei nofelau mor debyg ag y gallai i hanes. Bu'n ofalus hyd yn oed yn newisiad teitlau ei lyfrau. Myn rhai mai efelychu Dickens yr oedd wrth roi ei brif gymeriadau yn deitlau i'w lyfrau, ond tebycach yw mai ymgais oedd hyn drachefn i wneud ei lyfrau mor annhebig i nofelau ag oedd yn bosibl er cyfarfod y rhagfarnllyd. Ni allai y culaf ei farn estyn bys at lyfr yn dwyn y fath deitl â *Hunangofiant Rhys Lewis, gweinidog Bethel.* A darllenner ei ragarweiniad i Rhys Lewis i weld belled yr aeth i gyfarfod rhagfarn. 'Yn wir,' meddai, mewn un lle, 'tadogid yr ychydig erthyglau a ysgrifennodd efe (Rhys Lewis) i'r TRAETHODYDD i'r Dr ——; a darllennid hwy gyda blas. Yr oedd hyn yn y cyfnod pan na chyhoeddid enwau yr awduron gan y chwarterolyn gwerthfawr hwnnw.' Ond er ei holl ofal cafodd Daniel Owen ei drin yn chwerw gan rai a fynnent ei fod yn defnyddio ei dalent i wasanaethu rhywun heblaw ei Grëwr. Y mae y culni hwn yn bod heddiw. Edrychir ar y nofelydd gan rai personau fel lluniwr celwyddau, ac ni chymerai y rhai hyn fyd am ddarllen nofel rhag cael ohonynt eu llygru. Ac nid yw hyn yn rhyfedd o gwbl pan gofir amled y condemnir nofelau — chwaethus a dichwaeth yn ddiwahaniaeth — gan bersonau dylanwadol. Yn wyneb hyn nid yw'n syndod fod y nofel yn cael lle mor ddinod yn llenyddiaeth Cymru. Pan deimla bachgen awydd ysgrifennu, try ei feddwl ar unwaith at farddoniaeth. Gŵyr na wêl neb fai arno am ddweud stori ar ddull cân, a dywed hi gan ennill gwên y moesolwyr yn lle eu gwg. Ac onid straeon ar ddull caneuon yw rhan fawr o farddoniaeth Cymru? Onid oes lawer o'n beirdd a fuasent yn gwneud nofelwyr rhagorol pe ymryddhaent oddi wrth fesur ac odl? Y mae yng Nghymru heddiw ddynion a all ysgrifennu nofelau penigamp pe dymunent; ond gwell ganddynt dreulio eu hoes i gyfansoddi 'barddoniaeth' ail-raddol, rhigymau rhyddiaethol nad oes belydryn o farddoniaeth mewn llathen ohonynt.

Ond na thybier mai gwaith hawdd yw ysgrifennu nofel hyd yn oed i un yn meddu ar allu nofelydd. Y mae amryw o nofelau Cymreig wedi eu hysgrifennu yn ystod yr ugain mlynedd diweddaf; ond nid yw y rhan fwyaf ohonynt ond disgrifiadau amerffaith o blwyf neu bentref, a nifer o ddigwyddiadau wedi eu rhoi wrth eu gilydd yn y modd mwyaf carbwl. Dengys rhai ohonynt gryn dalent, mwy o dalent o lawer nag a geir yn y nofel Seisnig gyffredin. Ond nid yw'r Cymro agos cystal â'r Sais am lunio stori. Y mae ei ddychymyg yn fwy nwyfus, ond nis gŵyr sut i'w wisgo yn briodol. Wrth gwrs, nid yw pob nofelydd Cymreig yn ddiffygiol yn hyn. Dangosodd Llew Llwyfo, er enghraifft, yn *Llewelyn Parri*, fod ganddo syniad rhagorol am lunio stori. Fel nofel y mae *Llewlyn Parri*, er byred yw, yn hawlio lle uchel. Nid yw mor lafurfawr â *Rhys Lewis*, ond mae yn llawer mwy diddorol, ac wedi dechreu ei darllen nis gellir ei rhoi o'r neilldu heb ei gorffen. Ofer fyddai ceisio cymharu Llew Llwyfo â Daniel Owen fel nofelwyr. Yr oedd y ddau yn perthyn i ysgol wahanol. Portreadu cymeriadau a wnâi Daniel Owen, ond disgrifio eu gweithredoedd wnâi Llew Llwyfo. Yr oedd yr olaf yn meddu ar allu dramodydd i raddau helaeth iawn, a gresyn na roes fwy o'i amser i'r nofel a'r ddrama.

Ym mhlith nofelwyr Cymru heddiw saif pump ar eu pennau eu hunain, sef T. Gwynn-Jones, Gwyneth Vaughan, W. Llewelyn Williams, Elwyn Thomas, ac Elis o'r Nant. Pan gyhoeddodd T. Gwynn-Jones ei nofel ragorol *Gwedi Brad a Gofid*, tybiai rhai beirniaid mai y ganmoliaeth uchaf a ellid ei roi iddi oedd ei chyffelybu i nofelau Daniel Owen. Anhawdd yw gwybod pa reswm oedd ganddynt dros hyn, oblegid nid oes debygrwydd o gwbl yng ngwaith y ddau. Anhegwch mawr â Gwynn Jones oedd awgrymu ei fod wedi dilyn Daniel Owen ac yntau wedi tori tir newydd hollol. Y mae *Gwedi Brad a Gofid* yn gryfach nofel na'r un a ysgrifenodd Daniel Owen, a'i saernïaeth yn well; ond, rhywfodd, y mae cymeriadau Daniel Owen yn apelio atom yn fwy. Am Gwyneth Vaughan, anhawdd yw dweud ym mheth y rhagora hi. Y mae ganddi wybodaeth drwyadl o fywyd gweledig Cymru, ac ysgrifenna ei nofelau mewn arddull ragorol, arddull nad yw'n perthyn i neb arall. Ysgrifennu stori yn syml ar lafar gwlad a wna W. Llewelyn Williams, neu fel y dywed ef ei hun, 'ysgrifennu fel y dysgwyd i mi siarad, heb athraw na thywysydd ond fy llygad a'm clust a'm cof.' Gall dynnu dagrau a chodi gwên, ac er symled yr ymddengys ei chwedlau y maent wedi eu saernïo yn gelfydd. Mewn undeb â'r diweddar Watcyn Wyn yr ysgrifennodd Elwyn Thomas ei nofelau goreu. Ysgrifenna'n naturiol, ac mae rhyw swyn yn ei symlder. Ei brif fai yw adrodd a disgrifio gormod yn lle gadael i'w gymeriadau ddweud eu hanes eu hunain. Y mae y bai yma yn amlwg yn *Nansi, merch y Pregethwr Dall*, ond er hyn oll nis gellir ei rhoi o'r neilldu heb ei darllen i'r diwedd. Nofelydd hanes yw Elis o'r Nant. Medda ar allu arbennig i ddarlunio Cymry y canoloesoedd, ond ychydig o sylw a rydd i gelf stori fel y mae ei weithiau yn debycach i hanes rhamantus nag i nofelau. Nid yw yr un o'r nofelwyr hyn wedi cyrhaedd yr enwogrwydd a gyrhaeddodd Daniel Owen. Y mae hyn i'w briodoli i raddau i'r ffaith mai ef oedd y nofelydd Cymreig cyntaf i dynnu sylw ei genedl. At hyn gellir dweyd na ddaeth ar ei ôl un nofelydd yn gallu portreadu cymeriadau mor gywir ag efe. Yr oedd ei gymeriadau yn hollol Gymreig, mewn gair nis gallent, ac eithrio un neu ddau, fod yn perthyn i'r un genedl ond y Cymry. Gwyddai Daniel Owen hefyd sut i wneud defnydd o bethau bychain bywyd i wneud ei ddarlun yn gyflawn, ac yr oedd ganddo allu arbennig i chwarae â theimladau ei ddarllenwyr. Yr hyn nid oes yr un nofelydd Cymreig a ddeil gymhariaeth âg ef, er fod amryw yn rhagori arno am saernïo stori.

Nid oes amheuaeth nad oes yn y Cymro gyfaddasder arbennig i wneud nofelydd. Fel y dywedwyd eisoes y mae ei ddychymyg (fel eiddo y Ffrancwr) yn nwyfus iawn, ond yn wahanol i'r Ffrancwr nid yw yn gwybod sut i ddefnyddio ei allu gan belled ag y mae y chwedl yn mynd. Fel nofelydd y mae y Ffrancwr yn ddiguro. Gall lunio stori yn well na hyd yn oed y Sais, a rhydd fywyd ym mhob brawddeg ohoni, yr hyn nas gall y Sais ei wneuthur. Y mae'n debyg na fagodd yr un wlad erioed gystal nofelwyr â Ffrainc, neu, a dweud y lleiaf, gynifer o nofelwyr a hawliant le yn rheng flaenaf nofelwyr y byd — Diderot, Victor Hugo, y ddau Dumas, Balzac, Stendhal, Flaubert, Daudet, Eugene Sue, a Zola. Da fyddai i'r nofelydd Cymreig astudio arddull y rhai hyn. Nid yw natur a nodweddion y Ffrancwr yn anhebyg iawn i eiddo y Cymro, ac mae cymeriadau rhai o'r nofelwyr Ffrengig yn peri i un feddwl am bersonau yr ydys yn byw yn eu plith. Cymerer er enghraifft yr eneth yn stori Francois Coppie, *Marw Nona*. Ar lan y môr yn Llydaw, lle yr oedd Nona yn byw, credid na chai'r enaid orffwys os na chleddid y corff mewn tir cysegredig. Un diwrnod aeth Nona i bysgota gyda merched eraill, ac amgylchynwyd hi gan y môr, 'A chawsom hi,' ebe ei thaid, 'ynghanol y gwymon ar y graig lle yr oedd wedi eistedd i farw. Do, rhwymodd ei gwisg islaw ei gliniau â'i chadach gwddf, bured ei meddwl oedd; a phlethodd ei gwallt yn y gwymon rhag i'r môr ei dwyn ymaith.' Y mae rhywbeth Cymreig yng nghred Nona mewn ofergoeledd gwlad, rhywbeth yr ydym yn ymwybodol ohono yn ein bywyd ein hunain. Yn awr gan fod natur a nodweddion y Ffrancwr rywbeth yn debyg i natur a nodweddion y Cymro onid gwell fyddai i nofelwyr Cymreig ddysgu ysgrifennu oddi wrtho ef na dilyn y Sais? Y mae arddull y Sais yn rhy lipa i ddisgrifio bywyd Cymreig, yn enwedig arddull y nofelwyr sydd yn cael lle amlwg ym mhrif gylchgronau Lloegr heddiw. Darllenned y nofelydd ieuanc weithiau yr awduron Ffrengig sydd yn disgrifio bywyd Llydaw a gwêl sut i wisgo a dangos y cymeriad Cymreig yn dlws ac effeithiol.

Y mae yng Nghymru ddefnydd nofelwyr da. O dro i dro ymddengys straeon rhagorol o ran eu defnydd yn ein cylchgronau; straeon yn dangos athrylith, ond a ddifethir gan nad yw eu hysgrifennwyr yn deall pa fodd i'w hysgrifennu yn briodol. Bum fy hun yn darllen straeon Cymreig doniol a wnaent i mi chwerthin yn fwy calonnog o lawer nag a wnawn wrth ddarllen chwedlau W. W. Jacobs, Jerome K. Jerome, a Mark Twain, ond nid oeddynt wedi eu saernïo yn agos mor gelfydd â straeon y gwŷr enwog hyn. Nid yw y nofelydd Cymreig cyffredin yn gwybod gwerth ei ddefnyddiau. Pe bai W. W. Jacobs yn deall Cymraeg, gallai ysgrifennu dwsin o straeon ar ôl darllen ambell i stori fer am hen gymeriad Cymreig, a gallai Jerome K. Jerome wneud nofel ohoni. Nid yw y Cymro eto wedi dysgu sut i roi geiriau yng ngenau ei gymeriadau. Dwêd stori ei hun, yn lle gadael i'w gymeriadau siarad, ac mewn canlyniad bydd ei stori yn debycach i draethawd na dim arall.

Y mae yng Nghymru faes eang iawn i'r nofelydd, maes nad yw eto wedi ei gyffwrdd o gwbl. Ni fu gwlad erioed yn gyfoethocach ei defnyddiau. I nofelydd hanes pa faes godidocach na hanes ymdrech Llewelyn, neu hanes gwrhydri Owen Glyndwr? Pe gallai rhai o gestyll Cymru siarad ceid nofelau hanes na ysgrifennwyd eu gwell mewn unrhyw iaith. I ysgrifennwyr rhamant drachefn ceir cyflawnder o ddraddodiadau a hanesion na fu eu rhyfeddach mewn unrhyw wlad. I nodi un, pa destun rhamant gwell na hanes bywyd Margred ach Ifan, brenhines y Wyddfa, a oedd yn enwog am godymu, am bedoli meirch, am wneud telynau a'u chwarae, a chyflawni gorchestion eraill diderfyn. I un yn hoff o ddisgrifio bywyd heddiw y mae Cymru yn faes ardderchog, a cheir ynddi rai o'r cymeriadau goreu ym mhob ystyr. Y mae'n wir nad oes gynifer o gymeriadau gwreiddiol i'w cael yn awr ag oedd ugain mlynedd yn ôl, ond ceir digon o ddagrau a gwenau ym mywyd gwledig Cymru hyd yn oed heddiw. Ni raid i un ond mynd i'r seiat neu'r cyfarfod gweddi yn y wlad i weld brydferthed yw y cymeriad Cymreig. Y mae rhyw swyn rhyfedd, rhyw dynerwch a symledd na ellir ei ddisgrifio yng nghymeriad ambell i hen Gristion Cymreig gwledig fel y ledia ei hoff emyn, neu y gweddïa yr un weddi y naill wythnos ar ôl y llall. Nid yw wedi ei ddisgrifio yn briodol eto, ond ni adewir iddo fynd yn anghof. Ni ddisgrifiodd J. M. Barrie na Ian Maclaren erioed gymeriad tlysach nag ef. Y mae'n dynerach na'u cymeriadau hwy, ac yn barotach i wenu. Ni ellir byth ei ddarlunio i'r Saeson, oblegid y mae ef a'i iaith yn anwahanadwy, a phe gellid tynnu darlun ohono, digon tebyg na ddeallent hwy ef. Dieithr ydyw iddynt hwy, a gwell iddo barhau felly na cheisio ei ddisgrifio trwy daflu ambell i air Gymraeg i ganol brawddegau Saesneg i fod yn gyff gwawd a chwerthin i Saeson anwybodus.

Os teimla y nofelydd ieuanc awydd ysgrifennu nofelau Saesneg, cyfynged ei hun i draddodiad a hanes. Y mae Seumas Mac Manus wedi dwyn traddodiadau Iwerddon i sylw'r byd trwy ei straeon. Bu y Saeson yn hwyrfrydig iawn i gydnabod ei athrylith ef; yn wir, bu raid iddo fynd i'r Amerig i gael ei werthfawrogi. Y mae yng Nghymru gystal traddodiadau ag sydd yn Iwerddon, os nad gwell, a gresyn fyddai i'r Sais weld eu gwerth, a'u defnyddio o'n blaen. Y mae aml ymgais wedi ei gwneud gan Saeson i roi hanes Cymru yn eu nofelau, ond nid yn llwyddiannus iawn. Ni allant hwy edrych ar hanes Cymru o'r safbwynt priodol; nid ydynt yn deall ymdrechion ein tadau am eu hannibyniaeth, ac felly ni allant eu gwerthfawrogi. Y Cymro a all ysgrifennu am hanes Cymru yn gywir ac argyhoeddiadol, ac nid y Sais, yr hwn a fyn nad oedd ymdrechion ein tadau yn ddim amgen na gwrthryfel, a'u gweithredoedd ond herwriaeth.

Y gŵr sydd wedi ysgrifennu oreu am Gymru yn Saesneg, yn ddiau, yw Theodore Watts-Dunton awdwr *Aylwin*. Y mae ei arddull farddonol ef yn un addas iawn i ddisgrifio bywyd Cymreig — bywyd syml y mynydd. Canfu Watts-Dunton ogoniant unigedd a gwylltineb mynyddoedd Arfon, ac aeth eu rhamant i'w enaid; a phe chwiliasau y byd ni allasai gael gwell cartref i'w brif gymeriadau nag a gafodd ar eu llethrau hwy. Yn ei barddoniaeth, ei chelf, ac angerddoldeb ei theimlad y mae *Aylwin* yn gampwaith. Y mae yn debycach i waith Ffrancwr nag i eiddo Sais; yn wir, ni ellir ei chyffelybu i un nofel ond *Manon Lescaut* gan Abbé Prevost.

Gŵr arall a ysgrifennodd yn dda yn y Saesneg am fywyd Cymreig oedd William Edwards-Tirebuck, ond prin iawn y gwerthfawrogwyd ei waith ef. Yr oedd yn deall y cymeriad Cymreig yn drwyadl, ac yn meddu ar allu arbennig i'w bortreadu. Byr a melus yw y chwedlau a ysgrifennodd ef, ond er byrred ydynt y mae mwy o ysbryd Cymreig ynddynt nag sydd yn y cyfrolau a ysgrifennwyd gan rai nofelwyr eraill; yn wir, ei ffyddlondeb i'w gymeriadau fu'n rhwystr iddo ennill sylw y Saeson, y rhai na fynant stori na nofel os na fyddant, un ai yn eu harddull neu eu cymeriadau, yn dwyn eu delw hwy.

129

8. Beirniadaeth

O. M. EDWARDS
Cymru, xlv (1913)

Y mae dau waith y dylid eu dysgu'n dda yng Nghymru, sef sut i ganmol a sut i feirniadu. Y mae rhai'n canmol wrth natur, a'u hanian at guddio beiau; y mae rhai yn beirniadu wrth natur, a'u greddf yn darganfod brychau. Y mae'r byd, yn enwedig y byd llenyddol, wedi ei rannu'n ganmolwyr ac yn feirniaid; y naill yn gweled gogoniant a thlysni ac yn dychmygu mwy, a'r lleill a'u llygaid beunydd ar safon nas gall ymdrech bardd neu lenor o ddyn byth ei gyrraedd.

Llawer cwestiwn ffôl ac anorffen ofynnir am y beirniad. A oes a fynno treuliad ei fwyd a'i farn? Pe bwytâi fwyd iachach, a phe treuliai ef yn well, oni farnai fel arall? A all llenor da fod yn feirniad da? A all bardd fod yn feirniad o ryw lun? Tybia'r bardd mai un wedi methu canu ei hun yw'r beirniad; ac y mae'n sicr mai beirdd siomedig fu rhai o feirniaid goreu'r byd. Tybia'r beirniad mai anwybodaeth a diffyg chwaeth y werin yn unig yw achos poblogrwydd y bardd. Fel rheol, hwyrach, nid yr un yw'r bardd a'r beirniad; crëwr yw y naill, archwiliwr yw y llall; ymrestra'r naill dan faner cydymdeimlad a'r lleill dan faner cydwybod. Eto gall y gwir fardd a'r gwir feirniad fod yn un, pan fedd yr enaid gyfuniad o ddychymyg a manylder; a hyn rydd le arbennig yn llenyddiaeth Cymru i Eben Fardd.

Ychydig mewn cymhariaeth fu o feirniadu ar y tudalennau hyn. Ymgais i ddeffro, i roddi ysbrydiaeth, i gynorthwyo, fu ein hymdrech o'r dechreu; darganfod athrylith, a rhoddi llafar iddi, fu ein nod. Prin y mae llenyddiaeth ein gwerin yn ddigon hen eto i fedru goddef ei beirniadu, ac y mae rhyw deimlad anesmwyth yn y meddwl mai yng nghyfnodau adfeilio y blodeua beirniadaeth. Ond beth bynnag oedd y rheswm, ychydig o erthyglau beirniadol gawsom.

O hyn allan rhoddir mwy o le i feirniadaeth. Nid beirniadaeth ddidrugaredd a chreulon, yn cychwyn allan i gondemnio, wyf yn feddwl, ond beirniadaeth garedig cyfaill ac athraw. Un amcan iddi fydd dangos oddi wrth hanes eu dydd, paham y medd ein llenorion ryw nodion neillduol; amcan arall fydd codi awydd yn ein hysgrifennwyr ieuainc am ysgrifennu goreu byth y gallant, ac am beidio gadael i ddim gwael fynd o'u dwylaw i'r wasg. Gallai ychydig o feirniadaeth gref a miniog, ond heb fod yn angharedig ac anonest, godi llawer ar safon Cymraeg ein papurau newyddion a'n cylchgronau, a chodi peth ar safon chwaeth a chywirdeb.

Dechreuwn gydag un hawdd iawn ei gamesbonio, sef Daniel Owen. Cefais y fraint o'i adnabod, a bûm yn ymddiddan ag ef am y beirniadaethau ddarlunnir gan law fedrus yn y rhifynnau hyn. Y mae y ddau gwestiwn pwysicaf yn ddiddorol iawn. Dyma yw'r naill, — A oedd Daniel Owen yn ysgrifennu o gariad at grefydd fanwl a hunanaberthol ei fam, ynte i ddangos nad oedd heb ei ffaeleddau ac y dylasai newid gyda'r oes? A dyma'r llall, — A oedd yn iawn i wneud i Bob, llais meddwl ac egni'r dyfodol, farw mor ieuanc?

Yr oedd gan Daniel Owen gariad angerddol at y ddisgyblaeth lem y credai ei fam mor llwyr ynddi, ac at y grefydd oedd wedi gweddnewid bywyd a chymeriadau'r Wyddgrug. Yr oedd ganddo hefyd lygad i weld y llawenydd, y digrifwch, a'r direidi sydd mor hanfodol i natur ddynol iach ag ydyw tlysni ei liw i'r blodeuyn a fflach ei edyn i'r glöyn byw. Y mae i fywyd ei ddwy wedd, y ddofn ddifrifol a'r ysgafn chwareus. Hoffa ambell genedl y naill, hoffa un arall y llall. Difrifwch bywyd, agosrwydd tragwyddoldeb, mawredd Duw a bychander dyn, a welai'r Hebrewr; ac y mae y Cymro, megis wrth natur, wedi ei ddilyn. Tlysni dedwydd bywyd welai'r Groegwr, prydferthwch natur a diddordeb byw; ac y mae'r Ffrancwr a'r Eidalwr fel pe'n ei ddilyn. Y mae y ddwy ochr yma ar fywyd i'w gweled ym meddwl pob llenor mawr yn ogystal ag ym meddwl pob cenedl fyw. Ar ddechreu ei yrfa fel bardd dengys Milton y naill yn *Il Penseroso* a'r llall yn *L'Allegro*. Ac yn ei nofel gyflawn gyntaf dengys Daniel Owen y naill ym Mari Lewis a'r llall yn Wil Brian.

Dyfnaf a dwysaf y meddwl, cryfaf y duedd at y difrif a'r prudd. Y mae islais dwfn o brudd-der ym mywyd pob cenedl fawr; ceir ef yn hen lenyddiaeth Groeg, ac yng ngherddoriaeth Sbaen heddyw. Gwelir eiddilwch y darfodedig, a chadernid yr oesol; i rai y mae tynged yn ddall a chreulon a didrugaredd, i ereill y mae'n freichiau tragwyddol i gynnal y gwan. Er iddo ddisgrifio'r ddwy agwedd, y ddwys a'r ddedwydd, i wasanaeth y ddwy yr ymdaflodd Milton; dirywiodd ei

L'Allegro ysgafn-galon i Gomus foethus ac i Satan ddrwg, dadblygodd ei *Il Penseroso* i'w arwr Adda ac i'w Waredwr. Yr un agwedd enillodd serch Daniel Owen. Darluniodd grefydd ei fam fel cryfder bywyd Cymru; ac nid oherwydd eu bod yn gyferbyniad hapus iddi ac yn gywiriad caredig ohoni y darlunnir meddylgarwch Bob a direidi Wil Bryan. Yr oedd meddylgarwch y naill yn werthfawr, a direidi naturiol y llall yn hawddgar, oherwydd fod i'r ddau radd o grefydd Mari Lewis yn sylfaen.

Os felly, a oedd Daniel Owen yn iawn? A oedd bywyd caled y dyddiau hynny yn rhoi cystal cyfleusterau a bywyd mwy dibryder y dyddiau hyn? A oedd llenyddiaeth ddiwinyddol yr oes honno yn gystal disgyblaeth meddwl â llenyddiaeth ysgafnach ac eangach yr oes hon? Beth yw dyletswydd y diwygiwr, ai galw ar blant ei genhedlaeth i ddawnsio ychwaneg ac i ddarllen llyfrau ysgafnach, ynte galw arnynt i ymegnïo mwy, gorff a meddwl? Pwy sydd mewn mwyaf o berygl o gael ei golli o fywyd Cymru, Mari Lewis ynte Wil Bryan? Y mae'n amlwg nad hygar i Ddaniel Owen fuasai Cymru wedi colli crefydd ei fam.

Paham y bu Bob farw mor gynnar, a phaham y diflannodd o nofelau Daniel Owen? Efe yw ysbryd y dyfodol, efe sy'n rhoi llais i feddwl a bywyd goreu Cymru. Efe ddylasai fod yr arwr. Pe wedi ei ddarlunio'n llawn, buasai'n ddarlun o arweinydd a gwaredwr gwerin Cymru. Mor werthfawr fuasai, hyd yn oed fel darlun yn unig, i löwr Cymreig Deheudir Cymru heddiw, fel cynllun o arweinydd anhunanol a diogel. Am ddarlun llawn o gymeriad fel hyn, gŵr meddylgar ymysg meibion llafur, a'i farn yn ddiwyro a'i galon yn llawn cydymdeimlad, y mae llenyddiaeth Cymru'n galw.

Cafodd Daniel Owen gyfle ardderchog i roddi i'w wlad gymeriad fuasai'n arweinydd i'w meddwl a'i bywyd. Rhoddodd ddarluniad o'r hen grefydd gadarn yn ei fam, a darluniad o'r hen hapusrwydd yn Wil Bryan; ond, pan aeth i ddarlunio ysbryd nerthol a hygar y dyfodol, llesghaodd, a gadawodd y darlun heb ei orffen. Y mae rhywbeth yn broffwydol iawn yng nghymeriad Bob, dengys fod Daniel Owen yn gweld yn glir i'r dyfodol, a gresyn na buasai wedi rhoi ei holl egni ar waith i ddarlunio Bob fel canolbwynt bywyd Cymru.

Pam na wnaethai hynny? Hwyrach fod ei frawd foddodd yn y pwll a Bob mor debyg i'w gilydd yn ei feddwl fel nas gallai eu gwahanu. Ond, yn ddiamau, gwelodd Daniel Owen y gallasai wneud Bob yn arweinydd meddwl a bywyd; ac nid heb wybod beth a wnâi y syrthiodd yn ôl yn ddiymadferth oddi wrth y gwaith mawr. Gallai

Daniel Owen, ar anogaeth fisol Roger Edwards, ddarlunio golygfa ddiddorol a chymeriad diddan, ond ni feddai ddigon o ymroad i ymdaflu i waith fuasai'n gofyn holl egni ei enaid am fisoedd a blynyddoedd i ddarlunio un cymeriad mawr. Cyfaddefodd wrthyf iddo orfod gadael i Bob farw oherwydd ei fod ef ei hun wedi cyrraedd diwedd ei adnoddau a therfyn eithaf ei egni. Pam y mae darlun Bob wedi ei adael mewn amlinell yn unig? Ateb Daniel Owen i mi oedd, — ' 'Doedd gen i ddim digon o baent i'w orffen.' Llesg iawn o gorff oedd Daniel Owen. Bu ei hanes yng nghyfres y 'Cymry Byw' unwaith; ond dywedai mai yng nghyfres Cymry hanner marw y dylasai ef fod. Gwell iddo hwyrach, wedi'r cwbl, oedd dilyn ei duedd, a darlunio ei hoff gymeriadau, na phe buasai wedi ymegnïo i roddi ar lên gymeriad fuasai'n ddarlun o fywyd llafur Cymru ac yn arweinydd iddi. Rhoddodd i ni Fari Lewis yn llawn a Wil Bryan yn llawn, a Bob mewn amlinell. Fel y mae, y mae'r Bob fu farw'n ieuanc yn allu ym mywyd Cymru. Yr ydym yn disgwyl am nofelydd arall, mwy hwyrach, i wneud y darlun yn llawn.

9. Cymeriadau Rhys Lewis

O. M. EDWARDS
Cymru 1913

I. Bywyd Cymreig

Diddorol iawn, i ddyn fo â gronyn o wladgarwch yn ei galon, yw taflu trem yn ôl i hanes ei gyndadau. Gellir gwneud hyn drwy amrywiol gyfryngau, — eu barddoniaeth, eu hanesyddiaeth, neu pe baem yn ddigon clust-deneu, trwy eu cerddoriaeth. Ond y mwyaf manteisiol o'r holl gyfryngau yw eu ffug-chwedlau. Tuedd y beirdd yw cuddio eu gwendidau, nid yw hanesyddiaeth yn rhoi digon o'r manylion, ac ychydig all ddehongli nodweddion cyfnod trwy ei gerddoriaeth. Ond yn y ffug-chwedl mae manylder a chywirdeb yn gymhlethedig, ac mae naturioldeb yr arddull yn ei gwneud yn ddarllenadwy i bawb.

Yn *Rhys Lewis* cawn ddarlun o fywyd Cymreig oddeutu canol y bedwaredd ganrif ar bymtheg: adeg yr oedd Methodistiaeth yn ei llawn dwf, felly gallwn gasglu yn naturiol y chwery crefydd ran amlwg ynddo. Mae'n wir fod amgylchiadau yn dylanwadu ar fywyd dyn, a chan fod cenedl yn gymdeithas o ddynion, teg yw'r casgliad bod amgylchiadau ac amgylchoedd yn dylanwadu ar fywyd cenedl. Ymwelwyd â Chymru gan Biwritaniaeth a Chalfiniaeth, ac mae olion yr ymweliadau hynny yn amlwg ar fywyd Cymru fel ei datguddir yn *Rhys Lewis*. Gwelir olion hefyd ynddo o ddylanwad y Saeson. Ysgrifenwyd y nofel hon yn Yr Wyddgrug, ac hefyd am Yr Wyddgrug — tref ar ffiniau Lloegr; tref hefyd yn llawn o weithfeydd glo, i'r rhai, fel i weithfeydd y Rhondda heddiw, yr ymdyrrai pobl o bob rhan o'r wlad, ac o'r gwledydd cyfagos. Ac nis gellir gwadu fod i'r dieithriaid hyn eu dylanwad ar fywyd Cymreig y cyfnod hwnnw. Ond os yw'n wir fod i amgylchiadau eu dylanwad ar fywyd cenedl, mae'r gwrthgyferbyniol yn wir hefyd, sef fod cenedl i raddau yn rhoi ffurf ar y dylanwadau a deimlir ganddi. Nid yr un modd y dylanwadai ymweliad y Saeson, neu Biwritaniaeth, neu Galfiniaeth, ar yr Ysgotyn a'r Cymro. Mae i genedl ei phersonoliaeth, fel mae i ddyn, ac yno mae ei diogelwch. Dyry yr arlunydd yn ei ddarlun rywbeth nas medr undyn arall ei roddi, sef ei bersonoliaeth, ei enaid, neu ei hun. Felly mae cenedl yn rhoddi ym mhob amgylchiad ddaw ar ei thraws ryw gymaint o'i hunan, o'r hyn ydyw hi yng ngwaelodion ei natur. Rhoddodd y Cymro y *peth hwn* yn ei Dderwyddiaeth, yn ei Biwritaniaeth, yn ei Galfiniaeth, ac y mae heddiw yn ei roddi yng ngwleidyddiaeth y byd ar lawr Senedd Prydain Fawr. Gwelir felly, mai nid y Cymro yn arwynebedd ei fywyd sydd mewn golwg pan yn ymdrin â'i fywyd yng ngoleuni nofelau Daniel Owen, ond yn ei bethau dyfnaf a mwyaf hanfodol. Bid sicr, mae'r nodweddion a'r wisg i gael lle pwysig mewn nofel, a rhaid i bob nofelydd teilwng feddu'r gallu i ddisgrifio'r allanolion hyn. Ond daw ei athrylith i'r golwg i'r graddau y llwydda i ddatguddio y dyn sydd dan y wisg, a'r cymeriad sydd yn berchen ar y nodweddion. A'r ystyriaeth yna, ni gredwn, sydd yn esbonio'r ffaith fod *Rhys Lewis* mor ddiddorol heddiw ag erioed. Gwêl y Cymro ynddo, nid yn unig ddarluniad o'i gyndadau, ond i raddau pell ei lun a'i ddelw ei hun. A chaniatáu fod yr egwyddor hon yn wir, amcenir dangos yn yr erthyglau hyn fod tri o gymeriadau *Rhys Lewis* yn dal y prawf. Detholwyd y tri hyn, — Mari Lewis yn gyntaf, Bob Lewis yn olaf; ac yn y canol, i ysgafnhau y llwyth, Wil Bryan, y ffraeth ei dafod.

II. Mari Lewis

Nid oes fawr amheuaeth nad Mari Lewis ydyw sylfaen *Rhys Lewis.* Os gwir mai portread yw *Rhys Lewis* o fywyd Daniel Owen, portread o'i fam ydyw y cymeriad a enwir Mari Lewis. Teimlir mai ogylch Mari Lewis y mae'r cymeriadau ereill i gyd yn troi, megis y try yr holl blanedau ogylch yr haul. Drwy Mari Lewis y rhydd Daniel Owen inni amlygiad o ddylanwadau Piwritaniaeth a Methodistiaeth ar y Cymry. Mae iddi nodweddion ar wahân i'w chredo, ond teimlir mai ei chredo sydd yn lliwio ei nodweddion i gyd.

Ym mha gredo bynnag yr ymaflo y Cymro, y mae yn ei fabwysiadu yn drylwyr. Nid rhyw 'hanner a hanner' oedd Mari Lewis yn ei chrefydd, a mentrwn ddweud, pe buasai y grefydd Gatholig neu Fohametanaidd wedi ei swyno, buasai yr un mor drylwyr gyda'r rhai hynny. Yr oedd yn frwdfrydig yn ei chrefydd. Ni chafodd ei chydwybod lonydd, na Thomas a Barbara Bartley ychwaith, hyd nes i'r olaf ymuno â Bethel. Mwy oedd ei thrallod pan dorrwyd Bob allan o'r seiat, na phan oedd y cwpwrdd yn wag. Mynnai i'w phlant ddilyn ei chamrau, trwy ddyfod i fewn i'r 'tŷ', chwedl hithau. Yn wir, un amcan oedd ganddi mewn golwg yn ei bywyd, sef byw ei chrefydd. Lliwiodd honno ei holl ymddygiadau, mewn trallod a llwyddiant, mewn hindda neu ddrycin. Gellir yn hawdd esbonio'r gor-fanylder hwn yng ngoleuni y llanw Piwritanaidd oedd newydd ddyfod dros y wlad, a dreiddiai i lawr i gelloedd mwyaf cudd calonnau dynion, gan chwilio eu holl fywyd. Gadawodd yr ymchwil manwl yma ei ôl ar arferion y genedl, ac un o'r rhai amlycaf yw gofal manwl ynglŷn â'u buchedd. Onid hon yw'r nodwedd Gymreig y câr y Sais ei henllibio a'i galw yn wallgofrwydd? Ni ŵyr y Sais fawr am dân argyhoeddiad, ac felly ni ddaw ei deimladau yn amlwg iawn i'w wyneb, fel y maent yn dyfod i wyneb y Cymro. Claiar yw'r Sais ym mhob peth; ar y llwyfan politicaidd neu yn y rhedegfa geffylau, tra mai un penboeth yw'r Cymro, pa un bynnag ai daioni ai drygioni yw ei amcan. Rhywbeth ar wahân iddo'i hun yw credo y Sais, tra mae'r Cymro yn rhoddi ei hun yn gyfan gwbl yn ei gredo.

Yr oedd ofergoeledd, yn ystyr oreu'r gair, yn un o nodweddion amlwg cymeriad Mari Lewis, a chan fod yr awdur yn ei ddarlunio fel cynrychiolydd teg o'r hyn a ystyrrid yn uniongrededd yn ei dydd, gellir casglu fod dangos yr ofergoeledd a berthynai i grefydd y cyfnod yn un o'i amcanion. Soniwyd am fanylder Piwritanaidd Mari Lewis a thrylwyredd ei chrefydd. Hwyrach mai hyn, ynghyd â'i hanwybod-aeth, a gynyrchodd y nodwedd hon ynddi. Mae'n wir nad yw mor amlwg ynddi hi ag yw yn Thomas Bartley, fel y dengys syniadau y cymeriad rhyfedd hwnnw am angladdau a phethau cyffelyb. Dichon mai gweddillion oesau tywyll ydoedd ym Mari Lewis, nad oedd yr efengyl wedi ei lwyr ddileu. Gwrthsafodd rhai o'r hen arferion ofergoelus hyn y llanw Piwritanaidd, ac araf iawn y mae rhai o honynt yn diflannu o flaen addysg yr oes hon. Er mai gwendid ym Mari Lewis, ac o ganlyniad pobl grefyddol yr oes fel dosbarth, yw yr ofergoeledd hwn, hawdd maddeu iddynt. Nid dwy ochr i'r un gwirionedd oedd y naturiol a'r goruwchnaturiol i'r hen bobl, ond dau fyd hollol wahanol. Yr oedd y syniad o ddadblygiad yn un dieithr iddynt, a chan hynny anhawdd oedd cael lle i weithrediadau a digwyddiadau anisgwyliadwy ac anesboniadwy. Yr oedd cryn lawer o ddeistiaeth yn perthyn i syniadau crefyddol yr oes. Ofnwn ei fod yn wir i raddau pell

am syniadau crefyddol gwerin Cymru heddyw. Credent fod â fynno
Duw â'r digwyddiadau anesboniadwy hyn, ond Duw mewn nefoedd
yn unig ydoedd, a chan hynny ymyrraeth wnâi Duw yn yr helyntion
daearol yma er mwyn ei amcanion ei hun. Braidd na ddywedwn mai'r
syniad o'r natur yma am Dduw, yn gwneud i ddynion feddwl am ei
ymwneud â'n byd fel math o ymyriad gwyrthiol, ydyw tad pob ofer-
goeledd. Felly, onide, yr esboniodd Mari Lewis garchariad Bob — yn
ymuniad Thomas a Barbara Bartley â chrefydd.

Dywedwyd mai un o nodweddion ei chredo oedd trylwyredd. Ond
beth oedd cynnwys ei chredo? Credwn mai amcan Daniel Owen ydyw
darlunio Methodistiaeth y dydd, a Mari Lewis yn cynrychioli adran o
Fethodistiaeth ei hoes fydd gennym yn awr. Cynrychiola i ddechreu
blaid o bobl ddi-ddysg, yn ôl syniad y byd, ond er hynny yn meddu ar
ryw reddf ryfedd i wybod y gwahaniaeth rhwng y da a'r drwg ym
mhethau'r byd. Dywedodd Mari Lewis, bron ar yr olwg gyntaf a
gafodd ar Wil Bryan druan, fod 'rhywbeth yn *wrong* ar y bachgen.'
Ond cynrychiola Mari Lewis ddosbarth o bobl ddiddysg oedd yn
oleuadau yng Nghymru yn nos ei hanwybodaeth. Mae yn ein gwlad
eto'n byw lenorion, beirdd, cerddorion, a phregethwyr, na chawsant
fawr o addysg golegawl erioed, ac eto daliant i'w cymharu â rhai o
raddedigion uchaf ein colegau, mewn galluoedd meddyliol ac
athrylith. Yr unig reswm am hyn yw iddynt, fel Mari Lewis, gael
sylfaen eu haddysg yn y Gair, teyrnged ddiamheuol i Ysgolion Sul yr
hen Fethodistiaid. Y dosbarth yma yw dirgelwch datblygiad a
chynnydd ein cenedl, neu o leiaf maent yn ddolen bwysig yn y
gadwen. Piwritaniaeth a gododd y genedl o bydew llygredigaeth, a'r
dosbarth yma, myfyrwyr y Gair yng ngoleu pwl y ganwyll frwyn, a'i
haddysgodd ac a'i paratôdd i dderbyn pelydrau gloewon haul y
Deffroad. Er na ysgrifennodd Mari Lewis air erioed, mentrwn ei
rhoddi yn y dosbarth yma, oherwydd credwn i Daniel Owen ei
bwriadu i'w gynrychioli. Heb y dosbarth hwn ni fuasai cymeriad fel
Bob yn bosibl, megis, heb y dosbarth a gynrychiolir ganddo ef, ni
fuasai Cymru erioed wedi gweled ei Syr John Rhys, a'i Syr Henry
Jones, ei Tom Ellis na'i Llwyd Siôr. Gwir a ddywedodd Ben Bowen yn
ei 'Bantycelyn,' —

Llaw Piwritaniaeth gasglodd y defnyddiau;
Llaw Methodistiaeth a ddeffrodd y fflamiau —
Daniodd y goelcerth sy'n goleuo'r oesau.

Gan nad oedd nesaf at ddim ganddi, mewn ystyr ariannol, daeth ei cheidwadaeth i'r amlwg, fel pob peth arall bron, yn ei chrefydd neu ei chrêdo. Os gellir ystyried yr hyn a eilw y Sais yn *reserve*, yn geidwadaeth, yna yr oedd Mari Lewis yn geidwadol iawn, yn enwedig yn ei hymddygiadau tuag at ei chymdogion. Ni wisgodd ei chalon ar ei llawes. Cadwodd ei thrallodion a'i chyfyngderau iddi hi ei hunan, a dioddefodd lawer oherwydd hynny. Mae hyn yn nodwedd bur amlwg yn y Cymro, er y gellid ei alw yn hunan-barch, neu'n annibyniaeth. Gwir fod gormod o'n cenedl yn euog o gynffona, ac eto, ceir elfennau amlwg ynddi o nodwedd y gellir ei galw yn hunan-barch, nodwedd sydd yn perthyn yn o agos i 'geidwadaeth.'

'Gwell angau na chywilydd' ydyw arwyddair teulu hynafol yn sir Forgannwg, ac ni fyddai allan o le fel arwyddair y Cymro. Ceir amlygiad clir o hyn yng nghymeriad Mari Lewis. Cymerer un enghraifft. Pan oedd Bob yn y carchar, y cwpwrdd yn wag, a Rhys a hithau heb damaid ers diwrnod a hanner, daw ei huniondeb ac annibyniaeth ei hysbryd i'r golwg. Nid mynd i'r siop a dwyn eiddo arall, a rhoi'r bai ar ei thlodi, a wnaeth. Gwell ganddi fyddai marw na gwneud hynny, a dim ond ei chariad angerddol at ei phlentyn wnaeth iddi blygu i fynd i gardota, gan ymorffwys ar yr hen addewid — 'nas gwêl ei had Ef eisieu bara.' Ond hunan-barch ac ysbryd annibynnol Rhys a'i hataliodd. Onid yw yn wir am y Cymro, er y dichon fod eithriadau, fod yn well ganddo hanner llwgu na chael ei ddwyn o flaen y llys fel methdalwr, profedigaeth a wyneba'r Sais yn ddiseremoni? Gwell gan y Cymro fuasai llwgu na dweud hyd yn oed wrth ei gymydog fod arno 'eisiau tamaid.'

Ond fel y crybwyllwyd, yr oedd Mari Lewis yn geidwadol ym mhethau crefydd, a chynrychiola blaid o Fethodistiaid ceidwadol dybia rhai sydd yn cyflym ddiflannu. Beth a feddylir wrth geidwadaeth? Egwyddor fawr ceidwadaeth ydyw gadael pethau yn llonydd. Ymladd hyd at waed yn erbyn pob cyfnewidiadau ydyw hanes ceidwadaeth oddi ar amser 'Burke, ceidwadwr mwyaf hanes.' Yn wleidyddol, gellir dweud mai egwyddor gyntaf y Ceidwadwr ydyw amddiffyn ei eiddo. Gwelir y tlodion y rhan amlaf yn coleddu yr athrawiaeth Sosialaidd, am y credant fod popeth i'w hennill ynddi iddynt. Y dyn cyfoethog yw'r Ceidwadwr, am ei fod yn credu y bydd pob ennill i rywun arall yn golled iddo ef, ac felly ei holl waith yw amddiffyn ei eiddo. Un felly yn ei chrefydd ydoedd Mari Lewis. Yr oedd yn gyfoethog mewn ystyr grefyddol. Amddiffyn yr 'hen Gorff' oedd ei waith rhag unrhyw ymosodiad gan athrawiaethau dieithr yr oes newydd. Crefydd ac athrawiaethau ei boreuddydd oedd ei hoff bethau. Daw hyn i'r amlwg yn ei dadleuon â Bob. Dadleuai Bob achos yr oes newydd, gan ddyfynni o'r llyfrau diweddaraf, y pryd hynny, sef *Cyfatebiaeth* Butler a'i debyg, ond ni ddilynai ei fam ef i'r tir dieithr yna. Dywediadau a barn John Elias, Charles o'r Bala, a Twm o'r Nant, y pwysai hi arnynt. Dilyn y proffwydi y byddai Bob yn ei ymchwil am 'fwy o oleuni,' ond aros yr oedd ei fam gyda thraddodiadau y tadau. Gellir yn hawdd faddau iddi am hyn, oblegid yno yr oedd ei diogelwch. Gwyddai nad oedd yn addas i anturio i faes na gwyddai ddim amdano. Tu allan i gorlan ei phrofiad a'i gwybodaeth, nid oedd, iddi hi, ond drain a dyrysni amheuaeth a heresi. Gwelir yr un peth yn ein heglwysi heddiw, y geidwadaeth haearnaidd hon. Mae'r adran ieuanc o'r eglwys yn griddfan am ddatblygiad o'r ochr gymdeithasol o'n crefydd. Galwant am le yn yr eglwys i chwareuon, y ddawns, a phethau cyffelyb, ond byddar yw y ceidwadwyr i'w llef. Mae'r un geidwadaeth yn nodweddu cylchoedd llenyddol Cymru heddiw, ac fe'i cynrychiolir gan y dosbarth a elwir yr 'Hen Ysgol' o feirdd. Ac yn wir y mae'n wir am bob rhan o gymdeithas. Mae elfen geidwadol gref ynnom fel cenedl. Un araf i ddiwygio yw y Cymro. Mae'n hyn a edliw y Sais iddo yn wir ar y pen yma, 'na chymer y Cymro mo'r ddraenen o'i esgid nes i'w droed waedu.' Un felly fu erioed, a dichon mai un felly a fydd.

III. Wil Bryan

Myn rhai mai cymeriad Seisnig ddaeth i mewn i nofel Daniel Owen yw Wil Bryan. Er nad ydym yn gwadu ei fod yn bur ddieithr i awyrgylch y cyfnod hwnnw, eto ni ellir ei alw yn estron. Rhaid cofio mai i awyrgylch Biwritanaidd a Methodistaidd y ganwyd y *kid* chwedl yntau. Gwell gennym ei alw yn flodyn Cymreig gwyllt, fel y gwelir ef yn tyfu ar ein mynyddoedd. Gwelir ymhob ardal yng Nghymru gymeriad fel hwn; un gwahanol i bawb arall, ac yn anealladwy i bawb. Blodyn gwyllt efallai ydyw, ond mae i flodyn gwyllt ei berarogl. Pe buasai y blodyn hwn wedi ei faethu a'i wylio gan arddwr medrus, buasai yn arogli mor beraidd ag unrhyw un o'r blodau ereill. Ac o ran hynny, y mae felly mewn rhai pethau, ac yn ei ffordd ei hun. Nid oedd ganddo argyhoeddiadau dyfnion, ac ni ellir disgwyl hynny, gan na chafodd rieni, fel Bob a Rhys, i'w addysgu mewn pethau crefyddol.

Yng ngwyneb hyn, y rhyfeddod yw, nid ei fod mor bell, ond ei fod mor agos i'w le.

Un peth a amlygir gan Daniel Owen ynddo ydyw ffraethineb y Cymro. Camsyniad yw syniad diarhebol y Sais, ac ereill, mai y Gwyddel yn unig fedd y nodwedd hon. Prawf Wil Bryan, a hanes hefyd, fod y Cymro yn feddiannol arno, ac i raddau nod bychan. Dylifai mor naturiol dros wefus Wil â rhaeadr dros glogwyn. Ac nid ffraethineb isel oedd, fel y clywir ar lwyfannau rhai chwareudai, ond yn ddieithriad yr oedd iddo wers neu neges. Bu amser, cyn y Piwritaniaid, yr oedd y dalent hon yn cael mwy o le nag a gaiff yn awr. Temtir ni i gredu mai neges Wil yn *Rhys Lewis* yw dangos i Gymru fod lle i ychydig o chwerthin ac adloniant mewn bywyd ynghyd â phynciau dyfnion crefydd. Hwyrach mai talent oedd yn y teulu oesau yn ôl ydyw, cyn i Biwritaniaeth afaelyd ynddo, yn gwthio ei hun i'r golwg mewn oes grefyddol, fel briallen Ionawr trwy gwrlid o eira yn brotest yn erbyn y tywydd. Yr oedd ffraethineb Wil yn gwisgo arddull Gymreig hollol. Yr oedd yn llawn o ddychymyg y Cymro. Anhawdd curo'r ffugenw a roddodd ar Hugh Bellis galon-dyner, 'yr hen *waterworks;* neu, eto'r enw ar Mari Lewis a'i manylder Piwritanaidd, 'y deg gorchymyn'; neu ar John Llwyd yn ei gybydd-dra, yr 'hen grafwr.' Efallai mai talent awenyddol y Cymro oedd yn gyfrifol am greu yr enwau hyn, a phe bai Wil wedi ymroddi i'r grefft awenol buasai yn gystadleuwr peryglus.

Un o nodweddion amlwg ffraethineb Wil ydyw y gwawdus. Gall gwawd fod yn effeithiol iawn. Bid sicr mae gwawd a gwatwareg i gael sydd yn clwyfo, ond gellir gwneud gwawd diniwed yn foddion effeithiol iawn i wella cymdeithas. Onid dyma nerth Addison, ei allu i chwerthin gwendidau ei gyfnod i gywilydd? Ac y mae llawer o bethau tebyg yn Syr Roger de Coverley Addison i Wil Bryan Daniel Owen. Trwyddo y mae Daniel Owen yn ffrewyllu yr hyn a gredai oedd ffôl. Rhy debyg i wir yw ei esboniad ar y seiat, mai lle ydoedd yr oedd pawb yn rhedeg eu hunain i lawr, ond wiw i neb arall wneud hynny iddynt. Ffordd effeithiol a didramgwydd o rybuddio rhag y perygl o ragrith ydyw. Onid ydym fel pe yn clywed Wil yn dweud wrtho ei hun, — *That is not true to nature.*

Yr oedd agweddau ereill i'w ffraethineb. Tuedd Cymru, wedi dyfodiad Piwritaniaeth, ac yn enwedig ar ôl y Diwygiad Methodistaidd, ydoedd i bendwmpian, ac i gredu mewn rhyw ddychrynfeydd oedd ar ei goddiweddyd. Trôdd Howell Harris genedl oedd yn ei thrwmgwsg yn genedl gythryblus ac ofnus. Fel y dangoswyd eisoes, yr oedd Mari Lewis yn enghraifft deg o'r duedd hon; nodweddwyd ei holl symudiadau gan ofn a dychryn, fel pe bai cleddyf uwch ei phen o hyd, ac yn bygwth disgyn yn ddirybudd. Yr oedd ei bywyd felly yn gyfyng iawn; a'i golwg ar fyd yn bruddglwyfus. Y gwrthgyferbyniol i hyn a geir yn Wil; nid oes cwmwl uwch ei ben ond ar brydiau, a hwnnw y rhan amlaf ag ymyl oleu iddo.

'Na ofalwch dros drannoeth' oedd crefydd Wil. Tebyg y gwad rhai fod ganddo grefydd o gwbl. Ond yn ddiamheuol, y mae i'r hogyn iach ei feddwl a llon ei welediad ei genhadaeth. Dysgodd gryn lawer o grefydd i Gymru, pe bai ond yr hyn a wnaeth gyda Mari Lewis pan yn ei thrallod mawr a Bob yn y carchar. Dysgodd iddi fod ymyl oleu i lawer cwmwl, ac yn sicr mae'r ochr yma i gymeriad Wil wedi ysgafnhau llawer baich wedi hyn. Dywed yr Iesu, yn un o'i ddamhegion, 'A pheth o'r had a syrthiodd ar greig-leoedd, lle ni chafodd fawr ddaear.' Dyma'r dosbarth y perthyn Wil iddo. Ni chafodd gwirioneddau yr Efengyl, na myfyrdod am ei hegwyddorion fawr ddaear; ond yr oedd hadau haelioni, cydymdeimlad a llawenydd, wedi cael lle yn ei galon fawr. Pe cyffyrddid calon Wil, nid deigryn ddeuai i'w lygad, ond ei law elai i'w logell. Dywedir weithiau mai dyma'r gwahaniaeth rhwng y Cymro a'r Sais. Wylo wna y Cymro gyda'r tlotyn a'r amddifad, ond rhoddi rhywbeth iddo wna'r Sais. Nis gwn a oedd haelioni yn nodweddu'r Cymro cyn ei gythryblu gan ddiwygiadau, ac mai adfywiad ohono yw cymeriad fel Wil Bryan, neu ai dylanwad y Sais yn dod i'r Wyddgrug yw. Rywfodd tueddir ni i gredu fod cynhyrfiadau crefyddol wedi bod yn foddion i'r Cymro golli y ddawn hon, a bod culni Piwritaniaeth yn gyfrifol am lawer o gulni cymdeithasol. Mae Wil yn amddifad o un peth sydd yn wendid yn y Cymro, yn enwedig yn y rhannau amaethyddol o'r wlad, sef y duedd i ameu gonestrwydd ac unplygrwydd ei gyd-ddynion, yn enwedig dieithriaid. Er engraifft, os daw tlotyn at Gymro i gardota, y cyntaf peth a ofynir iddo yw, — 'Beth ddaeth o dy arian?' neu 'Sut yr wyf fi yn gallu byw heb gardota a thithau ddim?' Nid felly Wil Bryan, ond rhoddai yr hyn a allai, heb ddannod, heb amheu, ac heb edrych faint oedd yn ei roddi. 'Cariad (ac yn ôl y Saesneg, cariad ymarferol — *charity*) a guddia liaws o bechodau,' ac mae ei haelioni a'i gydymdeimlad yn gwneud Wil yn gymeriad y rhaid ei garu ynghanol ei holl ddiffygion. Cynrychiola Wil yr adran honno o'r genedl Gymreig y gellir dweud amdani mai 'hawdd yw byw gyda hi.' Nid oedd unrhyw uchelgais yn Wil, ond uchelgais i wneud pawb yn foddlon a hapus, os ca'r ffrwyn ar ei war, yw gwneud dyn yn hunanol, yn grebachlyd, ac yn anystyriol o'i gyd-ddyn. Gormod o'r uchelgais yma sydd yn ein byd, ac nid oes un o gymeriadau Daniel Owen yn fwy rhydd o'r pechod hwn na Wil Bryan. Ac eto gwyddai Wil am uchelgais iach, neu o leiaf yr oedd ganddo hunanymddiriedaeth gref.

Ebe arwyddair Seisnig, — *The man who knows, and knows he knows, is wise, follow him.* Un felly oedd Wil Bryan. Gwahaniaetha oddi wrth Rhys yn fawr yn hyn o beth. Ymdebygai Rhys i'w fam, un ofnus oedd ac felly yn hollol amddifad o hunan-ymddiriedaeth. Yr hyn a wyddai yr oedd yn rhy swil i'w ddatgan yn aml, ond nis gallai Wil atal ei hun rhag dweud yr hyn a wyddai. Yn y gras yma o hunan-ymddiriedaeth yr oedd Wil yn un o'r proffwydi. Nis gellir gwadu nad yw y Cymro yn fwy hunan-ymddiriedol nag oedd drigain mlynedd yn ôl. Mae hunan-ymddiriedaeth yn angenrheidiol i unrhyw genedl a fynn gynyddu.

Yr oedd gan Wil Bryan wendid mawr, gwendid sydd yn amlwg yn y Cymro. Buasai y Sais yn ei roddi mewn hen ddiareb o'i eiddo, — *Out of sight out of mind.* Nid yn ei gyfeillgarwch â Rhys y cyhuddir Wil o hyn. Nid ydym am anghofio y parsel a adawyd tu allan i dŷ Rhys y noson honno, pan oedd y 'blaidd' ar ddyfod i mewn. Hwyrach fod yn perthyn i'r gwendid a nodwyd rinwedd, oblegid yn y golwg, gerbron dynion, y deuai yr hyn oedd ddrwg yn Wil i'r goleu, ond yn y dirgel yr hoffai wneud ei ddaioni. Tuedd llawer Cymro, er drwg i'w wlad a'i genedl, yw cuddio ei hun a'i ddaioni o dan lestr, a dangos ei wendidau i'r byd yn gyhoeddus. Gwelir y gwendid hwn yn amlwg ym mherthynas Wil â chrefydd. Tra oedd Wil yn ei gartref yr oedd yn lled selog pan ar eu gwyliau gartref. Amlygir un peth arall yn amddifadgadawodd o'r neilldu yr arferiad daionus. Gwyddom ni, hyd yn oed yn nhrefydd mawrion Cymru, o brofiad, am dylwyth Wil yn hyn o beth. Megir yn y wlad fechgyn a merched ieuanc crefyddol, rhai ohonynt yn blant i ddynion blaenllaw. Maent, pan gartref, yr oll a ddymunir fel mynychwyr y capel; ond, pan ddeuant i'r dref neu'r ddinas, nid ydynt yn dyfod a'u sêl gyda hwy; ac ymhen ychydig maent yn diflannu o olwg eu cyd-aelodau. Gellir maddeu i Wil y gwendid hwn oherwydd na chafodd fagwraeth dda pan yn ieuanc, ond nid felly y bradwyr y soniwyd amdanynt. Y rhyfeddod yw, maent yr un mor selog pan ar eu gwyliau gartref. Amlygir un peth arall yn amddifadrwydd Wil o ddyfnder argyhoeddiadau crefyddol, sef bod y pryd hynny, fel heddiw, rieni Cymreig yn ddifater ynghylch addysg grefyddol. Dyma un peth mae amser wedi ei guddio oddi wrthym, fod difaterwch crefyddol yn bod yn y cyfnod hwnnw. Clywsom siarad am y tadau, eu bod yn gryf ac yn gadarn gyda chrefydd, ond rhaid cofio fod dynion fel Robert Bryan yn bod hefyd. Yr oedd Wil Bryan felly yn Gymro; ac, er iddo dderbyn argraffiadau y Sais, Cymreigiodd hwynt. Hefyd, yr oedd yn broffwyd, a'i genadwri yn cyrraedd i'r oes hon. Gadawn ef yn awr i sylwi ar broffwyd arall.

IV. Bob Lewis

Dyma'r cymeriad mwyaf diddorol a swynol i ieuenctyd o'r oll o rai Daniel Owen yn Rhys Lewis. Nid yw mor amlwg â Rhys neu Wil Bryan mae'n wir, ond eto egyr faes mwy toreithiog o fyfyrdod na'r un ohonynt. I ysgol ieuenctid y perthyn Bob, yr ysgol obeithiol honno gâr edrych i'r dyfodol, a phroffwydo am ryw wawr sydd i dorri yno, ac felly mae yn ein denu i'w wrando a'i edmygu, fel y byddwn yn gwrando ac yn edmygu arwr stori ramantus. Yr oedd ei fywyd yn *tragic* iawn, yr hyn sydd i'w gyfrif, ni gredwn, i'r ffaith iddo fyw bywyd dyblyg. Hynny yw, yr oedd rhyw ddwy elfen yn ei natur mewn brwydr yn erbyn ei gilydd yn barhaus. Gwesgid ef gan amgylchiadau i ddilyn galwedigaeth oedd yn gofyn iddo aberthu ei holl nerth corfforol, tra ar y llaw arall, yr oedd ei enaid o hyd yn chwilio am 'loewach nen.' Peth hawdd yw i weithiwr roddi ei holl alluoedd corfforol yn ei waith y dydd, pan y gwybydd mai seibiant esmwyth fydd ei ran yr hwyr a'r nos. Nid oes eisieu llawer o benderfyniad mewn amgylchiadau felly. Ond wedi diwrnod o waith caled corfforol, pe rhoddid o'i flaen oriau o lafur meddyliol, dyna pryd y gelwir am holl rym ei benderfyniad. Dyma'r *tragedy* ym mywyd Bob; rhanwyd ei fywyd rhwng dau fyd hollol wahanol i'w gilydd. Trwy y frwydr boeth yma fe lwyddodd i'w gadw ei hun yn ddyn moesgar, ac uniawn, ffaith sydd yn ein dwyn at y nodwedd Gymreig gyntaf a amlygir ynddo, sef ei wroldeb.

Hyd yn ddiweddar, yr unig agwedd o'i hanes ei hun y gwyddai'r Cymro amdano oedd yr hon a roddid o'i flaen gan haneswyr Seisnig. Pan aeth y Cymro i chwilio drosto'i hun, cafodd fod yr haneswyr hynny wedi celu y rhan fwyaf o'r rhinweddau ar draul rhoddi lle amlwg i'w gwendidau. Un o'r rhinweddau hynny oedd gwroldeb ar faes y gwaed. Ni wyddai y Cymro am wroldeb William Myddelton nes iddo chwilio drosto'i hun, ac mae'n hysbys erbyn hyn i'r Cymro, pa un ai cadfridog ai milwr cyffredin oedd, gyflawni gweithredoedd o wrhydri a gwroldeb, nid yn unig yn ei ryfeloedd ei hun, ond pan yn ymladd dros Loegr a gwledydd ereill. Yn wyneb hyn, credwn ein bod yn ein lle pan yn hawlio gwroldeb Bob fel nodwedd Gymreig. Yr oedd dwy ochr i'r rhinwedd hon ynddo, neu gwell fyddai dweud fod y nodwedd yn treiddio i'r ddwy wedd ar ei fywyd, y ddirgel a'r gyhoeddus.

Cyflawnodd y ddyletswydd a ddisgynodd arno, trwy oferedd ei dad, o gynnal ei fam a Rhys, gyda gwroldeb diamheuol, er y gwyddai ei fod yn costio iddo ei uchelgais a'i ddelfrydau. Mae'n hunan-aberth gwrol a dirgelaidd yma wedi bod yn amlwg iawn yn natblygiad cenedl y Cymry. Chwilier croniclau hanes, a cheir tadau a mamau yn aberthu eu pleser a'u dedwyddwch er mwyn y mab neu'r ferch, neu y chwaer yn aberthu ei phopeth er mwyn y brawd, a'r brawd yn aberthu ei uchelgais er mwyn y 'brawd bach.' Holer y dynion mwyaf mewn dysg, a godwyd o fysg y werin, a gwelir fod y mwyafrif ohonynt wedi cael y cymorth i esgyn drwy hunan-aberth 'Bob' y teulu. Hawdd yw dweud gydag Elfed, —

O Gymru deg, mawrha di, — uwch eu bedd,
Werth a rhinwedd ebyrth rhieni.

Nid yn y dirgel yn unig y gweithiai gwroldeb Bob. Yr oedd yn ddigon gwrol i ddweud ei farn am bethau yn ddifloesgni, heb ystyried beth oedd yn boblogaidd gyda'r cyhoedd. Gweithiodd ei *notis* i'r funud olaf yn y Caeau Gochion; ac wedi iddo gael ei dâl, anerchodd ei gyd-weithwyr. Nodweddir yr araith honno gan ddoethineb a gonestrwydd barn. Ni chelodd oddi wrth ei gydweithwyr, na'r meistriaid, yr hyn a gredai oedd yn wir amdanynt, bydded yn dderbyniol ganddynt ai peidio. Temtir ni i weld cryn debygrwydd rhwng Bob yn hyn ac arwr gwerthfeydd glo y Rhondda, sef y gwir anrhydeddus Mabon. Enllibir y gŵr da hwn y dyddiau hyn gan rai o'r glowyr am iddo eu cynghori i gadw yn y gwaith yn lle dyfod allan ar streic, a chyhuddir ef o ffafrio y meistriaid, tra mae amser yn profi yn amlwg pwy sydd yn iawn. Ond nid tebyg i Bob yw'r elfen Seisnig sy'n ffalsio ac yn arwain i drybini. Yr oedd gwroldeb Bob yn amlwg yn ei gredo grefyddol, a glynai yn ddi-ildio yn ei farn; dywedai hi yn agored wrth bawb a'i ceisiai. Gwelir hyn yn amlwg yn ei holl ddadleuon â'i

144

fam. Bid sicr, nid oedd y ddau, pan yn dadlau, yn yr un byd â'u gilydd, ond yr oedd Bob yn ddigon gwrol i roi rheswm am y ffydd oedd ynddo, er ei fod yn gwybod nad oedd yn dderbyniol gan ei fam. Yr un gwroldeb a'i harweiniodd i sefyll mor gryf dros ei hawl i gael ei dderbyn i'r seiat eilwaith heb 'syrthio ar ei fai,' er y buasai rhai o'r hen ysgol yn galw ei wroldeb yn ystyfnigrwydd.

Golyga awdur *Rhys Lewis* i Bob gynrychioli y meddylgarwch oedd yn ffynnu ymhlith gwerin Cymru yr amser hwnnw. Dengys inni, ynddo, nid yn unig yr addysg werthfawr a gyfranwyd i'r werin drwy offerynoliaeth yr Ysgol Sul, ond hefyd gallu y werin i ddefnyddio'r addysg honno. Yn y dadleuon rhwng Bob a'i fam rhoddir amlygiad o'r cyntaf. Syn mor uchel yw safon y wybodaeth a gyrhaeddir gan y ddau ddadleuwr. Y mae'n amheus gennym a oes yn yr oll o nofelau Dickens gymeriadau, ac ystyried eu manteision, a ddeil i'w cymharu â hwy. Carem sylwi am ennyd ar deithi meddwl Bob.

Ceir bod y rhesymegol yn gryf iawn ym meddwl Bob. Rhaid oedd iddo gael cysondeb ym mhopeth. Mae yn hynod fedrus pan yn dinoethi yr anghysonderau a welai yn nisgyblaeth eglwysig a ffurf-lywodraeth y Methodistiaid y pryd hynny. 'Paham,' meddai wrth ei fam, 'y mae William y Glo, am nad yw ei ben yn ddigon cryf i ddal effeithiau mwy na dau wydriad o gwrw, yn cael ei ddwyn i gyfrif o flaen y seiat, ond ysywaeth, nid oes un reol i alw John Llwyd i gyfrif am ei grintachrwydd a'i gybydd-dra?' Methai Bob weld cysondeb yn nisgyblaeth o gwbl, a diau mai amcan Daniel Owen oedd dysgu gwers i'r Methodistiaid yn hyn. Yr oedd manylder Piwritaniaeth wedi gyrru'r 'Hen Gorff' i or-fanylder disgyblaeth mewn rhai pethau, gan adael i bechodau eraill ddianc yn ddi-gosb. Credai Bob fod hyn yn anghyfiawnder, gan ei fod yn gormesu'r gwan a gadael y cryf yn rhydd. Mae hyn yn hen gwestiwn. O amser Cyprian i lawr trwy helyntion Novatian, y Donatistiad, a'r canol oesau, mae'r un anhawsder mewn gwahanol ffurfiau wedi ei deimlo gan yr eglwys. Ar faterion o ddisgyblaeth da yw cofio yr hyn ddywedodd Awstin, sef, er bod yr eglwys fel delfryd i fod yn bur, y mae fel ffaith, mewn byd o bechod o angenrheidrwydd yn myned yn *corpus permixtum*. Oni ddywedodd Un mwy nag ef, ran hynny, — 'Gadewch i'r ddau gyd-dyfu hyd y cynhaeaf.' Dichon fod cymeriad fel Bob wedi llwyddo i wneud i'r enwad lacio rhyw gymaint yn ei ddisgyblaeth eglwysig gan nad yw mor lem yn ein dyddiau ni ag oedd yr amser hwnnw.

Yn wir, y mae Daniel Owen, drwy Bob, yn dysgu cryn lawer o wersi i'r Methodistiaid. Mae fel pe yn dweud wrthynt, — 'Mae'n bryd i chwi adael yr hen bethau oedd yn gwneud y tro i'r tadau, gan fod yr oes yn dyfod yn oleuach, ac mae'n rhaid i chwi newid i ddyfod i fyny â'r oes.' Byddwn ar brydiau fel pe yn ei glywed yn dweud, — 'Mae Mari Lewis, Abel Hughes, ac ereill, yn eithaf yn eu lle, ond i olwg yr oes sydd yn dyfod y maent yn rhy gul eu syniadau, ac y mae'n rhaid i ti, yr hen enwad anwyl, ehangu dy syniadau, neu golli dy blant.' Mewn gair, mae Bob yn udgorn yr oes oedd i ddyfod, ac felly yr oedd yn ddiwygiwr.

Dau beth a geir ymhob diwygiwr, sef y breuddwydiwr a'r gweithredwr. Yr oedd Bob yn freuddwydiwr mawr, a mynnai ddwyn ei freuddwydion i weithrediad. Dywed haneswyr wrthym fod y genedl Gymreig wedi ei ffurfio o ddwy genedl arall, sef yr Iberiaid a'r Celtiaid. Breuddwydwyr oedd y cyntaf, ac yn eu mysg y caed ran amlaf y bardd a'r gweledydd. Dyn gwahanol iawn oedd y Celt, oeraidd ei dymherau, ac fel y dywedir heddyw, yn fwy *matter of fact*, nodweddion sydd yn gogwyddo mwy at y dyn masnachol a'r gweithredol. Dichon mai uniad o'r ddwy elfen hon yn anianawd y Cymro a geir yn Bob. Mae adnod yn Joel yn proffwydo, 'Eich gwŷr ieuanc a welant weledigaethau'; ac os yw hyn wedi ei wirio gydag unrhyw genedl, mae wedi ei wirio yn hanes y Cymry. Nid oes, ni gredwn, genedl a chymaint o feirdd dan haul â hi, yn ôl ei maint. Ond nid i gyfeiriad barddoniaeth y breuddwydia y Cymro yn unig. Mae breuddwyd y Cymro fel rheol yn eirias gan wladgarwch. Breuddwydiai Bob am ehangach bywyd i'w wlad, ac am 'fwy o oleuni' i'w enaid ei hun. Mae yn *type* o ystad meddyliol Cymru yn y cyfnod rhwng Methodistiaeth a'r Deffroad, pryd yr oedd egwyddorion mawrion crefydd yn dechreu lefeinio ei bywyd. Dengys y weithred fawr arwrol a gyflawnodd dros ei gyd-weithwyr hyn. Ceisiai ei fam ei atal, am na welai unrhyw gysylltiad rhwng gweithred o'r fath â chrefydd. Ymresymai Bob, gan fod Crist wedi marw dros y lliaws, yr oedd ei ddyletswydd yntau yn ei alw i ddioddef dros ei gyd-weithwyr; ac onid yr un egwyddor mewn gweithrediad yw ei fywyd drwyddo? Dyna oedd delfryd Bob, ac yr oedd am ei dwyn yn ffaith yn hanes y genedl. Yr amser yma yr oedd materion llafur yn dechreu blino Cymru, ac fe ddygodd Bob ddelfrydau y Cymro iddynt, a'i wroldeb hefyd; y naill trwy ei freuddwydion, a'r llall yn ei weithredoedd. Y breuddwydiwr trymaf yw'r gweithredwr peryclaf, ac mae'r ddau eithafbwynt yma i'w canfod yn Bob, ac yn y Cymro. Rhaid yw i'r olaf

146

fyned i eithafion; mae naill ai yn gythraul neu yn angel, yn ddirwestwr pybyr neu'n feddwyn anobeithiol, gweithia ei hun i farwolaeth neu fe bydra o ddiogi.

Bu Bob farw yn ieuanc, ffaith nodweddiadol o broffwydi Cymru. Yn chwech ar hugain bu farw Golyddan, y bardd ieuanc a arweiniodd feddwl Cymru i deithi yr arwrgerdd. Tom Ellis a alwyd ymaith yn ddeugain oed, wedi iddo sylfaenu yng ngwleidyddiaeth ei wlad egwyddor fawr iawnderau y werin. Ychydig yn hŷn aeth Islwyn 'uwchlaw cymylau amser,' wedi iddo agor i'w genedl ddôr ystafell dirgelion ei henaid. Teimlem wrth ymadael â Bob y gallem ofyn, — 'Beth fyddet pe buaset wedi cael addysg a chware teg?'

10. *Daniel Owen*

J. BREESE DAVIES
Yr Eurgrawn, cxvii (1925) a cxviii (1926)

Brodor o'r Wyddgrug oedd Daniel Owen, ac y mae delw'r dref ar ei waith. Nid ydyw'r Wyddgrug nepell o Gaerlleon, ac fe ellid gweu llawer o gyffro bywyd y gororau yn yr oesoedd canol o'i deutu. Ond nid oedd llawer o hud ym mywyd y tywysogion ym meddwl Daniel Owen. Gwell ganddo fywyd y bobl yn ei ymyl; amdanynt hwy yr ysgrifennai, ac iddynt hwy y cyflwynodd ei lyfr goreu. 'Wn i ddim pa beth ydyw'r achos, 'meddai yn un o'i ystraeon,' ond y mae hen garitors rhyfedd yn mynd yn brinnach bob dydd,' a disgrifio y rhain, cyn iddynt fynd ar ddifancoll, oedd ei waith. Ni allasai, efallai, gael tref yng Nghymru â chymaint o amrywiaeth yn ei phobl â'r Wyddgrug, yn arbennig yn y ganrif ddiweddaf: a rhoddai ei waith, fel teiliwr ac fel siopwr, fantais iddo wylio ac adnabod y natur ddynol o'i amgylch. Yn y dref, bob dydd, cyfarfyddai nifer o elfennau gwahanol. Ni ellid disgwyl dim amgenach na chymysg liwiau ym mywyd tref fel Yr Wyddgrug, a sir fel Fflint. O ran eu Cymraeg, tafodiaith Powys a siaredid fwyaf, ond yma ac acw, yng ngorllewin y sir, fe ymwthiai iaith lafar Gwynedd iddi. Heblaw hynny, i dref lofaol fel Yr Wyddgrug, deuai elfennau dieithr eraill i'r iaith, ac i fywyd ei thrigolion. Yr oedd llawer o ddynion yn dod i'r dref yn Saeson a Gwyddelod, ac effeithiai y rhain, er gwell ac er gwaeth, ar fywyd Cymreig y lle. Mewn man lle'r oedd cymaint o nodweddion yn cyfnewid, fe geid cyfle rhagorol i wylio'r bywyd Cymreig yn aros neu ddarfod. Troai llawer o'r gwladychwyr, ysywell, yn Gymry, er bod nifer 'Cwil', yn yr ystori am Enoc Evans y Bala, yn gwrthod treiglo eu goseiniaid, na llawer o'i ffyrdd eraill. Erys delw'r bywyd cymhleth hwn ar gymeriadau Daniel Owen, ond, er hynny, ni cheir yn unman gystal lluniau o fywyd Cymreig y ganrif ddiwethaf ag a geir yn ei nofelau ef. Er ei fod yn disgrifio bywyd yr oedd ef ei hun yn byw yn ei ganol, eto fe wêl pob

Cymro ei hun fel mewn drych wrth ddarllen ei weithiau. Trwy ei awen, rhoes Daniel Owen gymaint o ysbryd ac o fywyd yn ei ddarluniau, nes troes bethau dros amser yn bethau dros byth, a phobl leol yn bobl ddiddorol i bawb.

Os bydd gwaith yn ffrwyth awen, neu oni bydd, bydd delw'r awdur arno, ac ni ellir nofel o lyfr oni welir yr awdur yn ei ddangos ei hun ynddi — yn ei golygiadau a'i rhagfarnau, yn ei hiaith a'i dulliau ymadrodd. Fe deimlir bod hyn yn wir arbennig, ynglŷn â Daniel Owen. Dywedir am y beirdd eu bod 'yn dysgu drwy drallod a ganant ar gân', a theimlir, wrth ddarllen nofelau Daniel Owen, ei fod yntau wedi trochi ei feddyliau yng ngwaed ei galon, ac mai dyma'r rheswm eu bod yn cadw mor fyw, yn hytrach na gwywo a marw. Fel y mae *David Copperfield* i Dickens, neu *Kipps* i H. G. Wells, felly y mae *Rhys Lewis* i Ddaniel Owen. Ynddo ceir rhywbeth amgenach nag ymgais ysgrifennydd i daflu ei gysgodion ei hun ar fywyd rhai a adnabu, er bod hynny ynddo. Eithr y rhagor sydd rhwng hwn â rhai o'i lyfrau eraill ydyw'r ffaith mai ynddo yr edrydd lawer o'i hanes ei hun a'i deulu: ynddo ceir hanes ei fam, a'i frawd, a chymdeithion ei ieuenctid. Ysfa Americanaidd ddigon annymunol ydyw'r ysfa am chwilio pob tipyn o hanes teuluol pobl, oni welir mwy o gymeriad dyn ymhen y pentan nag ymhen y ffordd; ond nid cywreinrwydd syml oedd o'r tu ol i gais Isaac Foulkes pan ofynnodd i'r nofelydd ysgrifennu tipyn o'i hanes. Teimlai, yn ddiau, y byddai'r hunan-gofiant yn esboniad ar y nofelau.

Ganed Daniel Owen ym 1836. Ni ddywedir fawr am ei dad, ond ei fod yn gymydog da, yn ddyn gonest, ac yn Gristion cywir. O du ei fam, yr oedd Daniel Owen yn perthyn i Dwm o'r Nant: bu ei fam, hefyd, yn adrodd pennod ddwywaith i Charles o'r Bala. Daniel Owen oedd yr ieuengaf o chwech o blant, ac oherwydd i'w dad a'i ddau frawd foddi yn y gwaith glo yn fuan ar ôl ei eni ef, dyrysodd bywyd y teulu, a brwydr ofnadwy o galed a gafodd ei fam i'w fagu ef a'r plant eraill. Fel y dywed ef ei hun, rhydd bortread o'i fam ym 'Mari Lewis,' a gwelir tebygrwydd rhwng 'Bob' a'i frawd. Prentisiwyd ef, gan mai eiddil oedd, yn deiliwr, gydag Angel Jones, a bu'r gweithdy yn fath ar goleg iddo. Daeth dan ddylanwad Roger Edwards — gŵr y gallai Cymru ymfalchïo mwy ynddo nag a wna — a chyfarfodydd llenyddol. Barddoni, ysgrifennu, pregethu, mynd i Goleg y Bala, ac adre'n ol 'yn onest' oddi yno — nid oes dim helynt neilltuol ym mlynyddoedd cynnar ei fywyd. Ym 1876, torrodd y gwaed yn ei ysgyfaint, a bu'n dihoeni'n hir. Yn ei neilltuaeth, dechreuodd ysgrifennu — 'pennod ar gyfer pob mis, heb fod gennyf air wrth gefn' — i'r *Drysorfa*. Wedi marw Roger Edwards, dechreuodd ysgrifennu i'r *Cymro*, a daliodd ati hyd fedd. Bu farw ym 1895, un mlynedd ar bymtheg ar ôl iddo gyhoeddi ei *Offrymau* cyntaf, a diameu iddo fynd i 'gapel mawr Iesu Grist' y soniai 'Seth' amdano. A'r capel a'i bobl ydyw pegwn ei holl nofelau.

Ar lawer cyfrif, yr oedd yn syndod iddo droi at ffurf lenyddol fel y nofel o gwbl, oherwydd ffurf led newydd oedd, yng Nghymru. Credai'r bobl mai celwydd oedd pob ystori ddychymyg, ac un a ofnid gan grefyddwyr cyffredin. Pan aned Daniel Owen, y pulpud, efallai, oedd y gallu cryfaf yng Nghymru. Yr oedd yr anterliwt, y delyn, a'r faled wedi eu halltudio o'r tir, a'r Cymro byw, aflonydd, hoff o liw a llun, a garai gân a dyri, wedi troi at grefydd lem, foel, na welai ddim ond Duw yn llywodraethu byd pechadurus. Er cymaint oedd ffrwyth y wasg, eto ni chai'r genedl flas arno. Llyfrau hanes, mân bamffledi cecrus, cofiannau, a phregethau — nid oedd galw amdanynt, na graen arnynt. Ni chymerai'r Cymry fawr o ddiddordeb mewn gwleidyddiaeth a materion cyhoeddus, a byr oedd hoedl pob papur newydd. Gyda chynnydd *Y Traethodydd*, a'r *Faner* a'r *Amserau*, daeth pethau'n well, a daeth Cymru, drwyddi, yn fwy byw a hyderus. Seiliwyd y diwygiadau gwleidyddol, fel yr oedd oreu, ar gyffro '59, a throes y genedl i'w pharchu ei hun. Ar ôl sicrhau'r prif fuddugoliaethau y cafwyd y nofel. Y mae'n wir bod Cawrdaf, S. R., Brutus, Gwilym Hiraethog, Roger Edwards, a Llyfrbryf, bob un yn ei dro, wedi dechreu paratoi'r wlad ar gyfer y nofel, ac yr oedd Gwilym Hiraethog wedi llwyddo'n dda iawn. Darllenai'r bobl helyntion yr Hen Ffarmwr a'r Hen Deiliwr yn awchus. Gwyddai Hiraethog sut i ddisgrifio'r bugail a'r gwladwr i'r dim, ac er nad oedd ei fedr, efallai, yn gymaint â'i ddawn, eto yr oedd rhyw swyn rhyfedd yn yr iaith honno oedd mewn rhan yn dafodiaith Mynydd Hiraethog, ac mewn rhan yn gread Hiraethog ei hun, a'r hen arferion a ddisgrifid ynddi. Er hyn i gyd, Daniel Owen oedd y cyntaf i ymroi ati o ddifrif i wneuthur nofel, ac ef a lwyddodd fwyaf o neb, hyd yn hyn, i ennill clust y bobl. Fe ddichon nad oedd yntau, mwy na Gwilym Hiraethog, yn gymaint o lenor â Llyfrbryf, awdur y nofel hanesyddol, *Rheinallt ap Gruffydd;* eithr adwaenai ei gyd-genedl yn drwyadl, yn enwedig yr adran. Fethodistaidd ohoni; yr oedd yn graff dros ben; yr oedd ei lond o ddychymyg ac arabedd; ac wrth ddisgrifio dyn, neu wisg, neu dŷ neu ymddiddan, medrai greu awyrgylch gyd â medr Y Goreuon eu hunain. Ac fel y dywed yr Athro Gwyn Jones, ychydig o gastiau cyffredin nofelwyr a arferai: "yn ei ystori drwyddi draw, yn hytrach nag yn ei digwyddiadau cyffrous a'i chwlwm, yr oedd ei nerth a'i ragoriaeth ef." Daeth llu o nofelwyr ar ei ol, er na chododd neb cyn uched âg ef ym marn y wlad, ac er bod eu celfyddyd, fel celfyddyd, yn llawer gwell na'i eiddo ef. Ymhen amser, cododd yr ystori fer, a'r nofel sy'n ymwneud â dosbarth neilltuol o bobl, fel chwarelwyr R. H. Williams, neu Miss Kate Roberts. Eto fe ddeil ei ddylanwad arnom o hyd, er ein bod yn dechreu gweled, bellach, na ellir ei efelychu ef yn ei fyd ei hun.

Gan na ddechreuodd Daniel Owen ysgrifennu nofelau hyd nes oedd, fel Scott, yn ddeugain oed, ni pherthyn yn llwyr i'r mudiad llenyddol a roes gychwyn i'r Traethodydd a'r Faner. Nid oes dadl nad oedd yn alluog dros ben, er mai diwylliant cartref oedd llawer o'i ddiwylliant ac mai defnydd cartref ei ddefnydd. Yn hyn o beth, safai yntau bron ar yr un tir â'i gyfoeswyr, ond yfodd ef, hefyd, gryn dipyn o ysbryd y mudiad newydd a ddaeth i Gymru ar ol Deddf Addysg 1870. Symudiad ysgolheigaidd oedd hwn yn bennaf, a'i amcan mawr oedd dileu'r Gymraeg anghywir a'r gystrawen hagr, ddieithr oedd mewn bri. Er na chymerai Daniel Owen ofal eithriadol o'i ramadeg, eto nid esgeulusai deithi yr iaith, a dilynai briod-ddulliau iaith lafar hen bobl yn hytrach na'r iaith lyfr, wneud a arferid yn hanner cyntaf y ganrif. Ni ddywedaf na ddaw'r idiom Seisnig i'w waith yntau, ond yr oedd ei reddfau yn ddiogel, ac ni adawodd i ddysg ei ieuenctid eu gwyrdroi. Dywedai ei feddwl yn glir a naturiol, ac ni ellir mawrhau sylwedd ei waith, ac estyn bys i gondemnio ei iaith ar yr un pryd. Ond heblaw pwnc yr iaith, credai ef, fel arweinwyr y symudiad ysgol-heigaidd, y dylid darparu llenyddiaeth ar gyfer y plant a'r werin ddigrefydd, er mwyn diogelu'r iaith a'n cenedl. Yr oedd yn Gymro i'r carn, a deuparth o ffydd Mazzini yn rhedeg yn ei wythiennau. A oes rhywun a gred ei fod yn eithafol pan ddywedai fod ein llenyddiaeth yn rhy unffurf a chasurol, yn rhy drom a phrudd? Yr oedd eisiau, fel y dywedai yn y Siswrn, "llyfrau Cymraeg, Cymreig — gwreiddiol, swynol, hawdd eu darllen, ond pur ac adeiladol [tud. 127], a gwnaeth ef fwy na neb arall, yn ddiameu, i gyflenwi'r diffyg hwn, ac i godi to ar ol to o ddarllenwyr Cymraeg.

Heblaw cyfieithu nofel pur ddiddim o'r Saesneg i Gymraeg (neu'n hytrach roi heibio'r gwaith ar ol gwneud ei hanner), y gwaith cyntaf a ddug Daniel Owen o'r wasg oedd *Offrymau Neillduaeth.* Pregethau ydyw'r rhan fwyaf o'r llyfr, ond yn y rhan olaf, darlunir nifer o gymeriadau Methodistaidd. Nid oes dim rhinwedd llenyddol arbennig yn y pregethau, canys yn ol pob son, nid oedd Daniel Owen y pregethwr mewn dosbarth ar ei ben ei hun, fel John Davies, Nerquis, a ddisgrifir mor fyw ganddo yn y *Siswrn* [tud. 58 et seq.] Y mae'r pregethau yn syml heb fod yn arwynebol, ac yn ddiddorol heb fod yn ddyfnion. Mewn gair, y maent yn debig i bregethau "cymeradwy," diddrwg-didda, cyffredin. Paham yr oedd John Davies, Nerquis, mor boblogaidd fel pregethwr? Etyb Daniel Owen mai am ei fod yn adnabod y natur ddynol mor llwyr, ac am ei arabedd a'i naturioldeb. Perthynai'r un nodweddion i Ddaniel Owen, yntau, ac efallai y deuthent i'r wyneb pe cawsai iechyd i bregethu. Eithr ni welir mohonynt yn ei bregethau cynnar, a rhaid myned am danynt i'w bortreadau o gymeriadau'r enwad y perthynai iddo. Codwyd y darluniadau hyn i'r *Siswrn,* ac er nad ydynt i gyd yn orffenedig, eto y maent yn darawiadol iawn, ac yn llawn o swyn cartrefol. Cyferbynnu gwerth duwioldeb syml, llednais â gwrthuni gorawydd am swydd ydyw eu neges. Er mai gŵr diddysg, diniwed ydyw James Humphreys, ac er na wêl Peter Watcyn ddim ond "do, do, sol," eto y maent yn llawer mwy hygar na George Rodric; ac y mae'r portread o John Jones — siopwr swil, hynaws, a chrefyddol — yn gywirach na'r darlun cyffredin o siopwyr mewn llenyddiaeth. Gadewir Noah Rees i gyfrol arall ar ol iddo gamu am foment rhwng y dail, ac ni cheisir datblygu cymeriad syml, hoffus William Thomas, na chraffter chwim Bob y gwas. Eto fe ddengys yr ystraeon egin nerth Daniel Owen. Y mae'r iaith yn glir a naturiol, a daw ei ddawn i nyddu dialog a "dweyd y drefn" i'r golwg. Anodd ydyw meddwl am ddim gwell na'i ddull o awgrymu surni ymwthgar George Rodric, neu o ddarlunio craffter hirben, cyrhaeddgar Gwen Rolant. Cydymdeimlad, priodoldeb, direidi, iaith rwydd, ddarluniadol — ceir y cwbl yn y darluniau hyn. Daw gwendidau Daniel Owen i'r golwg ynddynt hefyd, a gellid rhoi mwy o wefr yng nghyfarfod dewis y blaenoriaid. Eto i gyd, nid ydyw'r diwedd llipa sydd i'r ystraeon yn hollol anghywir, gan mai siomi George Rodric oedd y nod yr oedd Daniel Owen yn ymgyrraedd ato. Dengys yr ystraeon wirionedd y dywediad fod y llenor yn ymddatblygu'n gynt na'r bardd, canys nid ydynt yn ystraeon hynod o anwastad ac anaeddfed, fel y gellid disgwyl i waith newyddian mewn ffurf lenyddol, newydd, fod.

Er bod y *Tri Brawd* eisoes wedi ymddangos yn y *Drysorfa*, ac *Atgofion fy Ngweinidogaeth* yn y *Dysgedydd*, eto ni charai crefyddwyr Cymru weled ysgrifau o natur nofelau yn y cylchgronau enwadol, a phrotestiodd un Cyfarfod Misol yn erbyn eu dwyn i'r *Drysorfa*. Ond yr oedd Roger Edwards yn ŵr penderfynol, ac ymhell o flaen ei oes, ac ni chredai fod y *Dreflan* yn rhy fydol i'w disgrifio, hi a'i phobl, ar ddalennau prif gylchgrawn ei enwad. Mewn gwirionedd, gwyddai na fedrai neb, ond odid, sefyll yn hir yn erbyn Daniel Owen, os oedd yn darllen ei waith o gwbl. Yn yr Wyddgrug ei hun, fel y mae'n amlwg ar unwaith, y cafodd Daniel Owen lawer o'r defnyddiau, ac y mae ef ei hun yn rhan o'r bywyd a ddisgrifir. Daw natur gydolig y *Dreflan* i'r golwg yn enwau perchnogion rhai o'r siopau, megis y Meistri Puff and Bluster, Michael Flanegan, ac Ann Williams neu yn nhafodiaith ei thrigolion. Ar yr un pryd, nid ystraeon lleol yn unig ydyw ystraeon y *Dreflan*, ac nid ydyw'n rhyfedd i rywun anfon at Roger Edwards a dywedyd wrtho fod yr awdur "yn ceisio pardduo un o'r llanerchau mwyaf moesol a chrefyddol" yn ein gwlad, — plwyf na wyddai Daniel Owen hyd yn oed amdano. O ran ei chynnwys, y mae'r *Dreflan* mor gyffredinol ag ydyw o benodol, ac er mai darlunio bywyd crefyddol mewn tref ar bwys Caer Lleon, yn hanner olaf y ganrif ddiweddaf, yr oedd, eto ni feddylir, wrth ei darllen, am ei chyfyngu i nac amser na lle. Ymdry gyd â theimladau dyfnaf bywyd, ac am hynny nid ydyw swyn y darluniau mor ddarfodedig â'r bywyd a ddarlunir, 'dyweder, gan Jane Austen. Crefydd, egwyddor, serch, afiechyd — wrth ddarlunio'r rhain, ymwna'r nofelydd â phethau sy'n gwneud ein bywyd hen yn ieuanc fyth. Ni pherthyn y deunydd hwn i un ganrif yn unig, a cheidw disgrifiadau da ohono eu blas o oes i oes. Heblaw hynny, y mae'r *Dreflan* yn lân oddiwrth fân nodweddion cyfnodol. Yn nofelau Beaconsfield, er enghraifft, sonnir cymaint am gyflwr politicaidd na feddai'r un oes ond ei oes ei hun eu tebig, fel nad oes fawr o wawr arnynt i ni heddiw. Fel y crybwyllwyd o'r blaen, ni chafodd Daniel Owen febyd moethus, fel y cawsai pe buasai'n blentyn i Mr Smart, neu hyd yn oed i Mr Pugh, ond yn hytrach na'i suro (fel y bu gyd â Charles Ashton) meithrinodd ei gynni a'i dlodi lawer ar dynerwch ei natur. Os ymyla'i deimlad, ambell dro, ar feddalwch plentynnaidd, eto ni fedd syniad isel, llygredig am ddynoliaeth, ac nid ydyw ei ysbryd yn goegaidd ac afiach, fel ysbryd llawer o nofelwyr Ffrainc, er cystal ydyw cynllun ac unoliaeth eu gweithiau hwy. Er ei fod yn grefyddwr o'i gorun i'w sawdl, eto y mae ei gydymdeimlad yn ddigon eang ac agored iddo fedru disgrifio cymeriad dyn o'r byd fel Ismael. Nid oes ganddo fawr o feddwl o'r undeb llafur, nac o'r dynion a ferchyg y gweithwyr dan gochl eu caru [*Dreflan*, tud. 70], ac y mae'n eglur bod lliw rhy Ymneilltuol ar ei waed iddo fod yn hollol gyfiawn tuag at yr Eglwys yng Nghymru, fel y dengys y sylw a roes i Mr Rogers:—

"Barn onest Mr Rogers ydyw y gwna Walter berson rhagorol, ond na wnaethai frethynwr byth — am nad oedd digon yn ei ben." — [*Ibid*, tud. 230].

Camp mawr eu gymeriadau ydyw eu crefyddolder, a'r wedd Fethodistaidd oedd arnynt. Dylid cofio mai i gylchgrawn Methodistaidd yr ysgrifennodd y *Dreflan*, ond nid ydyw, er hynny, yn gul ac annheg. Dengys ei sylwadau ar ficer, a dau giwrad, a chlochydd y *Dreflan* graffter yn ogystal â rhagfarnau'r Ymneilltuwyr [*Ibid*, tud. 3]. Cyfeiria'n chwareus at y Bedyddwyr, a'r Annibynwyr, ac ni chyll ei dymer pan wêl yr Offeiriad Pabaidd. Rhydd ddisgrifiad byw a theg o'r ddau weinidog Wesleaidd, a diddorol ydyw darllen araith y Parch. Robert Hugh Lewis [*Ibid*, 148] yng nghyfarfod sefydlu'r Parch. Noah Rees, yn enwedig i un a ddarllenodd ysgrifau Emrys ap Iwan ar "Blicio gwallt yr hanner Cymry." Er bod eraill yn defnyddio iaith yr un mor chwyddedig ac annaturiol (fel y dengys esboniad y gwyddonydd enwog ar gochni trwyn "John Aelod Jones" ar ol iddo droi'n "Ffrochwyllt") [*Ibid*, 229] eto ni all yr un efrydydd hanes ameu nad oedd y Wesleaid, am ryw reswm neu gilydd, yn diodde'n drwm dan y clwy. Heblaw'r dosbarth hwn, ceir dosbarth arall yn y *Dreflan* sy'n ddiddorol i efrydydd iaith a chrefydd Cymru yng nghwarter olaf y ganrif ddiweddaf. Cynrychiolir y dosbarth hwn gan Miss Smart a'r clochydd, a rhai fel hwynthwy oedd ysbrydion drwg "yr Inglis Cosys," a felltithiai Emrys ap Iwan, a hyd yn oed Daniel Owen yn "Llythyr at fy Nghefnder" [*Siswrn*, tud. 116]. Yn sicr ddigon, disgrifiai Daniel Owen grefyddwyr, o ba enwad neu fuarth bynnag y delent, â chydymdeimlad cynnes, a chashâi â châs cyflawn rai fel Jeremiah Jenkins, neu George Rodric, i raddau llai, am eu bod yn gwneud mwy o ddrwg i grefydd nag y medrai Mr Pugh wneud o ddaioni trwy ei oes. Nid "humbig" oedd crefydd y *Dreflan* i Daniel Owen [Cym. *Y Dreflan*, 36], ac ni chyll ei ddarluniadau ohoni eu tegwch a'u cymesuredd, fel yr ymddengys y cyll rhai o'n dramodau diweddar ni. Un peth ydyw dywedyd yr union wir, a dim ond y gwir; peth arall ydyw troi'r goleu i gyd ar haenau isaf crefydda. Fe rydd Daniel Owen, yn y *Dreflan,* olwg inni ar grefyddolwch, ond ni ddirmyga grefyddolder y Cymry. Yn wir, y mae crefydd gŵr fel Mr Pugh, na all ddamnio'r byd oddiallan i'r eglwys, yn rhywbeth dwfn a chatholig, ac amgenach na ffurf frau.

O bob un o nofelau Daniel Owen, nid oes yr un mor ddi-ffurf â'r *Dreflan.* Fel y cyfeddyf ei hun, y mae'n ymwneud â'i gymeriadau, fel y byddai Ned Sibion yn cario piseri dŵr [tud. 162]. Nid amcanai ef at gysylltiad agos rhwng y gwahanol benodau [tud. 26]. "Nid wyf fi," meddai, "wedi addaw hanes cysylltiol a chyfrodeddol; ac ni waeth i mi ddweyd yn y fan hon, y bydd fy null o fyned ymlaen yn debyg i ddull Spot, y ci bach yma . . . Pan fydd Spot yn dyfod gyda mi i roi tro, ni bydd efe byth yn cerdded nac yn rhedeg yn unionsyth; na, bydd weithiau yr ochr yma, ac weithian yr ochr acw; weithiau yn rhedeg i lawr y groesffordd, bryd arall yn mynd dros y clawdd; edrycha yn syn at un peth, a chyfartha at y peth arall; ond gofala yn wastad am ddyfod yn ei ol. Ac y mae mwy o natur a barddoniaeth, goeliaf fi, yn null Spot o deithio nag yn null creadur fel y camel, yr hwn sydd yn dal ei ben i fyny o hyd, ac fel pe byddai yn edrych am derfyn ei daith bob cam. O leiaf, dull Spot a fabwysiadaf fi, serch i mi trwy hynny deithio llawer yn ofer." Dyfynnais hwn yn helaeth am ei fod yn feirniadaeth gywir ar ddull Daniel Owen o ysgrifennu, ac er mwyn dangos mai o fwriad ac nid o fregedd y cymerai ef y cynllun, neu ddiffyg cynllun a geir yn y *Dreflan.* Nid oedd y ffaith mai ysgrifennu pennod ar gyfer pob mis yr oedd yn fantais iddo ffurfio cynllun caeth, anystwyth, ac ni allai Dickens, nac odid un o'r nofelwyr Prydeinig, ei helpu. Y mae hwn yn wendid yn nofelau Rwsia a gwledydd eraill, ag eithrio Ffrainc yn arbennig. Prin, efallai, bod unoliaeth mor anhepgor i nofel ag ydyw i delyneg, ac ni raid i ŵr o athrylith fod mor ofalus o ffurf â gŵr diallu. Eto, rhaid cyfaddef bod nofelau Daniel Owen, fel y rhan fwyaf o nofelau Cymreig, yn tueddu at fod yn rhy llac a cheinciog. Fe ysgrifennai heb blan, a dibynna'i effeithiau fwy ar nifer o fân ddigwyddiadau nag ar un crynhoad mawr. Y mae'n anodd dilyn cwrs ei ystorïau, nid am fod ei blot yn gywrain, ond am ei fod yn crwydro yma ac acw. Yn ei ddull o ddisgrifio mewn modd digyswllt, mympwyol, fe'i dengys ei hun yn debyg i'r hen feirdd a ganai'r cywyddau dyfalu yn yr hen amser. Casgliad o fân nofelau, yn datguddio cymeriadau crefyddol Cymreig, ydyw'r *Dreflan.* Ni wneir fawr o gwlwm ystori, ac anaml y trinir y defnyddau mor ddeheuig ag y gwneir yn hanes y tân yn siop Jeremiah Jenkins. Oedir disgrifio dewis y gweinidog, hanes Benjamin Prys, priodas y Parch. Noah Rees, a digwyddiadau eraill heb fawr o reswm, a rhedir yn frysiog drwy'r hanes er mwyn diweddu'r ystori. Ni cheir cymaint o ymddiddan yn y *Dreflan* ag a geir yn nofelau Daniel Owen. Tuedd y nofel Saesneg ydyw rhoi gormod o bwys ar ymddiddan: tuedd y nofel Gymraeg ydyw rhoi rhy fach o bwys arno. Nid oes unrhyw ffordd well i ddadlennu cymeriadau na thrwy ymddiddan, ac ni all hanes a ddisgrifir gan Noah Rees fod cystal â'i weled yn fyw o flaen ein llygaid.

Ond er y cwbl, fe lwydda Daniel Owen i wneud ei gymeriadau'n ddiddorol. Ar y cyfan, fe'u disgrifia fel y maent, nid fel y dymunai iddynt fod, ac nid oes amheuaeth na rydd wedd ddynol arnynt oll. Disgrifio'r dyn ac nid y teip a wna, boed o sant neu bechadur, boed pregethwr neu heliwr. Fe ddisgrifia'r ferch bron cystal â'i ddynion, ac er na welir ei arabedd yn ei lawn dwf, eto nid ydyw'n anamlwg. Daw cymeriad John Aelod Jones i'r golwg yn ei ymgom fer â Walter Wynn wrth "gysfenu i'r wasg" — ei falchter, a'i fursendod, a dengys ei hanes bob cam wirionedd yr adnod fod balchter a chwymp yn dilyn ei gil-ydd. Eto nid trwy ddialog yn unig y dengys Daniel Owen garitor dyn. Rhydd enwau noeth rhai o'r cymeriadau eiliw o'u natur hwynt hefyd, fel enw Miss Smart, a ganai'r piano, a wnai waith "crochet," a astudiai'r *Journal of Fashion* neu ei Thad, gyda'i rygnu am "appearance, appearance!" Sieryd chware ar eiriau, fel "bugle" am "bugail," neu'r gair mwys "gilt" yn eglur am caritor Jim, a Jeremiah Jenkins. Medr ddisgrifio gwisg hen ŵr fel Benjamin Prys, neu hen wraig fel Becca Prys, neu dufewn i dŷ fel tŷ Ismael gyda chynhildeb ymadrodd a chraffter digyffelyb; anaml y ceir gormodiaith tebyg i'r disgrifiad o drwyn gŵr y "White Horse" — "a'i drwyn mor goch a disglaer fel y tybid y gallai un danio ei bibell ynddo." Ni cheir odid i ddim son am natur, er hoffter y Cymro o honi, ac ni chymer hi i'w helpu i ddisgrifio troeon rhyfedd calon dyn ond unwaith neu ddwy, a hynny'n ddamweiniol, efallai. Y disgrifiad goreu, a'r unig un helaeth, a geir yn y nofel o anian ydyw'r darlun o'r ystorm, oedd mor debig i ruthr hiraeth Mr Pugh am Bob, ac mor annhebig i ddedwyddwch hyfryd Noah Rees (tud. 98, 99). Yma ac acw, daw medr Daniel Owen i roi "gair o brofiad" yng ngenau'r personau i'r amlwg, a datguddir llawer o graffter Mr Pugh, a duwioldeb William Thomas yn y dull hwn: gellir cyfuno cyffes ffydd Mr Rogers i dri gair — "shop, ledger, a

bank," neu hyd yn oed i dair llythyren — "£ s. d." a rhydd llysenw fel
"y cucumber" ddisgrifiad cryno o gymeriad un arall. Daw eangder
bryd, aeddfedrwydd barn, tiriondeb ysbryd a gloywder ffydd Robert
Pugh i'r wyneb ymhob pennod o'r nofel, bron, ac ni ddaw yn unman
yn fwy eglur nag yn ei waith yn myned i Fuarth Jenkins, yn gofalu am
Jim, mewn rhoi glo a thatws i'r hen Sian Jones. Ni cheir ond braslun o
Noah Rees, ac ni welir ef yn symud rhyw lawer. Nid ydyw'r darlun o
hono ef mor fyw â darluniau o rai eraill heb fod mor bwysig ag ef, fel y
darlun o Fecca Prys, â'i hwnyma a'i hwnacw, â'i hafiechyd. a'i phopty,
neu hyd yn oed y darlun bychan o Syr Ned. Ysgrifennir gormod
amdano yn lle gadael iddo siarad drosto'i hun. Awgrymir natur
lednais, garedig Miss Pugh yn gynnil a medrus. Ni fedd hi neilltuolion
hynod fel Ismael, dyweder. Hawdd ydyw ei ddwyn ef o flaen ein
llygaid. Yn y dechreu, crêd mai rhagrith ydyw crefydd i gyd, ond y
mae'n llawn o natur dda, fel y dengys ei hofftter o Dr Ellis, ac o adar.
"Tipyn yn stoicaidd ydyw efe, a lled hoff o ddadl, — serch hynny nid
oes neb yn ameu nad ydyw wedi cael tro." Ond sut ddyn oedd Ismael
wedi'r tro? Ni ddywedir. Ag eithrio Mr Bevan, nid oes yr un caritor
dianghenraid yn y llyfr, ac nid ydyw yntau'n berson disylwedd; eithr
ni thry ef i'r dalennau ar ol dewis y gweinidog. Dau brif gymeriad y
llyfr, a dau hawdd i'w cyferbynnu, ydyw Jeremiah Jenkins a Robert
Pugh. Erys y ddau bron yn ddigyfnewid o'r dechreu i'r diwedd: ond
tra bo diwedd y naill yn wyn ond annelwig, y mae diwedd y llall yn glir
a du. Gwanc am arian, creulonderau diri, twyllo, twyllo, twyllo, —
dengys bywyd Jeremiah Jenkins beth sy'n wir am hanes gŵr cyffredin
fel am frenin fel Macbeth, mai cyflog pechod yw marwolaeth. Ni
ddysg ddim a wna les iddo, a gwan ydyw'r gobaith a oleuir drosto
wrth iddo droi, yn y diwedd, at Un nas twyllir. Nid ydyw'n newid
dim, i bob golwg, er iddo fyw'n hir yng nhyfathrach dynion rhagorol,
ac er iddo gael gwraig dda. Nid agorir dim ar ei lygaid, fel yr agorir
llygaid Cousin Pons gan Falzac. Gwagedd o wagedd! A'r un modd, i
raddau llai, y mae caritor Mr Pugh yn un cadarn, diymod, ac ni welir
cyfnewidiad rhwng y dyn ieuanc â'r hen ŵr. Eto, fe adweithia er daioni
ar y cymeriadau eraill yn y nofel, ac o ran cywirdeb i fywyd, byddai'n
anodd rhagori llawer arno. Y mae cyweirnod ei fywyd yn wahanol
iawn i lawer o feddwl y dyddiau hyn. Nid rhyw undon araf, brudd,
megis tôn gŵr a welodd mai gwagedd ydyw y cwbl o natur dyn a daear,
er gwaethaf eu tegwch, ydyw ei leferydd ef. Nid ydyw ei olwg ar fywyd
yn debig i Thomas Hardy neu W. J. Gruffydd, oherwydd gwêl rym

mewn egwyddor, a nerth mewn crefydd; a dangos gwerth y pethau na syflir ydyw neges fawr Daniel Owen trwyddo. Datguddir bywyd ar ei oreu yn ei fywyd ef.

Ymddengys i rai nad oes a fynno beirniadaeth lenyddol ag iaith ac arddull ysgrifennydd, ond yng ngolwg y llenor, fel y dywed Emrys ap Iwan, llenyddiaeth gain yn unig sy'n llenyddiaeth, ac ofer ydyw cynnyg iddo lyfrau gwir a llyfrau buddiol oni byddant hefyd yn lyfrau hawddgar a phrydferth. O ran hynny, mae gan bob dyn ei arddull — "y dull, y dyn ydyw." Rhaid iddo osod ei argraff ei hun ar yr iaith gyffredin, a dibynna arddull dyn lawn mwy ar ei gymeriad moesol nag ar deithi ei feddwl. Rhaid i arddull nofelydd fod yn dryloyw, oherwydd nid gwisg symudliw o amgylch rhith o feddwl ydyw iaith iddo; yn hytrach, a defnyddio iaith Emrys ap Iwan eto, y mae megis corff yn cyd-hanfod, yn cyd-fod, yn cyd-dyfu, ac yn cyd-oberu â'r enaid — "corff ysbrydol, tryloyw sy'n gwasanaethu yn unig i roi ffurf y dyn oddimewn, ac nid i'w guddio na'i addurno ychwaith." A hyn ydyw iaith i Ddaniel Owen. Fel y dywedais o'r blaen, tafodiaith Powys, bron, yn gyfangwbl, ydyw tafodiaith yr Wyddgrug, a cheir ei gweled yn null Daniel Owen o drin, dyweder, y diptonau *ae ai, au, ei* ac *eu* pan na fyddont dan yr acen, megis *gwelais* am *gweles*. Ni ddibynna effeithiolrwydd Daniel Owen ar iaith lenyddol fanwl — yn hytrach i'r gwrthwyneb. Defnyddia, y rhan amlaf, iaith gyffredin y bobl yn hytrach nag iaith llyfr gaeth, a hynny sy'n rhoi cymaint o'r llon a'r lleddf a'r swyn cartrefol, cynnes yn nisgrifiadau *y Dreflan*, a'i nofelau eraill. I un dosbarth o bobl, gwaith hawdd ydyw ysgrifennu mewn tafodiaith: i ddosbarth arall, ni ddylid llithro i dafodiaith o gwbl. Ond, fel y dywed George Moore yn rhywle: "No dialect is ugly; from the peasants we learn to write, for their speech is living speech flowing out of the habit of their lives: struck out of life itself." Eithr ni cheir llenyddiaeth o ribi-di-res o eiriau o'r iaith lafar. Cyfyd yr awydd am ddefnyddio ieithwedd gyffredin, agos atom oddiar un o gynhyrfiadau cryfaf a gorau llenyddiaeth, sef y symbyliad i ysgrifennu yn glir ac yn ddealladwy, a chollai y *Dreflan* ei symledd a'i naturioldeb pe ceisid troi ei ddialog i iaith gywrain, lenyddol. Ar yr un pryd, ceir llawer o ffurfiau llenyddol hollol yn nhafodiaith Daniel Owen, er mai anaml iawn y ceir ganddo eiriau ansathredig. Ni ellir ei feio am ddefnyddio geiriau fel *tantro, colma, carnbwl,* a *chlamp,* gan eu bod yn eiriau cyffredin ym Mhowys. A barddoniaeth yn unig yn ei feddwl, credai Aristotl y dylid arfer digon o eiriau anghyffredin i gadw arddull rhag mynd yn gyffredin, ond na ddylent fod yn ddigon lluosog i dywyllu'r meddwl. Ymddengys i mi mai rhywbeth fel hwn oedd credo Daniel Owen. Nid amcanai gadw yn rhy gaeth at gyfleu'r seiniau a'r cwtogiadau cyffredin, ond defnyddiai ffurfiau llenyddol am eu bod yn hwylus. Nid oedd dim rhodres na gwag uchelgais am fod yn od yn ei natur; ond nid ymlynai'n dyn wrth yr un ffasiwn lenyddol. Ymwrthodau â rhai geiriau Cymraeg, da, fel *araf,* neu grwydro er mwyn mabwysiadu ffurfiau y bobl, sef *slo,* a *ramblo,* ac er na ddodai seiniau i lawr fel y'u lleferid, eto y mae blas dull priod y bobl ar ei iaith. Ar y cyfan, ymgroesai rhag arfer ffurfiau gramadeg a geiriau nad arferid yn yr iaith fyw. Yn hyn, yr oedd yn debyg i Dickens. Os cymherir disgrifiad o'r ystorm yn y bymthegfed bennod a deugain o *David Copperfield* â'r disgrifiad a geir yn y seithfed bennod o'r *Antiquary,* fe welir hoffter Scott o eiriau hir, rhodresgar. Os cymherir y ddau, eto, â Daniel Owen yn disgrifio'r gwynt yn y *Dreflan,* tud. 98, fe welir, er nad oedd yntau yn hollol rydd oddiwrth ffigyrau ystrydebol, eto ei fod yn nes at Dickens nag at Scott yn ei briod-ddull llenyddol, a bod ei eirfa yn syml a hawdd i'w deall. Pan gymherir ei iaith ag iaith Cawrdaf, fe welir bod ei eiriau nid yn unig yn fwy anorfod ac yn gywirach, ond hefyd yn fwy syml, union, a dealladwy. Nid ydyw'n deg sôn am ei orgraff, am amryw resymau, er bod ganddo liaws o ffurfiau anghywir e.g. *hyny, atteb, dyga, hyd yn nod, ammheu, tebygolrwydd* (yn lle *tebygrwydd*) a nifer o wallau eraill: pur anghyson ydyw ei orgraff. Eto, fe geir nifer o frychau eraill pwysicach o lawer na'r rhain, am eu bod yn hacru cystrawen yr iaith, ac ni all hyd yn oed y ffaith mai mewn sir ar y goror yr oedd yn byw ei lwyr esbonio a'i esgusodi. Ymhlith y gwallau hyn, gellir enwi ffurfiau anghywir fel *parchedigaeth, gwelai'm llygaid,* (yn lle *fy llygaid*); brawddegau gwallus fel *paid gofyn* (am *paid â gofyn*) a *phe felly* (am *pe bai —* neu *byddai — felly*); a phriod-ddulliau estron fel *yn holi fy hun* (am *yn fy holi fy hun*), *chware y piano, gwneyd i fyny, cadw i fyny ymddanghosiad, wedi ac yn cynnal ei hun, nid y siaradwyr mwyaf ydynt y siaradwyr goreu bob amser, cario ei benderfyniad i weith-rediad, rhoddi ei bresenoldeb,* a llu o feflau cyffelyb. Eithr er pob anaf y sydd ar gorff y llyfr, gellir mesur llwyddiant Daniel Owen pan gofiwn na feddylir llawer am danynt wrth ddarllen y *Dreflan.* O'r dechreu i'r diwedd, fe'n delir yn dyn gan hud yr ystraeon, eu cydymdeimlad dwfn, a'u treiddgarwch: a datguddir inni un o wersi pwysicaf bywyd, sef pa beth bynnag a heuo dyn, hynny hefyd a fed efe.

Ar ol gorffen y *Dreflan*, daeth *Rhys Lewis*, yntau, allan yn *Y Drysorfa*, o fis i fis. Yn y nofel hon, anelir at lyfr mwy safonol na'r *Dreflan*. Y mae'n eglur nad oeddis ond megis wedi brigdorri'r rhagfarn yn erbyn nofelau, canys hunangofiant y galwyd y nofel hon, a hyd yn oed ymhlith llawer a gredai ynddynt, ffynnai'r syniad mai rhywbeth diddrwg-didda, goruwchanianol, na soniai am dafarn a phethau felly ond o dan ei hanadl, oedd y nofel i fod. Yr oedd eisieu dychymyg i'w chreu, ond nid cydymdeimlad â holl agweddau bywyd oedd yr elfen honno i'r bobl hyn. Iddynt hwy, rhywbeth a grwydrai i'r gorwelion pell, neu allan o'r byd a'r bywyd hwn oedd: a chredent y dylai'r nofelydd osgoi, neu yntau farneisio agweddau mwyaf annymunol a hacraf bywyd. Rhoddai Daniel Owen oleuni na welwyd ar fôr na thir ar ei gymeriadau yntau, ond ni olygir wrth hynny nad oedd ei ddisgrifiadau yn ddrych ffyddlon o'u bywyd. Gellir dywedyd yn hollol ddibetrus na thynnodd yr un llyfr erioed, heblaw'r Beibl, gymaint o sylw ato'i hun yng Nghymru â'r llyfr hwn, ac ni chynhyrchodd Daniel Owen nofel hafal iddo ag ystyried popeth. O ran naturioldeb a Chymreigrwydd ei gymeriadau, ehangder a chywirdeb ei ddisgrifiadau, ynghyd â'i arddull rwydd, ddarluniadol, saif *Hunangofiant Rhys Lewis* ar ei ben ei hun, nid yn unig ymhlith gweithiau Daniel Owen ei hun, ond hefyd ymhlith nofelau Cymreig yn gyffredinol. Fe'i cyffelybir yn aml i *David Copperfield* Dickens a rhai o weithiau Ian Maclaren, ac o ran dwyster a hoywder y mae'n ddiameu ei fod yn berthynas agos i'r ddau. Eto ni tharddai athrylith Daniel Owen ar dir gŵr arall, eithr codai'n gymwys ar bwys y bywyd a'r diwylliant Cymreig. Fel y dywed ef ei hun, rhydd gipolwg inni ar fywyd ei gartref yn *Rhys Lewis,* a phortrea inni rai o'r dylanwadau crefyddol a llenyddol a ffurfiodd ei gymeriad ef ei hun. Ar fater fel hwn, ni allwn gau ein llygaid ar ei dystiolaeth ef ei hun, ac er y dywed rhai a'u hadnabuont na ellir adnabod Sali Owen ym Mari Lewis, na Dafydd Owen ym Mob, nac Angel Jones yn Abel Hughes, eto rhaid inni gydnabod nad automata gwan, annelwig, heb na chorff na sylwedd, mohonynt.

Nid baich ysgafn, darfodedig ydyw baich *Rhyw Lewis* mwy na'r *Dreflan*. Y mae'n feirniadaeth ar fywyd, er nad ydyw'n feirniadaeth greulon, ddidrugaredd, a'i bryd yn unig ar ei gondemnio. Awgryma'r diweddar Syr Owen M. Edwards (*Er mwyn Cymru*, tud. 104, 105) un o'r cwestiynau a ddaw i'r meddwl wrth ddarllen hanes Rhys Lewis. Hwn ydyw, "A oedd Daniel Owen yn ysgrifennu o gariad at grefydd fanwl a hunan-aberthol ei fam, ynte, i ddangos nad oedd heb ei ffaeleddau, ac y dylasai newid gyda'r oes?" Y mae'n amheus a ddisgrifiodd ddim ond yr union wir, ond fe'i beiir, ambell dro, am "ddinoethi gwendidau Ymneilltuaeth." Ai dinoethi gwendidau Ymneilltuaeth oedd ei amcan? A ellir ei gyfiawnhau? Pe darllenid *Hanes Methodistiaeth Cymru*, neu hanes ei *Heglwysi Annibynnol* hi, fe ellid gweled nad oedd raid inni ein dibrisio ein hunain wrth ddirmygu ein crefydd. Ymdeimlai Daniel Owen, wrth ysgrifennu *Rhys Lewis*, ei fod yn amddiffyn crefyddwyr syml Cymru, ac yn datguddio'u cryfder. Dywedai yn groyw ddigon mai un o'i brif gymhellion i ysgrifennu nofelau oedd gwrthweithio rhai o ddisgrifiadau annheg Dickens, Mrs Oliphant ac eraill o wŷr crefyddol, ac yn enwedig o Ymneilltuwyr. A ellir priodoli i Ymneilltuaeth Daniel Owen beth anllygredigaeth a gogoniant parhaol? Y mae'n ddiameu gennyf y gellir. Yr oedd gan Daniel Owen, fel y dywed Syr O. M. Edwards, gariad angherddol at y ddisgyblaeth lem y credai ei fam mor llwyr ynddi, ac at y grefydd oedd wedi gweddnewid bywyd a chymeriadau'r Wyddgrug. Nid caru rhywbeth ar antur oedd. Piwritaniaeth oedd calon crefydd y Cymro, ac ni all nad oedd y ffaith iddi ddenu meddwl byw, aflonydd, hoff o liw a llun, fel meddwl y Cymro, yn braw o'i gwirionedd a'i haddasrwydd i Gymru. Cydiai yn y difrifwch cudd oedd yn natur y Cymry, fel ag y mae ym mywyd pob cenedl fawr. Credai y dylid "achub y byd cyn ei droi yn chwareule." Yn ei golwg hi, ni ddirprwyai Duw ei hawliau i neb o "lwch y llawr." na dyn ei gyfrifoldeb personol i undyn byw na marw. Rhoddai bwys ar ddau beth parhaol, sef pechod a phersonoliaeth. Pwysleisiai nerth maddeuant, a'r angen am edifeirwch, a'r Gŵr â'r Glorian oedd Duw iddi, penarglwydd a llywodraethwr pob peth. Yn y Clorian mawr, yn y byd hwn a'r byd nesaf, ni roddai Duw ddim ond elfen bersonol ein gweithredoedd, ac nid oedd yn rhyfedd iddi achosi prudd-der ystyriol ym meddwl bywiog y Cymry. Er mai Calfiniaid a ysgrifennodd oreu o bawb ar Waith a Pherson yr Ysbryd Glân, eto y diafol oedd amlycaf ym meddyliau'r bobl a fagwyd dan Galfiniaeth. Wrth wneuthur pob dyn a gredai ynddi yn Was yr Arglwydd ac yn etholedig Duw, tueddai Calfiniaeth tuag at godi gwŷr cryfion dros ben, os oeddynt, fel John Elias, braidd yn geidwadol, ac yn fyr o gydymdeimlad ag ymdrechion y werin am ei hawliau gwleidyddol. Nid oedd ganddi "lygad i weled y llawenydd, y digrifwch, a'r direidi sydd mor hanfodol i natur ddynol iach ag ydyw tlysni ei liw i'r blodeuyn a fflach ei edyn i'r glöyn byw."

Ymddengys i mi mai'r agwedd ddwys. ddifrifol ar grefydd a garai Daniel Owen. Darluniai hi fel cryfder bywyd Cymru, a gwelai darllenwyr *Rhys Lewis* eu hunain yn cal eu nerthu a'u codi wrth syllu ar y darlun; heblaw hynny, rhoddai syniad teg o'n natur i rai o'r tuallan i Gymru, yn arbennig i efrydwyr ar y Cyfandir. Ar yr un pryd, nid esgeulusai Daniel Owen yr agweddau eraill ar grefydd yn hollol. Darluniai, gyd â medr dihafal, feddylgarwch Bob, a direidi hoffus Wil Bryan, ond gyda'r naill a'r llall, gofelid dangos fel yr oedd crefydd Mari Lewis yn anadlu, weithiau yn fuan a weithiau yn araf, drwyddynt. Cyfieithwyd *Rhys Lewis* i'r Saesneg yn rhy llythrennol o lawer, yn ol barn Daniel Owen, a rhaid i'r gŵr a fyn ymgydnabyddu â chrefydd Cymru ddysgu Cymraeg i'w ddeall yn iawn. Cysylltiad annatod ydyw'r cysylltiad sydd rhwng y meddwl â'r arddull. Ni all unrhyw ŵr ysgrifennu'n hollol mewn arddull gŵr arall, na throsi troeon ymadrodd Mari Lewis, Thomas Bartley, a Wil Bryan i iaith arall.

Er mai ffurf lenyddol ddiweddar, o'i chymharu â ffurfiau eraill, ydyw'r nofel, eto y mae'n ffurf odiaeth o bwysig, am ei bod yn gadael mwy o le i ddychymyg na'r un ffurf ryddieithol arall. Cyfetyb yn hollol i farddoniaeth, ac nid oes a fynno â meddyliau wedi eu didoli oddiwrth wrthrychau. Ei gwaith ydyw efelychu natur yn ei holl agweddau, a'i hamcan ydyw cynhyrchu mwynhad i'r meddwl. Er ei bod yn darlunio cymeriadau, teimladau, gweithredoedd a lleoedd neilltuol, fel Wil Bryan neu ystafell yng ngholeg y Bala, eto disgrifia'r hyn a ddosperthir gan Aristotl dan y gair cyffredinol (Poet ix. 1-3). Nid darlunio rhywbeth a welwyd neu a glywyd ydyw ei phrif gamp, ond yn hytrach adrodd yr hyn a all ddigwydd, sef y peth naturiol i gymeriad wneuthur yn yr amgylchiadau y ceir ef ynddynt. Ni ellir condemnio Daniel Owen, felly, am na roddodd "gopi llythrennol," megis, ohono ef ei hun, ei fam, a phersonau eraill. Nid copïo gwasaidd ydyw swydd nofelydd, eithr yn hytrach gall greu prydferthwch a hacrwch nas ceir mewn natur, a gwneir hwy'n bosibl â hudlath ei gelfyddyd. Megis ag y gwnelai'r hen chwedleuwyr â'r ystori am Ymadawiad Arthur, neu Coleridge â'i Ancient Mariner, felly, fwy neu lai, y gwna Daniel Owen gyda phrif gymeriadau *Rhys Lewis*. Er enghraifft, ei fam ei hun oedd y fam oreu a welodd ef, ac er iddo "drwsio tipyn" arni, eto y mae'r darlun o Fari Lewis yn ddarlun cywir; o leiaf, nid ydyw'n anghywirach oherwydd nad ydyw'n copïo Sali Owen i drwch y blewyn. Nid ydyw'n unol â gwirionedd hanes, ond y mae'n ateb i wirionedd natur a dychymyg. Sut wraig ydyw Mari Lewis?

Rhydd Daniel Owen ddarlun tyner ohoni yn ei "farwnad ryddieithol" (pen. xxv.), a chlywir ei llais drwy'r nofel. Hyhi ydyw pen conglfaen *Rhys Lewis,* ac o'i deutu hi y saif y cymeriadau eraill. Hanfod ei chymeriad ydyw ei chrefydd. Crefydd ydyw ei halpha a'i homega, ac nid rhyw grefydd glaear mohoni. Sut y gallai fod yn amgen? Gwyddai am Charles o'r Bala, John Elias, a Thwm o'r Nant (er nad oedd ef "efo crefydd"), a gwyddai beth oedd ystyr llinell dlos Tudno — "a gorsedd gras oedd y Green." Yr oedd Duw ac uffern yn eiriau byw iddi; du neu wyn oedd ei bywyd. Y Barnwr cyfiawn oedd Duw iddi, a thebig i eiddo Ellis Wyn oedd ei gweledigaeth hithau o uffern. Ni fedrai synio am egwyddor ar wahan i berson ei Gwaredwr. Y byd, y diafol, a'r hunan oedd ei thri gelyn, a'r myfi oedd ynddi oedd anhawddaf ei goncro. Meddai gydwybod effro, ac ymdeimlad parhaus o'i dyledswydd genhadol tuag at eraill — ni bu'n fodlon nes iddi weled · Thomas a Barbara Bartley yn y seiad. Ni feddai fawr o nwyf a chariad at liw yr hen Gymry. Nid oedd dim chware yn ei nefoedd, ni chredai fod gwisgo *watch* ym mhoced y wasgod, neu adael barf ar y wefus uchaf, neu droi Q.P. yn weddus i Gristion. Gwell ganddi ganu salmau na phenillion telyn; adroddai adnodau o Air Duw yn lle ofergoelion; a soniai fwy am ymweliad angylion nag am y tylwyth teg. Eto ni fedrai beidio â chwerthin am ben Wil Bryan. Y mae'n anodd i ni ei deall yn iawn, gan na feddwn ei phrofiad hi ni fedd diwygiad, seiad, a phregeth ystyron mor fyw i ni ag iddi hi. Ond nid oes dim lledrith ynddi. Credaf mai yn y pwyslais a rydd ar ddylanwad y meddwl y daw agosaf i ni, arwahân i rym crefydd. Eto ceidwadol iawn oedd ei natur. "Weles i yn 'y mywyd bobol mor ddifynd (â gweision ffarmwrs)," meddai hi, a "llai o'r dyn ynyn nhw," ac yr oedd yn ddrwg iawn ganddi "weled ffasiwn ddistans rhwng y mistar a'r gweithiwr." Er hynny, ni chymerai ddraenen o'i hesgid nes i'w throed waedu, os gwnai wedyn. Yr oedd yr ymdrech am fara, a gorthrwm canrifoedd wedi ei gwneuthur yn brudd a thawel mewn cynni. Ond nid dyna'r cwbl. Credai gydag Abel Hughes, nad da oedd "codi neb yn rhy fuan o'r pwll." "Os gelwir arnat i ddiodde yn y byd yma," meddai wrth Rhys, "paid â chwyno, achos mi wneiff hynny i ti feddwl am fyd nad oes diodde ynddo" (tud. 213). Gwelai law Rhagluniaeth yn holl droeon ei gyrfa, a medrai, gyda nerth ei chrefydd, ddioddef cam yn ddirwgnach. Cyfyng oedd ei byd a'i meddwl. Er y dywedai mai cenedl wamal, ansefydlog ydym, yr oedd hi yn gadarn ac ystyriol. Ni newidiai ei meddwl er mwyn bod yn ffasiynol. Credai'r Beibl yn llythrennol, ac ni chydymdeimlai ag ymchwil newydd Bob am oleuni. Ni chredai mewn rhoi llawer o addysg i blant tlodion, ac yr oedd ganddi ragfarn afresymol o gryf yn erbyn yr Eglwys a Saeson. Yr oedd yn ddigon hirben i sôn am Seth wrth Thomas Bartley er mwyn ei ennill i'r capel, ond er cymaint oedd ei hamgyffred, priododd adyn rhagrithiol. Ni wisgai ei chalon ar ei llawes, ac yr oedd yn falch yn ei ffordd ei hun. Gwell oedd ganddi hanner lwgu na mynd i gardota, a gyrrodd "y plwy" hi i'w bedd cyn ei hamser. Wrth gadw Rhys Lewis "mewn cas cloc," chwedl Wil Bryan, a oedd ei dull o fyw yn help iddo wynebu'r byd? Credaf ei fod. Balchter, anwybodaeth, culni — nid oedd heb ei beiau. Cryfder argyhoeddiad, craffter barn, manylder Piwritanaidd — yr oedd hoffter Wil Bryan, edmygedd y ddau o'r Twmpath, a'r dyrfa a ddaeth i'w chynhebrwng yn tystio bod grym yn ei chymeriad glân a phur. Yn groes i Ann Griffiths, gwybu hi am "dawel hedd" yr Efengyl cyn mynd i "dir yr hir orwedd." Safai ei henaid ar lan y môr o wydr, ond nid oedd dim o'i ryferthwy yn ei hysbryd hi. Iddi hi, môr oedd "heb don ar wyneb y dŵr."

Ar rai cyfrifon, y mae Abel Hughes a Thomas Bartley yn debyg i Fari Lewis. "Gŵr duwiol, cadarn yn yr Ysgrythyrau, a phenderfynol ei feddwl," oedd Abel Hughes, a'i unig fai oedd "ei fod dipyn yn llym," yn enwedig yng ngolwg pobl ieuainc. Er enghraifft, credai fod *pitchfork* John Joseph "yn anweddus yn nhŷ Duw." Ond yr oedd ei wybodaeth o'r byd, a'i gred yng ngholeg Rhys yn ei wahaniaethu oddiwrth Fari Lewis. Yr oedd yn hollol ddiffuant, defnyddiai'r "gyllell i arbed bywyd," ac ar ol torri'r garw, ymddangosai yn fwy o eilun nag o elyn i chwi; ac nid oedd neb yn y bôn mor garedig a thyner ag ef. Ond os oedd Abel Hughes yn dda yn y bôn, yr oedd Thomas Bartley, "twbi Shŵar" (a Barbara, " 'run fath â Thomas") yn dda yn y brig. Nid oedd y ddau o'r Twmpath yn fwy unplyg, neu'n fwy tirion nag Abel Hughes, ond yr oedd eu rhinweddau fwy ar y wyneb. Eu delfryd hwy oedd "bod yn onest, talu'r ffordd, a byw yn agos i'n lle," ac er mai yn ddiweddar y troisant at grefydd, yn null Mari Lewis o synio am grefydd, eto yr oedd y ddau, os gellir eu galw yn ddau, yn wir grefyddol a da. Ni feddent feddylgarwch Abel Hughes, na gwybod-aeth Ysgrythyrol Mari Lewis. Eto ceir haen o graffter yn niniweidrwydd syml eu sylwadau, e.g.

"Mary, ydach chi'n meddwl fod Bob erbyn hyn wedi deyd wrth

Seth fod Barbara a fine wedi dwad i'r seiat?" . . . Ni feddent gystal syniad am ieithoedd meirwon ag am fagu moch, eto yr oeddynt mor dreiddgar, yn eu ffordd, ag oeddynt o blentynaidd, fel y gellir dirnad oddiwrth araith wreiddiol, gynhwysfawr Thomas Bartley i'r *students* yn y Bala. O ran pertrwydd a digrifwch, saif Thomas Barley ar ei ben ei hun, a gwaith olaf Daniel Owen oedd tynnu ei lun (*Cymru*, Mehefin 1897). Cymeriadau ydyw'r ddau o'r Twmpath, y maent fel plant natur, heb ffug a rhagrith y byd, nac ôl dim diwylliant o'r Ysgol Sul nac unman arall.

Ceir nifer o gymeriadau eraill yn y nofel tebyg i Abel Hughes a'r dosbarth crefyddol, a'r cwbl wedi eu tynnu, â llaw gelfydd, yn glir o flaen ein llygaid, megis Hugh Bellis, "yr hen waterworks;" Thomas Bowen, "yr hen drymp;" ac Eos Prydain. Ond y cymeriad mwyaf diddorol i ieuenctid, efallai, ydyw Bob. Ef sy'n dwyn y cwestiynau caletaf i Gymro ieuanc eu hateb. Ysbryd y dyfodol ydyw, a llais i feddwl goreu Cymru. Paham y bu farw mor gynnar? Oni wnai arweinydd delfrydol i feibion llafur? Ceir darlun o grefydd Cymru ym Mari Lewis; daw'r elfen ysgafn, chwareus sydd ynom i'r wyneb gyda Wil Bryan. Y mae bywyd Bob, i raddau, yn gyfuniad o'r ddau. Gŵyr am ddifrifwch bywyd yn ogystal ag am ei dlysni dedwydd; y mae'n fywyd meddylgar, llawn o hunanaberth. Sonnir weithiau am "guro gan y gwyntoedd" a "baeddu gan y don." Gwyddai Bob am drychineb bywyd, yr oedd dwy elfen yn ei natur beunydd yn erbyn ei gilydd. Yr oedd yn wrol i'r pen, ac nid oedd dim surni ynddo. Rhoddai ei holl nerth i gadw'r cartref, heb gwyno dim. Ni allai wneuthur dim ond ffieiddio rhagrith dideimlad John Llwyd, ond nid aeth cyn belled ag Ismael, er bod John Llwyd a Jeremiah Jenkins yn gefndyr agos. Yr oedd yn hoff o'i fam, ac yn barchus o'i chrefydd. Eto ni chredai mai "llwybr cwbl groes i natur yw ein llwybr yn y byd." Parchai draddodiad a ffydd syml, ddiamheuol, ond meddyliai drosto'i hun, ac ni throai yn ei ôl o'i ymchwil am y goleuni. Yr oedd yn onest yn ei waith yn y Caeau Cochion, ni dderbyniai wyneb ei feistri na'i gyd-weithwyr. Ni feddai ddim meddalwch yn ei natur, pan godai egwyddor, ac yr oedd yn hollol agored. Tybiai ei fam mai ystyfnig oedd am na syrthiai ar ei fai; nis deallai. Ni dderbyniai grefydd ei fam yn ei holl gysylltiadau, a methai â chysoni ei disgyblaeth. "Paham," meddai, "y mae William y Glo, am nad yw ei ben yn ddigon cryf i ddal effeithiau mwy na dau wydriad o gwrw, yn cael ei ddwyn i gyfrif o flaen y seiat, ond ysywaeth nad oes un reol i alw John Llwyd i gyfrif am ei grintachrwydd a'i gybydd-dra?" Credai Daniel Owen, i'm meddwl i, bod peth ffug ac anghyfiawnder yng nghrefydd un mor dda ag Abel Hughes, oherwydd oni wahaniaethai hwnnw yn ei ddull o drin William y Glo a Mr Richards y *draper* (tud. 68.) Eto, er nad oedd yn fodlon ar grefydd fel ag yr oedd, ni chafodd sicrwydd, fel sicrwydd ysbrydol ei fam, hyd y funud olaf. "Yr wyf yn sicr," ebe un tro, "fod goleuni yn bod tu draw yn rhywle." Yr oedd ei fam yn ei fwynhau bob amser, ond ymbalfalu tuag ato oedd ef, a bu'n hir cyn gweled "broad daylight." Cynrychiola elfen freuddwydiol, Iberiaidd y Cymro. Nid breuddwydiwr anymarferol oedd ychwaith. Credai mai aberth oedd amod pob bywyd a bendith, a mynnai ei bod yn ddyletswydd arno ddioddef dros ei gydweithwyr. Y mae'n resyn iddo ddiflannu mor fuan o'r nofel, gan ei fod yn fachgen mor onest a meddylgar, yn ddoeth ei gyngor, ac eang ei fryd. Er na chafodd nac addysg na chwarae teg, byddai darlun ohono fel arweinydd y werin yn ddiddorol. Paham y bu farw mor gynnar, a'i waith heb ei orffen? A oedd hanes ei frawd Dafydd yn gwibio drwy feddwl Daniel Owen? Ateb Daniel Owen ei hun oedd, — " 'Doedd gen i ddim digon o baent i'w orffen." Fel y dywed yn niwedd y llyfr, yr oedd yn glaf a thrist, ac efallai fod Bob yn ormod o dreth ar ei feddwl a'i ysbryd.

Yn ei gasineb at ragrith a chybydd-dod, yr oedd Bob yn debig i Wil Bryan: ffieiddiai'r ddau John Llwyd. Blodeuyn gwyllt y bywyd Cymreig ydyw Wil Bryan, a lliw Seisnig braidd arno. Yr oedd y "kid," chwedl yntau, yn hollol ar ei ben ei hun. Calon-agored, nwyfus, ysgafn, treiddgar, ffraeth — yr oedd Wil Bryan â dylanwad mawr ar Rys Lewis. Medrai weled popeth yn eu lliw eu hunain, a chas ganddo oedd "humbug" a "fudge." Ni chafodd rieni fel Bob a Rhys, a chredai, yn ei oriau difrifol prin, nad oedd ganddo'r "un *spark* o grefydd." Nid oedd, er hynny, yn fachgen hollol lygredig, ac y mae'n hawdd maddeu iddo am ei hyfdra a'i ddireidi. Po fwyaf yr edrychwn arno, cryfaf yn y byd ydyw ein hymdeimlad fod Daniel Owen ei hun yn gefn iddo. Gweneir llawer o ddrwg dan gochl crefydd, ar air a gweithred, a gwaith Wil Bryan oedd dadlennu'r ffug annaturiol oedd yng nghrefydd Cymru, o gybydd-dra'r "hen grafwr" hyd "airs" y "ceiliogod ifinc" y soniai Thomas Bartley am danynt. Nid oedd yntau heb ei falchter, ac ni fynnai fynd yn wâs i ŵr y Plas — gŵr yr oedd ffiwdaliaeth yr oesoedd canol eto yn ei gynhyrfu. Yr oedd dull Wil Bryan o ddadlennu beiau yn newydd. Nid oedd dim gwenwyn ar ei saethau, ond tynnai waed, heb glwyfo neb. Yn groes i Mari Lewis, ni thynnai wyneb hir byth — gwelai yr ymyl gwyn i'r cwmwl, a'r canol tywyll i'r gannwyll, e.g., "Weles i rioed gybydd yn altro, ond mi weles ugeinie yn sobri," a'i ddisgrifiad o'r seiad fel "lle yr oedd pawb yn rhedeg eu hunain i lawr, ond na wiw i neb arall wneud hynny." Nid oedd yn fyr o hunan-hyder, neu'n ofnus fel Rhys. Ni feddai argyhoeddiadau crefyddol dyfnion, ac ni cheisiai gelu'r ffaith mai ei yrru i'r capel a wneid. Eto nid oedd yntau, fel rhai o gymeriadau eraill *Rhys Lewis,* yn ddi-dda; ni allai un oedd mor "true to nature," chwedl ef ei hun, beidio â bod yn hael, a llawen, a direidus. Dywedai'r diweddar Rys J. Huws na lwyddasai'r un Cymro i roi golwg digrif ar fywyd. "Nid ydyw caneuon digrif Ceiriog yn urddasol, ac ni welai Mynyddog bob amser y llinell rhwng y digrif a'r dichwaeth. Prin y gellir galw yr hen Domas Bartley yn gymeriad naturiol ddigrif. Darluniwr y *direidus,* y tyner, a'r difrifol, oedd Daniel Owen. Hiraethog, yn Llythyrau 'Rhen Ffarmwr, yw'r goreu yn y maes hwn." Fe ddichon fod peth gwir yn y feirniadaeth hon, er bod direidi Wil Bryan yn glanhau'r cloc, neu Thomas Bartley yn nhreial y Coleg yn ddigrif ddigon. O ran asbri, arabedd, gwawdiaith, nid oes neb, efallai, yn rhagori arno. Gwahaniaethir ambell dro rhwng *wit* a *humour,* rhwng arabedd ac afiaith, drwy ddweyd mai "digrifwch sych yw arabedd, am mai ffrwyth dealltwriaeth ydyw; a digrifwch llaith yw afiaith, am mai ffrwyth teimlad ydyw." Digrifwch dealltwriaethol ydyw digrifwch Wil Bryan yn bennaf; y mae'n rhy ddigrifol i fod yn ddwys, ac yn rhy ddigrifol i fod yn wir aruchel. Eto, y mae min ar ei arabedd, a diameu fod iddo le ym mywyd pob cenedl iach, a phob cenedl wir grefyddol, oherwydd, fel y dywed Daniel Owen, nid ydyw adloniant y tu allan i grefydd.

Disgrifir nifer o gymeriadau eraill yng nghorff y llyfr, gyd â chraffter anghyffredin. Ni chyffyrddir llawer â'r byd o'r tu allan i grefydd, y mae'n wir, ond fe lwydda i greu darlun byw o gnaf â dirgelwch o'i gwmpas fel yr hen Niclas. Dywed y Parch. Llewelyn G. Williams, *The Welsh Outlook,* August, 1919, nad ydyw "y Gwyddel" yn gymeriad eglur, ac mai yn ddamweiniol y dygir ef i'r stori: "he scarcely counts because he enters the story as a *deus ex machina* to save the author the trouble of working out the real plot, and to enable him to bring the story to some sort of an end." Ni allaf gytuno â'r feirniadaeth hon i gyd. Dengys wynebau Piwritanaidd Rembrandt — y llinellau sicr, oerion, a'u llewych — dywyllwch dudew y galon neu'r cwmni, a'r un modd, er mai cynnil ydyw'r disgrifiad, daw sancteiddrwydd pur Mari Lewis fwy i'r golwg wrth ei gyferbynu â gwehilion cymdeithas. Nid ydyw hynny yn gyfystyr a dweyd bod Daniel Owen yn disgrifio llygredd heb fod angen gwir amdano. Rhydd Evan Jones, hwsmon Gwern-y-ffynnon, gipolwg inni ar hen athrawon plant yn ysgolion Sul Cymru, fel y ceir darlun o ysgolfeistri diddawn, llygredig, lloerig Cymru yn nechreu'r ganrif ddiweddaf ym mywyd Robyn y Sowldiwr, gyd â'i "rivets" a'i goes bren, a'i hofter o'r *Cross Foxes*. Blaenoriaid hawdd eu hadnabod ydyw Dafydd Dafis a Thomas Bowen, ac nid oes dim breuder sentimental yng nghymeriad syml Seth, â'i syniad am y nefoedd fel "capel mawr Iesu Grist." Dengys hanes ei farw fedr digymar Daniel Owen i grynhoi teimladau pobl wrth farw, a dengys hanes Bob, Mari Lewis, Abel Hughes, Robert Lewis yr un ddyfais berffaith. Y mae'n ffaith arwyddocaol, efallai, na ddarluniodd Daniel Owen na gweinidog na pherson mor fyw â'i gymeriadau eraill. Tynnir llun cywir ddigon o Mr Brown y Person, gyd â'i Gymraeg sal a'i argyhoeddiadau salach: nid yw ond clai yn nwylaw Gŵr y Plas. Ni saif ei weinidogion am un egwyddor arbennig. Try rhyw oleuni gwan, annelwig o'u deutu, a gŵr diniwed, diwaed ydyw Rhys Lewis, fel Noah Rees y Dreflan. Fe'u gyrrir, weithiau'n weddol union, dro arall yn gwbl gam, a thro arall yn igam ogam, gan rai cryfach na hwyntŵy. Daw deuoliaeth Rhys Lewis i'r wyneb o hyd, a chyfyd llawer o'i ddiddordeb oddiwrth ei agosrwydd at ei fam, neu Wil Bryan, neu Abel Hughes. Ni fedd nodweddion arbennig o'i eiddo'i hun, ond er mai doli ydyw, ni ellir dweyd nad oedd, ac nad oes, digon o rai tebig iddo i'w gweled bob dydd. Cynrychiola ddosbarth o weinidogion da a chydwybodol, oedd, fel *postage stamps* Wil Bryan, yn debig i'w gilydd, a delw'r Brenin arnynt; eto haws oedd eu llyncu na'u llyfu, am nad oedd fawr o ddyn, chwedl Bob, ynddynt. Er mai cymeriad gwan, cyffredin ydyw Rhys Lewis, y mae'n eithaf diddorol. Ni fedd pawb hynod-rwydd, ac y mae i'r pethau mwyaf cyffredin, fel y dadleua Daniel Owen, "ddiddordeb gwirioneddol a pharhaus" (tud. 320). Nid oes odid i fywyd, efallai, mor unrhywiol a digynnwrf â bywyd pregethwr ieuanc.

O ran celfyddyd, y mae *Rhys Lewis* yn well na'r *Dreflan*. Fel y dengys ei eiriau yn niwedd y bennod sy'n disgrifio'r plismyn yn dod i ddal Bob (tud. 122), yr oedd Daniel Owen wedi dysgu ei reoli ei hun i raddau yn *Rhys Lewis*, a cheidw at ei destun yn well. Eto ni feistrolodd ef ei hun yn hollol. Darlun o fywyd Rhys Lewis ydyw, a chyfyd hynny o unoliaeth a fedd yr ystori oherwydd cyfathrach y cymeriadau ag ef. Prin y gellir dweyd mai unoliaeth corff byw ydyw, gan nad oes a fynno cymeriad fel Thomas Bartley gysylltiad hanfodol â'r plot. Rhaid addef nad ydyw'r cyfanwaith yn deilwng o'r defnyddiau a geir ynddo, nid ydyw'r penodau yn gymesur, na'r olyniaeth yn anorfod. Er y gallai Daniel Owen gysylltu cymalau pennod yn burion, eto nid ydyw ei benodau mor glymedig ag y gallent fod. Er bod ynddo frawddegau gwych, a hyd yn oed baragraffau cryno, ni cheir ymresymiad a chysylltiad agos rhwng y naill bennod a'r llall. Daw hanesion i ddyrysu hanes Rhys Lewis, ambell waith, mewn pennod unigol. Dro arall, fel yn y cyfarwyddiadau rhyfedd yn niwedd y nofel, ymddengys yr hanes, o'r un, yn hanes gosod ac annaturiol. Nid ydyw'n oedi digwyddiadau, na'u trefnu, ond câr dynnu cyfres o gipolygon bychain o'n blaenau. Er nad ydyw ei gynllun na chywrain na chlymedig, eto o ran gwelediad, dychymyg, cydymdeimlad ac arabedd, fe saif Hunangofiant Rhys Lewis yn uchel ymhlith prif lyfrau'r byd. Y mae'r arddull, drwyddi draw, yn dda, ac er nad ydyw ymhob man yn brydferth, y mae'n gyffredin yn rymus. Fe ddichon fod yr iaith, fel y mae yn y *Dreflan*, yn rhwydd yn hytrach na manwl, ac yn llawn yn hytrach na chryno. Ceir tuedd ormodol i chware ar eiriau, fel "Tudor" (am Tutor), "capten sodo" (am garbned sodo, neu sodo pobi), neu "Mathew Mattis" (am mathematics). Hyd yn oed yn Wil Bryan, ceir ar y mwyaf o Saesneg, ond y mae mwy o reswm dros iddo ef ddefnyddio Saesneg nag sydd i Winnie Parry, dyweder, eu harfer yn iaith Sir Gaernarfon, fel y gwna'n aml. Er mai iaith hanner yn hanner "pobol Bwcle," chwedl Thomas Bartley, ydyw tafodiaith Wil Bryan, y mae'n bur effeithiol, a chyfyd llawer o'i ddonioldeb, fel donioldeb yr hen Lias, yn " 'S Llawer Dydd" Llewelyn Williams, oddiwrth ei arfer i gymysgu geiriau ac ieithwedd Seisnig. Ni fynnwn ddweyd fod Daniel Owen yn trin ei dafodiaith yn gyson a chywir bob amser, er ei fod yn hoff o arfer geiriau ac ymadroddion syml yr iaith lafar, megis "sopen dail domen," "siapri," "swcro," "palafer," "nid oedd yr un ewin ar ôl," a llïaws o enghreifftiau eraill.

Y mae'n anodd siarad yn bendant ar fater fel tafodiaith, eto prin y dylid cael "ono," "yna," ac "ene," neu "weles a llygid," neu "twbi shiwar," "tw bi shiŵar," neu "twbi shiwar" (unwaith) gan yr un person. Ceir ffurf anghywir fel "dirieidi" yn gyson; a ffurfiau anghywir eraill fel "cofiant," "cofiantydd" (cofiannau a chofiannydd), neu "yr oll o fy ennillion" (y cyfan o'm henillion neu fy holl enillion); a phriod-ddulliau Seisnig; ac ambell ymadrodd amheus fel "fyd fyw fynnoch" (fyw fyd fynnoch?); heblaw ambell gymhariaeth aneglur neu anghywir fel "gwrando arnyn nhw fel hwch yn 'rhaidd" (gwrando'i oreu glas ydyw'r meddwl yn y fan hon). Eto ni ddylid beio gormod arno. Ni ddylai gair anghynefin, neu sillebu anghywir, neu awgrymiadau tafodieithol ein tarfu'n ormodol. Y frawddeg fyw ydyw'r peth pwysig, ac os tery honno'r nod, ni waeth fawr am eiriau neu briod-ddulliau unigol. At ei gilydd, y mae'r iaith amrywiol yn taro'r gwahanol gymeriadau i'r dim. Sieryd Mari Lewis ac Abel Hughes iaith ffugyrol, Feiblaidd; sieryd Thomas Bartley iaith syml, gartrefol; sieryd Wil Bryan fratiaith arbennig ei hun; Bob iaith goeth, lenyddol; ac yn y blaen. Anaml y ceir ymadrodd heb iddo weddu i'r caritor sy'n ei arfer, o ran syniad, onid o ran arddull hefyd. Efallai fod araith Abel Hughes yn rhy chwyddedig pan ymdeimlodd Rhys ei bechod (tud. 252), ac efallai na thywynnodd amheuaeth wyllt am oed y Diafol ar feddwl ofnus Rhys Lewis (tud. 215), eto eithriadau ydyw'r. rhain. At ei gilydd, y mae'r dialog yn batrwm o briodoldeb, hyd yn oed yn ei fanylion. Beth oedd mor naturiol i blentyn â chyfrif botymau dillad Evan Jones yr Hwsmon? Onid oedd gofal Mr Brown y Person am "ei annwyl gariadus frodyr" yn unol â bywyd? Onid oedd craffter y Gwyddel yn ogymaint â'i ddrygioni, a Rhys Lewis yn fab i'w fam? Onid oedd cysylltiad ceiliogod a *stiwdents* yn fyw i Thomas Bartley? Onid oedd sylwadau Mari Lewis ar un llaw, a Wil Bryan ar y llaw arall, yn gweddu i ysgafnder chwareus y naill, a difrifwch manwl y llall? Onid oedd rheswm yng ngwallgofrwydd yr Hen Niclas, ac yn rhagrith John Llwyd? Pwy ond siopwr profiadol a feddyliai am gyffelybu tragwyddoldeb i *grey calico?* Onid oedd amlder cynghorwyr Rhys Lewis, ei anallu yntau i weithredu, a chomon sens Wil Bryan yn ddrych o fywyd? Yr oedd craffter a medr Daniel Owen yn anghyffredin; medrai bortreadu cymeriad, neu greu awyrgylch (er na ddarluniai natur, ag eithrio'r nos, a choed, a mul, neu adar) i'r dim. Ni fedrai Rhys Lewis gofio'r holl ymddiddanion, ond medrai roi gwres ac anadl bywyd yng nghreadigaethau ei ddychymyg. Hoeliai'n sylw ar weithredoedd y gwahanol gymeriadau, gan ddatguddio yn glir yma, neu awgrymu yn gynnil acw eu rhagoriaeth a'u gwendidau: oherwydd yr oedd yn gymaint meistr ar watwareg ac ysmaldod ag oedd ar ganmol. Ymhellach, ceir mwy o ddatblygiad yn y cymeriadau yn *Rhys Lewis* nag yn y *Dreflan,* ac nis darlunir fel pe na fennai dim arnynt. Gwelir mwy o newid yn rhai o'r cymeriadau na'i gilydd, fel yn Abel

Hughes, ond nid oedd Mari Lewis, y sefydlocaf a mwyaf ceidwadol o'r cwbl, yn hollol ddiymod ar bob mater; medrai olrhain teimladau yn wych dros ben. Nid ydyw mor gastiog ag ydyw Dickens yn rhai o'i nofelau (1855-1865 yn arbennig), ac nid ydyw mor dueddol i orliwio bywyd. Er gwaethaf ei ddiffygion, saif Hunangofiant Rhys Lewis yn uchel ymhlith nofelau'r byd, ar gyfrif ei ganfyddiad i'r natur ddynol, ei arabedd, a naturioldeb ei ddarluniau o fywyd crefyddol Cymru.

Ar ol mwynhau'r *Dreflan* a *Rhys Lewis,* galwai'r wlad yn fwyfwy am ragor o nofelau gan Daniel Owen — nid oedd hi yn degymu'r mintys a'r anis. Ym 1886, ddwy flynedd ar ol gorffen *Rhys Lewis,* bu Roger Edwards farw, ac nid ysgrifennodd Daniel Owen mwyach i'r *Drysorfa.* Anodd oedd ganddo ysgrifennu; yr oedd yn glaf a phrysur, ac ni feddai pawb awdurdod Roger Edwards. Ym Mai, 1890, pa fodd bynnag, dechreuodd ysgrifennu i'w gofiannydd, Llyfrbryf. Erbyn hyn, heblaw ei afiechyd a galwadau ei siop, yr oedd arno ofn anghyffredin rhag siomi'r wlad drwy ysgrifennu yn sâl, a hawdd ydyw cydymdeimlo ag ef. Drwy daer erfyn, onid trwy fwgwth ambell dro, y cafodd Llyfrbryf bennod bob wythnos i ddalennau difyr a llengar y *Cymro.* Fel y dywedai yn rhagymadrodd y llyfr, yr oedd y bywyd Cymreig, hyd hynny, "yn *virgin soil,*" a rhoddai yntau, yn *Enoc Huws* (fel yn ei lyfrau blaenorol) gymeriadau byw, gwir Gymreig, a gwahanol i'w gilydd o'n blaenau. Bwriedid iddo "fod yn rhyw fath o atodiad i *Hunangofiant Rhys Lewis.*" Nid adroddai ddim na allai sefyll ato, os byddai raid. Gofynnai i'w ddarllenwyr (tud. 9) dderbyn pob peth a adroddai fel ffeithiau diamheuol, hynny yw, pob peth na allent hwy, o'u gallu a'u profiad, eu gwrthddywedyd, ac yn wir, lawer o bethau eraill na chlywodd yntau mohonynt. Dengys y canon hwn y gwyddai beth oedd nod angen nofel, beth bynnag am ei fedr celfyddydol. "Pobl Bethel," meddai (tud. 9) "a ddygir i sylw yn yr hanes, ac er nad wyf yn bwriadu myn'd dros yr un tir ag a gerddodd Rhys Lewis, bydd raid i mi yn achlysurol gyfeirio yn gynnil at rai o'r cymeriadau sydd eisoes yn adnabyddus i'r darllenydd, — megis Tomos Bartley, Wil Bryan, &c. Ni bydd y gwaith hwn yn dwyn gwedd mor grefyddol a'r *Hunangofiant*; bydd a wnelo â chymeriadau, gan mwyaf, nad oeddynt yn hynod am eu crefyddolder." Ergyd y llyfr, yn ddiameu, ydyw dinoethi rhagrith a thwyll — yr oedd ysbrydion Jeremiah Jenkins, a'r "hen grafwr" yn dal i'w boeni — a phrofi gwir y ddihareb — "asgre lân diogel ei pherchen."

Yn *Y Dreflan* a *Rhys Lewis,* dangosasai Daniel Owen ochr oleu crefydd Cymru yn bennaf; fe'i disgrifir hi ar ei goreu, fel crefydd bur, ddiragrith, heb ysbryd anturiaethus i'w syflyd. Eto, ni fodlonai Daniel Owen ar grefydd Biwritanaidd ei oes, ac yn *Enoc Huws,* dangosai hi yn ymddirywio yng nghymeriad Capten Trefor. Fe wyddai'r nofelydd am grefydd Diwygiad '59, ac am ffydd sicr a bywyd glân y rhai a deimlasai rym y cyffro hwnnw. Wedi i'r Diwygiad oeri, deuai tô newydd i'r Eglwys, eangach a mwy dysgedig na'r hen bobl, ond yn fwy anonest a mursennaidd. "Mae lle i ofni," meddai Dafydd Dafis, "mewn llawer amgylchiad, fod rhyw fath o fargen wedi ei tharo rhwng y byd â'r Eglwys." Collwyd y profiad cyffrous, ac yn aml ni ddeuai'r profiad dwfn a distaw i'w le. Collwyd llymder Piwritanaidd, a manylder Abel Hughes a Mari Lewis hefyd, a daeth meddalwch i'w lle. Gwisgai crefyddwyr fwgwd am eu llygaid, yr oeddynt yn byw yn fwy llac nag o'r blaen, a chredent fod cau y llygaid bron yn arwydd o sancteiddrwydd. Deuai mwy o falchter, rhagrith, ac ymwthgarwch i grefydd, ac edrychid ar grefydd, gan lawer, fel ffasiwn yn unig. Gadawsai'r diwygiadau yr eglwysi yn ddidrefn, ac er mwyn cyfuno eu nerth, gelwid am ragor o drefniadau allanol. Gyda'r rhain deuai ysbryd ariangar, swyddogol yn aml, ac ni roddwyd pwys ar y gwirionedd mai cymdeithas ysbrydol oedd Eglwys Crist, ac mai ysbryd duwioldeb personol oedd i'w hysgogi. Proffes yn fwy neu lai oedd crefydd, ac ni feddai fawr o ddylanwad ar fuchedd. Ni theimlent eu bod, fel Wesley, yn agos i'r nefoedd, nac ychwaith eu bod, fel Calfin, ymhell oddiyno. Nid oedd anniddigrwydd y pechadur yn cyniwair drwy eu henaid, na dyhead ysbrydol y sant yn anadlu o'u calon. Disgrifio crefydd y Diwygiad yn newid a wneir yn *Enoc Huws.* Nid ydyw'r disgrifad mor nodedig o bersonol â'r disgrifiadau a geir yn y *Dreflan* a *Rhys Lewis,* ond y mae'n fwy cosmopolitan a beirniadol. Oherwydd hyn, prin efallai fod y cymeriadau mor fyw a diddorol â'r rhai yn y ddau lyfr cyntaf.

Arwr y llyfr ydyw Enoc Huws. "Mab llwyn a pherth" oedd, ond er hynny fe dynnir darlun o'i fywyd â hoffus liwiau serch. O'i gwmpas ef y try y cymeriadau eraill, a cheir beirniadaeth dreiddgar ar yr Undeb, ar weinidogion, ar forynion, ac ar bobl a phethau eraill wrth ddatblygu ei hanes. Bachgen yswil ydyw, a chwery arabedd Daniel Owen lawer ar ei ddiffyg ymddiried ynddo ef ei hun. Yr oedd, er hynny, yn onest, yn ymdrechgar, ac yn fedrus, a bu'n llwyddiannus iawn yn ei fasnach. Dechreua ei brofedigaethau gyd â'i helyntion caru. Difyr ydyw darllen hanes Marged, ei forwyn, yn ei thwyllo ei hun i feddwl amdani, wraig hagr ac anghoeth, yn wraig Siop y Groes. Ond ar Miss Trefor yr oedd bryd Enoc Huws, ac oherwydd ei gariad tuag ati, llescaodd ei grefyddolder a'i graffter masnachol. Carwr trwstan oedd, a "baboon" "rhy dduwiol, rhy lonydd" yng ngolwg ei gariad-ferch. Heblaw hynny, gosodasai Miss Trefor ei bryd ar Wil Bryan, er mai oddicartref oedd o. Geneth oedd Miss Trefor a fywiasai "ar *ideas* a gogoniant dyfodol." Dirmygai waith budr bywyd bob dydd, a mynnai ŵr, yn ei meddwl, ag arian, a "good looks," i'w droi â'i bys bach. Meddai feddwl chwim, pigog, a'n hatgoffa o glyfrwch Wil Bryan. Erddi hi, nid oedd y capel mor agos at galon Enoc, ac erddi hi y gwariai ei arian ar waith Coed Madog. Yn sydyn, gwybu Susan Trefor mai dyn tlawd oedd ei thad, a newidiodd ei syniadau am fywyd. Gwelai bethau fel yr oeddynt, ac nid oedd dim "humbug" o'i chwmpas. "*Libel* ar yr enw merch" oedd hi ei hun, "anghofio hunan" oedd y daioni mwyaf, a "gwneud ein dyletswydd heb ofalu dim am y canlyniadau" oedd crefydd. Dechreuodd ddysgu gwaith tŷ, glynnai wrth ei mam a'i thad, ond ni fynnai briodi Enoc Huws, er mor garedig ac uniawn oedd, ac er tebyced oedd iddi. Digiodd Enoc Huws, ond ni ddofodd ei gariad tuag ati hyd oni addawodd hi, o'r diwedd, ei briodi. Yn sydyn, datguddiwyd iddo ef a hithau mai brawd a chwaer oeddynt, o'r un tad. Yna, mewn byr amser, prioda Susan Wil Bryan, ac Enoc Huws, Miss Bifan — geneth dlos, gariadus a ddaeth ato ar ol i Farged briodi Tom Solet. Datodir cloadau'r ystori yn frysiog a melodramatig iawn, er mwyn dangos bod gwobrwy a dedwyddwch yn dilyn ymdrechion dyn i wneuthur ei ddyletswydd. Ceir rhai o benodau mwyaf afieithus y llyfr ynglŷn â charwriaeth Enoc Huws, er nad ydynt, efallai, yn wir hanfodol i'r ystori. Dengys hanes Marged mor llipa ac ofnus oedd Enoc Huws, ac onibai am Jones y Plismon, anodd ydyw dychmygu beth a ddeuai ohono. Rhoddir darlun nodedig o fyw o'r Plismon, a beirniadaeth lem ar fywyd gwladol Cymru yn y dyddiau hynny. Credai Jones mai camp plismon oedd ei wneuthur ei hun "yn bob peth i bawb," ac er y credai na ddylai fod lliw ar ei gredo grefyddol neu boliticaidd, eto adwaenai ddigon ar y natur ddynol i barchu'r person a'r mân ysweiniaid. Medrai Jones, rywfodd neu'i gilydd, ddod o hyd i hanes pobl, a chafodd lawer o arian bygwth am gadw cyfrinach gwell o'i chelu: dengys beth o eudeb arwynebol yr oes. Drwy awgrym yn fwy na thrwy osodiad clir, dengys fel yr ymwnelai'r oes fwy â phethau damweiniol bywyd nag â'i bethau rheitiaf; mwy â'r cysgod nag â'r gwirionedd; ag ymddangosiad yn fwy na'r sylwedd. Barnai fod

173

Enoc Huws wedi rhoi "gormod o gerch i Marged," ac anogai ef i fod "yn frwnt a meistrolgar." Deallai natur anwybodus Marged i'r dim, a chwaraeai ar ofnau Enoc Huws yr un mor fedrus.

Un o'r prif gymeriadau yn *Enoc Hughes* ydyw Capten Trefor. Dywed Llyfrbryf mai ef ydyw'r "darlun goreu sydd in oriel Daniel Owen," a rhaid addef ei fod yn orffenedig, ac yn wastad yn fyw a chlir. Nid oedd yn frodor o'r Dreflan, ac edrychai Abel Hughes, Mari Lewis, a Dafydd Dafis yn gilwgus arno. Troai o gwmpas y gweith-feydd mwn, ond ni wyddid fawr o'i hanes, er llyfned a llithriced oedd ei dafod. Credai Wil Bryan iddo "lyncu Johnson, Webster, a Geiriadur Charles fel dyn yn llyncu tair pilsen." "Mi glywes Bob yma'n deyd," ebe Mari Lewis, "fod y Beibl ar ben' ei fysedd o, ond mi fase'n well gen i glywed fod tipyn ohono yn 'i galon o." A phan arhosodd yn y Seiat, dywedai Abel Hughes, yn ei ddull ensyniol, nad yr un amcan oedd, nid dod i gymundeb agosach â Duw, ond yn hytrach rwydo un Miss Prydderch, merch ieuanc grefyddol a diniwed ac ariannog, yn ol pob golwg. Ar ol priodi ill dau (a deall na feddai Miss Prydderch arian), darganfu Richard Trefor "y plwm mawr" ym Mhwll-y-gwynt. Daeth wedyn, ar ei union, yn ben ac yn bont ym Methel, a'i ferch oedd "y gyntaf i gael ei smyglo yn gyflawn aelod heb ei holi." Creir rhagfarn yn ei erbyn o'r dechreu, ac y mae'n eglur mai anturiaethwr twyllodrus oedd. Medrai drwsio ei gynlluniau â'r lliwiau hawddgaraf, ac ni phallai ffydd y rhai a hudai. Rhydd gipdrem (tud. 44), ar ei ddull o weithio'r gwaith. "Pan gaem bob sicrwydd fod tipyn o blwm mewn rhan neillduol o'r gwaith fe fyddem yn gadael llonydd iddo fel arian yn y banc, ac yn ei gadw nes byddai y cwmpeini yn mron tori ei galon, a phan ddeallem eu bod ar fedr rhoi y Gwaith i fyny, fe fyddem ninnau yn mynd i'r banc ac yn codi digon o blwm i roi ysbryd newydd yn y cwmpeini i fynd ymlaen am spel wed'yn." O'r diwedd, rhydd y *shareholders* trymaf y gwaith i fyny, a dywed yntau, ar ei lŵ, "nad oes ym Mhwyllygwynt ddim llond fy het i o blwm." Felly darfu dedwyddwch ei deulu, a gofidiai yntau fod achos crefydd yn dioddef oherwydd cau y Gwaith. Daw ei ddichell i'r golwg yn ei ymgom â Mr Denman, gŵr hygoelus dros ben. "Y mae acw," meddai, "well golwg yrŵan nag a welais i er's tro. Ac eto, mae gen i ofn deud gormod, rhag y cawn ein siomi." Rhydd y bai ar rywun heblaw ef ei hun, a dywed fod "mwy o'r pyblican ynddo nag o'r Pharisead. "Ni welai hyd yn oed ei wraig trwyddo, a dywed mai cysur pennaf ei bywyd oedd ei fod yn ddyn gonest, geirwir, a duwiol. Medrai wrthddadleu yn bybyr, ac nid oedd arno ball am esgusodion, fel y dengys ei eglurhad (Pen. XV.). Yr oedd twyllo mor naturiol iddo ag anadlu; twyllai ei deulu, twyllai'r eglwys, twyllai ei gyfeillion, a thwyllai'r gweithwyr. Onid gordyner yn hytrach na chreulon oedd? Onid arbed yn hytrach na thwyllo ei wraig a wnai? onid oedd eu tlodi "er lles ysbrydol" iddynt? Siaradai fel pe bai'n ofalus am eiddo pobl eraill, ac yntau yn ystyried dim ond ei les ei hun. Yr oedd yn hirben a chyfrwys, a'i "yn wir," "meddaf," "mewn geiriau eraill," "hwyrach," a'i "ffordd o siarad." Nid dyn yn methu yn ei amcanion neu ei farn oedd, fel y cymerai arno, ond dyn hollol anonest a thwyllodrus. Ar ôl deall bod Enoc Huws yn mynd i briodi ei ferch, cynghorai efe iddo ef ac yntau beidio â gwario dim rhagor ar Waith Coed Madog, ond, o'r diwedd, yn y *Brown Cow,* cyfarfu â dyn o Americanwr a'i hadwaenai. Daw hanes bore oes yn bendramwnwgl am ei ben, ni fedrai cwrw beri iddo osgoi ei dynged. Taid Enoc Huws oedd yr Americanwr, a datguddia i'w nai fywyd cynnar Capten Trefor, a'i berthynas ag ef. Ni fedrai'r hen Gapten wynebu ei gymdogion, a bu farw'n ddiobaith, "yn ei ddillad," heb i neb ei weled. Yn ei lythyr olaf, dywedai, "Mae fy mywyd wedi bod yn un llinyn o dwyll a rhagrith:" rhag angau ni thyciai twyll. Dengys ei hanes fod barn Duw, neu bechod dyn, yn dwyn cosb ar bob un a dwyllo neu a ragrithio.

Darlunir nifer o gymeriadau eraill yn y llyfr. Ceir darlun byw o Sem Llwyd, er na chymer ran amlwg yn y chwedl. Cynrychiola ddosbarth anwybodus o ddynion sy'n honi eu bod yn gwybod pob peth, fel y dengys ei ymgom gyd â Thomas Bartley ar "bwy a ddusgyfrodd baco" (Pen. XX). Ni rydd ateb pendant i ddim, ond na feddylier mai gwyleidd-dra'r ysgolhaig a'i cadwai yn ol. Yr oedd mor ddi-ddysg â Thomas Bartley, a dweyd y lleiaf, ond yr oedd yn rhy falch ac yn rhy gyfrwys i siarad yn blaen, fel y gwnai'r hen grydd hoffus, ac ni ellid cael ei well am "balu celwydd" dros Capten Trefor ei hun, gŵr tebig iddo. Anodd gwybod yn iawn paham y dygir rhai o'r cymeriadau eraill i mewn, onid i ddangos ansawdd y tir y blodeuai'r prif gymeriadau ynddo? "Y ffarm, y ffair, y Cyfarfod Misol, y Sasiwn, y dyddiadur, yr almanac, y *Drysorfa,* Esboniad James Hughes, y Beibl, a'r capel, yn enwedig y ddau olaf" — dengys hoff bethau Dafydd Dafis mor gyfyng ac mor llydan oedd ei ffydd (tud. 128). Perthyn ef fwy i Abel Hughes, a Mari Lewis nag i gymeriadau *Enoc Hughes* na feddai "ddim dylanwad ysbrydol arno — dim i ddyrchafu ei syniadau am bethau crefyddol — dim i gynhesu ei galon at Grist: "mae gen i gystal stoc ag yntau," meddai'r siopwr cyfarwydd, "ond y mae ganddo ef well ffenest." Ni ddeallai'r hen sant, Thomas Bartley, mohono, a phregethai yn amrwd ar bethau, nid o dragwyddol bwys, ond ar bethau eilradd — ni feddai'r un o anhepgorion pregethwr, yn ol Thomas Bartley (tud. 293-294). Yr oedd Capten Trefor yn hapus yn ei gwmni, ond ni hoffai hwnnw Rhys Lewis. Prin, efallai, ei fod yn gynrychiolydd teg o weinidogion ei gyfnod, ond dengys ei hanes y perigl o sylwi ar y *livery*, chwedl Didymus, ac anghofio'r sylwedd. Dengys, mewn dull eithafol, y dosbarth o weinidogion a ddilynai'r fugeiliaeth, o'i chamarfer — dosbarth swyddogol, materol, difudd. Ni rydd Eos Prydain bwys ar y pethau rheitiaf mewn crefydd, a cheir beirniadaeth fachog ar ganu'r cysegr, a'r dull o roi galwadau i weinidogion. Beirniad ydyw Didymus ac er cased oedd y beirniad gan Ddaniel Owen, y mae'n ddiameu ei fod yn cydymdeimlo â'r gohebydd pigog hwn (tud. 8). Gwelai ffaeleddau pobl, fel Jones, y Plismon, a thueddai redeg i ormod rhysedd wrth "godi godre crefyddwyr," chwedl Dafydd Dafis, oherwydd yr oedd yn gryn oracl ar bob peth. Gŵr anfoddog oedd. Ni welai fawr o ragoriaeth yn neb ond Dafydd Dafis, ond yr oedd yn feirniad craff er ei fod yn eithafol. Ni fodlonai ar ddyn a fedrai gadw seiat yn weinidog fel y bodlonasai Dafydd Dafis, ond ni wawdiai wirionedd crefydd yr hen flaenor duwiol, na'r hynod-rwydd digêl, a nodweddai grefydd Thomas Bartley (tud. 151). Nid oes gysylltiad hanfodol rhwng y rhain â rhediad yr ystori, ond esboniant ychydig ar y llacrwydd bywyd a gydredai â'r broffes amlycaf o grefydd. Ni feddai'r crefyddwyr a ddaeth ar ol Mari Lewis ac Abel Hughes, a'u cymryd fel cyfangorff, mo grefydd ymarferol yr hen bobl. Mewn gair, nid oeddynt mor onest nac mor ddifrif â'r tô a aeth o'u blaenau.

Un o'r pethau cyntaf a'ch tery wrth ddarllen *Enoc Huws* ydyw bod Daniel Owen yn fwy o grefftwr ynddi nag yn ei lyfrau eraill. Yn wir, bron nad aiff y gelfyddyd yn drech na'i ddawn ynddi, a phrin ei fod mor gywir a naturiol ynddi ag yn ei ddwy nofel gyntaf. Y mae'r bobl a ddisgrifir ynddi yn uwch, o safon cymdeithas o farnu, na phobl y *Dreflan* a *Rhys Lewis*, ac nid ydyw ei gyffyrddiad yntau mor sicr. Ymddengys i mi mai Piwritan oedd Daniel Owen ei hun, ond bod ei arabedd yn ei gadw rhag bod yn gul. Ni fedd fawr o gydymdeimlad a'r gwŷr tiriog a'r dosbarth uchaf, nac ychwaith â'r dosbarth canol a'r gwŷr codog. Ni fedd liwiau tyner i ddarlunio'r bobl a eilw ein gwareiddiad yn barchus, a cholled fawr ydyw colli awyrgylch grefyddol ei nofelau cyntaf. Wrth edrych ar fywyd, edrycha'n fwy beirniadol arno, a thyn y llen oddiar faterion oedd yn cynhyrfu'r wlad yr adeg honno, fel y fugeiliaeth, y gyfraith wladol yn y llys, a'r byrddau lleol. Onibai ei fod yn ŵr o athrylith, ni allai rhai o'r penodau beidio â bod yn ferfaidd a diflas, a'r darnau goreu o'r nofel ydyw'r darnau hynny sy'n portreadu bywyd yn syml heb geisio ei feirniadu. Da, mewn traethawd sych, ydyw trafodaeth academaidd ar wahanol faterion, ond mewn nofel gwell ydyw gadael i fywyd cymdeithas ei ddatguddio ei hun ar weithred yn hytrach nag â'r deall oer. Hyn sy'n gwneuthur hanes Marged mor fyw. "Daniel Owen," medd un ysgrifennydd, "lacked the ability of 'rounding off' his tales artistically" (*Traethodydd*, Tachwedd, 1905, "Gwenallt"). Y mae'n ddiameu fod peth gwir yn hyn, er bod plot *Enoc Ḥuws* yn eglur, ac yn gwella at y diwedd. Fe ddatodir cylymau'r ystori yn rhy sydyn, er hynny, a theimlir gormod o ymgais at grynhoi hanes hir i le byr: cyll ei naturioldeb hamddenol wrth wneud hyn. Ar yr un pryd, gall gadw'r dirgelwch yn dda, fel gyd â'r Americanwr dieithr yn y *Brown Cow*. Ceir mwy nag un ystori ynddo, ac nid ydynt i gyd wedi eu cydgysylltu yn dda. Er enghraifft, nid ydyw hanes y *Vital Spark* a'r Seiat Brofiad mor angenrheidiol â hanes Marged, na hanes Marged mor bwysig â hanes Susi. Eto, fe ddengys hanes Marged rai o nodweddion Enoc Huws — ei garedigrwydd a'i natur ofnus. Ar y llaw arall, fe dynn y *Vital Spark* ein meddwl oddiar edef y brif ystori, er nad ydyw, ynddi ei hun, yn anniddorol. Nid ydyw'r plot yn gelfyddydol iawn hyd oni ddaw tua'r diwedd, pan gyll ei natur anorfod: priodir Miss Bifan, a Wil Bryan yn rhy swta a chyflym. Rhaid nad oedd Enoc Huws yn garwr trwstan wedi'r cwbl, ac na feddai Miss Bifan fawr o falchter ei rhyw. Annaturiol ydyw'r digwyddiadau cymysglyd yn niwedd y llyfr, ac nid ydynt mor gytbwys â'r rhannau carwriaethol cyntaf. Er mwyn hyrwyddo amcan Daniel Owen — sef fod "ffordd Rhagluniaeth a ffordd Duw" yn dod "a phethau i'r amlwg ac i'w lle" — yr oedd yn rhaid diweddu yn dda a dedwydd. Onibai am hynny, buasai yn fwy cyson i Enoc Huws beidio â phriodi. Nid ydyw mor annaturiol i Wil Bryan a Susi ddod i Siop y Groes. Unwedd ydyw hyn a dweyd na ddibynna'r ystori ar yr helynt a'r digwyddiadau ag a wna ar wrthgyferbyniadau yng ngharitor y personau.

Fel yr awgrymwyd eisoes, nid ydyw'r holl gymeriadau yn Enoc Huws yn ogyfwerth â'i gilydd, er bod rhai o'r cymeriadau lleiaf yn nodedig o glir. Y mae Thomas Bartley, Mr Brown y Person, a'r lleill a ymddangosodd yn *Rhys Lewis* yn gyson â'r darluniau cyntaf. Ni bu digrifach araith nag araith Thomas Bartley ar fagu moch, nac un mor llawn o synnwyr cyffredin. Anodd ydyw deall heddyw paham y priodwyd Methodistiaid mor selog yn yr Eglwys, ond dyna'r arfer y pryd hynny. Y mae'r darlun o Mr Brown yn llawer cywirach a gwirioneddol na'r disgrifiad o'r Parch. Obadiah Simon. Hoffai Daniel Owen ddarlunio cymeriadau hynotaf ei dre, ac y mae Capten Trevor yn arbennig yn garitor ar ei ben ei hun. Dangosir ei ddeuoliaeth yn wastad, a gwasgerir mwy o oleuni arno nag a wnaed ar Jeremiah Jenkins. Nid cymeriad cyffredin, ysbrydegol ydyw, ond gŵr abnormal. Gŵr fel Dafydd Dafis ydyw'r cymeriad cyffredin, ond yn hytrach na bod yn dduwiol try Capten Trevor yn dduwiolaidd. Y mae'n groes hollol i dri chymeriad anghyffredin fel Wil Bryan, neu Bob, neu Thomas Bartley, am na fedd ronyn o'u crefyddolder hwy. Nid ydyw yn gymeriad Cymreig cyffredin, canys hoffter hwnnw ydyw'r diwylliant ysbrydol a llawenydd bywyd, a'i gas peth ydyw hunan-les a thwyll parhaus. Ef ydyw cymeriad mwyaf meistrolgar y nofel, a dyd ei gyfaredd ar bawb a ddaw o'i ddeutu, oddigerth, efallai, ei ferch ei hun: a hyd yn oed gyd â honno fe ddysg iddi eilwaith wers Wil Bryan a'i atgasedd at *"humbug."*

Ystori hynod o syml, fel y dywed yn ei Ragymadrodd, ydyw *Gwen Tomos,* ac er mwyn bod yn *true to nature,* chwedl Wil Bryan, nid oes ynddi ymgyrraedd at y rhyfedd a'r annisgwyliadwy. Rheinallt sy'n adrodd yr hanes, ond canolbwynt yr ystori ydyw Gwen Tomos, a'i hanes hi, o'r crud i'r bedd, ydyw'r cnewyllyn. Ni weithir yr hanes yn eglur bob amser, a theimlir ei fod ar brydiau yn dolciog. Merch oedd Gwen Tomos, yn ol yr hanes, i hen gybydd ffond o dropyn a hynod o hen ffasiwn. Geneth weithgar, ddirodres oedd, ac ymddengys bod Daniel Owen am ei darlunio fel merch swynol, ddidwyll, yn llawn o ddifrifwch meddylgar y cymeriad Methodistaidd. Ni ellir peidio ag edmygu purdeb ei chymeriad, a chryfder ei hewyllys, a medd ddylanwad ar fywyd pwdr ei brawd Harri. Edrycha ar fywyd yn gyson oddiar safbwynt grefyddol, fel y dengys ei phryder ynghylch Wmphre y Gwas (tud. 211), ag yntau'n sâl. Ym meddwl Harri, yr oedd ei chrefydd yn annaturiol, am ei bod "yn gofyn i ddyn ymwadu â phleserau bywyd, a byw fel bydae o ar fedd ei nain o hyd," er y medrai yntau deimlo grym crefydd ym mywyd Gwen ei hun. Yn llygaid Rheinallt, ymddengys braidd yn gysetlyd, ac anodd ydyw i ni amgyffred ei hanfodlonrwydd i'w briod heb iddo ddod yn aelod eglwysig yn Nhanyfron. Diwedd prudd a fu iddi. Oherwydd rhyw anesmwythter meddyliodd Rheinallt am fynd o'r Wernddu i le eangach yn yr Amerig. Nid oedd Gwen eisieu mynd o gwbl, ond mynd a wnaethant. Daethant yn ariannog, ond dyheai Gwen o hyd am yr hen fywyd yn y Wernddu a Thanyfron. Collodd Ann, morwyn a'i haberthai ei hun erddi, a bu hi ei hun farw yn ieuanc. Ymhen ychydig dychwelodd Rheinallt i Gymru, yn ddyn unig, prudd, a siomedig, ac atgof am eiriau Mr Thomson — nad allai dyn fwynhau dim ond hyn a hyn o'r byd hwn — yn ei boeni. Tynnir darlun serchog ohoni, ond er y cwbl prin y glŷn yn y meddwl fel rhai o'r cymeriadau cyntaf — rhyw wawl annelwig sydd arni, ac yr oedd hyd yn oed Daniel Owen ei hun wedi colli ei ddiddordeb ynddi, cyn iddi groesi'r Iwerydd (gwel "Daniel Owen" Llyfrbryf, tud. 125). Nid ydyw'n rhyfedd, felly, iddi farw mor swta a siomedig. Pa le yr oedd cryfder ei hewyllys, a'i hunan-feddiant hynod? A oedd ei chred hi mewn arfaeth yn ei gwneud yn fwy anobeithiol nag eraill yn nhroeon dyrus bywyd? Onid oedd ei chrefydd yn ddigon i'w chynnal ar bob adeg? Ni feddai ysbryd anturiaethus, ni feddai anniddigrwydd tymhorol mwy nag ansicrwydd crefyddol.

Ceir mwy o amrywiaeth yng nghymeriadau "Gwen Tomos" nag yn un o'r llyfrau eraill, er nad ydyw llawer ohonynt yn glynu'n ddwfn yn y meddwl. Er hynny, ceir golwg helaeth ar fywyd gwledig Cymru ryw hanner canrif neu well yn ol drwyddynt. Un o'r cymeriadau egluraf ydyw Nansi'r Nant, a'i mab Twm. Gwraig dal, deneu, newynog ydyw Nansi, a thipyn o swyngyfaredd yr hen Sipsiwn Cymreig o'i deutu. Credai Robert Wynn ei bod wedi ei gwerthu ei hun i'r gŵr drwg, ond er gwaethaf ei gerwinder hoffai Wen Tomos ac Elin Wynn, a thybient hwy ei bod yn debycach o gael ei chadw na gŵr y Plas a'i fab, er na allasent gynnal cyfarfod gweddi yn ei thy. Trigai yn awyrgylch melltithion yr Hen Destament, a dyma ei chredo: celwydd ydi'r byd i gyd — celwydd sydd yn ei ddal wrth ei gilydd — celwydd ydi'r bobl, a chelwydd —" (tud. 278). Ceir llawer o grafîter ac o gyfrwystra yn gymysg â rhyw fath ar wallgofrwydd yn ei natur, a thynnir darlun cywir ohoni, yn ogystal ag o'i mab, Twm. Nid oes gysylltiad hanfodol rhyngddo ef â'r ystori, ond ni chyffry'r un cymeriad ein dychymyg yn fwy nag ef. Bachgen direidus, hyf oedd, ac fel ei fam, yn gwrthryfela'n gyson â'r hyn a elwir yn wareiddiad. Credai fod gan bob un hawl i saethu, a rhyfelai'n ddiatal yn erbyn gormes a gwŷr tiriog, a'u gweision trahaus, fel Dafydd Evans, y cipar.

Eto yr oedd yn ffyddlon, fel y dur, i'w gyfeillion, ac yn hollol ddianwadal ac anrhydeddus, yn ol ei safonau ei hun, fel y dengys ei haelioni tuag at ei gyfeillion, a'i ofal parhaus am danynt. Nid oes darlun cywirach nag un mwy afieithus yn yr holl nofelau na'r disgrifiad ohono ef a Rheinallt yn saethu'r gath: amhosibl curo ei arddull ddiymdrech a'i hiwmor grymus. Ynglŷn â'r dosbarth uchaf, prin, efallai, fod Daniel Owen yn eu hystumio gymaint â Dickens, ac y mae'r disgrifiad o ŵr y Plas yn llun eithaf byw o'r dosbarth oedd yn feistri tir caredig, a heb lwyr anghofio'r hen fywyd Cymreig, gyd â'i lawen hwyl a'i haelioni. Ysgogyn balch oedd ei fab, Ernest Griffith, heb ddim o rinweddau ei dad i dyneru peth ar ei rodres a'i anfoesoldeb; y mae ef wedi llwyr golli urddas bonheddig yr hen bendefigion Cymreig, ac nid oes un llewych disglair i oleuo'r darlun ohono. I Eglwyswr, y mae cryn ragfarn Ymneilltuol yn ei ymwneud â'r Eglwys, ond ni ellir gwadu nad ydyw Mr Jones y Person yn gynrychiolydd teg o'i ddosbarth — dosbarth eofn, difater, a gredai mai'r un peth oedd digio'r Yswain a digio Duw. Ni fedd ddylanwad ysbrydol i'w gymharu â hen flaenor syml, duwiol fel Robert Wynn, sy'n gydwybod lem bob gewyn o hono. Wrth edrych arno ef yn unig, nid ydyw'n rhyfedd i Mrs Annwyl gredu fod y byd yn myned waethwaeth. Ag eithrio'r Meddyg Huws, gyd â'i arafwch, ei garedigrwydd, a'i synnwyr cyffredin cryf, nid oes llawer o arbenigrwydd yn y cymeriadau nas ennwyd, a hynny o ragoriaeth a berthyn iddynt, rhagoriaeth cysylltiedig, anorffenedig ydyw. Harri Tomos, Wmphre'r Gwas, Elin Wynn, Mr Thomson, Mr Macdonald, Lewis Jones a'r gweddill — ni chymerir trafferth i roi darlun cyfan, artistig o'r un ohonynt. Pa beth bynnag a fydd y dedfryd derfynol ar *Wen Tomos*, rhaid addef nad ydyw cystal â llyfrau cynharaf Daniel Owen, er gwaethaf ambell ddarn porffor, fel y disgrifiad hanner difrif hanner digrif o Robert Wynn yn siafio. Nid ydyw wedi ei gorliwio gymaint ag Enoc Huws: y gwaethaf ydyw ei bod yn ddiwaed a difywyd. Dechreua'n dda, ond â'n fwy-fwy aneffeithiol at y diwedd, ac yn y pen lân ceir holl driciau consuriol y nofelydd er mwyn iddo orffen hanes oedd eisoes heb na grym, na blas, na bywyd. Cymerodd Daniel Owen ormod o goflaid ynddi, ac wrth geisio bod yn gosmopolitan bron na phallodd ei ddawn i daflu goleuni ar arferion a chymeriadau. Yr oedd ganddo allu llenyddol arbennig, a chryfder y cymeriad Methodistaidd oedd ei gryfder yntau: nid dawn leygol oedd ei ddawn. Yn y seiat, fel Robert Wynn, yr oedd yntau'n frenin; ynddi hi y gwelodd nerth a gwendid y bywyd Cymreig. Fel y dywedai yr Athro Ellis Edwards — "nid oedd ei wybodaeth yn eang, na'i alluoedd meddyliol yn rhedeg yn uchel, ac ychydig iawn o ddiddordeb iddo ef oedd yn y celfau a'r gwyddorau. Ei faes ef ydoedd y galon a'i chysylltiadau crefyddol" (Gwel. D. O. Llyfrbryf, 180). Hoffai'r cymeriad Ymneilltuol Cymreig, am ei fod, ran amlaf, yn well nag yr ymddangosai, yn hytrach na gwaeth.

Ei lyfr olaf oedd *Straeon y Pentan*. Ystraeon gwir oedd y rhai hyn, fel y dywed yn ei Raglith, neu ddisgrifiadau byw, heb eu trwsio na'u trosi, o gymeriadau a adwaenai ef yn bersonol. Nid cymeriadau dychmygol oeddynt, ond nid ydyw'r disgrifiadau yn foel, ddigynnig. Rhydd Daniel Owen y straeon yng ngenau "F'ewyrth Edward" "er mwyn ysgafnhau'r arddull, a'u gwneuthur yn fwy darllenadwy," ond nid disgrifiadau gwrthrychol o gwbl a geir. Y maent yn bortreadau cywir o lawer math ohonom, ac wrth eu disgrifio y mae Daniel Owen yn ail-fyw bywyd ei gymeriadau yn ei enaid ei hun. Hynny yw, y mae ganddo ddychymyg, neu gydymdeimlad, i'w disgrifio er eu mwyn eu hunain. O ran eu dull a'u hiaith y mae'r ystraeon yn syml ac effeithiol. Gwneir defnydd deheuig o'r iaith lafar, er na thrinir hi yn ddieithriad yn gywir. Eto y mae ymadroddion byw fel "palu celwydd," "yn gynt na chynta gallwn i," a "Hen Wadan" yn amlach nag iaith ferfaidd, ddigyfrif. Yma ac acw, yn rhy aml, gwelir ymgais at gyfieithu o'r Saesneg, fel "gwneud camgymeriad" am fethu, "ffaith adnabyddus" am ffaith hysbys, "y mae yna waith" am y mae gwaith, "wneud y ffisig i fyny" am wneud y ffisig, "cymeryd yr ardystiad dirwestol" am seinio dirwest, a "rhoi yr ymdrech heibio fel *bad job*" am roi'r goreu iddi, neu'r roi'r ffidl yn y to. Rhaid addef y ceir ffurfiau fel y rhain yn yr iaith lafar, er eu bod yn difwyno iaith llyfr. Eto i gyd, ni feddylir nemor am danynt wrth ddarllen yr ystraeon, am fod ynddynt gymaint o droeon ymadrodd a dywediadau gwir Gymreig ynghyd a deunydd mor dda. "Pan ddechreuiff Mr Phillips bregethu," meddai Elin Wynn yng *Ngwen Thomas*, "feddyli di ddim am dano fo, ond am y pethe fydd o'n ddeyd," a'r un modd, yn *Straeon y Pentan*, yn enwedig yn y goreuon, anghofir gwallau orgraff a chystrawen am fod y meddwl mor glir a'r darlun mor naturiol.

Fel y mae'r delyneg mewn barddoniaeth, y mae'r stori fer yn gyfanwaith ynddi ei hun, ac er mai byrrion ydyw *Straeon y Pentan* y maent yn hollol gyflawn ar eu pennau eu hunain, am mai un cymeriad a ddatguddir ar y tro, neu am mai un digwyddiad a ddarlunir. Gesyd yr awdur, neu o leiaf ei Ewyrth Edward, eu hud arnom ar unwaith, a deil ni odditano hyd ddiwedd pob stori. Yn aml iawn, fel gyd â Ned Sibion, nid oes dim plot yn y straeon, ond y mae rhai eraill, fel "Doli yr Hafod Lom" ag amcan mwy penodol. Cylch bach sydd iddynt i gyd, ac ni ellir tynnu dim oddiwrthynt heb eu niweidio. Nid ydyw llawer ohonynt ond rhestr o ffeithiau neu ddisgrifiad o ryw ddigwydd arbennig, ond y mae meddwl yr awdur yn ymffurfio yn yr arddull, ac yn rhoi unoliaeth yn yr hanes. Yn yr ystraeon hyn, ni ofynnid am egni parhaol; digon oedd crynhoi pob dyfais a feddai i ddarlunio un neu ddwy olygfa ddiddorol, neu un hen gymeriad dyfyr. Ac ni allodd neb argraffu golygfa neu linellau caritor mor rhwydd ar feddwl dyn â Daniel Owen. Nid ydyw'r holl ystraeon yn ogyfwerth, ond nid oes yr un ohonynt yn ddi-swyn, neu gwbl anghywir. Clywir yr acen Gymreig ynddynt, a disgrifir cymeriadau a digwyddiadau gyd â'r cyffyrddiad cynnil, sicr hwnnw a fedd y gwir lenor. Yn wir, er y gellir eu darllen ar un eisteddiad, fe deimlir bod Daniel Owen yn darlunio bywyd oedd yn fyw iddo — yn grwn ac yn gyfan: dynion a merched, penffordd a phentan, â'r awyr iach yn chware o'u deutu. Hyd yn oed pan fo ganddo amcan penodol i stori, nid ydyw'n mynd yn haniaethol a difywyd. "Instinct," meddai Falstaff, "is a great matter"; ond nid greddf ydyw'r holl fywyd, fel y gellid meddwl ambell dro. Crêd Daniel Owen, hyd yn oed yn yr ystraeon byrrion hyn, mewn dynion fel dynion — y mesur cyntaf o ffydd a ofynna Duw gan yr artist. Hoffai ganfas yn fychan yn hytrach nag yn fawr, ac er na ellir rhestru ei ystraeon mor uchel, dyweder, â "Chapten Ribnikoff" Kuprin, eto y maent cystal â dim a wnaed yn Gymraeg, a gall y goreuon sefyll ochr yn ochr â rhai enwocaf ein cymdogion, o ran arddull a ffyddlondeb i fywyd.

Mesur llwyddiant Daniel Owen ydyw'r dynwared a fu arno. Ar ei ol ef, trôdd y lliaws i nofela, yn ei ddull ef, ond ni ddaeth cymaint llwyddiant i ran neb eto: heblaw hynny, daeth y stori fer a'r ddrama i fri cyn i'r nofel Gymraeg gael digon o amser i adael llwybrau Daniel Owen. Gellir gweled yn y dyddiau diweddaraf, efallai, egni mwy llwyddiannus na chynt i fod yn newydd ac annibynnol, ond os oedd ystori Daniel Owen yn tueddu at fod yn rhy lac neu ynteu yn rhy geinciog, y perygl heddyw yw bod yn rhy gywrain. Da yw cymesuredd, a da yw trefn, ond y sawl a gelo ei arfaeth sy gelfydd. Nid oes yn nofelau Daniel Owen fawr o ôl diwylliant ieithyddol, ac nid oes ganddo gystal crefft lenyddol â rhai a ddaeth ar ei ôl. Tebig o ran natur ydyw'r holl nofelau, ac amrywiadau ar y cymeriad Methodistaidd ydyw'r darluniau goreu. Ceir elfen bersonol gref, yn ei holl waith, ac ef ei hun, neu rai a adnabu'n dda, ydyw'r cymeriadau a ddarlunir ganddo. Ystraeon byrrion, a chysylltiad, mwy neu lai, amhenodol ydyw hyd yn oed ei lyfrau mwyaf, ac eto y mae rhyw lawnder ac undod rhyfedd yn y cymeriadau. Cyfres o luniau mân yn hytrach nag un llun mawr, cyflawn ydyw ei hoffter, ac yn y llun bach gwelir medr anghyffredin a champ arbennig. Adwaenai ochr grefyddol y cymeriad Cymreig yn drwyadl, ac y mae'n graff, yn fanwl ac yn gyrhaeddgar yn ei ddisgrifio. Ceir ynddo'r duedd feirniadol a welir yng ngogwydd grefyddol ei gyfnod, — fel yr adlewyrchir hi mewn llenyddiaeth — tuedd i beidio â chymysgu crefydd a ffurf, a'i hysgaru oddiwrth fywyd. Y mae'n bur sicr na fedrai ddygymod yn llwyr â chrefydd Biwritanaidd ei dadau, ond dengys ei chryfder yn ogystal a'i gwendidau, ac nid ydyw'n awgrymu fod pawb o'r un natur â'r eithriadau. Os mynnir dweyd y gwir a dim ond y gwir, rhaid inni ddewis beth a adawn allan wedyn; etholedigaeth ydyw amod pob llwyddiant mewn celfyddyd. Dïau na roes Daniel Owen bob gronyn bychan, bach yn ei gymeriadau, eto ni roes neb, fel y dywed Gwyn Jones, ddisgrifiad tebyg iddo o fywyd a meddwl Cymru yn ei oes ei hun a'r oes o'i flaen. Yn yr ystori drwyddi draw yn hytrach nag yn ei chlo a'i digwyddiadau cyffrous y mae ei ragoriaeth, a thra darllenir ei nofelau, fe geidw'r bywyd Cymreig ei bêr a'i briod arogl.

11. *Athrylith Daniel Owen*

J. T. JONES
Yr Eurgrawn, cxxii, (1930)

Mewn ysgrif yn y *Llenor* am Hydref, 1927, dywaid Mr D. T. Davies nifer o bethau hynod ddiddorol am y nofelydd o'r Wyddgrug. Eb ef, 'Blodeuodd Daniel Owen ar ddiwedd cyfnod pendant yn ein hanes. Y pryd hwnnw, y capel, gan amlaf, ydoedd canolbwynt pob ymysgwyd cymdeithasol a gwleidyddol: eithr cyfnod ar fedr troi ei wyneb tua'r pared ydoedd, a gellir priodoli rhan helaeth o boblogrwydd Daniel Owen yn ei ddydd i'r ffaith iddo ganu cân i'w nain . . . Nid oes gysylltiad amlwg rhwng ei waith ag unrhyw adfywiad llenyddol o'i flaen nac ar ei ôl. . . Bu diwedd ar ei ddull a'i ddeunydd gyda'i gyfnod. Ni ellir dywedyd chwaith iddo beri unrhyw gyffro ynglŷn â'r iaith . . .' Sôn y mae Mr Davies yn yr ysgrif dan sylw am nofelau diweddar Cymru, ac â cyn belled â dywedyd 'bod i'r nofelau hyn fwy o bwysigrwydd llenyddol na'r cwbl o weithiau Daniel Owen.'

Yn awr, pa faint bynnag o wir sydd yn y gosodiadau hyn, nid oes fawr amheuaeth nad ydynt yn gwneuthur llai na chyfiawnder â'r nofelydd. Oblegid, yn gyntaf, gellid dangos bod iddo le pwysicach nag a sylweddolwyd eto yn hanes datblygiad diweddar iaith ac arddull yng Nghymru. Ac yn ail, ni ellir gwadu na pherthyn i'w lyfrau deilyngdod llenyddol uchel. Y mae digon i hiwmor iach ynddynt i'w cadw'n fyw yrhawg; a heblaw hynny, fe bortreadir ynddynt gymeriadau (megis Wil Bryan a Mari Lewis, i nodi dim ond dau), a fydd byw ond odid gyhyd â'r iaith Gymraeg.

Yr oedd Daniel Owen ei hun, fel y gŵyr pawb sy'n weddol gyfarwydd â'i hanes, yn gymeriad tra diddorol. Yr oedd yn bregethwr Methodist a Phiwritan, ac yr un pryd yn 'ddyn busnes' hynod lwyddiannus. Cafodd felly ymdroi cryn lawer mewn dau gylch pwysig iawn mewn bywyd, sef cylch masnach a chylch crefydd; ac y mae'n amlwg oddi wrth ei weithiau ddarfod iddo gadw'i feddwl yn effro a'i lygad yn agored yn y ddau gylch. Ond yn rhyfedd, er cymaint Piwritan oedd, medrodd wyro fwy nag unwaith i ysgrifennu pethau sydd heb fod yn gwbl chwaethus. Y mae blas annymunol, er enghraifft, ar y bennod gyntaf o *Enoc Huws,* ac ar un paragraff o leiaf yn *Gwen Tomos.* Yn rhyfedd iawn hefyd, er mai pregethwr Methodist digon uniongred ydoedd, fe roes bortread anfarwol inni o'r rebel ifanc anuniongred hwnnw — Bob Lewis. (A chyda llaw ni ellid rhagorach prawf na hyn o ddewrder ac eangfrydedd artistig Daniel Owen).

Gŵyr pawb mai un o brif ragoriaethau'r nofelau hyn yw'r hiwmor a'u nodwedda; ond nid pawb efallai sydd wedi sylwi'n fanwl ar natur ac ansawdd yr elfen hon ynddynt. Tyner a theimladwy ydyw. *Some things,* ebe John Bunyan, *are of that nature as to make one's fancy chuckle, whilst his heart doth ache.* Y mae'r un peth yn wir am hiwmor Daniel Owen. Gellir cymharu ei nofelau i ddiwrnod o Ebrill. Y mae chwerthin a dagrau fel rheol yn agos iawn i'w gilydd yn ei waith, ac weithiau'n drwyadl gymysg. Mewn geiriau eraill, nid oes linell derfyn bendant rhwng ei hiwmor a'i dynerwch, rhwng ei ddigrifwch a'i deimladrwydd. Yn wir, gellir dywedyd mai cydymdeimlad tyner Daniel Owen â phopeth od, chwithig ac anarferol, *a sympathy with the seamy side of things,* chwedl Thomas Carlyle, yw'r ansawdd amlycaf yn ei hiwmor. Dichon bod gormod o dynerwch a rhy ychydig o ddyfnder a threiddgarwch yn ei ddychymyg ambell dro; ond y mae'n ddiogel dywedyd nad oes mo'i gyffelyb o ran teimladrwydd yn holl lenyddiaeth Cymru.

Yn gyffredin, pan fo'r digrif a'r dwys yn ei waith yn agos i'w gilydd neu'n gymysg y mae'r arddull yn fyw a naturiol; ond pan ymwrthyd yr awdur â digrifwch yn gyfangwbl try'r awyrgylch yn artiffisial ar unwaith. Gwelir hyn yn arbennig yn ei ddisgrifiad o blant: cyfunir y dwys a'r digrif yn y mwyafrif o'r rhain, nes eu gwneuthur yn ddarluniau gwir gofiadwy.

Ar un olwg gellid dywedyd nad *disgrifio* plentyn y byddai Daniel Owen, eithr troi'n blentyn ei hun — cael ei eni drachefn, a rhodio eilwaith holl lwybrau plentyndod; ond nid yw'n lân bob amser oddi wrth sentimentaliaeth, — er enghraifft, yn ei ddisgrifiad o farwolaeth Seth. Eithr anfynych y cwympa'r awdur i'r amryfusedd hwn.

Cymherir yr elfen o hiwmor yng ngwaith Daniel Owen yn aml iawn â'r un elfen yng ngwaith Charles Dickens; ac nid heb reswm, oblegid yr un yw cyfrinach llwyddiant y naill a'r llall yn hyn o beth. Y mae'r ddau yn meddu ar athrylith ddramatig gref. Onid yw *pethau* yn ogystal â phersonau yn mynd yn fyw dan eu dwylo? Y mae *Straeon y Pentan* a'r nofelau oll yn gyfoethog o ddarnau dramatig; ac nid yw'n anghywir dywedyd bod i'w hawdur le pwysig yn hanes datblygiad y Ddrama yng Nghymru. Ofer gwadu nad yw'r ddrama yn troi'n felodrama ambell dro, hyd yn oed yng ngwaith diweddaraf y nofelydd; ond cofier ar yr un pryd nad ydyw eto wedi llwyr werthfawrogi cynildeb ac urddas llawer darlun dramatig o'i eiddo.

Cyffredin ddigon yw disgrifiadau Daniel Owen o Natur a'i moddau. Ei ddisgrifiadau mwyaf llwyddiannus yw'r rheiny sy'n ffrwyth ei adnabyddiaeth o'r natur ddynol. Sylwodd yn fanwl ar arferion llawer math o bobl; yr oedd ganddo hefyd allu i gofio manylion, a dawn i'w defnyddio yn ei lyfrau. Gellid yn hawdd tybio ar yr olwg gyntaf mai realist ydyw; ond buan y sylwa'r meddylgar mai ar yr wyneb y gorwedd y realaeth i gyd, er nad yw hynny, wrth gwrs yn lleihau dim ar deilyngdod llenyddol ei waith.

Ansawdd bwysig yn nofelau Daniel Owen ydyw eu dynoliaeth, hynny yw — y maent yn llawn o wŷr a gwragedd sy'n drwyadl fyw a naturiol. Gŵyr y neb a fu'n craffu rywdro ar fedr yr awdur i ddarlunio cymeriadau, fod yr elfen hon cyn amlyced â dim yn ei waith. Meddylier am *Y Dreflan,* er enghraifft. Er mai hi, efallai, yw'r wannaf o'r nofelau o ran cynllun a saerniaeth gellir edrych arni fel rhyw fyd lle trig amrywiaeth mawr o bobl ddiddorol. Ac wrth ei darllen cawn y fraint o sylwi'n hamddenol ar holl nodweddion y bobl hyn — eu harferion personol, eu lliw a'u llun a'u llais. Ar yr olwg gyntaf fe ymddengys byd *Y Dreflan* yn fyd digon dieithr, rhyw ddigriflun o'r byd y preswyliwn ni ynddo. Ond buan y diflanna'r *fantasy,* gan adael realiti a dynoliaeth y byd a gyflwynir inni gan yr awdur yn eglur i bawb. Deuir i adnabod hyd yn oed aroglau'r *Dreflan!* Y mae'r trigolion i gyd, wrth gwrs, yn adnabyddus inni, yn enwedig Mr Pugh, Ismael, John Aelod Jones, Benjamin Prys, Jeremiah Jenkins, Bevan, Mr Smart, a'r Parchedig Noah Rees. Y mae rhai darluniau efallai yn ormod o *caricatures,* a dichon bod allanolion ambell gymeriad yn cael gormod o sylw; eto, nid oes amheuaeth na lwyddodd yr awdur i roi anadl einioes yn y mwyafrif mawr o'i greadigaethau. Cymeriadau byw ydynt bron i gyd.

Dywaid rhai fod Daniel Owen nid yn unig yn rhy hoff o bortreadu cymeriadau mewn termau corfforol ac allanol, ond hefyd yn rhy dueddol i'w gwneuthur naill ai'n ymgorfforiad o ryw egwyddor neilltuol neu ynteu'n ddim amgen na dynion pren a chanddynt nifer o arferion a thriciau arbennig. Yn ôl y beirniaid hyn nid yw Tomos Bartley namyn synnwyr cyffredin wedi ei bersonoli; ysbryd gwrthryfel wedi ei bersonoli ydyw Ismael; a charedigrwydd wedi ei bersonoli ydyw Pugh, ac felly ymlaen. Y mae'r awdur yn rhy fynych meddant, yn pwysleisio rhyw un nodwedd arbennig, gan lwyr golli golwg ar bob nodwedd arall. Ai gwir hyn? Gellid dangos, bid sicr, mai bwriad Daniel Owen wrth bortreadu ambell gymeriad oedd ychwanegu at effeithiolrwydd rhyw wers foesol, neu wneuthur ambell ddarn o watwareg yn fwy miniog a phendant, yn hytrach na darlunio gwŷr a gwragedd gwirioneddol. Hynny yw, fe greodd y nofelydd nifer o wawd-luniau (*satirical portraits*) na ellir eu beirniadu o'r un safbwynt â'r rhelyw o'i gymeriadau. Y mae Mr Sharp Rogers o'r London House a George Rhodric o Banty-yDraenog yn enghreifftiau. Ac at y gwawd-luniau hyn yn fwyaf arbennig, ond odid, y cyfeiria'r beirniaid a nodwyd. O leiaf, atynt hwy y dylent gyfeirio; canys am y gweddill o'r portreadau y gwir ydyw eu bod yn enghreifftiau campus o gelfyddyd ddarluniol Daniel Owen. Os teimlwn o gwbl eu bod yn anfoddhaol, y tebyg yw mai ar ein sylwadaeth ni y mae'r bai.

Y mae'n ffaith deilwng o sylw bod rhywbeth od, rhywbeth *abnormal,* ynglŷn â llawer (onid y mwyafrif) o gymeriadau mwyaf llwyddiannus Daniel Owen. Digon di-liw fel rheol yw'r cymeriadau *normal.* Ni châi'r nofelydd gyfle, efallai, wrth bortreadu pobl o'r teip yma, i ddefnyddio'i bŵerau artistig pennaf. Nid oedd darlunio Rhys Lewis, Gwen Tomos a chymeriadau o'r fath ond odid yn golygu fawr o dreth ar hiwmor aeddfed yr awdur ar y naill law na'i watwareg ddeifiol ar y llaw arall. Neu efallai mai'r rheswm am aflwyddiant cymharol y portreadau hyn yw'r ffaith nodedig nad ymddiddorai Daniel Owen ond ychydig iawn yng ngweithrediadau meddyliol dynion. Y mae'n amhosibl dychmygu amdano yn ysgrifennu nofel eneidegol. Cuddiad ei gryfder ef yw ei fedr i ymdrin ag allanolion cymeriadau; a chyda nodweddion sydd yn eu mynegi eu hun yn allanol yr hoffa ymdroi. Gofala ddywedyd wrthym am gap melfed Abel Huws, am fenig dilychwin Mr Smart, ac am goler ddychrynllyd Tomos Bartley. Allanol yn hytrach na mewnol, corfforol yn hytrach nag eneidegol, oedd y diddordeb a gymerai mewn dynion; ac o ganlyniad nid apeliai pob math o gymeriad ato. Sylwasai'n fanylgraff ar deipiau neilltuol o bobl, a disgrifiodd y rheiny'n benigamp. Ond ceisiodd fwy nag unwaith ddisgrifio cymeriad nas deallai, a bu'n aflwyddiannus bob tro.

Ni feddai Daniel Owen fawr lygad at brydferthwch corff. Y mae rhywbeth artiffisial ym mhob ymgais o'i eiddo i ddisgrifio swyn a thegwch merch. Er gwyched dawn oedd ganddo i fynegi a darlunio mewn llawer cyfeiriad, ni wyddai o gwbl sut i ddisgrifio cyfaredd cyfrin rhyw. Ni cheir darlun effeithiol o ferch ieuanc yn eu holl lyfrau. Beth yw Gwen Tomos, Susan Trefor a Miss Pugh, er enghraifft, namyn doliau di-swyn. Ond wrth ddisgrifio gwragedd mwy neu lai oedrannus a mwy neu lai echreiddig (*eccentric*) fe lwyddai'n rhagorol. Gŵyr pawb am Fari Lewis, Nansi, Becca Prys a Barbara Bartley. Gwir nad yw'r olaf yn ddim amgen na 'charreg ateb' i'w gŵr, ond y mae'n gymeriad hynod fyw, serch hynny.

Am Mari Lewis (un o gymeriadau mawr llenyddiaeth y byd), efallai mai ymhlith y cymeriadau *normal* y dylid ei rhestru hi. Ond am y mwyafrif o'r portreadau llwyddiannus — Wil Bryan, Tomos Bartley, Bob Lewis, Capten Trefor, Jeremia Jenkins, &c. — perthynant hwy i'r dosbarth *abnormal.* Nid dywedyd yr ydys eu bod yn bobl annaturiol, eithr eu bod yn wahanol i'r cyffredin o ddynol-ryw oherwydd rhyw neilltuolion anghyffredin a berthyn i'w hanianawd. Y mae Wil Bryan yn echreiddig o ran craffter ac ara bedd; Bob Lewis yn eithriadol o ran gonestrwydd meddwl; a'r anllythrennog Domos Bartley yn anghyffredin o ran 'comon sens.' Ac felly ymlaen.

Fel yr awgrymwyd eisoes ni ddengys Daniel Owen unrhyw graffter meddylegol. Nid ei duedd wrth ddarlunio cymeriadau yw dadansoddi cymhellion. Gwell ganddo ef fanylu'n ddoniol ynghylch maintioli coler, ffurf a symudiadau corff, ansawdd llais, rhifedi botymau, neu (fel y gweddai i deiliwr) liw, llun a deunydd dilladau. Dyry ddisgrifiadau rhagorol o Farged Parri, Jones y Siop, Sem Llwyd, Mr Smart a llawer eraill. Daiau fod y teiliwr-bregethwr yn ei fwynhau ei hun yn ddirfawr wrth bortreadu Jones y Siop:—

"Mae gennyf gof da am Jones cynorthwywr Abel Huws. Gwelaf ef o flaen fy llygaid y funud hon yn sefyll y tu ôl i'r *counter,* a blaen ei siswrn gloew yn dyfod i'r golwg dros ymyl poced ei wasgod, a'r llu pinnau yn lapel ei gôb fel plant y *showman* yn gwneud campau, ac yn ceisio dangos pa cyn belled y gallent fynd dros eu *centre of gravity* heb syrthio. Dyn bychan lliprinaidd oedd Jones, ac yn peri i un feddwl fod Rhagluniaeth wedi bwriadu iddo fod yn deiliwr, neu yn drwsiwr *umbrellas.* Yr oedd ganddo doraeth o wallt ar ei ben, a phob blewyn yn gorwedd i lawr ac yn ymddangos yr un hyd fel pwys o ganhwyllau. Yr oedd ei ben wedi yspeilio ei gernau a'u gadael yn hollol ddi-flew;

ond er mwyn dynodi ei ryw, yr oedd natur wedi mynd allan o'i ffordd a phlannu tusw bychan ar ei ên, a chaniatau i ychydig flew dyfu yma ac acw ar ei wefus uchaf, tebyg i'r rhai a welir ar wefus gwrach oedrannus. Nid oedd Jones, ar un cyfrif, megis un yn gwisgo *moustaches*; yn hytrach, nid oedd ei wefus-flew yn werth mynd i'r drafferth o'u torri, a buasai talu ceiniog am ei heillio yn wastraff ar arian. Yr oedd ei drwyn yn ysmwt a glasgoch, ac yn enllibio cymeriad sobr ei berchennog. Yr oedd ganddo ddull o gynnal ei freichiau fel pe buasent ar ei ffordd, ac fel pe gallasai wneud yn llawer gwell hebddynt. Yr oedd ei draed yn llydain, fflat, a digymal, ac wrth gerdded yn troi allan yn enbyd, ac fel pe buasent yn benderfynol o fynd i wahanol gyfeiriadau. Nis gallasai ei ddeudroed beidio taro yr edrychydd gydag argyhoeddiad eu bod rywdro wedi cael ffrae dost, yr hon nad oeddynt byth wedi ei hangofio, er holl ymdrechion canmoladwy y canolwr, sef Jones.'

Pan fo angen manylu ynghylch gweithrediadau'r meddwl, megis wrth ddarlunio ambell gnaf neu ddihiryn, nid yw'r awdur mor llwyddiannus. Dyna, ond odid, un rheswm paham y mae'r 'Gwyddel' yn *Rhys Lewis* yn gymeriad mor annelwig. Ni feddai'r nofelydd ddigon o graffter meddylegol i'w alluogi i roi bywyd a realiti i gymeriad o'r fath. Ond beth am bregethwyr Daniel Owen? Paham y maent hwy yn greadigaethau mor aneffeithiol? Dichon mai'r un diffyg yn yr awdur, sef ei wendid fel meddylegwr, sy'n gyfrifol am hyn hefyd. Sut bynnag, nid oes amheuaeth parthed aneffeithiolrwydd ei bortreadau o bregethwyr; dynion pren ydynt bob un.

Ond ar y cyfan, y mae cyffyrddiad Daniel Owen mor siŵr, a'i ddychymyg mor fyw, fel nad yw'r diffyg meddylegol hwn yn amharu ond ychydig ar wirioneddolrwydd ei ddarluniau. Gadarned yw cred y nofelydd ei hun yn Wil Bryan, Tomos Bartley, Abel Huws, Bob Lewis, a'r lleill, nes ein gorfodi ninnau hefyd i gredu ynddynt. Onid yw'r cymeriadau hyn bellach yn rhan o ddeunydd a gwead ein meddyliau, ac yn fwy *real* i lawer ohonom na mwyafrif ein cydnabod yn ôl y cnawd?

Saif Daniel Owen ymhlith yr ychydig awduron gwir fawr y gall Llenyddiaeth Gymraeg y bedwaredd-ganrif-ar-bymtheg ymffrostio ynddynt. Anodd gweld sut y gall neb amau ei athrylith. Y mae'n un o'r ychydig ysgrifenwyr Cymraeg y darllenir eu llyfrau gan blant yn ogystal ag oedolion, gan yr annysgedig yn ogystal â'r dysgedig. A pharthed ei bwysigrwydd ynglŷn â'r iaith, y mae'n amheus iawn a fuasai'r Gymraeg heddiw mor raenus ag ydyw onibai am ei lafurwaith ef. Ysgrifennodd mewn arddull eglur, ddefnyddiol a dirodres, a gwnaeth fwy na neb arall i gyfaddasu ac ystwytho'r iaith fel offeryn i ddisgrifio bywyd yn ei holl agweddau. Yn yr ystyr yma y mae dramodwyr a nofelwyr Cymru heddiw yn ddyledus dros ben iddo.

Gŵr eneidfawr ydoedd; ac megis y dywedodd y diweddar Llew. G. Williams amdano, yr oedd yn ddemocrat yn ystyr orau'r gair: hynny yw — democrat o'r un teip ag Eseia, Shakespeare, Savonarola a'r Apostol Paul. Credai'n gryf yn athrawiaeth fawr y daioni gwreiddiol. Gwyddai fod rhyw gymaint o'r dwyfol hyd yn oed yn y mwyaf anobeithiol o blant dynion.

Yn ddiddadl ef biau'r clod am ddyrchafu'r nofel i'w gorsedd yng Nghymru; ac wrth wneuthur hynny fe agorodd ffenestri newydd yn nheml llenyddiaeth ei wlad.

12. *Daniel Owen*

E. TEGLA DAVIES,
Yr Eurgrawn (1936)

Daniel Owen, gan Saunders Lewis (Gwasg Aberystwyth, 2/6). Llyfr yw hwn ar ddatblygiad Daniel Owen fel nofelydd, ac efallai y bydd rhywun rywdro, yn ysgrifennu ar ddatblygiad Saunders Lewis fel beirniad llenyddol. Os felly fe ddywedir bod y llyfr hwn yn gam pwysig yn ei hanes. Ymddangosai Mr Lewis i mi, ym mhob un o'i weithiau eraill, fel gŵr yn gwneuthur yr arch cyn mesur y corff, ac yna'n ymdrechu i ffitio'r corff i'r arch yn lle yr arch i'r corff. Llwyddai i gael y corff i gyd i mewn, ond wedi ei drosi a'i wasgu gymaint fel nad adweinid ef gan ei gyfeillion pennaf. Dyna sut yr edrychwn ar ei *Pantycelyn* a'i *Ceiriog*, a dangosodd yr Athro Ifor Williams fod ei lyfr ar hanes llên gynnar Cymru yn yr un cwch. Y mae'n wir bod y llyfrau hyn oll yn ddisglair a chlyfar iawn, ond bod eisiau mwy o glyfrwch i ffitio corff i arch nag arch i gorff. Gall saer gwlad cyffredin a fo wedi dysgu ei grefft wneuthur yr olaf yn rhwydd.

Y mae'r llyfr hwn, fodd bynnag, i'm bryd i, yn wahanol iawn. Cymerodd yr awdur ofal i fesur yn fanwl cyn dechrau ar ei waith, a'r canlyniad yw ymdriniaeth ysgolheigaidd, oleubwyll, ar gyfrinach athrylith Daniel Owen. Eglurir ei frwydr yng nghanol rhagfarnau ei ddydd am gael ei draed dano fel nofelydd, yna ei waith yn ymarfer â'i arfau nes dysgu eu defnyddio, o'r ymarfer cyntaf anghelfydd yn y *Dreflan*, drwy ei frwydr yn *Rhys Lewis* â chyfrwng llenyddol cyffredin Cymru ar y pryd — y cofiant, cyfrwng rhy fach iddo, fel y buasai gwisg Dafydd i'r cawr, — i'w fuddugoliaeth yn *Enoc Huws*, a'i aeddfedrwydd yn *Gwen Tomos*. A'r cwbl mewn iaith gadarn, braff, hoyw, sicr ohoni ei hun, er cased gennyf eiriau fel *morbid, method, comig, technegol*, a'u tras, rhai ohonynt ymysg geiriau hacraf yr iaith. Anffawd Mr Saunders Lewis fel ysgrifennydd Cymraeg yw nid diffyg

191

meistrolaeth ar yr iaith, ond na chafodd ei fagu mewn ardal wledig Gymreig.

Ag ystyried rhagfarnau ei gyfnod dangosir bod brwydrau Daniel Owen yn odidog. Tua phedair blynedd wedi ei gladdu yr oeddwn yn aelod o'r cyfarfod pregethwyr cynorthwyol graenusaf a feddem yng Nghymru. Cyfarfyddai'r pregethwyr yn gyson i drafod gwahanol faterion a phynciau. Testun y drafodaeth mewn un cyfarfod oedd y llyfr rhyfedd hwnnw, yr ystyrid amdano gan lawer ar y pryd ei fod yn datrys problem Cristionogaeth yn derfynol, — *In His Steps*, gan Charles H. Sheldon. Cododd rhyw hen frawd i ddywedyd gair, — 'Wel,' meddai, 'yr oeddwn i'n mwynhau'r llyfr yn fawr nes dod tua'i ganol, pan ddywedodd rhywun wrthyf mai nofel oedd, ac fe'i teflais ar ei union i lygad y tân.' A minnau'n crynu rhag ofn iddynt ddyfod i wybod fy mod newydd orffen darllen holl weithiau Daniel Owen, ac y gwrthodid fi o'r herwydd fel ymgeisydd am y weinidogaeth. Dyna faes brwydr Daniel Owen.

Cywir iawn hefyd yw sylw treiddgar yr awdur am y seiat fel canolbwynt cymdeithas nofelau Daniel Owen, ac yn enwedig amdani'n rhoi canolbwynt i'r gymdeithas a ddisgrifir yn *Gwen Tomos*, ac mai dyna un rheswm dros boblogrwydd y seiat, — ddarfod iddi adfer canolbwynt i gymdeithas ar chwâl. Magwyd fi mewn ardal wasgarog yn ymestyn o ryw bump i naw milltir o'r Wyddgrug, ac y mae *Gwen Tomos* yn disgrifio'r bywyd hwnnw yn fyw iawn. Gallai plas Bodidris yn rhwydd fod yn blas y stori hon, ac un o ffermydd y fro fod yn Wernddu i'r dim. Buasai Twm Nansi yn gwbl gartrefol ymysg y bechgyn, ac adwaenwn Robert Wyn Pant y Buarth ond mai John Jones y Frenhinlle oedd ei enw. Awgrymiadol iawn yw sylw Mr Lewis na ddisgrifia Daniel Owen, gŵr tref, weithgarwch yr ardal, dim ond y cymeriadau yn unig. A chymdeithas ddiganolbwynt ydoedd, dyna lle y cafodd y seiat ei chyfle. Ac yn ddiweddarach o lawer na hynny, pan drigwn mewn ardal gyffelyb, nid peth dieithr oedd gweld pobl yn dyfod o ffermydd unig, mynyddig, dair milltir o ffordd, drwy droedfedd o eira, i'r seiat. Yr argraff gyntaf oedd eu bod yn dduwiol iawn, ond buan y gwelid yn wahanol o'u hadnabod. Dyfod yno yr oeddynt er mwyn y gymdeithas — dyma unig fan cyfarfod cyson yr ardal â thraddodiad yn perthyn iddo, erbyn hyn, ond y dafarn — a heb hynny nid oedd foddion iddynt gymdeithasu o un pen i'r wythnos i'r llall. Deallodd Daniel Owen y gyfrinach.

Yr unig gŵyn sydd gennyf yn erbyn y llyfr yw bod gormod o

bendantrwydd yma ac acw ynddo, i'm bryd i. Ac ynglŷn â hyn, yr unig un y carwn gael ei farn amdano yw Daniel Owen ei hun. Yr oedd cyfryngau eraill yn yr hen fywyd hwnnw i ddatblygu parodrwydd ymadrodd heblaw'r seiat, ond bod y seiat wedi ennill tir arnynt, — coffa da am efail Ifan Llwyd a gweithdy crydd Idris Iâl fel olion ohono, o fewn cof i mi, heblaw'r dafarn, wrth gwrs. Dyma sylw o'r *Traethodydd* am 1849:— 'Ond nid oes na chrefydd na synnwyr mewn treulio hanner diwrnod i ymdaeru ynghylch rhyw gwestiynau anorffen yn nhŷ y gof, neu y saer, neu y crydd, pan ellid eu defnyddio i gan gwell diben gartref.' Ychydig yw defnydd Daniel Owen o'r cyfryngau hyn, ond y mae ganddo un cymeriad tafodrydd o leiaf heb ddylanwad y seiat o gwbl arno, — Ismael. Ac onid honni gormod hefyd yw gosod dylanwad y seiat ar dad Rhys Lewis, yn wyneb mwy nag un posibilrwydd arall?

Prin y credaf, chwaith, fod Daniel Owen mor gwbl Gymreig ag yr honnir. Amaml y gwelir mynydd mor uchel yn codi o wastadedd, ac yr oedd yr hen draddodiad Cymreig clasurol yn rhy bell oddi wrtho ef a'i gymdeithas iddo fynd dan ei gyfaredd. Ac nac anghofier ddarfod iddo dreulio llawer o'i amser yn y Bala yn darllen nofelau Saesneg. Os oes rhywbeth sicrach na'i gilydd amdano credaf fod y sylw gan un o'i gofianwyr felly, mai disgybl Dickens ydoedd; ac yn sicr, rhai o gymeriadau Dickens a roddodd yr awgrym iddo i chwilio am eu cyffelyb o fewn cylch y bywyd Cymreg. Er bod ei gymeriadau yn gwbl Gymreig, eu tebyg yng ngweithiau Dickens a awgrymodd amryw ohonynt iddo, yn enwedig y rhai na buasai'n chwilio amdanynt yn ei gymdeithas ei hun, ac Enoc Huws ei hun, yn ogystal â Wil Bryan, yn eu mysg. A geilw y Llyfrbryf sylw at y tebygrwydd trawiadol sydd rhwng rhai o'r syniadau sydd yn nechrau *Rhys Lewis* ac yn *Dombey and Son.* Nid ystyr hyn yw bod Daniel Owen o gwbl yn llenleidr, ond nad o ffynonellau Cymreig yn unig nac yn bennaf y cafodd ei ysbrydoliaeth. Credaf yn sicr fod Daniel Owen yn fwy yn nhraddodiad Dickens nag yn nhraddodiad y Bardd Cwsg. Y mae'n wir ei fod yn cyfuno yn ei waith ddwy elfen, 'creu a beirniadu, cyfansoddi a dadansoddi,' ond fel Dickens beirniadai fwy ar bawb nag arno ef ei hun, neu buasai darnau helaeth o bob un o'i nofelau (fel y cyfeddyf Mr Lewis) heb eu cyhoeddi erioed. Nid ôl yr ysgrifennydd araf sy'n ei feirniadu ei hun a geir yma. Onid un rheswm nad yw mor doreithiog â'r llenorion Nordig ydyw, nid ei fod yn rhydd oddi wrth yr haint a'i blinai hwy, ond ei fod yn ddeugain oed cyn dechrau sgrifennu, a'r ffrwd mewn gwirionedd wedi dechrau colli ei hynni cyn i neb ei darganfod? Ac nid yw swm ei weithgarwch yn fach o gwbl i ddyn afiach wrth ei ddiwrnod gwaith, a hynny mewn deunaw mlynedd. 'Byddai fy mam yn dywedyd,' ebr ef mewn llythyr, 'am beidio trystio y gogor â'r twll, felly peidiwch trystio dim ynof.' Ac fel y dywaid y Llyfrbryf eto, nid mewn byrdra yr oedd ei nerth. Credaf hefyd nad yr unig gasgliad rhesymol y gellir ei dynnu oddi wrth gyfeiriad Rhys Lewis at ei 'ysgutores,' ac at yr un a'i hoffodd rywdro, yw mai bwriad Daniel Owen ar y dechrau oedd ysgrifennu stori serch. Os dyna'r unig gasgliad yr oedd Daniel Owen yn ŵr ffôl, canys ei adrannau serch yw y rhai truenusaf yn ei weithiau. Os dyma'r gwir y mae rhan helaeth o ymresymiad Mr Lewis yma yn colli eigrym. Efallai, o ran hynny, fod Daniel Owen wedi darganfod ei wendid mewn pryd i atal trychineb, a bod Mr Lewis yn iawn wedi'r cwbl. Eithr manion yw y rhai hyn a'u cyffelyb ar y gorau mewn llyfr gwerthfawr iawn. O ystyried ei faint y mae'r llyfr yn rhy ddrud am hanner coron, ond o ystyried ei gynnwys buasai'n rhad am goron.

13. Daniel Owen

E. TEGLA DAVIES
Y Drysorfa (1936)

[gw. hefyd 'Y Bachgen Daniel', *Yr Eurgrawn*, cxlvii, 1955]

'Y llef a ddywedodd, Gwaedda. Yntau a ddywedodd, Beth a waeddaf?' Cwestiwn priodol iawn yn wyneb llef y Golygydd arnaf, a hynny yng nghanol yr holl weiddi mewn tref a phentref ynglŷn â gwrhydri Daniel Owen. Nid oes ond dechrau drwy adrodd dau air y gwn eu bod yn wreiddiol imi gan mai fy mhrofiadau i fy hun ydynt. Cefais hwy o gyfarfod â hen ŵr a hen wraig, bob un yn eu tro, a adwaenai Ddaniel Owen yn dda. Arhoswn yn nhŷ'r hen ŵr i fwrw Sul pan oeddwn yn fyfyriwr, ymhen rhyw wyth mlynedd wedi marw Daniel Owen. Buasai'n ffermwr ar bwys tref yr Wyddgrug, ond daethai'n ddiweddar i fyw i'r dref ar ei arian. Amlwg ydoedd ei fod yn synnu fy mod mor chwilfrydig ynghylch Daniel Owen. Toc atebodd, 'Yden, mae nhw'n deud i fod o wedi sgrifennu lot o lyfre, ond y cwbwl a wn i amdano fo ydi mai fo oedd tua'r teiliwr gore yn y dre 'ma. Ato fo y byddwn i'n mynd.' Yna bu tawelwch mawr.

Ym Manchester y trigai'r hen wraig. Ysgrifennais air amdani hi i le arall lawer blwyddyn yn ôl, ond efallai na bydd dim o'i le mewn ail adrodd rhai o'i hatgofion hi yma.

'Tueddai braidd at fod yn ddistaw os nad yn swil,' ebe John Owen, ei gofiannydd, am Ddaniel Owen, ond gwahanol iawn oedd atgofion yr hen chwaer. "Cofio Daniel, ydw, debyg iawn,' ebe hi, 'un garw oedd Daniel,' ac yr oedd y gair olaf hwn yn fyrdwn i bob atgof. Nid yn unig yr oeddynt yr un oed yn union, ond maged hwy yn yr un stryd. Yr oeddynt beunydd a byth yn chwarae ynghyd, a hi oedd ei bartneres ym mhob ystryw.

Ymddengys bod Daniel yn ddylanwad mawr ar y plant. Ffurfiodd gôr ohonynt un diwrnod, ac aeth ag ef i Ben y Beili, ef yn arweinydd y côr ac yn canu bas, a'r gweddill yn canu y lleisiau a'u ffitiai orau. Wedi arwain yn hir, dywedodd y credai mai gwell oedd pregethu tipyn iddynt er mwyn newid. Rhoddodd 'Mae'r Iachawdwriaeth fel y môr' i'w ganu. Yna adroddodd ran o'r bennod gyntaf o Efengyl Ioan oddi ar ei gof. Rhoddodd 'Dyma Geidwad i'r colledig' wedi hynny, ac fel gweddi dywedodd ei bader. (Dyna a wnaeth Rhys Lewis wrth wely Seth. A oes atgof yma?). Yna arweiniodd hwy i ganu 'Diolch i Ti, yr hollalluog Dduw,' ac aeth pawb i'w dŷ ei hun.

Un diwrnod ac ef a'r eneth yn chwarae, daeth hen ŵr heibio a mul ganddo. Gadawodd y mul yn y ffordd ac aeth i mewn i dŷ. Aeth Daniel at y mul, neidiodd ar ei gefn â'i wyneb at ei gynffon, cymerodd afael yn ei gynffon, a defnyddiodd hi fel chwip, ac i ffwrdd â'r ddau fel tân gwyllt i fyny rhyw ffordd gul tua'r wlad. Pan ddaeth yr hen ŵr yn ôl nid oedd sôn am y mul, a safodd i holi'r eneth ddiniwed a oedd yn ymyl. Toc, gwelid Daniel yn dychwelyd gan arwain y mul gerfydd ei fwng, ac aeth yr hen ŵr i'w gyfarfod gan ddiolch yn gynnes iddo am adfer y ffoadur yn ôl, a rhoddi ceiniog iddo. Yr oedd direidi a dichell fel pe ym mlaenau ei fysedd. Pan oeddynt yn chwarae ryw ddiwrnod gwelent hwch a pherchyll yn dyfod yn hamddenol i'w cyfarfod. Safodd Daniel yn syn, ac aeth heb ddywedyd gair i'w cyfarfod, agorodd ddrws gardd flodau un o'r tai gwychaf yn y lle, arweiniodd yr hwch a'r perchyll i mewn yn ofalus, caeodd y drws ac aeth yn ôl at ei chwarae. Wedi chwarae ychydig aeth at y tŷ a hysbysodd y foneddiges fod hwch a pherchyll yn yr ardd, gan gydymdeimlo'n ddwfn â hi. A phan erlidid hwy â phob math ar offer cosb o fewn cyrraedd, Daniel oedd yr uchaf ei lais yn gweiddi, 'safio nhw reit.' Ië, un garw oedd Daniel.

Yr oedd hen wraig yn yr Wyddgrug yn y dyddiau hynny o'r enw Nansi Dafis, yn berchen mwnci. Bu farw y mwnci, ac aeth Daniel Owen a bachgen arall i gydymdeimlo â'r hen chwaer.

'Colled fawr am y mwnci druan, Ann Davies,' ebe Daniel.

'Ia, colled fawr, 'machgen i.'

'Cymaint o golled ag am yr hen ŵr, Ann Davies.'

'Ia, bob tipyn, 'machgen i. 'Roedd y mwnci bach efo fi drwy'r dydd pan fydde'r hen ŵr yn ei waith. A garech chi weld y mwnci bach, 'mhlant i?'

Ac aethpwyd i'w weled. Dyna lle yr oedd wedi ei ddiweddu fel petai'n fod dynol.

'Yn tydio'n bropor, 'mhlant i,' ebe Nansi Dafis.

'Ydi wir, Ann Davies, mae o 'run ffunud â chi,' ebe Daniel.

'Yr un ffunud, 'mechgyn i.'

'Ym m'hle y claddwch chi o, Ann Davies?'

'Yng ngwaelod yr ardd, 'mhlant i, a gwasanaeth uwch ei ben o hefyd.'

'Dylech weddïo drosto bob dydd, Ann Davies.' Daniel oedd yr ymadroddwr bob tro.

'I be, 'mhlant e?'

'Er mwyn ei dynnu o'r purdan.'

'Bedi hwnnw, deudwch?'

'Lle rhwng nefoedd ac uffern.'

'Rargen fawr, 'does dim posib bod y mwnci bach mewn lle felly.'

'Dyna'r peryg, Ann Davies.'

'Wel, gweddïo amdani 'te.'

A gadawsant yr hen chwaer yn penderfynu gweddïo'n eiddgar dros y mwnci bach.

Enillai Daniel a'r eneth ddwy geiniog yr wythnos am fynd i ryw fferm dros hen wraig i gyrchu llaeth ac ymenyn unwaith yn yr wythnos. A hen chwaer ryfedd ydoedd. Bob hyn a hyn ffraeai'n enbyd â'i phriod, ac yr oedd ganddi ddull gwreiddiol i ddial arno, — gwisgo Daniel yn nillad gorau yr hen ŵr i fynd i nôl llaeth. A Daniel yn mwynhau'r peth yn ddirfawr, — het silc am ei ben, coler anferth yr hen ŵr a'i ffunen am ei wddf, ei gôt gynffon wennol, a'i drywsus at ei draed ac wedi ei dorchi. Eithr nid oedd yn fodlon i wneuthur hyn, a'r eneth a oedd gydag ef mewn dillad cyffredin. Pan awgrymodd ef hynny i'r hen wraig daeth chwilen arall i'w phen, a gwisgodd yr eneth yn ei dillad gorau hi ei hun, o'i bonet i'w gŵn llaes a lusgai'r llawr. A throeon y bu'r ddau yn mynd i gyrchu llaeth ac ymenyn yn nillad gorau yr hen begoriaid, a gorymdaith o blant yn eu dilyn. Nid oedd dim mwy poblogaidd yn eu mysg na chyrchu llaeth ac ymenyn o dan amgylchiadau felly. Onid yma y gwelodd Daniel Owen gyntaf y wisg yr aeth Thomas Bartley i'r Bala ynddi? Dywedir mai Dafydd brawd Daniel Owen oedd y gwreiddiol o Wil Bryan, eithr oni ddengys y straeon hyn, a llawer stori arall a oedd gan yr hen wraig, yr hyn na feddyliodd neb amdano hyd yn hyn, fod llawer o Wil Bryan yn Naniel Owen ei hun? Pan gyfarfûm â'r hen wraig yr oedd wedi ei chaethiwo i'w gwely gan henaint, ond yr oedd ei meddwl mor glir a'i llefariad mor groyw â phetai'n ferch ieuanc. Cofio Daniel Owen? Oedd debyg iawn. Yr oedd ei Daniel Owen hi yn un gwahanol iawn i Ddaniel

Owen y cofiannau. A'r bachgen llygadog, direidus hwnnw a ddaeth yn awdur y nofelau.

Gwelaf mai'r dyddiad ar fy nghopïau i o'r nofelau, sy'n mynegi pa bryd y prynais hwy, yw 12.12.99, pan oeddwn yn llencyn. Darllenais hwy drwyddynt yr adeg honno, ac ofnaf ddarfod imi eu rhoddi wedyn ymysg y clasuron, y llyfrau y dywedir amdanynt a berchir gan bawb heb eu darllen, ac mai troi i mewn i un ac arall ohonynt pan fyddai arnaf eisiau dyfod o hyd i ryw sylw neu'i gilydd a wnawn ar ôl hyn, a hynny'n unig, a dibynnu ar fy nghof am fy syniad cyffredinol amdanynt. A chynnwys yr atgof hwnnw ydoedd mai ysgrifennydd digrif iawn oedd Daniel Owen, gan mwyaf, a chredaf mai dyna syniad y mwyafrif. Pan ddelo'i enw i'n meddwl, yr hyn a ddwg gydag ef yw Wil Bryan, Thomas Bartley, Enoc a Margiad, a'u cyffelyb; a chofiwn ar ein hunion am Wil Bryan a'r cloc, Thomas Bartley yn y Bala, a'r frwydr ar y lawnt rhwng Harri ac Ernest. Penderfynais, fodd bynnag, ddathlu ei ganmlwyddiant drwy ddarllen pob gair o'i weithiau, a'i ddau gofiant, drosodd eto, ynghyda phopeth arall y medrwn roddi fy llaw arno. Darllenais ei weithiau ar sgruth, y naill ar ôl y llall, er mwyn adnewyddu'r argraff gyffredinol. A nodiadau ar yr argraff honno a fydd gennyf o hyn i'r diwedd. Yr hyn a erys yn annileadwy ar fy meddwl yn awr yw mai ysgrifennydd prudd iawn yw Daniel Owen. Prudd-der, a hwnnw ar droeon yn llethol, yw cefndir ei holl waith, ac nid yw'r digrifwch a'r arabedd ond toriad haul drwy gwmwl. Cof gennyf am ŵr a ystyrir gan ei gyfeillion yn ŵr ffraeth a digrif iawn, ond y gwyddwn amdano fod dolur yn ei galon, yn dywedyd wrthyf unwaith ei fod yn ei orfodi ei hun i fod felly rhag torri ei galon. A dyna fy syniad heddiw am Ddaniel Owen. Y mae'r geiriau hyn o bennod olaf Rhys Lewis yn wir am ei nofelau eraill, — 'Y mae wedi ei hysgrifenu gan ddyn prudd. Gall hyn ymddangos yn anhygoel wrth ystyried fod yn yr ysgrif gofnodiad am amryw o bethau digrifol; ond nid ydyw hynny yn beth dieithr yn y byd.' Ymdrechion gŵr prudd yw'r tameidiau digrif i'w gadw ei hun rhag torri ei galon. Rhyw addurniadau ar wisg ddu yw'r digrifwch. Prudd yw corff pob un o'i nofelau.

Peth arall a'm trawodd oedd mai'r un math ar wendid oedd eiddo pob un, mai i'r un pwll y syrth bob tro. Dywedwyd degau o weithiau nad yw'n feistr ar blotio, a gwir hynny. Petai ei nofelau yng nghystadleuaeth yr Eisteddfod Genedlaethol rhoddid hwy, yn y peth hwn, yn y trydydd dosbarth onid yn y pedwerydd; dywedid mai chwerthinllyd o anghelfydd, er enghraifft, yw llusgo Wil Bryan, Sergeant Williams, Niclas, tad ac ewythr Rhys Lewis, yn un haid mewn tref yng nghanol Lloegr i gyfarfod â Rhys Rhys Lewis ar ddamwain hollol. A dyna ladd Hugh Bryan ar unwaith â Chapten Trefor, a'r gŵr dieithr o America yn digwydd cyrraedd yr ardal y dyddiau hynny er mwyn symud Capten Trefor o'r ffordd pan oedd ef yn dechrau mynd yn anghyfleus i'r awdur, a marwolaeth ei dad yn tynnu Wil Bryan adref i achub pen Enoc Huws a Susi pan oedd hi'n mynd yn anghysurus iddynt hwythau, a thorri'r cwlwm drwy roddi Enoc i briodi'r forwyn. A dyna'r gŵr dieithr yn dyfod i mewn yn *Gwen Tomos* i ddinistrio priodas Ernest y Plas, a llusgo Twm Nansi o'i guddfan, yn ôl i fyd Rheinallt a Gwen; a chyfarfyddiad damweiniol Robert Pugh a Jeremiah Jenkins yn America mewn ysbyty. Yr un tric o hyd, — dyfod â digwyddiad dieithr, annhebygol, nad yw'r amgylchiadau yn galw amdano, ar draws gwead y stori pan yw'n mynd yn galed arno yn ei ddatblygiad, am fod ei gymeriadau yn mynd yn ormod iddo, ac yntau eisiau cau pen y mwdwl, fel petai wedi blino, ac am ddarfod rywsut, rywfodd. Ceir yr un peth ar raddfa lai pan leddir Abel Hughes, ac yntau'n bwysig ar y pryd i roddi help ariannol i Rhys; ac y rhydd Rhys ei holl arian, drwy gamgymeriad, i'w ewythr, pan yw mewn mwyaf o angen amdanynt, a dychrynfeydd eraill a godir er mwyn eu tawelu. Gŵr wedi mynd yn galed arno a ddatguddir yn yr holl ddigwyddiadau hyn.

Dywedwyd lawer tro nad yw'r gallu gan Ddaniel Owen i ddatblygu stori, mai crëwr cymeriadau ydyw. Eithr y mae'r peth yn wir hefyd am ei gymeriadau, nad yw'r gallu i ddatblygu cymeriadau ganddo chwaith. Ei gymeriadau llwyddiannus yw'r rhai sy'n dyfod i'r stori ar eu llawn dwf, ac nad yw'n rhaid iddo ond eu disgrifio heb drafferthu i'w datblygu. Dywedir am Seth ganddo, — "Wrth imi sugno fy nghof, ni allaf gael dim ohono yn ei gylch ond — Seth — yr un faint, yr un lun, yr un oedran, yr un fath bob amser.' A chymeriadau tebyg yn hyn o beth, nad ydynt yn datblygu yn y disgrifiad ohonynt, yw holl gymeriadau llwyddiannus Daniel Owen. Dyna Mari Lewis, y mae hi ar ei llawn dwf pan ddeuwn i'w hadnabod gyntaf, felly hefyd Abel Hughes. Disgrifir hwy fel y disgrifir cofgolofn, yn ei holl fanylion, a phe baem yn mynd ati mewn ugain mlynedd daliai'r disgrifiad. Un felly yw Capten Trefor hefyd. Y mae ar ei lawn faint fel rhagrithiwr pan ddeuwn ar ei draws gyntaf fel twyllwr Elin Davies. Nid yr hyn sy'n digwydd *yn* y Capten a geir yn unman yn *Enoc Huws*, ond y

Capten yn ardderchowgrwydd ei ragrith yn darostwng pawb a phopeth iddo'i hun, fel y darostyngodd Elin Davies. A'r un un yn union yw pan yw'n marw. Gogoniant Daniel Owen ynglŷn ag ef yw ei fod wedi medru ei gadw yr un. Y mae Nansi'r Nant a Robert Wyn, Pant y Buarth, yn *Gwen Tomos* yr un mor llwyddiannus fel cymeriadau, yn eu cylch eu hunain, ond yr un un yw pob un o'r ddau o'r dechrau i'r diwedd, yn gwbl ddiddatblygiad. Ac felly Mr Pugh a Sian Jones, cymeriadau anwylaf *Y Dreflan*. Eithr ynglŷn â'r cymeriadau sy'n tyfu y mae'n wahanol. Dyna Bob Lewis, pan yw ei ddatblygiad yn dyfod yn ddiddorol fe'i lleddir. Dywedir mai ateb Daniel Owen i rywun a ofynnodd iddo pam y lladdodd ef oedd nad oedd ganddo ychwaneg o baent. Y mae hyn yn wir ynglŷn â phob cymeriad sydd yn tyfu, drwy ei weithiau. Wedi cyffes Wil Bryan o ddylanwadau crefyddol arno, a ninnau'n holi beth yw canlyniad ei ddeffroad, yr ateb yw *left without address*, a thila ddigon yw ei dychweliad i briodi Susi, ac ar ei waethaf y tynnir ef i mewn. Yn wir nid yw ef na Thomas Bartley na Sem Puw nac un o gymeriadau *Rhys Lewis* yn angenrheidiol o gwbl i stori *Enoc Huws*. A dyna Rhys Lewis ei hun, pan ddaw i sefyll ar ei wadnau ei hun, y cwbl a ddywedir amdano wedyn yw ei fod wedi treulio blynyddoedd fel gweinidog, heb air am ei ddatblygiad yn y cylch hwnnw, yna ddarfod iddo sgrifennu ei hunangofiant hyd ei gyfarfyddiad olaf â Wil, ac wedi hynny marw. Ceir yr un peth yn union yn *Enoc Huws*. Disgrifir datblygiad Enoc a Susi i'r lle y dechreuwn holi amdanynt, — beth nesaf, er mai ysgafn yw'r diddordeb yn Enoc ei hun, gan nad ydyw ond un o'r llygod y chwery'r gath — y Capten — â hwy. Yn sydyn rhoddir y Capten a Hugh Bryan i farwolaeth, a phriodir Enoc â'r ferch a gadwai dŷ iddo, a gyrrir hwy i America i gymryd eu siawns. Priodir Susi a Wil, a chaeir arnynt mewn siop, a dyna ben. Ynglŷn â *Gwen Tomos* hefyd, pan ddaw Harri yn broblem fe'i lleddir. Daw Gwen o dan ddylanwad y Methodistiaid, a datblygir ei chymeriad dan y dylanwad hwnnw nes inni ofyn eto, — beth nesaf, cwestiwn nas gofynnir byth am Fari Lewis, Abel Hughes a'u cyffelyb, a gyrrir hi i'w chladdu ei hun yn unigeddau America. Pan ddaw pechadurusrwydd Ernest y Plas yn angyfforddus daw'r gŵr dieithr, Mr Thomson i'r adwy yn sydyn, a diflanna Ernest. Yr oedd gadael iddo briodi â merch y Plas Ucha, ac wynebu'r canlyniadau, yn ormod o dasg.

Am gymeriadau *Y Dreflan*, y rhai llwyddiannus fel yr awgrymwyd yw'r rhai digynnydd, — Mr Pugh a Sian Jones. Pan yw Jeremiah

Jenkins yn mynd yn anodd i Ddaniel Owen ei drin fel rhagrithiwr ar gynnydd, — yn wahanol i Capten Trefor, y rhagrithiwr perffaith, — fe ffy, ac felly Robert Pugh. Nid oes digon o ddiddordeb cynhenid yn Noah Rees inni falio llawer beth a ddigwydd iddo, nac yn Obadiah Simon. Ag ymdrech galed y cais Daniel Owen ennyn ein diddordeb yn Noah, a lliprynnaidd ydyw ar y gorau. Ac felly ynglŷn â chwydd rhagrithiol Obadiah Simon. Y mae rhagrith y Capten yn ysblennydd, ond yr eiddo Obadiah Simon yn ferfedd, ac i America y ffy yntau pan yw'n anodd gwybod beth ymhellach i'w wneuthur ag ef. Rhyfedd mor chwannog yw Daniel Owen i anfon ei gymeriadau anghyfleus i America. Yr unig esboniad y gallaf ei awgrymu ar Obadiah yw bod Daniel Owen wedi creu cymeriad rywdro neu'i gilydd, ac yn methu gwybod beth i'w wneuthur ag ef, yna ei wthio, er mwyn cael ymwared ag ef, i mewn i'r gongl fwyaf cyfleus, pa mor anghyfaddas bynnag y byddai yno. Gyda llaw, methiant yw Daniel Owen fel creawdwr gweinidogion cryfion. Cydwelaf â Mr Saunders Lewis mai'r cymeriad mwyaf anfoddhaol yn *Rhys Lewis* yw Rhys ei hun. Annheilwng iawn yw Obadiah Simon; ac y mae rhywbeth yn annioddefol, i mi o leiaf, ym mherffeithrwydd Noah Rees. Yn wyneb hyn, rhyfedd mor braff yw'r blaenoriaid, — Abel Hughes, Benjamin Prys, Dafydd Dafis. Y mae pob un yn werth mil o'i weinidogion. Pam?

Dywedwyd llawer, o dro i dro, ynghylch perthynas Daniel Owen â Natur, nad oedd ganddo fawr o ddiddordeb ynddi, na dim disgrifiad ohoni gwerth sôn amdano. Onid gormodiaith yw hyn? Y mae'n wir nad oes ganddo ddisgrifadau maith ac eang o Natur er ei mwyn ei hun, ond nid oes ganddo angen amdanynt i'w bwrpas arbennig ef. Eithr synnais wrth weld mor aml y cyfeiria ati, gan ddangos ôl myfyrdod dwfn arni, ac adnabyddiaeth gyfoethog ohoni. Y mae rhai o'i gymariaethau, sy'n britho'i weithiau, yn odidog. Ceir hwy yn *Offrymau Neilltuaeth, Straeon y Pentan,* yn ogystal ag ym mhob un o'i nofelau, a dangosant ei fod yn sylwedydd anghyffredin iawn ar Natur. Afraid yw dyfynnu gan mor aml ei gyfeiriadau.

Am ei weledigaeth, gweledigaeth grefyddol ei oes sydd ganddo, ychydig o'r proffwyd sydd ynddo. Gwendidau arwynebol ieuenctid yn eu perthynas â chrefydd sy'n ei flino yn *Y Siswrn,* ac yn *Rhys Lewis,* a gellir codi ei lythyr (*Cofiant,* gan Isaac Foulkes, tud. 165-6) yn ei grynswth fel disgrifiad y dyn cyffredin heddiw o wendidau'r Eglwysi, cwynion arwynebol, sy'n wir i raddau mwy neu lai am bob cyfnod. A'r pechodau uniongred yw ei bechodau. Nid oes arlliw o awgrym am

Feirniadaeth Ddiweddar, a oedd yn dechrau curo mor drwm wrth y drws ar y pryd, yn ei *Offrymau Neilltuaeth,* ond y mae tipyn o wawd o'r syniadau newydd wedi ei glymu wrth Obadiah Simon. Nid oes awgrym o wybodaeth feirniadol, er enghraifft, yn ei bregeth, *Cain,* nac yn *Yr Amhosibilrwydd i Grist fod yn guddiedig.* Eithr wrth ddatrys cymeriadau, y mae syniadau diweddaraf meddyleg ganddo, megis yn reddfol ac anymwybodol. Yma traidd i lawr i wraidd natur dyn gan ddatguddio'i ddyfnderoedd eithaf, mewn modd teilwng o John Bunyan. Yma yn wir y mae ei ogoniant, ac erys hwn, — ei allu gwyrthiol bron i ddatrys cymeriad, y cymeriad arhosol, y gellir ei astudio'n hamddenol wrth eich pwysau, heb ofni y bydd wedi na thyfu na dirywio erbyn yr ewch ato nesaf, ei chwilio'n amyneddgar bob congl ohono, heb golli dim oll, a'i osod gerbron heb ddim ar ôl, yn fod byw yn troi ymysg dynion. Nid oedd mor llwyddiannus â'r cymeriadau nad ydynt heddiw yn fynegiad llawn o'r hyn y gellir ei ddisgwyl oddi wrthynt yfory.

O ystyried manion, rhaid eu parselu. Pan fo Daniel Owen, fel eraill, wedi syrthio mewn cariad â sylw, fe'i defnyddia fwy nag unwaith. Ceir y sylw enwog am *postage stamps* yn *Straeon y Pentan* yn ogystal ag yn *Rhys Lewis.* Hoff yw hefyd o fynychu, mewn tri o'i lyfrau o leiaf, y sylw am adael crefydd a mynd i'r Eglwys. Ac nid yw'n ormod ganddo chwaith weu i'w waith stori a gafodd gan arall, megis stori'r gwybedyn yn y canister te. Bu'n brwydro ag ef ei hun cyn dyfod i fathu enwau ffodus. Fe ddechrau ag arbrofion prentisaidd, megis Miss Whipum, Father Pinchum, Thinskin, Puff and Bluster, a'r cyffelyb. Y mae diffyg chwaeth rhyfedd mewn ambell frawddeg hefyd, mewn awgrymiadau aflednais heb fynegi dim pendant. Iachach fuasai mynegi'n llawn, o fynegi o gwbl, nag awgrym a fo'n deffro chwilfrydedd afiach. Ac y mae rhywbeth tebyg i fursendod mewn argraffu geiriau yn y dull hwn, dull nad ydyw wedi ein llwyr adael eto, d-l; c-l; uff-; er bod Daniel Owen yn ddigon ffyddlon iddo'i hun weithiau i argraffu'r geiriau hyn yn llawn. Ac nid pell oddi wrth ragrith yw condemnio ymddygiad Mari Lewis at y person, wedi mwynhau cymaint arno'i hun wrth adrodd yr hanes; a chondemnio'r ymladd ar y lawnt, yn *Gwen Tomos,* ac yntau'n ei fwynhau ei hun mor fawr wrth ei ddisgrifio; a chondemnio triciau Wil Bryan, a gofidio o'u herwydd, a'r holl awyrgylch yn awgrymu'n wahanol. Eithr efallai mai taflu asgwrn i gi rhagfarn ei gyfnod a wna drwy'r pethau hyn. Os felly fe ddioddef ei ddewrder.

Hyfryd i mi, a fagwyd o fewn naw milltir i'r Wyddgrug, oedd dyfod ar draws cymaint o eiriau bore oes unwaith eto drwy'r llyfrau, megis *mor grêt, simio, bara canreg, gwrthban, cluro, crigo, byclu ati, nadu* (am wylo), deud *parsel* o bethe, *crabed, dialedd* (am *lawer*). Adwaenwn y teulu hwn oll yn dda yn fy nyddiau cynnar. Dylanwadodd Daniel Owen ar ymadroddion y genedl, ac y mae dulliau ymadrodd sy'n gyffredinol heddiw, a oedd yn gyfyngedig i Sir Fflint, a'r rhan agosaf ati o Sir Ddinbych, cyn ei ddyddiau ef.

Am y dylanwadau ar ei fywyd, a benderfynodd ei ddull o sgrifennu, ofnaf mai methiant yw'r ymdrech i'w osod yn y traddodiad clasurol, yn llinach *Breuddwyd Rhonabwy* a'r *Bardd Cwsg*. Haws yw credu ei fywgraffwyr am un mor gyfyngedig ei fyd ag ef, mai dylanwad Hiraethog yng Nghymru, a Dickens yn Lloegr, yw'r dylanwadau mawr arno. A naturiol yw hynny yn wyneb yr hyn a ddywedir amdano yn ei drwytho'i hun yng ngweithiau Dickens ac ysgrifenwyr Saesneg eraill, ond Dickens yn arbennig, pan oedd yn y Bala. Dull llac, crwydrol Dickens yw ei ddull, a gellid torri darnau helaeth o bob un o'i nofelau, fel y gellir o nofelau Dickens, heb deimlo'r golled. Hyn a wna gymaint o'i waith yn feichus i'w ddarllen. Ac anodd yw meddwl am rai o'i gymeriadau, ac Enoc Huws a Wil Bryan yn eu mysg, y gallai fod wedi anghofio cymeriadau cyffelyb yng ngweithiau Dickens pan oedd yn eu creu. Nid awgrymir mai copïo yr oedd, ond mai cymeriadau arbennig yng ngweithiau Dickens a awgrymodd iddo chwilio am rai o'r un natur ym mywyd Cymru. Y mae'n wir nad oedd Daniel Owen yn doreithiog fel Dickens, ond onid un rheswm am hynny oedd cyfyngder ei fyd; a'i fod hefyd dros ddeugain oed yn dechrau, wedi i angerdd cyntaf bywyd gilio, a dechrau darostwng o'i nerth ar y ffordd? Dywaid ef ei hun na ellir dibynnu ar ogr â thwll. At hynny gŵr wrth ei ddiwrnod gwaith ydoedd.

Y mae ei wendidau yn fawr, a'i ogoniant yn fawr, a'i gyfraniad i Gymru yn gyfoethog ac arhosol. Pan ddaeth, daeth fel haul i ardal nad oedd iddi ond canhwyllau i oleuo ei thywyllwch. Nid rhyfedd i rywun daenu'r stori fod cylchrediad *Y Drysorfa* wedi codi'n fawr ar ei union, ond rhyfedd na chymerodd neb hyd yn hyn sylw o osodiad Mr Tom Parry yn *Yr Efrydydd* am fis Mawrth nad oes dim gwir o gwbl yn y dychymyg hwn. (Tybed? Y Gol.).

Ni chyfododd dilynydd iddo. Ai un rheswm am hyn yw bod Daniel Owen wedi disgrifio bron bob math posibl ar ddyn yng Nghymru, ac eithrio'r morwr? A hynny mor wych nes torri calon pawb arall. Yr oedd hefyd yn byw mewn cymdeithas a'i teimlai ei hun mor sefydlog â'r Wyddfa. Yr ydym ninnau'n byw ar losgfynydd, ac ni wyddom heddiw sut y bydd hi arnom yfory.

14. Rhagarweiniaid i Rys Lewis Daniel Owen

W. BEYNON DAVIES
Yr Athro, (1936)

Eleni yr ydys yn dathlu canmlwydd geni Daniel Owen, a bu hynny eisoes yn achos llawer o siarad ac ysgrifennu. Da o beth yw cael y dysgu a'r ysgrifennu hwn am y nofelydd er na ellir dywedyd hynny am lawer o'r hyn a siaredir amdano. A dyma gyfle i ninnau fynd at ei waith a gweld beth yn wir a wnaeth a pha beth yw'r effaith arnom o ymgyfathrachu ag ef. Ni honnir cynnig beirniadaeth lwyr ar y nofel, ond dangos rhai llwybrau i'w cymryd a rhai pynciau i sylwi arnynt. Ceisir tynnu sylw at 'duedd' neu 'gydymdeimlad' y nofel[1] ac ymholi pa radd o ddiwylliant a ffynnai ymhlith y cymeriadau, a chadw llygad ar ba beth a ddyry Daniel Owen i'w ddarllenwyr; neu, i roi'r peth mewn ffordd arall, pa dystiolaeth a ddwg ef i ffordd ei ddarllenwyr o fyw ac i'w diddordebau. Gan fod dyn hefyd, wrth ddarllen nofel, yn byw, am y tro, ar lefel yr awdur, gellir yn deg ddweud amdano, "Dyma fel y gwêl ef fywyd, dyma'i ddiddordebau ac ansawdd ei we60iad.' A phan draddodom ni farn ar rannau o'r nofel, golyga hynny mai unwedd y farn honno â'r farn a'r safon a fydd gennym mewn bywyd heddiw, — nid oes rannau i'n meddyliau, un i feirniadu nofelau ddoe ac un i ymhél â phethau'r oes hon. Ofer hefyd, fel yr awgrymais wrth ymdrin â storïau byrion Kate Roberts, yw ceisio deall a beirniadu'r nofel o safbwynt 'plot' neu 'gefndir' neu debygrwydd cymeriadau i ddynion o'n cydnabod, — yr un mor ofer ag a fuasai rhoi barn ar

---

[1] It is the way our sympathy flows and recoils that really determines our lives. And here lies the vast importance of the novel, properly handled. It can inform and lead into new places . . . [it] can reveal the most secret places of lice . . . but . . . like gossip, can also excite spurious sympathies and recoils . . . [and] glorify the most corrupt feelings, so long as they are *conventionally* pure . . . then, like gossip, it becomes at last vicious and, like gossip, all the more vicious because it is always ostensibly on the side of the angels.'
— D. H. Lawrence.

werth rhywrai heb sylwi ar ddim ynglŷn ag ef ond ei esgyrn neu hanes ei deulu. Rhaid mynd y tu ôl i ryw haniaethau felly ac at y cymeriadau a thrwyddynt hwy wedyn at feddwl yr awdur.

Yn anffodus, nid ysgrifennwyd eto hanes darllen a llyfrau yng Nghymru yn y ganrif ddiwethaf. Gwyddom mai'r lleiafrif cefnog yn unig a allai ddarllen yn Lloegr nes i ddeddf addysg y flwyddyn 1870 ddwyn ffrwyth. Ond yr oedd miloedd o'r dosbarth cefnog hwn, a gallent hwy fforddio hynny o ran amser ac arian.[2] Cawsent hefyd addysg dda, yn ôl safonau'r oes, ac am hynny yr oeddynt yn gyfarwydd â darllen o ddifrif: nid oedd raid i'r awduron boeni am allu a deall y darllenwyr. Gellir dywedyd mai rhywbeth yn debyg yw'r gwir am gyflwr pethau yng Nghymru yn y 18 ganrif — Goronwy Owen gan yr ysgolhaig a'r dysgedig, ac Elis y Cowper a'i gymheiriaid gan yr anllythrennog. Eithr erbyn canol y 19 ganrif, newidiasai'r Ysgol Sul lawer iawn ar rif ac ansawdd y darllenwyr. A chan mai cynnyrch yr Ysgol Sul oedd y corff darllenwyr newydd hwn, yr oedd iddo'i ragfarnau a'i dueddiadau megis ag a oedd i gynnyrch yr ysgolion cefnog a'r ysgolion gramadeg yn Lloegr. Dengys y gwahaniaeth sy rhwng nwyf bras Twm o'r Nant a 'pharchusrwydd' Daniel Owen y gwahaniaeth a ddaethai dros Gymru yn y cyfamser.

Eithr bu Cymru'n ffodus mai yn niwylliant yr Ysgol Sul ac nid yn yr ysgolion-bob-dydd y trwythwyd hi hyd chwarter olaf y ganrif. Yn un peth, golygai'r gydwybod Biwritanaidd ryw ddifrifwch ac ymhél â phynciau pwysicaf byw a bywyd. At hynny, llwyddodd yr Ysgol Sul i ddiwyllio am mai *trwy'r iaith* y dysgai gyda'r Ysgrythurau a'r pulpud i'w harwain. Nid *testunau* anghyswllt â'r rheini trwy gyfrwng iaith estron fel ag a geid yn yr ysgolion-bob-dydd oedd ei ffordd hi.[3] Wedyn, yn aml, yr oedd gan eglwysi fel "Bethel" gymdeithasau lle y disgwylid ymhél â gramadeg a cherddoriaeth ('Cymdeithas Gwallt i Lawr' y galwai'r Philistiad Wil Bryan yr un ym "Methel"). Gofynnai cymdeithasau felly ddiwyllio a disgyblu a gwneud gwaith caled, a hynny ar ben gwaith bob dydd, er cyhyd oedd oriau hwnnw. A phraw o'r difrifwch hwn yw'r paragraffau hirion o brint mân ac ynghlâdd yn y rheini y mae rhai o brif gyffroadau'r stori. Nid rhyw lastwr yn null

---

[2] Sylwer ar brisiau uchel nofelau Saesneg (gini a hanner yr un) yn y 19 ganrif.

[3] Ond sylwer ar ddull y colegau i bregethwyr: 'Pan fyddi yn y *college*, beth bynag arall fyddi di yn ddysgu, studia *nature, literature*, a Saesneg — achos mi daliff y rhiny am 'i bwyd i ti rw ddiwrnod' (t. 263) — cyngor Wil Bryan i Rys Lewis, ac y mae'n syn dinc mor 'fodern' sydd ynddo!

captions y papurau newydd heddiw sy ganddo. Dengys hynny fod yna gyhoedd yn darllen yn bwyllog a dygn yn yr oes honno ac nid yn 'pigo' â'r llygaid ac yn rhuthro'n fras trwy lyfrau. Nid oedd angen cynffonna i'r darllenydd fel sydd raid heddiw i gael dim gwrandawiad.

O ran ei pheirianwaith allanol, y peth mwyaf diddorol ynglŷn â'r stori, heblaw mai ar ffurf hunangofiant y mae, yn ddiamau yw mai'n fisol yn y *Drysorfa* yr ymddangosodd. Oherwydd ei chyhoeddi yn dameidiau felly, rhaid oedd ceisio cael 'effaith' tua diwedd pob pennod a thrwy gael cymeriadau 'doniol,' 'hoffus' ac enwau atyniadol iddynt (cymh. *Wil* Bryan ond *Rhys* Lewis: pa ragfarnau sydd ynom ni tuag at fathau o enwau fel hyn?). Collwyd golwg ar y stori fel cyfanbeth, ac nid ennill a fu hynny iddi mwy na'r frwydr oedd ganddi i'w hymladd yn erbyn pobl na fynnai fod a wnelont hwy ddim â dim ond y gwir. Llythrennol (cf. t. 42 o *Rys Lewis*).[4]

Ein ffordd ni at gynnwys ac 'ergyd' neu 'welediad' y nofel a fydd trwy'r iaith. Cynnyrch yr Ysgol Sul ac 'ysgol y soldiwr' a'r 'Coleg Pregethwyr' oedd Daniel Owen ei hun. Ôl hynny sydd ar ei arddull, a phan lyno ef wrth y dulliau a'r moddau hynny, y mae'n gryf a diffuant. Eithr y mae yna elfennau dieithr, megis ceisio dilyn arddull Saesneg poleit, rheithegol dechrau oes Victoria, neu eto, gopïo *slang* arwynebol Saesneg llafar y dosbarth canol. Bu edmygu mawr ar yr hyn a elwid yn *humour* Wil Bryan gan gredu bod ei siarad yn llawn o ryw arabedd cywrain. Eithr o fynd ati i'w ddosbarthu, gwelir mai britho'i ymddiddan â *slang* rhwydd ac arwynebol Saesneg a wna — rhyw drïo bod yn smart trwy ddefnyddio ystrydebau'r papur newydd yn yr iaith honno. Nid *wit* y 18 ganrif mohono, ond arwynebedd y wasg boblogaidd yn Lloegr — gwasg yn dechrau dihuno i borthi'r cynnydd a wnaed gan ddeddf addysg 1870. Twyllwyd y Cymry (a thwyllir hyd heddiw) gan glyfrwch a rhwyddineb ymddangosiadol pethau o'r fath. A phan fynno'r nofelydd geisio dweud rhywbeth i'n cael i chwerthin, rhyw oglais ein rhagfarnau'n unig a wna â rhyw amwysedd babanaidd. Wedi sôn am y cyfarfod 'sol-ffa,' meddai: 'gellid drwy newid un lythyren droi y cyfarfod canu yn gyfarfod arall cwbl wahanol o ran ei natur, eto yn gyfryw ag oedd yn rhoi boddhad i'r ddau ryw.'

Y mae yma ryw ddiffyg difrifwch yn yr arddull: nid oedd rhwng yr iaith, fel yr ysgrifennai ef hi, fawr berthynas â byw. Rhyw iaith 'dillad

---

[4] Am bethau tebyg yn Saesneg, gweler gwaith Mrs Gaskell a phethau fel *The Autobiography of Mark Rutherford* a nofel o'r enw *Christopher Kirkland* gan Mrs Lyn Linton; y mae'n ddigon posibl bod y rhain yn hysbys i Ddaniel Owen.

dy' Sul,' 'barchus,' ydoedd iddo. Ni wnâi iaith lafar ei ardal ddim o'r tro iddo, nac iaith lafar yr Ysgol Sul a'r pulpud chwaith, er mai cymysgedd o'r ddwy, y mae'n ddiamau, a siaradai ef. Yr oedd arno flys am 'arddull,' ond o sylwi'n fanwl, fe ganfyddir bod ei afael yn llawer grymusach pan gadwo at yr iaith lafar mewn ymddiddanion, a bod idiom lafar Wil Bryan, ond anwybyddu'r eirfa Saesneg, yn well nag un Rhys Lewis, am na cheisiai Wil ddim gwyrdroi na gloywi dim ar ei Gymraeg. Y mae hynny'n wir hefyd am y darnau a roir yng ngenau Tomos Bartley.

Y mae'n hysbys i rai sy'n gyfarwydd â nofelau Daniel Owen, fod ynddynt lawer iawn o'r hyn y gellid ei alw'n ymddramadeiddio. Cofier nad cofiant yn rhoi hanes manwl am ddigwyddiadau yn ei fywyd a olygir. Yn hytrach bod llawer o dueddiadau meddwl yr awdur a ffyrdd o fyw a gâi ei gydymdeimlad, wedi eu gwisgo â chnawd a'u rhoi mewn cymeriadau. Teg felly yw dywedyd y gellir barnu ansawdd a gwe meddwl y nofelydd yn ôl ymddwyn y cymeriadau sy ganddo a'u cydymdeimlad hwy. A theg hefyd yw datgan nad ymhél â safonau materol neu ymdrin ac ymhelaethu ar sefyllfa fydol ei gymeriadau a wnaeth Daniel Owen. Canys yr oedd yng Nghymru draddodiad Piwritanaidd, gwerinol, a allai feirniadu a phwyso gwerth pobl (h.y., 'cymeriadau' 'r nofelau) nid yn ôl eu 'parchusrwydd' neu eu rhagrith, ond yn ôl eu gwerth a'u diwylliant yn hytrach nag yn ôl llwyddiant bydol, er bod awgrym bod y traddodiad hwn yn gwanhau a 'good form' yn dod yn ei le mewn darn fel hyn:

> Fy mhrofiad i ydyw mai perygl rhai cyffelyb iddi [h.y., Mari Lewis], er iddynt fod yn rhagori mewn diragrithrwydd, ydyw anghofio teimladau rhai eraill, ac arddangos diffyg lledneisrwydd a chwaeth dda — nodweddion a ddylent brydferthu cymeriad pob gwir Gristion (t. 151).

Teipiau yn ôl eu nwydau a'u teimladau a'u galluoedd, ac nid yn ôl eu llwyddiant cymdeithasol, sy gan Ddaniel Owen fwyaf. Y mae yma deipiau poblogaidd hefyd — y fam 'dda' a'r tad drwg, y goruchwyliwr creulon a'r hen soldiwr; a cheisio cynnig rhyw fras sylwadau ar rai o'r teipiau hyn a wnawn ninnau hyd ddiwedd yr ysgrif hon.[5]

Nid oes gyfle yma i fynd ar ôl y cymeriadau i gyd. Traethwyd yn fedrusach eisoes gan eraill ar rai o brif agweddau'r nofel. Golygai dilyn y teipiau cymeriadau a'u dosbarthu oll fynd yn fanwl ar ôl hanes cymdeithas a'i diwylliant yn y cyfnod a'u hegluro wedyn yn ein termau ni heddiw. Ni allwn ddilyn amryw droeon y problemau a ymgyfyd yng nghwrs y gwaith na dangos min llawer o'r dychan a geir ynddo. Yr ydym yn gyfarwydd â chrefyddolder Mari Lewis ac Abel Hughes, 'parchusrwydd' Rhys Lewis ei hunan a 'symlrwydd diniwed' Tomos Bartley. Y maent fel teipiau ymhell oddi wrthym ni heddiw, ac am hynny gallwn eu cadw o hyd braich a rhoi tecach barn arnynt. Sylwer ar yr enwau a roir arnynt fel cymeriadau — onid yw'r enwau hynny yn rhan hanfodol o'r cymeriad fel yr adwaenwn ni ef?[6] Hynny yw, y mae gan yr enw ynddo'i hunan gryn lawer i'w wneud â'r modd yr ymddygwn ni at y cymeriad hwnnw.

Y mae hyn oll mor wir am Wil Bryan â neb ohonynt. Traethwyd o ddifrif ar y cymeriadau eraill, ond pan sonnid amdano ef, digon oedd dweud mai efô oedd yr hoffusaf ohonynt i gyd. Nid oedd 'dim y tu ôl' iddo ef, yr oedd mor 'true to nature,' mor syml ac mor hoffus a chwareus. Derbyniasom ef ar ei air gan daered hwnnw, a llwyr esgeuluswyd ceisio penderfynu ei bwysigrwydd a'r 'ochr' a rydd ef i gyfeiriad a chydymdeimlad y nofel. A chan na thraethwyd yn helaeth arno ef fel ar y lleill, ceisir am weddill yr ysgrif hon dynnu sylw at ei bwysigrwydd.

Y mae'n amlwg bod yn Wil Bryan gryn lawer o feirniadaeth yr awdur ar fywyd ac ar ei greadigaethau ei hun. Fel y dywedwyd eisoes, yr ymadrodd 'true to nature' yw'r allwedd i ddeall am ba beth y saif Wil Bryan. Paham yr ymadrodd Saesneg? Golygai beirniadaeth deg a llawn gael gafael ymysg pa ddosbarth o Saeson yr oedd 'true to nature' yn gymeradwy ac ar dreigl yn amser Daniel Owen. Yn Saesneg yr ysgrifennai Wil Bryan ei hun, a ffugrau ymddwyn a byw y Saeson

---

[5] Da o beth, yn y cyswllt hwn, a fyddai ystyried rhannau o ragair L. H. Myers i'w nofel *The Root and the Flower*. Cyfeiriais ato o'r blaen, a dyma ragor o sylwadau pwysig: 'The arts have their connoisseurs, but what of connoisseurs in character? It is often believed that the gift of moral or spiritual discriminations is universal . . . And does everything in character lie on the surface? . . . is it really true that, while merit in art can be assessed, in personality the distinction between the beautiful and the unbeautiful is simply one of individual likes and dislikes? I hope not.'
[6] Y mae rheswm dros dybio mai'r hyn a lunnir gan ddarllenydd o batrwm geiriol yr awdur yw cymeriad, ac y mae'r enw'n rhan o'r patrwm hwnnw. Cymharer C. H. Rickwood yn *Towards Standards of Criticism* tt. 31-2: 'Character is merely the term by which the reader alludes to the pseudo — objective image he composes of his responses to an author's verbal arrangements . . 'Mwy buddiol i athro a disgybl fydd trin y nofel yng ngolau pynciau felly na 'dadansoddi' plot a 'chrynhoi' cymeriad.

('public-school,' 'the Soldier and the Gentleman') sydd ganddo yn ei sylwadau. Sonnir am chwarae, a chyfeirir at griced (cymh. t. 313 ymlaen). Wrth draethu ar gydwybod (Pen. XXVIII) a chyffesu'r gwir, a ni'n disgwyl dosbarth manwl ar y ffyrdd hyn o ymddwyn, ni chawn yn y pen draw ond apêl at y gorchymyn a fyn i ni 'ddweud y gwir bob amser' — nid er mwyn y gwir ei hun, ond rhag ofn ein galw'n 'llechgwn.' Dywedir am Abel Hughes ei fod 'yn ddyn bob modfedd o hono' — yr idiom a'r traddodiad Saesneg sydd y tu ôl yma eto.

I ddatrys y gwahaniaeth rhwng yr hen Galfiniaeth arall-fydol a ffydd (Mari Lewis) ar y naill law, a'r ysbryd pagan a sosialaidd diweddar a dysg (Bob) ar y llaw arall, fe gynnig Daniel Owen i ni Wil Bryan. Neu wedyn yn lle crefydd Abel Hughes, ar y naill law, a chrefydd Tomos Bartley ar y llaw arall, dangosir i ni syniadau Wil Bryan ar natur eglwys. Ond o edrych y rheini'n fanwl, gwelir mai rhyw gasgliad o sylwadau synnwyr y fawd ('horse-sense' y Saeson), sylwadau rhwydd, arwynebol, cynnes, agos-atoch ydynt yn ymrithio fel athroniaeth bwyllog a dofn. Drwgdybir addysg a dysg: chwerddir am ben y peth yn hollol annheg. Ac onid rhyw ysgolhaig canolig oedd Rhys Lewis ei hun yn y Coleg a'r gwaith yno'n 'sych' iawn iddo? Canolig, meddwn — dyna gyweirnod cymeriad Wil Bryan. Ynddo ef y cawn yr enghraifft gyntaf o'r 'sportsman,' y 'public-school man' yn Gymraeg. (Nid oes eiriau Cymraeg am yr uchod am nad ydynt yn rhan o draddodiad Cymru.) Ynddo y gogoneddir pob canoligrwydd, a gwae y neb, yn ei olwg ef, a gymero ddim o ddifrif. Onid ei ddiffyg difrifwch a achosodd ei ddinistr?- 'yr oeddwn yn argyhoeddedig ei fod *yn hollol ddyeithr i deimladau dwys* ac yn gwbl ddidaro am ei gyflwr' (t. 265). Darllener y paragraff i gyd). Dyna'n sicr y gwir amdano: ef yw *l'homme moyen sensuel* yn ei ogoniant, megis y tystia ef ei hun eto:

. . . a chawn y cysur nad oeddwn yn *extreme man*; nid oeddwn un amser ar y top nac yn y gwaelod, ond tua'r canol! Ac yr wyf yn gwenieithio i mi fy hun fy mod yn parhau felly, yn ceisio rhodio ar ganol llwybr barn (t. 381).

Y mae'n sicr bod gan Ddaniel Owen lawer o gydymdeimlad â'r ffordd hon o edrych ar bethau.[7] (Ar yr un peth y rhoir pwyslais yng nghymeriad Dr Hughes yn *Gwen Tomos*.) Ni fynnai'r math hwn o

---

[7] Ymdrechodd i wneud Bob Lewis yn rhesymol rhag mynd ohono'n benboethyn. Oni fynnai Bob achub Strangle a bod yn hael wrth ei elyn?

gymeriad lynu wrth ddim un egwyddor yn hir nac aberthu erddi. Ni allai Wil Bryan ddioddef *humbug*; neu, i roi'r peth mewn ffordd arall, ni fynnai dramgwyddo neb. Nis ceid ef yn cefnogi dim yn frwdfrydig — ceir ei gymheiriaid yng Nghymru heddiw am fod yn 'Welsh, but not too Welsh.' Ni allai ef ddygymod â phleidio dim o ddifrif, crefydd mwy na dim byd arall: 'having a great respect for religion and as little to do with it as possible.' Chwarddai am ben pob dysg a difrifwch a gwawdio pwyllo i roi barn ddeallus ar fywyd. Edmygai 'symlrwydd diniwed' Tomos Bartley, a gweled ynddo gymar ond ar lefel wahanol. Yn fyr, Philistiad, gelyn y genedl etholedig a gelyn plant y goleuni.

Ac eto buwyd yng Nghymru am hanner canrif yn edmygu'r teip hwn, gan gredu bod rhyw rinwedd rhyfedd yn perthyn iddo a gwerth mawr arno. Credwyd bod rhyw gyfrin ddoethineb yn yr ymadrodd bod myfyrwyr coleg fel *postage stamps*, ac anghofio mai un o deip y 'sportsman' oedd Wil eu hun. Y mae'n wir mae efô a apelia atom hawsaf â'i *slang* bâs a'i 'good-fellow ticket,' ond o dan yr wyneb, gwelwn nad oes dim ynddo. Nid trwy ddilyn cynghorion Wil Bryan y 'caiff neb fywyd, a'i gael yn helaethach.'

Rhyw feddyliau fel yna a ddaw i ddyn wrth ddarllen *Rhys Lewis*. Nid stori foel mo'r llyfr; nid mynegi a datgan yn unig a wna'r geiriau sydd ynddo, ond y mae ynddynt a thu ôl iddynt osgo ac ystum at fyw a bywyd, at ddyn a chymdeithas. Dyna pam y mae'n rhaid i ni gofio bod rhywbeth mwy yn y nofel na phlot a chasgliad o gymeriadau a chyffro. Nid 'trwch croen' yn unig yw ei diddordeb.

15. Mawredd Daniel Owen
"Mawr er Gwaethaf ei Gyfrwng"

IDRIS LL. FOSTER
Y Brython (Gorff. 30, 1936)

Ym mhen can mlynedd ar ôl ei eni, gellir dywedyd yn ddibetrus nad oes neb a ddaeth ar ei ôl, mwy nag o'i flaen, a ddeil i'w gymharu â Daniel Owen fel nofelydd. Ond y mae ei fawredd yng nghudd yn aml, a'n gorchwyl ninnau ym mlwyddyn dathlu ei ganmlwyddiant, yw chwilio am y mawredd hwnnw.

Deunydd ei Nofelau

Ystyrier deunydd nofelau Daniel Owen i ddechrau. Y mae'n wir bod bron y cwbl o'r cyfnod a ddisgrifir gan Daniel Owen yn annelwig o bell oddi wrth y rhan fwyaf ohonom ni heddiw. Am hynny, y mae'n rhaid troi at ei weithiau ef i gael Saga gyflawn y bedwaredd ganrif ar bymtheg yng Nghymru. A gwyddai Daniel Owen yn iawn am gymhlethtod astrus y proses cymdeithasol a oedd yn newid Cymru gyfan yn y ganrif honno. Dyna'n union a welir yn ei nofelau. Ar y naill law, y mae hapusrwydd hoenus, dilyffethair y ddeunawfed ganrif, gyda'r ysbryd hoffus, di-grefydd, ddi-bryder a'i nodweddai. Ar y llaw arall, y mae'r gwŷr a wyddai am gyfryngau gwyw, crebachlyd y dyhead trafferthus, masnachol a oedd â'i duedd i ddiddynoli. Wrth gwrs, proses araf ydoedd. I ddechrau, dofi ffraethineb y ddeunawfed ganrif, lledneisio ei hoywder cwrs, gor-grefyddoli ei greddfau trofaus, ac yna gosod pawb yn daclus yn niogelwch amgaeëdig a chadarn Sylwedd, Diwylliant a Threfn. Ond nid oedd y ddinas noddfa hon mor ddiysgog ag y tybid gan ei hadeiladwyr. Crwydrodd ambell un ag anian yr hen ysgafnder gynt ynddo i mewn i'w chanol, a'i bresenoldeb mor hyfryd â chwa o wynt ar brynhawn mwll o haf terfysglyd. Ac yr oedd ambell un arall wedi hen flino ar gaethiwed undonog y gymdeithas; a'i flinder yn troi'n wrthyfel, gwrthryfel aneffeithiol i ddechrau, ond gwrthryfel a fu'n ddigon nerthol yn y diwedd i siglo'r ddinas noddfa i'w sylfeini.

Dyna'r gymdeithas a adwaenai Daniel Owen, a dyna'r gymdeithas a bortreadodd ef yn well na neb. Ac nid yw hynny'n syn, oherwydd yr oedd ganddo ef yr union ddawn i drin y deunydd rhyfedd hwn. Adwaenai ddynion, a theimladau dynion, a'u greddfau i gyd; gwyddai hefyd am dynged dynion pan wrthdarawent ag egwyddorion cymdeithasol y chwyldro datblygol a oedd o'u cwmpas. Praw pendant o allu meistraidd Daniel Owen yw iddo weu'r cefndir cymdeithasol hwn mor glòs a chywir ac yntau'n byw mor agos iddo. Ond yr oedd ganddo adnoddau ddigon; ei ddyneiddiwch praff, rhadlon, a'r nac i drin ei gyfoeswyr yn hamddenol a di-stŵr.

Y Cyfrwng Mynegiant

Y mae'n rhaid cydnabod, felly, ei fod yn feistr llwyr ar ei ddeunydd, er nad oedd y deunydd hwnnw mor gwbl annelwig ag y tybia llawer ohonom heddiw. Ond beth am gyfrwng mynegiant Daniel Owen? Rhaid dywedyd ar ei ben fod blas Sesnictod ar ei Gymraeg (ac eithrio *Straeon y Pentan* efallai), ac i biwristiaid coeth heddiw nid yw ei arddull yn gyson ddiargyhoedd. Eithr y peth pwysig yw bod popeth arall sydd ynlgŷn ag ef yn drwyadl Gymraeg — ei hiwmor, ei goegni, ei watwareg ddeifiol, ei dristwch, ei lawenydd. Gellid dadlau bod ei gyfrwng yn rhy gyfyng, ond y mae adegau pan ymestyn yntau yng nghyfyngdra'r cyfrwng a'i ddryllio'n deillion mân. Ac y mae Daniel Owen yn un o'r artistiaid prin hynny sy'n fawr er gwaethaf eu cyfrwng.

Ni ellir, ychwaith, wadu grymuster iach yr iaith lafar a geir gan Ddaniel Owen, ac, ar ei orau, y mae ystwythder nwyfus ei ddeialog yn ddigyffelyb. Gwir a ddywed Mr Saunders Lewis mai efô yw'r 'mwyaf oll o'n dramäwyr di-ddrama.'

Oherwydd ei adnabyddiaeth lwyr o labrinth rhyfedd ei gyfnod, a'i ddealltwriaeth eang, ddi-derfynau o grwydradau meddyliol ei genedl yn y cyfnod hwnnw, y mae'n rhaid i ninnau heddiw dystio i fawredd cartrefol ac i athrylith amheuthun Daniel Owen.

16. Daniel Owen

W. J. GRUFFYDD
Y Llenor, xv (1936)

Daniel Owen [gan T. Gwynn Jones]. Gwasg y Brifysgol, 1936. Tt. 73. 1/6.
Daniel Owen, gan Saunders Lewis, Gwasg Aberystwyth, 1936. Tt. 63. 2/6.

Mynych y clywir mam yn dywedyd am ei phlentyn, os bydd yn ymddwyn mewn ffordd go ddieithr, — ' 'Wn i ddim i bwy y mae'r plentyn yma'n perthyn, 'dydi o ddim yn debyg i neb o'n teulu ni.' Cyfaddefiad gan y fam yw hynny nad yw'r safonau arferol sydd ar waith yn y teulu yn ddigonol at ymddygiad y plentyn hwn sy'n annisgwyliadwy yn ei ddrygioni neu ei ddaioni. Felly gyda Daniel Owen; ni all unrhyw feirniad a â ati i'w esbonio i'w gyd-genedl beidio â chyhoeddi'r ystrydeb deuluol hon amdano. Y mae'r syndod yn ymhlyg, os nad yn eglur, yn y ddau draethawd hyn, ond mae'r ddau awdur yn annhebyg iawn yn eu hateb. Amcan yr Athro Gwynn Jones yw dangos bod Daniel wedi'r cwbl yn perthyn i'r teulu a bod ei waith i gyd yn dangos hynny; amcan Mr Lewis yw dangos nad oes ond ychydig o olion y berthynas yn ei waith, ac y buasai'n dda ganddo, pe bai modd gwneud hynny'n onest, brofi bod gwaed clasurol-ladinaidd y Ffrancwyr a'r Eidalwyr yn ei wythiennau llenyddol. (Gyda llaw, bu'r Athro Gwynn Jones gynt yn ei gofiant gwych yn tueddu i drin Emrys ap Iwan fel y trinir Daniel Owen gan Mr Saunders Lewis yma.)
Mae'n dda gennyf groesawu'r ddau atebiad, oherwydd wrth ddatblygu eu pwnc, awgryma'r ddau feirniad lawer o wirioneddau newydd. Wrth gwrs, ni ddylid cymharu'r ddau waith â'i gilydd o gwbl, ac nid er mwyn cymhariaeth yn gymaint ag er mwyn hwylustod y dygwyd hwy at ei gilydd yma; oherwydd 'ar gyfer plant ysgol o ddeg i bymtheg oed' yr ysgrifennodd Mr Gwynn Jones, yn Gymraeg a

Saesneg, yn ôl cynllun Cyfres Ddathlu'r Brifysgol; ac fe all Mr Saunders Lewis, os myn, ei chyfrif yn glod iddo mai pobl ifanc rhwng deunaw ac wyth ar hugain sy'n debyg o fod yn dderbynwyr mwyaf selog i'w esboniadau ef. Cyfyngiad allanol y cyhoeddwyr a oedd ar Mr Gwynn Jones, a chyfyngiad naturiol ei feddwl ei hun ar Mr Lewis. 'I wish there was some place between them, to which a poor buffer might go,' meddai'r hen faled Seisnig, a bron nad eiddunwn innau am lyfr ar Ddaniel Owen gan rywun o gyffelyb ddawn i'r ddau hyn a dderbynnid ac a gredid gan bobl dros y deugain mlwydd.

Wrth gwrs, er mai ar gyfer plant yr amcanwyd llyfr yr Athro Gwynn Jones, yn yr iaith yn hytrach nag yn y meddyliau y mae'r symlrwydd, a gall pawb o bob oed ei dderbyn fel cyfraniad gwerthfawr at y llenyddiaeth fechan iawn honno sy'n ymwneuthur â gwaith Daniel Owen. Bydd y llyfryddiaeth fer sydd ynddo yn help mawr i'r efrydydd; yr un gwaith eraill yr hoffaswn weled sôn amdano ynddi yw erthyglau y diweddar Llew. G. Williams yn y *Welsh Outlook*.

Nid wyf am funud yn beio ar Mr Lewis am ysgrifennu am Ddaniel Owen fel pe bai ei gynulleidfa ef wedi marw a'i amgylchedd wedi diflannu, ond wrth ddarllen ei draethawd campus, teimlwn yn hollol fel y teimlai Daniel Owen ei hunan ym mherson Rheinallt yn y tudalen olaf o *Gwen Tomos* — 'dyn o'r Merica' yn ei fro ei hun. 'Dyn o'r bedwaredd ganrif ar bymtheg' yng nghanol cymhlethdod newydd plant clyfar clyfar yr ugeinfed fydd barn aml ddarllenydd amdano'i hun wedi darllen llyfr Mr Lewis. Ni all yr un beirniad, wrth gwrs, lai na sefyll tu allan i gyfnod hen nofelydd a fu farw oesau'n ôl, ond yma, fe geir beirniad yn sefyll cyn belled ag y gall neb fod o'r ganrif y ganed ef ynddi, y bedwaredd ganrif ar bymtheg yng Nghymru, ac yn ysgrifennu am ddyn a oedd yn byw yn ei chanol ac i bobl a fu unwaith yn ei chanol ac sydd eto yn deall, mewn modd na all Mr Lewis ysywaeth byth ddeall, beth oedd ei hystyr a'i gwerth. Wrth drin Daniel Owen fel y buasid yn trin Sieffre o Fynwy neu Forgan Llwyd neu Elis Wyn, fe enilla Mr Lewis lawer mewn gwrthrychder; gall wneud peth nas gwnaed o'r blaen gan yr un ysgrifennydd, sef datgysylltu byd Daniel Owen oddi wrth syniadau Daniel Owen am y byd hwnnw. Mae dau beth i'w ddwedud gan feirniad am y nofelydd a'i amgylchfyd, — ceisio mynegi yn ei idiom ei hun yr hyn a ddywed y nofelydd am yr amgylchfyd hwnnw, a cheisio dweud yr hyn a feddylia ef ei hun, y beirniad, am amgylchfyd y nofelydd. Gwnaeth Mr Lewis ei ddyletswydd gyntaf yn gampus; marciais aml ddarn o feirniadaeth wych yn y llyfr, e.e. ar d. 43 wrth sôn am benodau cyntaf *Enoc Huws.* Yn fy marn i, gwnaeth Mr Lewis am y tro cyntaf wir gyfiawnder â rhinweddau *arbennig* Daniel Owen.

Ond nid wyf mor fodlon ar ei gyflawniad o'i ail ddyletswydd; yr wyf yn gweled yn hyn yr un cyfyngder meddwl ag y sylwais arno eisoes yn ei lyfrau ar Bantycelyn a Cheiriog. Buasai'n dda gennyf gael mwynach gair nag 'anghatholig' i ddisgrifio'r nodwedd hwn yn ei holl waith beirniadol, ond ni allaf feddwl am ddim gair gwell nag ef, er ei fod yn cynnwys arlliw o wendidau nad ydynt yn Mr Lewis. Ni all ef dderbyn, yn wir ni all *ddeall,* dim yn y cyfnodau neu'r credoau hynny nad oes ganddo gydymdeimlad â hwy, *er eu mwyn eu hunain.* Rhaid iddo bob amser gael eu cyfiawnhau iddo'i hun drwy eu hystumio i fod yn rhan o'i gredo bersonol, ef; ni all dderbyn y Seiat, er enghraifft, ond fel y derbyniai'r hen esbonwyr aberthau gwaed yr Hen Destament, fel cysgod gwan ac annigonol o rywbeth mwy i ddyfod, neu wedi bod, — mae'r seiat, ac yn wir yr holl Ddiwygiad Methodistaidd, iddo ef yn werthfawr am yr olion sydd ynddynt (neu a dybia fod ynddynt) o ymddyheu am brofiadau'r Hen Eglwys Gatholig. Felly hefyd ym myd llenyddiaeth, ni all feddwl am esboniad ar fyrder a chrynhoad y nofel Gymraeg ond drwy weled ein perthynas â'r 'traddodiad clasurol' a'n pellter oddi wrth y syniadau 'Nordig.' Heb sôn am iddo, wrth nodi byrder nofelyddion Ffrainc, anghofio hyd annherfynol gweithiau Proust a Victor Hugo a Balzac a rhai o nofelyddion diweddar Sbaen a'r Eidal, ni chynigiodd i'w feddwl y gallai fod esboniadau eraill llawer mwy rhyddieithol ar hyn, megis prisiau llyfrau ac felly yn y blaen. Buasai'n dda gennyf weled Mr Lewis yn arfer ei ddawn feirniadol anarferol ar ddull yr ysgrifenwyr Cymreig o ymdrin ag agweddau yn Ymneilltuaeth Cymru nad yw ef yn credu ynddynt, heb geisio eu cyfiawnhau drwy ddweud eu bod yn rhywbeth nad ydynt, — fel y gallodd llu o feirniaid Cristnogol ymdrin â phaganiaeth Groeg a Rhufain, er enghraifft, neu fel y gallodd yr amryw feirniaid a aned yn Eglwys Rufain ymdrin â Milton a Voltaire.

Yr oedd meddwl Daniel Owen, fel y gellid tybio am ddyn a aned yn 1836, yn cynnwys llawer o bethau heblaw hynny o gyfriniaeth grefyddol a ellir ei chymharu â phethau tebyg yn hanes yr Eglwys; nid Hywel Harris a Phantycelyn yn unig a fu'n ffurfio ei fyd, ond Samuel Roberts hefyd a Gwilym Hiraethog, Lewis Edwards a Thomas Gee, — a Roger Edwards, yn arbennig. Hynny yw, nid yw'n bosibl hyd yn oed ddechrau deall ansawdd ei feddwl os rhoddwn yr holl le i Abel

Hughes a Mari Lewis a Robert Wynn. Nid yw'r rhain ond yn hanner cynrychioli'r traddodiad gwerinol Cymreig yn y bedwaredd ganrif ar bymtheg, ac nid yw ychwanegu Twm o'r Nant at y darlun yn gwneud nemawr ddim i'w wneud yn gyflawn. Hanner arall y traddodiad oedd beirniadaeth, weithiau'n amhwyllog ac yn chwerw fel yn Bob Lewis, weithiau'n *cynical* a hanner-dirmygus fel yn Wil Bryan, ond gan amlaf yn ddifrifol a rhesymolgar fel yn agwedd Daniel Owen ei hun at Capten Trefor, Jeremiah Jenkins, Hugh Bryan ac eraill. Y rhan anfethodistaidd yn Ymneilltuaeth Daniel Owen oedd hon, y rhan honno na all yr un ystumiad ei thebygu i Gatholiciaeth na Lladiniaeth na Chlasurolaeth nag Annordigrwydd na dim arall o'r agweddau hynny ar y gwirionedd sydd wedi myned â bryd Mr Saunders Lewis. Mewn gair, Cymro Ymneilltuol a Rhyddfrydwr oedd Daniel Owen yn y lle cyntaf, a Methodist wedi hynny. Pe bai'n byw heddiw, buasai *efallai* mor Gatholig-glasuraidd â Mr Lewis yn ei feirniadaeth ar Ryddfrydiaeth ac Ymneilltuaeth; ond y ffaith ydyw mai hanner can mlynedd yn ôl yr oedd yn byw, ac yr oedd mor feirniadol o Fethodistiaeth draddodiadol y cyfnod o'i flaen ag ydyw Mr Lewis o ryddfrydigrwydd y cyfnod o'i flaen yntau.

Os oes wendid ar y gwerthfawrogiad llenyddol yn y llyfr hwn, yn y bennod yn ymdrin â *Gwen Tomos* y ceir ef; nid yw honno cystal â'r lleill. Pe bai'r nofel hon, sydd ar lawer cyfrif yn binacl i gelfyddyd yr awdur, wedi cael yr un sylw gan Mr Lewis ag a gafodd *Rhys Lewis* ac *Enoc Huws,* buasai wedi canfod nodwedd *gynyddol* beirniadaeth Daniel Owen ar ei amgylchfyd. Nid peth unrhyw, statig, oedd, fel y buasid yn tybio wrth y llyfr hwn, ond peth yn tyfu'n raddol a sicr. Yn y *Dreflan* y mae'r gymdeithas i aros byth yn dragywydd yng Nghymru, — y da a ganmolir a'r drwg a gondemnir fel ei gilydd, ac y mae'r ddau yn rhyfeddol o ddiddorol; yn *Rhys Lewis* y mae beirniadaeth gymdeithasol yn ymddangos gyntaf, — bydd yn rhaid cael rhyw newid ar bethau cyn hir, ac y mae eisoes sŵn ym mrig y morwydd. Yn *Enoc Huws* cawn anniddigrwydd a lludded yn dechrau codi eu pennau, — mae'r hen Ymadroddion Iachus a'r hen ffurfiau crefyddol eisoes wedi myned i ddwylo'r gelyn, ac y maent mor berffaith dwyllodrus yn Capten Trefor a'i wraig (fel y sylwodd Mr Lewis yn ei ddadansoddiad meistrolgar yn Pen. iii) fel na ellir bellach fod mor ddifrifol wrth ymdrin â hwy ag yng nghyfnod *Rhys Lewis.* Yn *Gwen Tomos,* y mae'r lludded wedi troi'n rhywbeth tebyg iawn i anobaith, — mae'r hen Gymru'n newid, mae'r tân yn araf oeri ar yr hen allorau, ac *ni faidd* Daniel Owen yn awr ysgrifennu ar ei gyfnod ei hun, gan ei fod wedi colli cydymdeimlad ag ef. Felly, try'n ôl at y cyfnod o flaen Roger Edwards a Lewis Edwards, ond er iddo fel hyn osgoi gorfod dweud ei feddwl yn uniongyrchol am ei amgylchfyd, mae nodau anobaith a blinder yn amlwg yn *Gwen Tomos*. Mae ynddi ddwyster newydd yn lle'r gwamalrwydd 'pregethwrol' a oedd yn rhy aml yn y nofelau eraill; nid symbolau o fywiogrwydd bellach yw'r cymeriadau fel yn *Rhys Lewis*, ond symbolau o lithro distaw a di-gŵyn tua'r bedd; mae'r hen sicrwydd wedi darfod. Pe bai Daniel Owen wedi byw yn hir ar ôl cyhoeddi *Gwen Tomos*, teimlaf yn sicr na buasai wedi cynhyrchu nofel arall.

Oedd, yr oedd Daniel Owen yn credu'n angerddol mewn Rhyddid a Rheswm, nid fel haniaethau annelwig, ond fel pwerau sofran a goruchaf. Fel holl feddylwyr yr Adwaith diweddar, nid yw Mr Saunders Lewis yn credu ynddynt, ac y mae ganddo berffaith hawl i'w gred, — a charwn ychwanegu yma y buasai llawer mwy o ddynion yn ei ddilyn yn ei anghrediniaeth pe bai holl feddylwyr yr Adwaith yn ddynion mor ddymunol a hanfodol unplyg ag ef. Ond dylai beirniad allu *disgrifio* a phwyso a mesur y pethau hynny mewn gwaith llenyddol nad ydynt yn cydfyned â hwy, yn hollol ddiduedd ac yn ysbryd y gwyddonydd yn ogystal ag yn awen yr artist, heb ar y naill law eu hanwybyddu, nag ar y llaw arall, eu gwyr-droi a'u hystumio er mwyn eu gosod mewn cyfundrefn o feddwl sy'n dderbyniol gan y beirniad. Cyfeddyf Mr Lewis fod Daniel Owen yn 'blwyfol'; wel, yr oedd yn blwyfol, ond gall dyn fod mor blwyfol ym Mharis a Clermont Ferrand ag yn y Wyddgrug a sir Fôn; nid y plwyf y ganed dyn ynddo o angenrheidrwydd sydd yn ei wneud yn blwyfol.

Yr wyf wedi ymdrafferthu i geisio dangos y nodwedd honno yng ngwaith Mr Saunders Lewis sydd, yn fy marn i, yn llygru ei gyfraniad i'n llenyddiaeth *feirniadol*. Ond, os yw'n lleihau gwerth y feirniadaeth, nid yw'n tynnu dim oll oddi wrth werth ei waith fel llenyddiaeth bur; erys hwnnw, mi gredaf, tra parhao'r iaith, ac nid yw'r hyn a ddywed artist am arall wedi'r cwbl ond peth distadl ac amhwysig wrth yr hyn a ddywed amdano'i hun. Ymhellach, nid yw'r cyfyngder hwn a nodais ond rhan fechan o'i gyfraniad beirniadol, ac ar ei waethaf, yr wyf yn sicr mai dyma lyfr gorau Mr Lewis a'r llyfr gorau o ddigon ar Ddaniel Owen.

17. Daniel Owen
Crewr y Nofel Gymraeg

A. O. H. JARMAN
Y Brython (Gorffennaf 1936)

Ganed Daniel Owen yn yr Wyddgrug, ym mis Hydref, 1836. Mab oedd i löwr, ac ef oedd yr ieuengaf o chwech o blant. Nid adnabu ei dad erioed. Boddwyd ef a dau o'r meibion, ymhlith llawer o weithwyr eraill, pan dorrodd dŵr i waith glo'r Argoed ym mis Mai, 1837. Am flynyddoedd wedi hynny dioddefodd y teulu lawer caledi a llawer o angen. Nid oedd y mab ieuengaf ychwaith yn gryf o gorff, a phan oedd yn dair ar ddeg oed prentisiwyd ef yn deiliwr gydag Angel Jones, y 'blaenor enwog.' A chan ddilyn crefft teilwriaeth yn nhref yr Wyddgrug y treuliodd ran helaethaf ei oes.

Yn y Gweithdy

Yng ngweithfa Angel Jones cafodd Daniel Owen gwmni, a defnyddio ei eiriau ei hun amdanynt, o 'haner dwsin o ddynion call, sobr, a darllengar.' Ymhlith y rhain dadleuid ar bynciau gwleidyddol, a chymdeithasol a llenyddol. Gyda hwy cafodd y prentis ifanc gyfle i roi min ar ei feddwl ac i ledu ei orwelion. Gwyddai'n ddiamau fod yr un gwaed yn rhedeg yn ei wythiennau ag a redai yn Nhwm o'r Nant, a throes ei law yn fuan at fydryddu. Gwnaeth hynny'n achlysurol ar hyd ei oes, eithr nid oedd fawr o raen ar ei ganeuon ac ni chofir amdanynt bellach.

Y capel oedd canolfan bywyd meddyliol a chymdeithasol mwyafrif mawr y Cymry yn y bedwaredd ganrif ar bymtheg, ac nid oedd Daniel Owen yn eithriad. 'Fel pob gwir Gymro,' ebe'i gofiannydd, 'yr oedd yn hoff o'r Ysgol Sul.' Bu'n aelod selog o gymdeithasau dadlau a thrafod, ac am gyfnod ymddiddorai mewn canu corawl. Fel cynifer o'i gydwladwyr yn ei oes a chanddynt dueddiadau meddyliol a llenyddol, dechreuodd bregethu. Pan oedd yn wyth ar hugain oed aeth yn fyfyriwr i Goleg y Bala. Wedi bod yno ddwy flynedd a hanner bu raid iddo ddychwelyd at ei fusnes. Er hynny daliodd i bregethu hyd y flwyddyn y torrodd ei iechyd.

Ym mis Mawrth, 1876, y bu hynny, ac yntau'n ddeugain oed. Bu fyw am ugain mlynedd namyn un wedyn, a'i iechyd weithiau'n gwella ac weithiau'n gwaethygu. Yn ystod y cyfnod hwn, yn y neilltuedd a orfodwyd arno, y sgrifennodd ei gampweithiau llenyddol. Tua diwedd ei oes cymerth ran ym mywyd cyhoeddus ei dref a mawr oedd y parch a ddangosid tuag ato. Pan fu farw yr oedd ei enw'n gynefin ac yn annwyl pa le bynnag y darllenid Cymraeg.

Am dreiddgarwch ei ddarluniau o gymeriadau ac am gywirdeb ei ddehongliad o'r natur ddynol y rhoddir clod i Ddaniel Owen yn gyffredin. Priodol yw hynny, canys prif swydd a phrif ogoniant nofelydd yw darlunio cymeriadau. Trwy gyfrwng stori y gwneir hynny ac yr oedd gan Ddaniel Owen law ddeheuig at lunio a chordeddu stori. Yn *Enoc Huws* ceir enghraifft ar ôl enghraifft o amgylchiadau'n gweithio tuag at bwynt, a'r pwynt hwnnw yn ei dro yn taflu goleuni ar gymeriad. Eithr nid mewn argyfyngau'n unig y mae cymeriadau'r nofelau — *Rhys Lewis, Enoc Huws, Gwen Tomos* — yn ddiddorol. Y mae'r mân bethau a ddigwydd iddynt bob dydd, eu hymddiddanion, eu helyntion digyswllt — â'i gilydd yn ddiddan. Dyna un rheswm pam y gellir yn rhwydd wneud detholiadau darllenadwy o'r nofelau, megis *Troeon Bywyd* a gyhoeddwyd yn ddiweddar gan yr Athro Gwynn Jones.

Beirniadaeth Mr Saunders Lewis

Eithr cyhoeddwyd eleni ddwy astudiaeth o Ddaniel Owen a ddengys fod iddo bwysigrwydd mwy a hyd yn oed fawredd dyfnach nag a dybiwyd yn gyffredin. Y gyntaf yw llyfr Mr Saunders Lewis, yr ail yng nghyfres *Yr Artist yn Philistia*. Heb fyfyrio ar deitl y gyfres ni ellir gwerthfawrogi beirniadaeth Mr Saunders Lewis. Dengys ef fel yr oedd tuedd yn Naniel Owen at sgrifennu math o lenyddiaeth — y nofel — nad oedd iddi na nawddogaeth na chroeso yng Nghymru yn ei oes ef. Dengys fel yr wynebodd Daniel Owen y broblem o draethu'r 'gwir' ac fel y cydiodd yn ffurf gydnabyddedig yr hunangofiant er mwyn gwneud hynny, ac yna, wedi ennill profiad ac enw y gallodd ymryddhau oddi wrth hualau'r hunangofiant a sgrifennu *Enoc Huws*

— nofel na allai'r dylaf beidio â deall mai 'ffug-chwedl' oedd hi yn ystyr fanwl y gair. Astudiaeth yw llyfr Mr Lewis o'r modd yr adweithiodd ein nofelydd mawr cyntaf i broblemau arbennig ac artistig ei grefft, yn wyneb cyfyngiadau meddyliol a chymdeithasol ei oes a'i wlad.

Astudiaeth Arall

Yr astudiaeth arall yw erthygl Mr J. J. Williams yn *Y Traethodydd*. Clywodd rhai ohonom ddeunydd yr erthygl hon fel darlith flynyddoedd yn ôl, ac wele hi bellach wedi ei chofnodi'n gryno mewn print. Pwysleisia Mr Williams ynddi bwysiced yw nofelau Daniel Owen fel dogfennau cymdeithasol. Darlunir ynddynt, medd ef, holl gwrs datblygiad cymdeithasol Cymru o'r dyddiau llawen cyn i'r Diwygiad Methodistaidd ennill y dydd, trwy gyfnod goruchafiaeth y Diwygiad pan gadwai ei biwritanaeth yn unplyg a dilychwin a digymrodedd hyd at ddyddiau'r rhagrith sy'n sicr o ddyfod pan geisir gosod safon uchel o santeiddrwydd yn nod i ddynion cyffredin na allant ei gyrraedd. Gallwn, mi dybiaf, briodoli'r elfen hon yng ngwaith Daniel Owen i ddwy nodwedd yn ei gymeriad. Y naill oedd ei sylwgarwch fanwl. Y llall oedd yr hyn y gellir ei alw'n amhleidgarwch. Yr oedd ef yn ddiau yn Ymneilltuwr cydwybodol, ac yr oedd bywyd cymdeithasol Ymneilltuaeth wrth ei fodd. Eithr pan âi i sgrifennu nofelau nid oedd ar dân dros iachawdwriaeth ei gymeriadau. Ni cheisiodd ddiwygio'r Capten Trefor, fel y dymunasai rhai o ddarllenwyr *Y Cymro* ym 1890 ac 1891, o bosibl. Gwyddai mai ei swydd fel artist oedd portreadu'r natur ddynol. Ac nid oedd ganddo yr un amheuaeth pa fath beth yw'r natur ddynol.

Llenydda yn Gymraeg

Ac yn awr, ym 1936, wrth ddathlu canmlwyddiant geni Daniel Owen, a gawn ni fyfyrio am ennyd pa mor ddiolchgar y dylem fod mai yn Gymraeg ac nid yn Saesneg y cyfansoddodd ef ei waith. Y dyddiau hyn, yn y *Western Mail,* cais rhai amddiffyn yr ysgol o Gymry — Cymry Cymraeg, rai ohonynt — sy'n sgrifennu yn Saesneg ac yn 'dehongli' Cymru i'r byd. Diau y byddai'r demtasiwn i Gymro ac athrylith y nofelydd ynddo, yn byw yn un o drefi'r gororau yn niwedd y ganrif o'r blaen, — y byddai'r demtasiwn iddo sgrifennu yn Saesneg yn fawr. Nid oes gofnod, er hynny, fod Daniel Owen erioed wedi wynebu'r fath demtasiwn. Nid oes angen dweud wrth y rhai a ddarllenodd ei weithiau fod ei reddfau Cymreig yn gryfion iawn. Pe sgrifenasai yn Saesneg hefyd, ni buasai ei waith yn llwyddiannus, oherwydd yr oedd yn perthyn mewn ffordd arbennig iawn i'r bedwaredd ganrif ar bymtheg yng Nghymru. Am ei bywyd hi, y bywyd a welodd, y sgrifennai, a phobl yn byw y bywyd hwnnw a ddarllenai ei waith. Nid beio ar Ddaniel Owen, ychwaith, yw dywedyd nad oedd ef yn perthyn i'r mudiadau llenyddol a gysylltir ag Emrys ap Iwan a John Morris-Jones. Ei waith a'i wasanaeth ef yng Nghymru oedd, nid gosod i lawr egwyddorion gwleidyddol a chymdeithasol, nid puro traddodiad barddonol a ddirywiasai, eithr creu peth newydd, y nofel Gymraeg. Er mwyn creu'r peth newydd hwnnw yr oedd yn rhaid iddo berthyn i'r gymdeithas y dibynnai ei waith arni. Nid cymdeithas statig mohoni un amser, ac er nad amcanodd ef at hynny, nid y lleiaf o'r rhai a gyfrannodd at ei datblygiad oedd Daniel Owen.

18. Daniel Owen

D. GWENALLT JONES
Yr Efrydydd, ii (1936)

Wrth gymharu Daniel Owen â'i gyd-nofelwyr yng Nghymru yn y ganrif ddiwethaf y gwelir ei ragoriaeth ef a'i gamp. Nofelau a ysgrifennwyd gan Eglwyswyr yw nofel Glasynys, *Dafydd Llwyd neu Ddyddiau Cromwel*, a nofel Brutus, *Wil Brydydd y Coed*. Nofelau offeiriaid ydynt. Ar ddechrau ei nofel dywaid Glasynys:—

'Pan y mae chwaeth y Genedl at Ffug-chwedlau, nid anfuddiol ydyw dwyn allan rai sylfaenedig ar ffeithiau, ac hefyd a fyddo yn dwyn cysylltiad â'r amseroedd. Gan fod gogwydd rhai penboethiaid politicaidd at erlid yr Eglwys, efallai y byddai darllen y Novelau hyn yn foddion fel drych i'r cyfryw i weled i ba 'ormod rhysedd' yr enwadau a wnaeth Glasynys, dangos 'terfysg, dirgel frad, a gwrthryfel,' 'ffals ddysgeidiaeth, opiniwn annuwiol, a sism,' yr Ymneilltuwyr. A Brutus, yntau. Pamffledyn gwleidyddol yw nofel Samwel Roberts, Llanbrynmair, *Cilhaul Uchaf*. Haniaethau yw'r cymeriadau sydd ynddi, Ffarmwr Careful, Ned Slow, Billy Active, Mr Jacob Highmind a Lord Protection. Amcan y ddameg hon yw dangos gormes a rhaib y landlordiaid a'r stiwardiaid, a dioddefaint a dewrder y tenantiaid. Nofelau i hyrwyddo y mudiad dirwestol yw nofel Llew Llwyfo, *Llewelyn Parri, neu y Meddwyn Diwygiedig*, a nofel Gruffydd Risiart, *Jeffrey Jarman*. Yn y nofelau hyn disgrifir y meddwon fel bwystfilod, ac ar ôl cael eu henwau ar 'lyfr yr ardystiad' troant yn saint sych. Nofelau chwilotwr a hynafiaethydd yw nofelau Elis o'r Nant, *Nanws ach Robert* a *Syr William o Benanner*, a'u hamcan yw clodfori'r Diwygiad Methodistaidd a dilorni'r Eglwys. Dyma ddisgrifiad o offeiriad:—

Pan ddeuai offeiriad i ardaloedd gwledig fel Capel Curig, Dolwyddelen a Phenmachno, ni fyddai un amser yn sobr; yr

223

oedd yn rhy feddw i allu darllen y gwasanaeth, ac nid oedd y clochydd yn rhyw lawer sobrach nag yntau. Yn adeg claddedigaethau, syrthiai yn fynych i'r beddau, lle y bwriedid lleoli'r meirw, uwch ben pa rai y mwmiai ddarllen y geiriau, 'Mewn gwir ddyogel obaith,' gan ollwng ei hunan i'r ceufedd o'i flaen mewn anobaith.'

Rhamantau carwriaethol yw *Y Fun o Eithinfynydd* gan Mrs M. Oliver Jones, a *Y Ferch o Gefn Ydfa* gan J. Craigfryn Hughes. Rhamantau hanesyddol yw *Gruffydd ap Cynan* gan Ellis o'r Nant, *Ednyfed Fychan,* gan Thomas John Jones, a *Rhamant Syr Rhys ap Thomas* gan Bedr Hir. Disgrifio bywyd llafurwr yng Nghymru a wna Llew Llwyfo yn ei nofel, *Huw Huws, Y Llafurwr Cymreig* ('Y Ffugdraith Buddugol yn Nghylchwyl Lenyddol Caergybi, Nadolig 1859') a cheir ynddi ambell ddisgrifiad da fel y disgrifiad o'r ffair. Disgrifio arferion cefn gwlad a hynodion hen gymeriadau a geir gan Wilym Hiraethog yn *Helyntion Bywyd Hen Deiliwr* a *Cyfrinach yr Aelwyd,* ac y mae ei nofelau, am hynny, o werth hanesyddol. Darllenai Daniel Owen, yn ei weithdy, *Lythyrau yr Hen Ffarmwr* ganddo yn *Yr Amserau,* a bu'r rhain o help iddo i ysgrifennu deialog. Yr oedd Gwilym Hiraethog yn ei nofelau a'i *Lythyrau* yn feistr ar ddeialog. Efe oedd y cyntaf i lunio deialog fyw, ystwyth, yn Gymraeg.

Gwelir, felly, ragoriaeth Daniel Owen ar ei gyd-nofelwyr. Nid ysgrifennodd ef nofelau i hyrwyddo'r mudiad dirwestol; nid ysgrifennodd i glodfori Methodistiaeth nac i ddilorni'r Eglwys, ni chlodforodd yr Eglwys ac ymosod ar y Capel; nid ysgrifennodd i ddangos trais a gormes landlordiaid a chyni a dioddefaint y werin; nid aeth yn ôl i'r gorffennol i chwilio am ddeunyddiau rhamantau carwriaethol a hanesyddol. Ni ddisgrifiodd feddwon a dirwestwyr; ni wnaeth gyff gwawd o offeiriad na chocyn hitio o bregethwr. Nid propaganda na rhamant yw ei weithiau ef, ond nofelau. Nid comedi gymdeithasol ydynt, ychwaith. Nid oedd gan Ddaniel Owen y synnwyr cymdeithasol sydd gan Mr Saunders Lewis. Nid Piwritaniaeth a phlwyfoldeb oedd yr elfennau gwaethaf ym mywyd Cymru yn y ganrif ddiwethaf ond yr atgasedd a'r elyniaeth rhwng yr Eglwys a'r Capel. Yr elyniaeth honno a sbwyliodd y nofelau ac a lurguniodd eu cymeriadau. Aeth Daniel Owen yn ddyfnach na holl ragfarnau a mudiadau ei ganrif, a dehonglodd ei bywyd hi. Disgrifiodd a dehonglodd Gymru; Cymru'r bedwaredd ganrif ar bymtheg. Nid personoli pechodau a rhinweddau a wnaeth, ond llunio cymeriadau, llunio Cymry. Fel y disgrifiodd Elis Wyn Gymru'r ddeunawfed ganrif, felly y disgrifiodd Daniel Owen Gymru'r bedwaredd ganrif ar bymtheg. Disgrifio Cymru yw camp Daniel Owen, Elis Wyn a'r hen feirdd Cymraeg. Am fod Cymru Daniel Owen yn nes at ein Cymru ni, ac yn debyg odiaeth iddi, ac am iddo ysgrifennu nofel, cyfrwng mynegiant y byd diweddar, y mae Daniel Owen yn fwy poblogaidd nag Elis Wyn. Nid yw ei arddull, ychwaith, mor llenyddol. Mewn siroedd Seisnig fel Sir Fflint a Sir Forgannwg y gwelir egluraf ogoniant y bywyd Cymreig a phrydferthwch yr iaith Gymraeg. Nid colled i gyd i Ddaniel Owen oedd cael ei eni yn Sir Fflint. Os gadawodd y Sir Seisnig ei holion ar ei eirfa, ei briodddulliau a'i arddull, hyhi a ddangosodd iddo Gymreigrwydd ei gymeriadau; hyhi a ddatguddiodd iddo Gymru Gymraeg. Bydd ysgrifenwyr y wasg yn gofyn weithiau yn eu herthyglau beth oedd cyfrinach Daniel Owen. Cymru yw ei gyfrinach ef.

Y ddeunawfed ganrif a roddes i Gymru ei Diwygiad Methodistaidd; y bedwaredd ganrif ar bymtheg a roddes iddi ei Chwyldro Diwydiannol. Yn Sir y Fflint ac yn Sir Forgannwg y cyfarfu'r ddau, a chydorwedd a chyd-daro a chyd-dyfu. Y ddwy elfen amlycaf ym mywyd Cymru yn y ganrif ddiwethaf oedd crefydd a chyfalaf; Methodistiaeth a mwnfeydd; Diwygiad a diwydiant; seiat a streic; gweddi a 'gwaith.' Nid anharddu bryn a bro yw'r cam mwyaf a wnaeth y Chwyldro Diwydiannol â Chymru, ond dwyn gydag ef athroniaeth faterol ac agwedd meddwl peiriannol. Gormes cyfalafiaeth a greodd y Blaid Lafur. Protest yn erbyn proffit yw streic. Ac nid yw streic yn fwy Seisnig nag ydyw o Ffrengig. Ceir streiciau yn Awstria. Uniad Lloegr a Chymru a wnaeth Gyfalafaeth a'r Blaid Lafur yn Seisnig yng Nghymru. Y Diwygiad a'r Diwydiant oedd y ddau allu pennaf yng Nghymru yn y ganrif ddiwethaf. Gwelodd Daniel Owen hynny. Nis gwelwyd gan ei gyd-nofelwyr. Y Diwygiad a roddes i Ddaniel Owen Abel Huws, Mari Lewis, Gwen Tomos, Robert Wyn a Tomos Bartley, a'r Diwygiad wedi ymoeri ac yn ei feirniadu ei hun oedd Wil Bryan; Diwydiant a roddes iddo Bob Lewis a'r Capten Trefor. Y gwrthdaro rhwng y Diwygiad a'r Diwydiant yw'r gwrthdaro rhwng Mari Lewis a'i mab, Bob. Codwyd Daniel Owen ar aelwyd grefyddol; cafodd ei brentisiaeth yn siop Mr John Angell Jones; cafodd ei godi yn yr Ysgol Sul, a'r seiat blant, a'r cyfarfodydd cystadleuol; bu fyw ymhlith y 'Cymeriadau

Methodistaidd' pan oedd yn llanc, ac yn ŵr ifanc a hyd ddiwedd ei oes, a chafodd well cyfle i'w hadnabod hwy nag i adnabod meistri gwaith a gweithwyr. Ac atgofion llanc yw'r atgofion cyndynnaf yn y meddwl, a hwynt-hwy yw deunydd gorau barddoniaeth a llenyddiaeth, am eu bod wedi ymsadio ac ymangerddoli ac yn llywio a lliwio bywyd. Gall nofelydd ddisgrifio'i fam yn well na disgrifio'i frawd. Yn *Rhys Lewis* cymeriadau y Diwygiad yw ei gymeraidau cliriaf; yn *Enoc Huws,* y Diwydiant a roddes iddo Gapten Trefor, ond yn *Gwen Tomos* aeth yn ôl at ffynhonnell y Diwygiad.

Ar ôl i'r bendefigaeth droi ei chefn ar Gymru, daeth y werin yn bwysig, a gwerin uniaith oedd honno, gwerin Gymraeg. Amcan mudiadau crefyddol, mudiadau addysg a barddoniaeth rydd yr ail ganrif ar bymtheg a'r ddeunawfed oedd dysgu i'r werin honno foes a chrefydd, ei diwygio hi a dysgu iddi egwyddorion crefyddol. Gyda Chwyldro Ffrainc daeth y werin yn rym mewn gwleidyddiaeth. Canrif y cylchgronau oedd y bedwaredd ganrif ar bymtheg yng Nghymru. Amcan y cylchgronau a'r papurau oedd dysgu i'r werin egwyddorion gwleidyddol ac athrawiaethau crefyddol. Gwelodd y Parch. Roger Edwards, Golygydd *Y Drysorfa,* fod cylchgronau crefyddol Saesneg yn cyhoeddi ffug-chwedlau ynddynt, ac aeth ati i'w hefelychu. Cyhoeddodd ffug-chwedl, *Tri Brawd* yn *Y Drysorfa.* Daeth y bennod gyntaf allan yn Chwefror 1866, a'r olaf yn rhifyn Ebrill, 1867. Ffug-chwedl o ddeuddeg pennod. Cyhoeddodd bennod gyntaf 'Reuben Gruffydd' yn *Nhrysorfa,* Medi 1867, a'r bennod olaf yn Rhagfyr, 1867. Gadawodd *Hywel Tomos* ar ei hanner.

'Gweled yr oeddem,' meddai'r Parch. Roger Edwards, 'fod ein pobl ieuainc yn arbenig yn chwannog i ddarllen cyfansoddiadau o natur chwedl-adroddiadol, a bod llawer o bethau gwag ac ofer o'r natur hwn, a rhai ohonynt o dduedd llygredig a niweidiol, yn cael eu cynnyg iddynt, hyd yn nod yn yr iaith Gymraeg; . . . Y mae'r beirniad celfydd wedi canfod nad oedd ein hadroddiadau mewn un modd ar gynllun plot rheolaidd, yr hyn y mae cyfraith beirniadaeth, medd efe, yn ei ofyn oddiwrth gyfansoddiadau o'r fath yma. Ond ymgadwasom yn fwriadol rhag amcanu at hynny. Cywirdeb darluniadau, a buddioldeb addysgiadau, oedd y pethau mwyaf mewn golwg genym; a chymrasom y Tri Brawd fel edefau i rwymo yr amrywiol adgofion ac adroddiadau wrth eu gilydd . . . Nid heb gryn betrusder, mae yn wir, yr anturiasom yn y dechreu ar ein gorchwyl hwn; a buom yn ofni y gallasai rhyw bersonau yr oedd genym y parch mwyaf iddynt fel rhai o deimladau gwir grefyddol, gollfarnu ein gwaith yn dwyn y dull hwn o ysgrifenu i mewn i'r Drysorfa, er y gwelir fod y cylch-gyhoeddiadau cymeradwy a poblogaidd sydd dan olygiad y gwŷr enwog a pharchedig, Dr Guthrie, Dr Bonar, Dr Miller, C. Bullock, a lluaws o wŷr da adnabyddus eraill, yn cynnwys chwedl-adroddiadau yn wastadol, ac y buom ein hunain yn awr ac eilwaith ar hyd y blynyddoedd yn rhoddi ysgrifau byrion o'r fath yma yn ein cyhoeddiad. Os llwyddasom i beri i'n cyfeillion weithiau chwerthin, ac weithiau wylo, fel y dywedir wrthym, yr ydym yn gwir hyderu y gallwn ddywedyd am ein holl waith hwn, 'Ni lygrasom neb' . . . eithr yn ei ysgrifennu a'i gyhoeddi fis ar ôl mis yn nghanol trafferthion, gyda chyfansoddiadau a gorchwylion eraill.'

Ceir yn y dyfyniad hwn oleuni ar gychwyniad y nofel yng Nghymru. Nid oedd y gair nofel wedi ei fabwysiadu; yr oedd ar rai 'o deimladau gwir grefyddol' ofn y dull hwn o ysgrifennu; nid oedd yn nofelau'r Parch. Roger Edwards blot neu gynllun; pwrpas y nofel oedd dysgu moes a chrefydd. Y cylchgrawn oedd crud y nofel. Nofelau cylchgronol oeddynt; nofelau 'penodol'; nofelau misol.

Y Parch. Roger Edwards a gymhellodd Ddaniel Owen i ysgrifennu i'r Drysorfa.

'Cymhellwyd fi,' meddai Daniel Owen, 'gan Olygydd y Drysorfa i ysgrifennu nofel, ac er i mi wrthod yn bendant ymgymeryd â'r fath orchwyl, ni fynai Mr Roger Edwards ei nacau, ac ar amlen y Drysorfa ddiwedd y flwyddyn, gwelwn, ym mhlith llawer o addewidion eraill ar gyfer y flwyddyn ddyfodol 'Y Dreflan, gan Daniel Owen.' Mr Edwards bia'r teitl, ac ni wyddwn ar y pryd beth a ddisgwyliai. Ymddangosodd y Dreflan yn Y Drysorfa am ddwy flynedd . . . Ni chefais lonydd wedi hyn gan Mr Edwards, heb ddechrau chwedl arall, ac er mwyn heddwch, dechreuais ysgrifenu Rhys Lewis — pennod ar gyfer pob mis, heb fod gennyf air wrth gefn. Parhaodd am dair blynedd.'

Nofelau cylchgronol oedd Y Dreflan a Rhys Lewis. Ac fel yr holl nofelau cylchgronol, yn Saesneg a Chymraeg, nid oedd iddynt gynllun. Ni luniodd Daniel Owen Rys Lewis o'i dechrau i'w diwedd cyn ei hysgrifennu. Nid oedd ganddo fethod dadansoddi a chyfansoddi. Ni wyddai ddim am dechneg a chelfyddyd nofel. Ar ôl darllen Rhys Lewis, darnau ohoni yn unig a erys yn y cof; nid erys y nofel gyfan. Ar waethaf ymosodiadau rhai lleniorion ac areithwyr huawdl ar ganonau beirniadaeth lenyddol, rhaid i nofel, fel pob cangen arall o gelfyddyd, wrth gynllun. Nid adeilad adeilad heb bensaernïaeth. Y mae darnau yn *Rhys Lewis* ac *Enoc Huws* yn feichus i'w darllen, a darnau amherthnasol yw'r darnau hynny. Cyfeddyf Daniel Owen ei hun iddo ysgrifennu'r hyn na fwriadai ei ysgrifennu. Ar ddiwedd y ddeunawfed bennod yn *Rhys Lewis* ceir y geiriau hyn, a geiriau tebyg iddynt ar hyd a lled ei nofelau —

'Wel, nid am Thomas a Barbara y bwriadwn sôn pan yn dechreu y bennod hon, a gwelaf nad eiddo gŵr ei ffordd gyda hyn, fel gyda phethau eraill.'

Eiddo gŵr ei ffordd mewn celfyddyd. Ac meddai yn Enoc Huws:—

'At hyn yr wyf yn cyfeirio er's meityn, ond fy mod fel ci Gwilym Hiraethog yn rhedeg ar ôl pob pry' ac aderyn a ddaw ar draws fy llwybr.'

Nid oedd gan Ddaniel Owen na dull na method cyfansoddi. Ysgrifennu ar ei gyfer a wnâi. 'Pennod ar gyfer pob mis, heb fod gennyf air wrth gefn.'

Y mae'n anodd credu, mewn canrif pan oedd dylanwadau llenyddiaeth Saesneg mor drwm ar lenyddiaeth Cymru, nad oedd dylanwad nofelau Lloegr ar nofelau Daniel Owen. Gwyddom iddo yn y gweithdy ddarllen nofelau Dickens, Eliot a Scott. Ni ellir profi bod unrhyw ddylanwad pendant ar ei waith, ond y nofel Saesneg, ond odid, oedd ei batrwm. Dilyn 'chwedl-adroddiadau' cylchgronau Saesneg a wnaeth y Parch. Roger Edwards yn *Y Drysorfa*, ac y mae llawer o debygrwydd rhwng nofelau Roger Edwards a nofelau Daniel Owen. Nofelau di-ffurf yw nofelau Lloegr. Ni roddir ynddynt bwys ar gelfyddyd. Dywedir hynny gan y beirniaid llenyddol eu hunain.

'In the course of some excellent remarks on D. H. Lawrence,' meddai Basil De Selincourt, 'Mr Quennell quotes from one of his letters: 'They want me to have form. That means they want me to have their pernicious, ossiferous, skin-and-grief form, and I won't.' Lawrence is far from being a typically English figure, but he is all English there—in the profound instinct for substance those words imply, for direct contacts, for giving experience the precedence over 'art.' Nowhere has this instinct been more regnant than in the English novel, of which the typical qualities have been breadth and toughness, and that best kind of morality which sorts with the spirit of adventure and is reached by it.'

Yn nofelau Ffrainc, ac yn rhai o nofelau gorau Rwsia, y mae'r ffurf ynddynt yn bwysicach na'r cynnwys, a'r cynllun yn fwy amlwg na'r profiad. Y mae plot mewn nofel yn bwysicach na'r cymeriadau. 'Ni ellir amau,' meddai Mr Lewis am nofelau Daniel Owen, 'nad gwendid ei dair nofel bwysig ef yw eu bod yn rhy hir.' Y maent yn rhy hir am eu bod yn ddigynllun. Nid yw meithder na byrdra, ohonynt eu hunain, yn rhinweddau. Gellir cael cynllun mewn nofel faith, a gall nofel fer fod yn ddi-ffurf. Yn 'Gwen Tomos' ceir ymgais at ffurf ac ymdrech i glymu'r cymeriadau a'r digwyddiadau. Nid ysgrifennu 'Gwen Tomos' a wnaeth, 'bennod pob mis, heb fod gennyf air wrth gefn,' ond

'Yr wyf wedi ysgrifennu amryw ddisgrifiadau o gymeriadau ac amgylchiadau, ond nid oes gennyf eto 'idea' sut i'w cylymu â'u gilydd, nac un dychymyg sut i roi ffurf stori arnynt. Af ym mlaen, pan fendiaf, ac hwyrach y daw golau yn y man.'

Pan aeth Daniel Owen ati i lunio *Gwen Tomos* yr oedd yn ymdeimlo â ffurf nofel ac yn chwilio am glwm.

Nid 'Yr Artist yn Philistia' oedd Daniel Owen, ond yr artist ym Mhiwritania. Yr oedd ar y Piwritaniaid, y culaf ohonynt, ofn y nofel. Fel y dywedodd Llew Llwyfo yn ei Ragymadrodd i'w nofel, *Llywelyn Parri neu y Meddwyn Diwygedig:*—

'Synnwn i ddim na chaiff y ffughanes yma ei gondemnio gan amryw, am mai Nofel yw. Y mae'r enw'n ddigon i ddychrynu rhai pobl cul-feddwl. Ond gobeithio gan Dduw y bydd i'r effeithiau a ddilynant y darlleniad o'r llyfr, argyhoeddi'r rhai mwyaf gwrthwynebus i ffughanesion o'r gwirionedd fod modd i nofel wneyd lles.'

Nid troi'r nofel yn foeswers ac yn ddameg a wnaeth Daniel Owen fel ei gydnofelwyr, ond, fel y dangosodd Mr Lewis, mynnu hawl nofelydd mewn gwlad nad oedd yn cydnabod yr hawl honno. Ond yr oedd yntau yn ofnus ac yn ochelgar. Disgrifiodd *Rys Lewis* fel Hunangofiant. Ni ellir bod yn sicr mai dilyn patrwm y cofiannau Cymraeg a wnaeth, ond galw ei nofel yn Hunangofiant er mwyn cuddio'r ffaith mai nofel ydoedd. Edrychai *Rhys Lewis* yn ddiniwed ddigon ar dudalennau'r *Drysorfa* rhwng y Nodion Cenhadol a'r erthyglau diwinyddol, ond pan aed ati i gyhoeddi *Rhys Lewis* yn llyfr, ysgrifennodd Ragymadrodd i bwysleisio mai Hunangofiant ydoedd.

Y bennod orau yn llyfr Mr Lewis yw'r bennod ar *Enoc Huws.* Yn *Enoc Huws* mynnodd Daniel Owen yr hawl a'r rhyddid i fyned tan grwyn ei gymeriadau, i ddisgrifio eu bwriadau, eu meddyliau a'u serchiadau cuddiedig. Treiddiodd yn ddyfnach i ddirgelion calon dyn. Nid disgrifio dyn fel bod cymdeithasol yn unig a wnaeth yn *Enoc Huws,* ond hefyd fel unigolyn. Disgrifiodd ddyn ar ei ben ei hun. Disgrifiodd ei ymsonau cuddiedig. Nid ymson fel y'i ceir yn nramâu Shakespeare ac awdlau'r ganrif hon. Yr enw a rydd y Ffrancod ar y peth yw ymson fewnol. Disgrifio'r llif meddyliau a red drwy'r ymennydd pan fydd dyn yn unig. Ymsonau mewnol cymeriadau a geir yn *Ulysses* gan James Joyce. Ond yr oedd Daniel Owen wedi darganfod y dull hwn o'i flaen ef. Ac yr oedd Daniel Owen yn ddoethach yn ei genhedlaeth na Joyce. Aeth Joyce â'r peth 'i ormod rhysedd.' Mewn nofelau heddiw, tan ddylanwad seicoleg Freud, rhoddir gormod o le i ddisgrifio isymwybod y cymeriadau gan anwybyddu eu hymwybod, eu disgrifio fel unigolion gan anghofio hefyd eu bod yn fodau cymdeithasol. Troir y cymeriadau, oherwydd hyn, yn gymeriadau afnormal, yn gymeriadau od, yn anifeiliaid ac yn angenfilod. Cymdeithas sydd yn dynoli dynion. Ni threiddiodd Daniel Owen yn ormodol i'r isymwybod. Disgrifiodd ddynion fel unigolion a bodau cymdeithasol. Ceir ganddo ef gydbwysedd rhwng y ddwy elfen hyn. Disgrifiodd Gymry yn eu hymsonau mewnol ac yn eu gweithredoedd cymdeithasol. Honno oedd ei gyfrinach. Honno ei gamp.

Gwnaeth Mr Saunders Lewis â Daniel Owen yr hyn a wnaeth â Cheiriog a Phantycelyn. Astudiodd ei holl weithiau, a cheisio olrhain y cysylltiadau rhyngddynt; eu trin fel cyfangorff; dangos twf ei ddawn a datblygiad ei dechneg. Tuedd beirniaid llenyddol yng Nghymru yw beirniadu gweithiau bardd neu lenor, pob un ar ei ben ei hun, heb chwilio am y llinyn sydd yn clymu'r paderau main. Y mae gan Mr Lewis y ddawn i gyfansoddi yn ogystal ag i ddadansoddi. A bydd yn gosod y bardd a'r llenor yn ei le yn y traddodiad Cymraeg ac yn gosod y traddodiad hwnnw yn erbyn cefndir traddodiadau Ewrob. Dyna ei gyfraniad gwreiddiol ef i feirniadaeth lenyddol Gymraeg. Ni ellir gwneuthur hynny mor hwylus â beirdd a llenorion y bedwaredd ganrif ar bymtheg ag y gellir ei wneuthur â beirdd a llenorion yr Oesoedd Canol a'r Dadeni Dysg. Nid yw darluniau'r ganrif ddiwethaf yn ffitio'r ffrâm mor ddestlus. Rhaid oedd torri ymylon llun Daniel Owen cyn y gellid ei osod yn y ffrâm anhyblyg. Ni wyddys a fuasai Daniel Owen yn well nofelydd pe medrasai Ffrangeg ac Eidaleg. Nid Ffrainc a'r Eidal yw Ewrob. Hwyrach y buasai'n well nofelydd fyth pe medrasai ddarllen nofelau Rwsia a'r Almaen. Hwyrach mai buddiolach iddo a fuasai astudio Aristotlys a Horas; troi at y ffynhonnell ac nid at y ffrydiau. Hwyrach y collwyd gyda Daniel Owen 'y mwyaf oll o'r dramawyr diddrama.' Ond gellir bod yn sicr mai Daniel Owen oedd yr unig nofelydd yn y ganrif ddiwethaf a gymerodd Gymru yn ddeunydd i'w nofelau, a honno a'i gwnaeth ef yr unig nofelydd o bwys yn ei ganrif.

19. Atgofion Fy Nhad Amdano

JENNIE THOMAS
Y Brython, (Gorffennaf, 30, 1936)

Rhyw flwyddyn neu ddeunaw mis o gymdeithas Daniel Owen a gafodd fy nhad — y diweddar Ifan Tomos, Birkenhead — eto i gyd, cyfrifai'r cyfnod byr hwn fel llecyn gwyrdd yn ei fywyd. Chwith meddwl iddo orfod ein gadael ym mlwyddyn y canmlwyddiant, y flwyddyn o bob blwyddyn y carasai ef fod wedi byw drwyddi. Ond efallai mai dyma'r ddolen-gydio olaf a oedd yn angenrheidiol rhwng bywyd y ddau.

Aeth fy nhad i'r Wyddgrug ym 1890, ac ymaelodi yn eglwys y diweddar Roger Edwards. Yno daeth i gyffyrddiad personol â Daniel Owen a ofalai am y cyfarfodydd canol yr wythnos wedi marw'r gweinidog. Ond gwyddai fy nhad amdano fel awdur a'i glod wedi cerdded ledled Cymru ymhell cyn hyn.

Cael blas ar Y Dreflan

Digwyddai fy nhad fod yn brentis o groser ym mhentref Tal-y-sarn, Sir Gaernarfon, pan ymddangosodd y penodau cyntaf o'r *Dreflan – ei Phobl a'i Phethau* yn *Y Drysorfa*. Yr oedd perchennog y siop yn flaenor parchus gyda'r Methodistiaid Calfinaidd, a darllenai'r *Drysorfa* yn gyson ar y Sul. Yr oedd darllen *Y Drysorfa* unwaith yn yr wythnos yn fater o egwyddor ganddo fel darllen cofiannau pregethwyr ei enwad.

Ond wedi dechrau cael blas ar ysgrifau Daniel Owen, newidiwyd trefn y darllen drwyddo draw.

'Ifan, dos i nôl *Y Drysorfa*', fyddai'r gorchymyn distaw yn awr, cyn gynted ag y byddai ar werth yn y pentref. A rhedai'r gwas bach i brynu'r cylchgrawn a'i roi yn slei yn llaw ei feistr rhag blaen. Yna diflannai'r blaenor parchus i ddistawrwydd ei offis i ddilyn helyntion

232

dinasyddion y Dreflan, ac esgus gwneud biliau ar gyfer ei gwsmeriaid ei hun!

Ond nid oedd ei gymdogion i wybod ei fod yn darllen ffug-chwedl, rhag iddynt ddwyn ei achos gerbron yr eglwys, a'i dorri o'r seiat, a chadwyd y gyfrinach rhwng y meistr a'r gwas bach ar hyd y misoedd. Darllenasant *Y Dreflan* drwyddi draw bob yn ddarn yn *Y Drysorfa*, a chawsant bleser mawr wrth ei thrafod gyda'i gilydd, pan na fyddai neb yn gwrando. Ac er bod fy nhad wedi symud i le arall cyn i *Rys Lewis* ymddangos, mynnodd brynu'r *Drysorfa* iddo'i hun bob mis, a darllen y stori'n awchus bennod ar ôl pennod. Pan gyhoeddwyd y llyfr fel cyfrol, prynodd gopi o'r argraffiad cyntaf, a dysgodd ddarnau difyr ohono ar ei gof, a'u hadrodd mewn mân gyfarfodydd yma a thraw yn yr ardal.

'Penny Readings'

Wedi ymaelodi yn yr Wyddgrug, nid rhyfedd iddo ddechrau mynychu cyfarfodydd y Gymdeithas Lenyddol ynglŷn â'r capel. Daniel Owen oedd yn bersonol gyfrifol am drefniant y cyfarfodydd hyn ar ffurf y 'Penny Reading' a oedd mor boblogaidd ddiwedd y ganrif. Ond er bod y cyfarfodydd yn gyffredin o ran enw yr oeddynt yn gwbl anghyffredin o ran eu hansawdd a'u trefniant.

Ynddynt hwy y byddai Daniel Owen yn meithrin y dynion ifanc i gymryd rhan yng ngwaith y capel. Ceisiai ddiwyllio eu meddwl ac ehangu gorwelion eu gwybodaeth, a'u dysgu i fynegi eu barn yn glir ac yn groyw o flaen cynulleidfa. Y mae'n amlwg fod ganddo ddawn arbennig at y gwaith hwn, oherwydd yr oedd fy nhad wedi ymserchu'n llwyr ynddo fel athro — ni welodd neb erioed i'w gymharu ag ef.

'Sut y byddech chwi'n cario'r Cyfarfodydd Llenyddol ymlaen?' gofynnais iddo un tro. 'A fyddai Daniel Owen yn siarad llawer ei hun?'

'O na fyddai,' meddai yntau. 'Ychydig iawn a fyddai Daniel Owen yn ei siarad yn y cyfarfodydd, a'r ychydig hwnnw bob amser oddi ar ei eistedd.'

'Oddi ar ei eistedd! Pam hynny?' 'Wel wyt ti'n gweld, 'roedd ei iechyd wedi torri i lawr, ac 'roedd o'n rhy wanllyd i godi ar ei draed i siarad yn gyhoeddus. Ond er hynny, 'roedd o'n rêl hen wag am ein tynnu ni'r bechgyn i siarad,' meddai 'nhad, â gwên ddireidus ar ei

233

wyneb. Cyn i mi holi ychwaneg aeth ymlaen: ' 'Rydw i'n cofio un tro, 'roedd Daniel Owen wedi dewis testun dadl i ni ar gyfer y mis canlynol, sef 'A ddylid dewis blaenoriaid am oes ynteu am 5 mlynedd?' Ac wrth ddewis siaradwyr i gymryd rhan yn y ddadl, beth a wnaeth ond dewis dyn a oedd ar dân eisiau mynd yn flaenor i siarad dros ochr y pum mlynedd! O ie, un iawn oedd Daniel Owen am adnabod y natur ddynol.'

Ac yr oedd yn amlwg oddi wrth yr hwyl a gaffai fy nhad wrth adrodd yr hanes, fod hiwmor distaw Daniel Owen wrth fodd calon y rhai a fu'n gwrando ar y dadleuon.

Nosweithiau difyr, diddan oedd y rhai hyn, a'r llywydd yn cael boddhad wrth weld y bechgyn yn dysgu meddwl a siarad drostynt eu hunain. Ambell dro, byddai'r drafodaeth yn ddiwinyddol ac 'Athrawiaeth yr Iawn' yn bwnc y gwyntyllio a'r croesholi. Dro arall, gwyddoniaeth a fyddai'r maes, a threfnwyd cyfres o gyfarfodydd i drafod *Natural Law in the Spiritual World* gan Drummond. Ond yr oedd yn rhaid wrth Saesneg da i ddeall y llyfr hwn, a gwelwyd yn fuan fod amryw o'r bechgyn yn wan yn y cyfeiriad yma. Yn y cyfarfod nesaf, rhoddwyd cyfle iddynt ddarllen darn Saesneg ar goedd, ond barn garedig Daniel Owen wedi gwrando arnynt oedd: 'Fedrwch chi ddim darllen peth yn iawn os nad ydych yn ei ddeall yn gyntaf.'

Adrodd darn o nofel

Cymerai fy nhad gryn ddiddordeb mewn adrodd, ac fel adroddwr gwnai ei ran o dro i dro yn y cyfarfod amrywiaethol. Un noson, aeth Daniel Owen ato, ac wedi canmol ei adroddiad, dywedodd wrtho.

' 'Rydw i wedi ysgrifennu stori arall, ac mae arna' i eisiau clywed sut y bydd hi'n siarad. Wnewch chi ddysgu'r darn yma i mi erbyn y cyfarfod nesaf?'

Aeth i'w boced a thynnu allan gopi pensal, yn ei law ei hun, o ddarn o'i nofel *Enoc Huws*, dim amgen na 'Philosoffi Tomos Bartley ar gadw mochyn.'

'Dysgwch hwnna,' meddai wrth fy nhad, a gwthio'r dalennau i'w ddwylo, 'A gadewch i mi wybod pan fyddwch chi'n barod i mi eich clywed chi.'

Heb ragor o eiriau, trodd ar ei sawdl ac aeth yn ei flaen, gan adael fy nhad yn syfrdan ymhlith y bechgyn. Nid rhyfedd hynny ychwaith, ac yntau wedi derbyn llawysgrif prif awdur Cymru yn feddiant iddo'i

234

hun, a hynny cyn i'r un gair o'r stori ymddangos mewn print. Gweithiodd yn eiddgar ar y darn, ac wedi ei ddysgu anfonodd neges gwrtais i siop Daniel Owen i ddweud ei fod yn barod i'r rihyrsal. Daeth gair yn ôl iddo ddyfod i swyddfa'r 'Cymro' gyda'r nos. Yno, o flaen yr awdur ei hun a John Morgan y Riporter, adroddwyd. 'Philosoffi Tomos Bartley ar gadw mochyn' am y tro cyntaf erioed.

Ni allaf feddwl am well awyrgylch, oherwydd yr oedd y platiau gwreiddiol a fu'n printio'r argraffiad cyntaf o *Rys Lewis* yn hongian ar waliau'r ystafell, a'r gynulleidfa ddethol o ddau yn chwerthin yn galonnog wrth wrando ar fy nhad yn dynwared Tomos Bartley yn trafod helynt y Local Board. Bu ei glywed yn 'siarad' y stori yn foddion i Ddaniel Owen wneud amryw fân gyfnewidiadau yn ei frawddegau gwreiddiol cyn eu cyhoeddi yn y nofel *Enoc Huws* ym 1891. Canlyniad y newid bob tro ydoedd gwneud yr iaith lafar yn fwy naturiol a byw.

Diwylliant

Ond er cystal gwaith a wnaeth fy nhad wrth adrodd *Enoc Huws*, nid oedd Daniel Owen am iddo aros ar hynny.

Ymhen ychydig amser, galwodd arno ar ddiwedd un cyfarfod a rhoddodd waith newydd iddo i'w ddysgu, sef 'John Elias' Ceiriog. 'Mi feder unrhyw ffŵl wneud i bobol chwerthin,' meddai, 'ond mae eisiau dyn call i wneud iddyn' nhw' feddwl. Dysgwch hwn i mi erbyn y tro nesaf.'

Ac er mai gwaith anodd oedd troi o'r digrif i'r difrif, nid gwiw anufuddhau wedi i Ddaniel Owen orchymyn. Dysgodd fy nhad y darn yma ac amryw eraill o ganeuon Ceiriog ar ei gof, a chafodd bleser mawr ynddynt ar hyd ei oes. Ac wedi iddo ddechrau deall Ceiriog, rhoddwyd darn o waith Islwyn iddo i'w ddysgu, ac arweiniwyd ef yn raddol i gymryd diddordeb yn y mesurau caeth. Agorwyd byd newydd o ddiwylliant iddo yn y cyfnod yma, ac arferai ddweud na chafodd neb mewn prifysgol erioed well disgyblaeth i'r meddwl nag a gafodd dynion ifanc yr Wyddgrug yng Nghymdeithas Lenyddol Daniel.

A chwarae teg i 'nhad — daliodd yn ffyddlon i ddelfrydau'r llywydd am yn agos i hanner canrif. Ni fodlonodd nes bod yn berchen nofelau Daniel Owen bob un, a gwybod eu cynnwys o glawr i glawr. Yr oedd ei wybodaeth ohonynt a'i ddiddordeb ynddynt y fath ag i godi cywilydd ar lawer un a gafodd well manteision addysg nag ef yn y blynyddoedd diwethaf hyn. Adroddodd benodau lawer ohonynt mewn cyfarfodydd ar ddau tu Afon Mersi, a denai ei ddull diddan ddarllenwyr newydd i'r nofelau bob tro.

Gwyddai am bob congl o'r Wyddgrug a oedd yn gysylltiedig â'r awdur a chadwodd yr hanes amdanynt yn fyw yn ei gof. Gwnaeth yr enwau Daniel Owen a'r Wyddgrug yn gyfystyron i ni fel teulu, ac nid aethom erioed i'r dre am dro heb daflu golwg dros y gofgolofn, neu'r siop neu'r hen gartref neu'r gweithdy. Llawenydd iddo ydoedd gweld bod Cyngor y Dref wedi cadw'r hen enw *Y Dreflan* yn fyw wrth adeiladu tai newydd yn yr ardal. Ac wrth weld y Bluebell Inn gerllaw, wedi ei ail-drefnu, daeth i'w gof ddarn o stori 'Tomos Mathias,' hen feteran y Waterlŵ, allan o *Straeon y Pentan:*—

'Yr oedd Tomos yn byw mewn tŷ bychan y tu ôl i'r Bliwbel, Maes-y-dre, Wyddgrug. Un o'r tai lleiaf a welais yn fy mywyd oedd tŷ Tomos. Yr oedd pobol yn dweud pan fu Tomos yn sâl rhyw dro . . .'

Ie, diwrnod i'w gofio yn hanes fy nhad oedd y diwrnod y cafodd ddarn o lawysgrif *Enoc Huws* gan Daniel Owen. Er symud o le i le, yn ystod y blynyddoedd, cadwodd y dalennau'n ofalus, ac o ran golwg nid ydynt fawr waeth heddiw na'r diwrnod y rhoddwyd hwynt iddo.

Un noson, wrth sgwrsio am Daniel Owen a'i gyfnod, digwyddais ofyn iddo 'Am faint y buasech chi'n gwerthu llawysgrif *Enoc Huws* 'nhad?'

Atebodd yntau *Not for sale* yn glir a phendant, a chyda gwên un a wyddai fod ganddo drysor yn ei feddiant.

20. Daniel Owen

TOM PARRY
Yr Efrydydd, 1936

Tipyn o gamp i neb yw dywedyd dim newydd am Ddaniel Owen, wedi'r canmol a'r trafod a fu arno ar hyd y blynyddoedd, ac yn arbennig eleni pan ydys yn dathlu canmlwyddiant ei eni, a phawb yn ysgrifennu arno lyfr neu gylchgrawn. Ac yn wir, pa angen dywedyd dim newydd? Onid melysach yw ailadrodd yr hen wirioneddau? Hyfryd yw atgoffa'n gilydd fel y darfu i Roger Edwards berswadio'i gymydog ysgrifennu i'r *Drysorfa;* fel y cododd cylchrediad y cylchgrawn hwnnw yn union deg (peth nad oes dim gwir ynddo o gwbl); fel y tybiai llawer hen gorffyn syml o Fethodist fod hanes gweinidog Bethel yn wir ddiogel. Soniwn wedyn dan wenu am Wil Bryan, Thomas Bartley, Twm Nansi, Robert Wynn a Harri Tomos, eu bod yn gymeriadau byw, yn greadigaethau meddwl meistrolgar, a dychymyg eithriadol gryf. Dywedir hefyd fod yn nofelau Daniel Owen ddarlun gwych o fywyd Cymru yn ei oes ef, ac mai hwy yw'r llyfrau gorau i astudio hanes crefyddol a chymdeithasol ein gwlad yng nghanol y bedwaredd ganrif ar bymtheg. Gorffennwn trwy bwysleisio nad oes blot yn ei lyfrau, neu o leiaf na roes ef ei fryd ar lunio plot cywrain, canghennog, ond mai creu cymeriadau gwreiddiol yw ei amcan.

Dyna'r pethau y clywir eu dywedyd fynychaf am Ddaniel Owen, ac nid oes wadu nad ydynt yn galon y gwir. Ond tybed nad oes rhyw un peth neu ddau y gellir eu hystyried yn esboniad ar y nodweddion uchod, ac ar amryw o nodweddion eraill? Mi wn fod Daniel Owen yn ffenomenon cwbl anesboniadwy, yn fwy felly na'r un bardd na llenor arall a ymddangosodd yng Nghymru, ac mai cwbl ofer yw ceisio cyfri amdano ef a'i waith. Ond credaf fod un peth yn ei gymeriad na sylwir arno ond yn anfynych iawn.

Yn ystod y sôn am y dathlu dywedodd cyfaill wrthyf rywbeth am yr athroniaeth bywyd sydd yng ngweithiau Daniel Owen. Gan fod y cyfaill hwnnw yn bendant a byrbwyll, ni ddywedais ddim yn groes iddo ar y pryd. Ond fy marn i yw (a hei lwc y gwêl y tipyn erthygl hon) ei fod yn siarad drwy'i het. Nid oes yn y nofelau ddim athroniaeth, h.y. ni roes Daniel Owen ei hun ddim athroniaeth ynddynt. Dichon y gwêl pob darllenydd ryw agwedd ar athroniaeth bywyd ynddynt i gynnal ei hoff athroniaeth ef ei hun. Ond nid gwaith Daniel Owen yw hynny; am y rheswm syml, ond eithaf addas, nad oedd ef athronydd. Nid oedd ynddo, hyd y gwelaf i beth bynnag, ddim syniad cyson am y ffordd y dylai dyn wynebu bywyd. Mae'n wir ei fod bob amser ar du'r da, ac yn cefnogi crefydd bersonol ac efengylaidd, ond dyna agwedd pawb o bwys yn ei oes, ac nid oedd raid wrth gyneddfau'r athronydd i fod felly. Na, nid athronydd mohono, ac ni cheir dim goleuni ar ei gampweithiau trwy chwilio ynddynt am athroniaeth bywyd.

Ond yr oedd yn un peth diamheuol, sef yr hyn a elwir heddiw yn feddylegwr (neu eneidegwr, os yw'n well gan rywun y term amwys hwnnw). Nid ei fod wedi astudio meddyleg yn gyfundrefnol fel gwyddor, ac wedi dyfeisio nifer o dermau technegol a fai'n ddychryn i'r anghyfarwydd, ond ei fod yn hytrach wrth ei fodd yn olrhain teimladau dynion, yn dadansoddi eu dyheadau, eu hamcanion, eu hiraeth, eu hofnau, eu hatgofion. Credaf na phwysleisiwyd hanner digon ar y duedd hon yn ei gymeriad, a hynny, mae lle i ofni, oherwydd y daw i'r golwg yn y darnau hynny o'i nofelau sydd braidd yn sych, y paragraffau hirion diflas hynny y bydd naw o bob deg o'i ddarllenwyr yn neidio drostynt i gyfeiriad paragraffau byrrach, a dyfynodau. Paham y soniai Daniel Owen gymaint am grefydd? Paham y treulia weithiau dudalennau cyfain i drafod profiad crefyddol? Diau, medd rhywun, mai am ei fod yn bregethwr, ac mae crefydd oedd ei brif ddiddordeb. Oherwydd, medd rhywun arall, ei fod am ddarlunio bywyd Cymru yn ei oes, a bod crefydd yn rhan fawr a phwysig o'r Gymru honno. Nid yw'r ddau reswm yna, ynddynt eu hunain, yn ddigon i esbonio pam y myn Daniel Owen hir ymaros gyda phrofiadau crefyddwyr, er iddo ef ei hun ddywedyd, 'Byddai yn amhosibl adrodd hanes bywyd gwledig Cymru y ganrif hon heb i'r capel a'r eglwys ffurfio rhan bwysig ohono, ac ni lwyddai yr un a anturiai ar y fath orchwyl ond i ddangos ei fod cyn ddalled â'r post, neu ynteu na wyddai efe ddim am wlad y gân.' Ond sylwer yn arbennig ar hyn: ei fod ef yn medru trafod crefydd heb bregethu. Dyna'r gwahaniaeth mawr rhyngddo a nofelwyr eraill ei gyfnod, megis Roger Edwards. Yn rhannau mwyaf crefyddol *Rhys Lewis* traethu profiadau a geir, ond yn *Y Tri Brawd* ceir pregethu egwyddorion. Ymhyfrydai Daniel Owen ym mhrofiadau'r saint am eu bod yn faes toreithiog iddo ef ei astudio a'i ddadansoddi. Ystyrier ymgais *Rhys Lewis* i orchfygu hunan. Ei benderfyniad oedd 'rhoddi fy holl sylw arnaf fi fy hun, yn fy nhu mewn.' Ond dyma gyngor Dafydd Dafis iddo:

'Amcan rhagorol; ond y moddion mwyaf hunanol fedret ti ddyfeisio. Fyddi di damaid gwell ymhen ugain mlynedd hefo'r cynllun yna. A sut y deui di o hyd i hunan wrth beidio â gwneud dim? Wrth gyflawni dyletswyddau yn unig y medri gael gafael ynddo i roi ei ben ar y blocyn. Os ei di i dreulio dy amser gwerthfawr i chwilio amdano, mae o'n siŵr o ymguddio yn rhywle. Mae hunan, wel di, fel hogyn direidus yn leicio i ti redeg ar ei ôl er mwyn iddo gael y difyrrwch o ymguddio. Nid wrth ymgâu ynot dy hun y gelli ladd hunan — rhaid ei groeshoelio tu allan i'r gwersyll. A phaid â synnu os cei di fod hunan yn fyw erbyn iti gyrraedd fy oedran i . . . Chymeriff hunan mo'i ladd ar chware bach; ond mi fyddaf yn meddwl fod yn bosibl ei lwgu o, a'r ffordd orau i hynny ydyw ei anghofio — ei esgeuluso, ac ymroddi gorff ac enaid i wasanaeth Duw trwy wneud daioni.'

Darn a gymerai ei le yn naturiol mewn pregeth, medd rhywun. Ie, mewn pregeth gan Emrys ap Iwan efallai. Ond darn o ddadansoddiad manwl ar feddwl dyn ydyw, ond bod Daniel Owen heb yr ymadroddion technegol sy'n gwneuthur meddyleg heddiw y peth ydyw. Dibynna ef yn hytrach ar ymadroddion ysgrythurol fel 'croeshoelio tu allan i'r gwersyll,' ac ymadroddion y bywyd bob dydd, fel 'llwgu' ac 'anghofio,' lle buasai meddylegwyr yr ugeinfed ganrif yn sôn am 'sublimation.' A'r eirfa ysgrythurol sy'n cyfri bod llawer yn methu gwahaniaethu rhwng darn o ddadansoddiad fel yr uchod a phregeth.

Hyd yn oed wrth drafod pregethwyr a phregethu, daw'r elfen ddadansoddi a dadelfennu i'r golwg yn glir iawn. Gwelir hynny yn y darn a ganlyn, a gwelir ynddo hefyd hunan-ymchwil sy'n mynnu treiddio i bellafoedd cymeriad y dyn ei hun, yn ogystal â chymeriadau dynion eraill:

'Pob cyfleustra a gawn i siarad â phregethwyr y gallwn fod yn hy arnynt, ceisiwn dynnu ohonynt gymaint ag a allwn o wybodaeth am eu profiad a'u hymwybyddiaeth pan oeddynt yn yr un sefyllfa ag yr oeddwn i ynddi; ond ychydig iawn a allent ddweud wrthyf am yr orchwyliaeth yr aethai eu meddwl drwyddi nad oeddwn i fy hun yn brofiadol ohono . . . Nid gwiw imi wadu nad oeddwn yn feunyddiol yn dyfalu pa beth a dybygai pobl amdanaf; a gofynnwn yn fynych i mi fy hun y cwestiwn a ofynnodd y Mwyaf i rywrai — Pwy y mae dynion yn dywedyd fy mod i? . . . Gwyddwn fod amryw yn ystyried y dylai yr hwn sydd yn datgan dymuniad am gael pregethu fod â'i ysbryd yn danllyd, ei brofiad yn uchel, a'i sêl yn gyfryw ag a roddai wedd gymelliadol ar yr hyn a ddywedai. Mi allwn i fod felly.'

Dengys yr uchod ddyn yn gwybod teimladau ei gyd-ddynion, ac yn ei adnabod ei hun yn drylwyr, pethau na cheid byth mohonynt oni bai fod yn y dyn i ddechrau lawer iawn o'r awydd i fyfyrio am yr hyn sy'n digwydd ym meddyliau dynion yn gyffredinol.

Mynych y dywedwyd am ei ddiffyg diddordeb yn Natur a'i gwrth-rychau. Ni cheir ganddo odid fyth ddisgrifiad maith a manwl o olygfa, o ddarn o wlad, o fynydd, o goed, o fôr. Dyry baragraff ar ddechrau'r chweched bennod yn *Gwen Tomos* i draethu mor hoff ydoedd Rheinallt yn blentyn o'r crethyll, y brithylliaid, yr iâr ddŵr, y cacwn, brych y cae, yr asgell fraith, yr ysnosen felen, yr ysguthan a'r ddylluan. Ond a chaniatáu bod hwn yn beth o brofiad personol Daniel Owen ei hun, profiad plentyn ydyw, a phrofiad sy'n gyffredin i naw o bob deg o blant gwlad. Nid ymddengys fod gan Natur ddegwm yr apêl ato a oedd gan ddynion a'u syniadau a'u profiadau. Yn wir, ni eill feddwl am Natur ond mewn cyswllt â dyn:

"Byddai edrych ar y sêr a'r lloer yn fy ngwneud yn brudd-glwyfus. Meddyliwn mor bell, mor hen ac mor ddistaw oeddynt. Yr oeddynt yn yr wybren yr un fath pan oedd fy nhad, fy nhaid a'm hendaid yn edrych arnynt. Rhyfeddwn wrth feddwl fod cenedlaethau lawer yn llwch y ddaear a fuont yn edrych arnynt yn union fel y gwnawn innau.'

Y ffordd orau y medrai ef ddefnyddio Natur oedd i egluro troeon ei feddyliau ei hun, fel yn y darn craff a phendant hwn:

'Wrth imi sugno fy nghof, ni allaf gael dim ohono yn ei gylch ond — Seth — yr un faint, yr un lun, yr un oedran, yr un fath bob amser. Pe gofynnai rhywun imi pa bryd y sylwais gyntaf ar y pren crabas oedd yn ymyl ein tŷ ni, ac a ydwyf yn cofio gwahanol gyfnodau ar ffurf ei ganghennau, yn sicr byddai raid imi ateb yn nacaol. Yr unig adeg bendant yr wyf yn gofio yn hanes y pren crabas ydyw y dydd y gorchymynnodd gŵr y Plas ei dorri lawr . . . a phan syrthiodd yr hen bren i'r ddaear, teimlwn fel be buaswn yn colli hen gyfaill annwyl; oblegid ambell i grebyn a fwytaswn oddi ar ei ganghennau, y rhai er eu bod yn codi dincod ar fy nannedd, oeddynt yn felys yn niffyg eu gwell. Rhyw un drychfeddwl fel hyn sydd gennyf am faint a hanes y pren crabas hyd y dydd y torrwyd ef i lawr. Yn gyffelyb y mae gyda golwg ar Seth. Yn flaenorol i adeg ei farwolaeth, rhyw un cyfnod ydyw ei hanes yn fy meddwl, heb ddim ynddo ond Seth.'

Ynghanol ffug-ramantiaeth y ganrif ddiwethaf, pan oedd canu telynegion ocheneidiol yn gymaint busnes, a phan oedd cymaint o dradio ar deimladau arwynebol cyffredin, amheuthun yn wir oedd dyfod gŵr â chanddo flys deall dieithrwch y meddyliau anghyfarwydd.

Dyna egwyddor fawr sylfaenol holl fywyd, naturiol a llenyddol, Daniel Owen. Ond yr oedd ganddo un ddawn arall sydd lawn mor anhepgor i nofelydd. Fy hun, af i gredu fwyfwy beunydd fod llwyddiant nofelydd yn dibynnu yn y pen draw ar ei feistrolaeth ar iaith. Iawn ddefnyddio priod-dduliau ac arddull yw'r hyn a ddwg wir argyhoeddiad. Rai gweithiau byddai Daniel Owen yn ymgeisio'n ymwybodol am yr hyn a ystyrid yn ei gyfnod yn arddull dda, megis yn y frawddeg hon: 'Y dydd o'r blaen cefais y pleser o ymweled â'r Ysgol Frytanaidd yn y dref hon; ac wrth sylwi ar ei threfn ardderchog, yr addysg dda a buddiol a gyfrennid ynddi, y ddisgyblaeth fanwl ac esmwyth a weinyddid, a'r olwg lân a hapus oedd ar y plant, ni allwn beidio â galw i'm cof y dirfawr anfanteision y bûm i yn llafurio danynt yn ysgol Robyn y Sowldiwr.' Sylwer ar y parau o ansoddeiriau, 'dda a buddiol,' 'fanwl ac esmwyth,' 'lân a hapus,' a'r priod-ddull estronol ynghylch llafurio dan anfanteision. Pethau gwneuthuredig yw hyn, rhan o rodres yr oes, ac nid mewn pethau o'r math hwn y mae nerth Daniel Owen, ond yn hytrach mewn rhannau fel sylwadau Wil Bryan ar natur eglwys, neu'r bennod ar Thomas Bartley yn y Bala, neu'r disgrifiad hwn o Jones: 'Ei hoff gyflwr oedd bod o olwg pawb, a sefyll tu ôl i *pile* o frethynnau, fel cofgolofn o'r gaeaf, a'i draed yn troi allan fel traed bwrdd crwn, a'i freichiau yn hongian fel breichiau dol, a chau ac agor ei lygaid fel cath o flaen y tân, a meddwl am ddim a gwneud dim.'

Mewn gair, yr oedd ef yn un o'r dynion gwynfydedig hynny sy'n gynefin â holl droeon ac ymadroddion yr iaith Gymraeg lafar fyw. Honno sydd ar wefusau Wil Bryan a Doctor Huws a Thomas Bartley a Nansi'r Nant, honno yn ei chadernid, yn ei holl leisiau disglair, yn ei hystwythder a'i sioncrwydd a'i min. Gwir iawn fod ganddo yn ei iaith ei hun aml ymadrodd Seisnig ffiaidd fel 'cymeryd lle,' 'mewn ystôr,' 'yr hyn yr oeddwn yn ei gylch,' ac amryw eraill. Ond yn y bedwaredd ganrif ar bymtheg yr oedd yn byw, a hawdd maddau iddo ei ffaeleddau, yn wyneb ei aml ragoriaethau.

Beth, ynteu, oedd gorchest Daniel Owen? Ysgrifennu nofelau darllenadwy? Ie, a mwy o dipyn na hynny. Gyda'i nwyd ddadansoddi, olrheiniodd ansoddau meddwl Cymro a Chymraes; gyda'i feddwl dosbarthus ei hun, cynullodd yr ansoddau hyn ynghyd, a llunio ohonynt, yn ei feddwl ei hun, lawer Cymro a Chymraes newydd; gyda'i gynefindra mawr â'r iaith Gymraeg, trosglwyddodd ei gymeriadau i'w lyfrau ac i'n meddyliau ninnau, ei ddarllenwyr. Profodd yn derfynol fod y bywyd Cymreig yn ddigon cyfoethog i fodloni'r llenor mwyaf treiddgar a chwilfrydig, a'r iaith Gymraeg yn gyfrwng digon cyfaddas iddo ymgorffori ei greadigaethau ynddi. A dyna'i brif hawl ar y mawredd anghyffwrdd sy'n eiddo iddo.

21. Y Tri Llyfr Cymraeg Mwyaf
Dewis Daniel Owen

D. MYRDDIN LLOYD
Y Brython (Hydref 29, 1936)

Daniel Owen, gan Saunders Lewis, Yr Artist yn Philistia, II.
Gwasg Aberystwyth, 1936. Pris 2/6.
'Prif fater astudiaeth y llyfr presennol yw datblygiad technegol yr
unig nofelydd o bwys mewn llenyddiaeth Gymraeg.' Dyna eiriau'r
awdur ei hun yn y bennod olaf. Agorir y mater trwy ddangos beth
oedd amcan llenydda i Ddaniel Owen, sef gwaredigaeth o nychtod
afiechyd i fywyd llawn dynion a'u hymwneud â'i gilydd. Am fod
ganddo ddifrifwch amcan yr oedd Owen ymhlith yr ychydig yn ei oes i
roi ei orau i lenyddiaeth. Ef yw ein hunig bortrewr o'r chwyldro
diwydiannol ac o'i gyd-ddigwyddiadau megis twf *suburbia*, yr
ymwybod *proletariat*, ac aml blyg newydd i feddwl y Cymro. Yr oedd
ei ddifrifwch amcan hefyd yn ei wneud yn artist beirniadol, a dull Mr
Lewis yw olrhain y crëwr a'r beirniad yn dilyn traed ei gilydd yn
barhaus, a'r cynnyrch llenyddol yn tyfu trwy lafur meddwl y ddau. Yn
hyn fe wêl Mr Lewis glasuriaeth Daniel Owen, ei fod yn olyniaeth
awdur *Breuddwyd Rhonabwy*, ac Ellis Wynne, a'i agosrwydd i ysbryd
clasuron Lladin a Ffrangeg yn hytrach na llenyddiaethau gwledydd
gogledd Ewrop ar y cyfan.

Torri Tir Newydd

Rhennir y llyfr yn bum pennod, ac ar wahân i'r olaf, y 'Diweddglo,'
fe roddir pennod yr un i'r nofelau, sef *Y Dreflan, Rhys Lewis, Enoc
Huws* a *Gwen Tomos*. Rhoddir sylw i'r gallu disgrifio a'r dychan
maleisus yn *Y Dreflan*, a'r modd y mae lliaws o gymeriadau yn
cyfarfod â'i gilydd i ymddiddan. Rhydd y Seiat gyfle arbennig i

gyflwyno'r gomedi gymdeithasol am y 'gallai gwerin gwlad siarad yn seremonïol a naturiol yno, a hynny heb esiampl pendefigaeth i roi safon iddynt yn eu hiaith.' Eto er yr holl ffraethineb bywiog, cofnodi yn unig a geir, ac nid creu. Yr oedd yn gas gan gymdeithas Daniel Owen bob ffug mewn llenyddiaeth.

Dyfynnir geiriau Daniel Owen yn yr ail bennod i brofi iddo sylweddoli ei fod yn torri tir newydd wrth groniclo hanes, arferion, a chymeriadau Cymreig. Cyfeddyf Mr Lewis nad yw'n sôn dim yma am dechneg y nofel Gymraeg ymhlith eu newydd-bethau, ond hawlir hynny trosto, a hyd yn oed na chafodd batrwm o gwbl o Loegr. Ni fynnai herio na dianc oddi wrth amodau ei gymdeithas, ond yn hytrach eu hystwytho, a dadl y llyfr hwn yw iddo wneud hynny trwy afael yn y cofiant (oedd yn gymeradwy), a'i gymryd fel man cychwyn, a thrwy i apêl ei waith ar ei ddarllenwyr eu dwyn i dderbyn y nofel Gymraeg. Rhagoriaeth y cofiant yng ngolwg yr oes Fethodistaidd oedd ei fod yn 'wir,' a phle Daniel Owen yw nad 'y gwir yw beth y gŵyr arall amdanom.' Dyna'r ffordd yn rhydd i'r hunangofiant beth bynnag, a phen y llwybr hwn yw'r nofel seicolegol gyda'i hanes mewnol, eithr nid yno y ceir dawn Daniel Owen ond yn y gomedi gymdeithasol. Dyfais y nofelydd dan sylw i ladd y ddau aderyn yw datgan 'bod dyn yn blino sôn llawer amdano'i hun,' ac felly fe dry i ddisgrifio manylion allanol, a phersonau eraill, ac ymddiddanion, megis yn y Seiat. Gorffennir y bennod ar Rys Lewis trwy ddangos anawsterau ffurf hunangofiant at y pwrpas.

Eirioni Miniog

Agorir y bennod ar *Enoc Huws* gydag ymdriniaeth ar le ffurf mewn creadigaeth lenyddol, ac y mae yma sylwadau pwysig ar bwnc llosg iawn i feirdd heddiw. Honnir y bu adeg yr oedd sail ysbrydol i gymdeithas yng Nghymru, ac oblegid hynny bod cymdeithas felly yn 'creu ffurfiau mynegiant priodol iddi ei hun' mewn llên a chelfyddyd. Am nad oes ymgodymu rhwng y gofynion cymdeithasol hyn a'r egni personol heddiw, myn Mr Lewis fod ffurf yn colli ei ystyr, a dyna paham y mae 'gwag newyddwch mewn ffurf yn uchelgais er ei fwyn ei hun.' Wrth sgrifennu *Rhys Lewis* yr oedd Daniel Owen yn cadw'n bur agos at ffurf a gydnabuwyd gan ei oes, ac yn ceisio lledu arno'n araf, ond yn awr yn *Enoc Huws* y mae'n troi'n fwy at ffurf a haliai ei athrylith ei hun. Ymwnâ â phobl ar odre'r Seiat bellach, a hwy yn defnyddio iaith y Seiat ond yn rhagrithiol — cyfle i'r nofelydd ymarfer ag eirioni miniog. Y mae'n rhydd bellach i greu cymeriadau gwych gyda'i holl ddychan, a llwydda i ddarlunio amryw fath o ddynion yn wrthrychol. Cnewyllyn y llyfr a adolygir yw egluro'r modd y medrir hyn, a gesyd Mr Lewis ei fys ar ddehongliad Daniel Owen ei hun yn ei ragarweiniad i *Enoc Huws*. Yno y mae'r awdur yn apelio am agwedd meddwl newydd ac arbennig gan ei ddarllenwyr, sef 'ymarfer ychydig ffydd' a derbyn dadleniad heb holi a ydyw'n 'wir' yn ystyr y croniclydd moel. Hynny yw, y mae'n gofyn am ryddid crewr, ac nid peth ysgafala mohono, ond yng ngeiriau Daniel Owen unwaith eto, 'y dirgelwch hwn sydd fawr.' Nid atgofion mwyaf ond cyfansoddiad. Dilynir y dehongliad hwn o rediad meddwl Daniel Owen gan ddisgrifiad nerthol o 'wneuthuriad' deunaw pennod cyntaf *Enoc Huws*, ac y mae'n debyg mai dyma'r peth disgleiriaf yn y llyfr i gyd.

Y mae'r bennod ar *Gwen Tomos* yn enghraifft wych o'r feirniadaeth gymdeithasol honno ar lenyddiaeth sy'n nodweddu'r meddwl cyfoes. Gwelwn Daniel Owen ar ôl ennill ei frwydr a pheri derbyn y nofel yn ddidramgwydd gan ei genedl yn troi mewn modd llyfn a diorchest, yn aeddfed a thawel i bortreadu bywyd y wlad yn hytrach na'r dref a'r ardal ddiwydiannol. Cenhedlaeth ar chwâl a wêl yno, gwerin amddifad, pobl ddifrawdoliaeth. Fe ddyry D. Owen y trigolion o'n blaen yn un ac yn un, a dengys y Seiat yn ail-sefydliad o gymdeithas.

Nid y peth lleiaf ei werth yn y llyfr yw'r dwyn sylw at weithiau llai Daniel Owen, megis *Offrymau Neillduaeth*, a'r pregethau, ac megis y mae arddull a chynllun yr holl weithiau a'u hagwedd feirniadol yn eu tebygu at y traddodiad clasurol yn Ewrop, y mae'r agwedd at fywyd yn fynegiant o'r traddodiad Cristnogol yn ei wedd Gymreig.

Daniel Owen ac Ellis Wyn

Hwyrach mai'r peth mwyaf agored i feirniadaeth yn y llyfr yw'r sylwadau hyn ar 'glasuriaeth' Daniel Owen, gosod ohono yn olyniaeth awdur *Breuddwyd Rhonabwy*, ac Ellis Wynne, a'i debygu i sgrifenwyr 'clasurol' y gwledydd Lladin. Beth yw ystyr hyn? Nid honni dylanwad llenyddol uniongyrchol yr ydys yn y llyfr. Nid oes ofod yma i ymdrin â phwnc astrus teithi cenhedloedd a'u hetifeddiaeth, ond deuthum o hyd i ategiad pendant i'r berthynas rhwng Daniel Owen ac Ellis Wynne.

Yn ystod blynyddoedd olaf y nofelydd aeth y Parch. H. Elfed Lewis ati i gael gan nifer o lenorion a gwŷr blaenllaw Cymru i roi bob un ei restr o'r chwe llyfr Cymraeg mwyaf yn ei olwg. Yr oedd dewis Daniel Owen yn gwbl arbennig. Nid dilyn unrhyw chwiw lenyddol a wnaeth o gwbl, oblegid o blith yr amryw ddegau a atebodd, ef yn unig a roes *Y Bardd Cwsc* yn flaenaf, a *Drych y Prif Oesoedd* yn ail, a'r *Meudwy Cymreig* yn drydydd. Gwyddys am ddylanwad cryf y llenorion Awstaidd Saesneg ar y ddau gyntaf, Quevedo yn ffynhonnell eithaf dogn helaeth o ddisgrifio a dychymyg Ellis Wynne, a hynny trwy gyfrwng llenorion oes a dinas y ceisiwyd seilio llenyddiaeth ynddi ar gampweithiau Rhufain yn oes Awgustus. Theophilus Evans a astudiodd y clasuron yn Ysgol Ramadeg Caerfyrddin yn mynd ati i gyfansoddi epig prôs y genedl Gymreig gan seilio ei gyffelybiaethau ar batrwm Homer a chyfieithiad Pope ohono ac yn gweld y frwydr rhwng Cymro a Sais fel rhan o'r oesol ornest rhwng barbariaid Germania a hil Caer Droea. Hygoeledd chwerthinllyd a chul os mynnir, ond y peth pwysig yn awr yw mai dyma'r ddau lyfr Cymraeg y darganfu'r 'teiliwr Anghydffurfiol o nofelydd na ddarllenai na Ffrangeg nac Eidaleg' (gw. *Y Llenor*, Gwanwyn 1936), a hynny trosto ei hun mewn oes o brinder ysgol-heictod Cymraeg, mai hwy oedd y pwysicaf o lyfrau Cymraeg.

Hanner y Gwir

Trawiadol iawn hefyd yw'r gosod o lyfr Cawrdaf yn drydydd. Pwy arall fyddai'n meddwl am ei osod mor uchel yn ein llên? Y mae hyn yn awgrymu ffynonellau eraill i nofelau Daniel Owen heblaw'r cofiant. Y mae'r olrhain o'r cofiant yn bwysig ond ni chredaf mai dyna'r gwir i gyd. Un nofelydd arall yn unig a enwir gan Ddaniel Owen, a hynny mewn brawddeg a godir gan Mr Saunders Lewis: 'Ein harwres yw Ann Griffiths ac nid George Eliot.' Gan hynny fe fedrai ystyried am George Eliot fel arwres genedlaethol, ac yn wir yr oedd hi'n bur agos a bod felly i elfen bwysig yn Lloegr, sef yr adran 'oleuedig' o'r Saeson Anghydffurfiol. Ei byd oedd yr *East Midlands* grefyddol, amaethyddol gan mwyaf ond gydag ambell lecyn diwydiannol. Yr oedd hi wedi ymwadu â safonau pendant ei chrefydd a'i chymdeithas gynhenid, ond eto'n teimlo'n angerddol bod ynddynt elfennau pwysig i'w cadw a'u *cymhwyso*. Dechreuodd trwy ddisgrifio'r bywyd hwn (*Scenes of a Clerical Life* — 1857), ac yna mynd ymlaen i lunio nofelau cyflawn, gyda sylwadaeth fanwl o bobl, hiwmor, doethineb, creu cymeriadau a hwythau'n tyfu a newid trwy eu hymwneud â'i gilydd a'u sylwadaeth yn llwythog bellach gan fyfyrdod blynyddoedd. Y mae'r tebygrwydd rhwng y ddau nofelydd yn amlwg, ac nid rhyfedd i Daniel Owen ei chyferbynnu ag Ann Griffiths. Yr oedd ôl ei meddwl yn drwm arno. Megis yr oedd bywyd yr Wyddgrug yn fan cyfarfod Cymro a Sais, yr un modd yr oedd Daniel Owen yn etifedd elfennau o ddau draddodiad, a hanner y gwir yw cydio ei nofel wrth y cofiant Cymraeg.

Dywedir ar dud. 61-2 mai gwendid D. Owen fel nofelydd yw ei fodlonrwydd i gydymffurfio â phlwyfoldeb ei gyfnod a'i gymdeithas. Os felly, gwendid oedd nad hawdd ei ysgaru oddi wrth gyfrinach ei fuddugoliaeth bwysicaf. Cyfeddyf Mr Lewis fod yr artist heddiw ar ei golled oblegid ei ddianc rhag ei draddodiadau cymdeithasol. Oni bai am barch dwfn D. Owen i'w gymdeithas yn union fel yr oedd, ni byddai wedi ymgodymu â'i ffurfiau i'w hystwytho a'u haeddfedu nes peri i'w gymdeithas o'u gweld yn ymagor ddyfod i groesawu'r greadigaeth newydd.

Cwyna Mr Lewis nad yw cymdeithas heddiw yn 'creu ffurfiau priodol iddi ei hun mewn llenyddiaeth a chelfyddyd.' I'm tyb i, y mae yma beth amryfusedd. Ni dderbynnir bellach hyd yn oed dybiaeth Levy-Bruhl am y gymdeithas gyntefig, ei bod yn llunio geiriau ei chaneuon yn angerdd y miwsig a'r ddawns. Dyn, sef yr unigolyn, sydd yn creu neu yn llunio, ac yna lle bo ef yn mynegi cyd-ddyheadau fe ymafael pawb yn sicr ac yn gyndyn yn ei waith. Ni luniodd y gymdeithas bendefigaidd Gymraeg erioed bennill o gywydd nac englyn; ni chyfansoddodd y Seiat emyn, na'r Corff bregeth na chofiant. 'Williams piau'r gân!' Fe gododd dynion i weld gogoniant y cyfryw gymdeithasau a'u cynheiliaid, a llwyddo i'w fynegi. Gorfodwyd y mynegiannau ar y lliaws gan eu cydwybod eu hun, oblegid y gwyddent eu bod yn 'wir.'

Y mae'r un mawredd hanfodol yn perthyn i fywyd yng Nghymru heddiw, eto fe wyddom bawb fod diffyg yn rhywle. Y mae galw am ddynion a all ddadlennu o'r newydd y gwerthoedd amhrisiadwy o'u gosod allan nid yn unig mewn dulliau a fydd yn 'fynegiant personol' ond yn gorfodi'r gymdeithas trwy filoedd llygaid ei haelodau i weld ei gogoniant ei hun, 'a'r dirgelwch hwn sydd fawr.' Fe lwyddodd Daniel Owen yn ei gylch, ac y mae rhai ohonom yn dystion bod Mr Saunders Lewis yn llwyddo mewn gair a gweithred. *'Dealled y darlleawdr.'*

22. Daniel Owen

J. J. WILLIAMS
Y Traethodydd (1936)

I

Ganwyd Daniel Owen yn yr Wyddgrug 20 Hydref, 1836, ac yno y bu farw 22 Hydref, 1895. Hanoedd ei fam o deulu Twm o'r Nant, ond ychydig a wyddys am achau ei dad. Gwyddom eni'r tad yn Nolgellau ac iddo symud oddi yno yn ifanc i lannau Alun, a dyna'r cyfan. Priodolai Daniel Owen ei athrylith i'w fam, ac y mae'n sicr mai hyhi a ddeffrôdd ynddo ei ddiddordeb ym mywyd Cymru'r ddeunawfed ganrif. Treuliodd ei oes yn yr Wyddgrug, yng nghanol cyfnod a ddisgrifid fel 'cyfnod newydd.' Yr oedd Methodistiaeth Galfinaidd gyfundrefnol wedi cyrraedd ei huchafbwynt a sylw'r wlad yn dechrau symud i gyfeiriad gwleidyddiaeth. Yr oedd y cof am yr hen ddiddordebau gwledig, megis Dawns y Bedol, cinio'r dydd talu rhent, y canu penillion, a'r carolau plygain, yn prysur ddarfod. Cymerwyd eu lle gan ddiddordebau newydd a drôi ogylch dyrysbynciau trethi trymion, datgysylltiad yr Eglwys Sefydledig, ac addysg elfennol. Gweithiai'r glowyr oriau hirion am gyflogau bach. Yr oedd dygn dlodi ymhob rhan o'r wlad. Ym 1837 boddwyd tad a dau o frodyr Daniel Owen yng ngwaith glo yr Argoed, a gadawyd y fam yn weddw gyda phedwar o blant i'w magu. Laweroedd o weithiau y clywais fam yr Athro Garmon Jones yn ei disgrifio ac yn sôn am ei chaledwaith. Y mae'n resyn na phrynai'r genedl resdai Maesydref, nid yn unig er mwyn diogelu'r fan y ganed ein prif nofelydd, ond hefyd i'n hatgoffa beunydd o gyni a phrofedigaethau rhengau blaen y cyfnod diwydiannol.

Magwyd Daniel Owen mewn tlodi. Ni chafodd ond y nesaf peth i ddim o addysg. Dywaid ef ei hun na chafodd, mwy na'i frawd na'i chwiorydd, hanner digon o fwyd a dillad am flynyddoedd lawer. Pan oedd yn dair ar ddeg oed aeth yn brentis o deiliwr at Angel Jones. Yn naw ar hugain oed aeth i Goleg y Bala, ac arhosodd yno am ddwy flynedd a hanner. Dychwelodd oddi yno i'r Wyddgrug, ac ail-afaelodd yn ei grefft, ond bu'n pregethu ar y Suliau — heb un Saboth gwag—hyd 1876 pan dorrodd gwythïen yn ei ysgyfaint. Yn ddwy ar bymtheg ar hugain cychwynnodd fusnes, gyda phartner i ddechrau, ac yn ddiweddarach ar ei droed ei hun. Ni bu erioed yn gryf, ac o 1876 hyd ddydd ei farwolaeth ni bu ei iechyd ond bregus. Yn ddeugain oed dechreuodd o ddifrif ysgrifennu, a daeth yn boblogaidd bron ar unwaith. Yn ei flynyddoedd olaf cymerodd gryn ddiddordeb mewn llywodraeth leol, ac ym 1894 etholwyd ef ar ben y rhestr yn aelod o gyngor y dref. Bu farw ym 1895, a chladdwyd ef yn yr un bedd â'i fam, ei frawd, a'i chwaer, yng nghladdfa gyhoeddus yr Wyddgrug.

Ym 1901 codwyd cof-golofn iddo. Lluniwyd hi gan Goscombe John, a dadorchuddiwyd hi gan Arglwydd Kenyon. Wrth sôn amdani, syn ydyw meddwl mai'r unig frawddeg ffôl a ysgrifennodd ein gwrthrych ydyw'r un a ddewiswyd i'w gyflwyno i'r sawl a edrych arni. Dyma a ddywedir, —

'Nid i'r doeth a'r deallus yr ysgrifenais, ond i'r dyn cyffredin.'

Ac i wneud pethau'n waeth, cyfieithwyd yr ysmaldod hwn i'r Saesneg. Digrif ydyw darllen mai at y 'common man' y cyfeiriodd Daniel Owen ei genhadaeth. Efallai i'w gyfeillion dybied mai'r hyn a feddyliai'r nofelydd ydoedd nad i'r dyn academaidd yr ysgrifennodd, ac mai dyna a barodd iddynt gyfieithu'r frawddeg i'r Lladin a hysbysu'r byd mewn llythyren fras—

'Neque sapientibus neque eruditis sed populo scripsi.'

Os felly, petaent yn awr yn fyw, byddai'n hawdd iddynt sylwi ddarfod i Daniel Owen, yn hyn fel ym mhopeth arall, gael ei goelio. Cymerodd yr ysgolheigion ef ar ei air ac ni chroesawyd ef dros drothwy ein hysgolion a'n colegau am ddeng mlynedd ar hugain. Ond llunwyr ein cyfundrefn addysg yn unig a lygad-dynnwyd. Gwyddai'r wlad yn amgen, a chysur ydyw meddwl yr erys Daniel Owen y mwyaf poblogaidd o'n holl lenorion.

Beth ydyw rhagoriaeth ei nofelau? Wrth drafod y cwestiwn gyda chyfeillion y mae gennyf yr ymddiried mwyaf yn eu barn, caf fy hunan yn gwahaniaethu oddi wrthynt ynghylch graddau pwysigrwydd canonau beirniadaeth. A oes y fath beth â chanonau? A oes rhagoriaeth mewn ffurf, mesur, trefn, a chywreinrwydd cynllun? Sicrheir fi fod y pethau hyn i gyd yn bwysig, onid yn wir yn anhepgor. Ond os felly, sut y gellir esbonio rhagoriaeth ddiymwad *David Copperfield* ac *Anna Karenina*? Ai oni ellir rhesymu nad ydyw meistri'r allanolion hyn yn gwneuthur dim amgen na chydymffurfio â ffasiynau eu hoes, ac onid oes iddynt ddyfnach rhagoriaeth, y derfydd amdanynt pan newidio chwiw fyr-hoedlog eu darllenwyr? Geill nofel fod yn raenus ei hiaith, yn gywrain ei chynllun, ac yn bopeth a ellir ei ddymuno o ran mesur a threfn, heb i hynny warantu bod gwreiddyn y mater ynddi. Gwyddom am ddigon o nofelau sydd felly. Darllenir hwy unwaith, a chyda blas, ond rywfodd ni ddeuwn byth yn ôl atynt. Ar y llaw arall, y mae gennym enghreifftiau o nofelau sydd fel petaent wedi 'mynnu' byw. Yn ôl y rheolau, hwy a ddylasent farw. Nid oes iddynt na choethder iaith na chlyfrwch cynllun, eithr er gwaethaf eu cwymp oddi wrth y safonau, hwy a enillent nerth fel yr heneiddient. A'r cwestiwn ydyw, paham?

Nid wyf yn meddwl ei bod yn anodd ateb dros nofelau Daniel Owen. Cytunir erbyn hyn eu bod hwy wedi goroesi pob beirniadaeth. Dangosodd eu beirniaid cynnar fod y nofelau'n ddiffygiol mewn cytbwysedd, ac nad oedd eu cudd-amcan (*plot*) ond egwan. Beirniadwyd hwy yn ddiweddarach oherwydd meflau ei hiaith. Ni chawsant unrhyw gefnogaeth gan yr ysgolion elfennol, na chan y rhai canolradd, ac anwybyddwyd hwynt gan y colegau. Ni wnaeth arweinwyr crefydd ddim ond eu goddef yn unig, a phan droswyd rhannau o 'Rhys Lewis' yn ddrama, fe ddangoswyd yn eglur fod terfynau hyd yn oed i hynny. Nid wyf yn cofio i neb fy *annog* i'w darllen, a hyd y gwn, ni ddatganodd y Wasg erioed ei bod yn gywilydd na bai eu cylchrediad yn fwy. Bu eu pris yn uchel, ac ni fedrir honni bod camp ar eu hargraffu. Mewn gair, bu raid i'r nofelau wynebu'r cyhoedd heb ddim ond eu rhagoriaeth i'w gwarchod. Ond yr oedd hynny'n ddigon, ac erbyn heddiw y maent wedi hen ennill eu lle. Darllenwyd hwy'n awychus o'r cychwyn cyntaf, a daeth eu cymeriadau i gyfaneddu i holl bentrefi Cymru Gymraeg.

A'r rheswm am hynny ydyw mai ynddynt hwy y ceir y darlun perffeithiaf a feddwn o fywyd ein cenedl yn ystod un o'r cyfnodau pwysicaf a fu yn ein hanes. Wrth ddywedyd hyn nid ydwyf wrth gwrs yn golygu ddarfod i Daniel Owen ymollwng i sôn am fythynnod to gwellt a thelynau, nac i'n disgrifio fel beirdd ac athronwyr, mwy nag y darfu iddo geisio portreadu Cymru fel gwlad o broffwydi ac o *prima donnas*. Dewisodd yn hytrach ddisgrifio'n gywir ein bywyd cenedlaethol o ddyddiau paganiaeth ddiddan y ddeunawfed ganrif, drwy gyfnod anterth Methodistiaeth Galfinaidd, hyd nes cyrraedd ohono flynyddoedd blinion y cyfnod diwydiannol. Bu'r newid yn ein hanes yn fawr — o gyrn yr aradr i gownter y banc. Aeth y tyddynnwr syml yn fasnachwr llwyddiannus, a'r gweision ffermydd yn lowyr a chwarelwyr caled eu byd. Graddol giliodd y dawnsfeydd gwerin a'r penillion telyn i wneuthur lle i ymgiprys masnach. Newidiodd y wlad drwyddi draw ac yn hanes y newid y cafodd Daniel Owen ei ddeunydd.

III

Rhannodd Daniel Owen ei faes yn dri chyfnod, a chadwodd ddisgrifiad o'i gyfnod cyntaf hyd ei nofel olaf. Efallai nad ydyw'n hawdd i ni heddiw sylweddoli'r gamp sydd ar 'Gwen Tomos,' a hynny oherwydd nad ydym yn coleddu camsyniadau ein tadau am fywyd bugeiliol y ddeunawfed ganrif. Yr oeddynt hwy wedi eu disgyblu i feddwl am y ganrif honno fel un o'r rhai duaf yn ein hanes. Synient amdani fel canrif o dywyllwch a llygredd, gyda'i phobl wedi ymroddi i ddifyrion gwagsaw. Etifeddasent y gred a dyfodd yn raddol ym mlynyddoedd cynnar y ganrif ddiwethaf, pryd y daethpwyd i edrych ar y ddeunawfed ganrif fel cefndir tywyll i'r Diwygiad Methodistaidd ac i feddwl am y mudiad mawr hwnnw fel drws yr ymwared. Yn y blynyddoedd hynny yr oedd y wlad wedi syrthio i afaelion y tlodi di-ddianc-rhagddo a ddilynodd ryfeloedd Napoleon, tlodi na fedrwn ddarllen amdano, hyd yn oed yn awr, wedi treiglo o ganrif heibio, heb deimlo ein gwaed yn berwi. Gwthiodd hwnnw fywyd di-ofalon y ddeunawfed ganrif i dawch rhyw orffennol pell, a throdd y bobl at y pregethwyr huawdl a'u dysgodd i gredu nad oedd eu tlodi a'u dioddef ond byr ac ysgafn gystudd a esmwytheid tu hwnt i'r bedd. Dan gyfaredd y pregethu hwnnw aeth dawns a chân y ddeunawfed ganrif yn oferedd, a gŵylmabsantau a nosweithiau llawen yn bechod.

Perthyn yr oeddynt i deyrnas yr Un Drwg, ac ni fyddai John Elïas byth yn huotlach na phan rybuddiai ei gynulleidfaoedd i warchod rhagddynt.

A phan ddaeth yr adwaith, ac y daethpwyd i ail-gredu bod i'r byd a'r bywyd hwn eu lle a'u pwysigrwydd, nid aethpwyd at ddiddordebau'r ddeunawfed ganrif. Yn hytrach, fe drodd yr arweinwyr i gyfeiriad gwleidyddiaeth, a gwahoddasant y werin at yr *hustings,* yno i'w pherswadio bod ei hiechydwriaeth yng nghlwm wrth raglen wleidyddol W. E. Gladstone. Gwawriodd dyddiau'r 'Faner' Fawr, a threiddiodd dylanwad Thomas Gee i bob cwr o'r wlad. Trodd Cymru'n uchel-ael. Yn gyfochrog â'r seiat sefydlodd yr eglwysi gymdeithasau a elwid yn 'llenyddol' neu ynteu'n 'ddiwylliadol,' ac yn y rheini fe ddadleuid yn ffyrnig ar bynciau'r dydd. Ymroddodd y genedl i bwyllgora, ac ymfyddinodd ar gyfer etholiadau. Cilwgid ar lenyddiaeth a chysylltid y beirdd, gan y farn boblogaidd, â thafarndai a thlotai. Daeth yr ansoddeiriau 'dyrchafol' a 'sylweddol' yn ffasiynol, ac yn eu sŵn fe dorrwyd sylfeini ein cyfundrefn addysg. Mewn gair, erbyn blwyddyn cyhoeddi 'Gwen Tomos' yr oedd y ddeunawfed ganrif mor farw â'r bymthegfed.

Ac o ganlyniad, cryn gamp ydoedd ei phortreadu, ond i'm tŷb i, fe lwyddodd Daniel Owen i wneuthur hynny. Nid oedd ganddo ddim defnyddiau at ei law, ac eithro'r ychydig draddodiadau a glywodd gan ei fam. Sylfaenesid y rheini ar hynny o fywyd y ganrif a barhai i lechu yng nghilfachau Hiraethog pan ydoedd hi'n eneth. Ond er gwaethaf y defnyddiau prin, y mae'r darlun a geir yn 'Gwen Tomos' o fywyd y ddeunawfed ganrif yn deg ac argyhoeddiadol, a dyry inni syniad clir am stad y wlad cyn llwyr gerdded o'r Diwygiad drwyddi. Paganiaid nobl ydyw'r prif gymeriadau — Edward Tomos y Wernddu, Nansi'r Nant, a Jones y Person. I weled mor bell ydynt oddi wrth hanner olaf y bedwaredd ganrif a'r bymtheg nid oes raid ond eu cymharu â rhai o gymeriadau 'Rhys Lewis,' heb sôn am y rheini a bortreëdir yn 'Enoc Huws.' O'r braidd y medrai'r mwyafrif ohonynt lythyren ar lyfr, ac ni flinid hwy gan unrhyw ymdeimlad o 'rwymedigaethau cymdeithasol,' ond yr oeddynt un ac oll yn rhyfeddol abl i fwynhau eu bywyd. Diddorol ydyw cymharu Mr Jones, Person 'Gwen Tomos,' â Mr Brown, Person 'Rhys Lewis.' Pur glapiog ydoedd Cymraeg Mr Brown, ac nid oedd ond eiddilyn yn y pulpud, ond ni fedrai hyd yn oed efô osgoi ysbryd yr oes. Yn ôl y goleuni a roddwyd iddo ceisiai ofalu am y tlodion. Eisteddai'n barchus ar fainc yr ynadon, i wastrodi meddwon a herwelwyr. Anogodd Robin y Sowldiwr i sefydlu ysgol; ac ymwelai â hi'n gydwybodol o bryd i bryd. 'Chi gneyd gwaith da iawn yna, Rhobyt,' meddai Mr Brown, yn galonogol, a chanwaith y bûm yn dychmygu beth a ddywedasai Mr Jones, Person 'Gwen Tomos,' wrtho petai wedi ei glywed. Ni wawriodd erioed ar feddwl y pagan hwnnw fod angen am i Robin y Sowldiwr na neb arall ymaflyd mewn unrhyw waith 'dyrchafol.' Yr oedd ef wedi cymryd stoc o'i blwyfolion, ac wedi hen benderfynu y byddai ymboeni i baratoi pregethau ar eu cyfer yn 'ddiffyg sens' ar ei ran. Iddo ef, busnes bywyd ydoedd byw, ac oherwydd hynny, fe wnâi ei orau i'w fwynhau, ac anogai bawb arall i wneuthur yr un peth. Disgwyliai i'w blwyfolion ddod i'r Eglwys ar yr uchel-wyliau, rhôi gipdrem anfynych dros y concordans, gresynai wrth feddwl am benboethni ynfyd y pen-gryniaid, a lluniai ei fywyd beunyddiol mor agos ag y medrai i natur o'i gwmpas. Dyna hefyd a wnâi pawb o'i braidd.

Ac ymddygodd Daniel Owen yn dirion tuag atynt oll. Ni adawodd i syniad orthodocsaidd ei oes sefyll rhyngddo a rhamant yr hen fywyd Cymreig, ac ymgadwodd rhag dirmygu ei gymeriadau fel petaent islaw eu harddel. Yn wir, gonestrwydd a bair imi gyfaddef fy môd yn rhyw dybio ei fod wedi ymserchu cryn dipyn yn rhai ohonynt. Ni ddeallodd neb y Diwygiad Methodistaidd yn well nag ef, ac ni phortreadodd neb golofnau praff y seiadau yn debyg iddo. Eithr ni rwystrodd hynny ef i gydgerdded â Jones y Person i weled yr ornest ar lawnt y Plas, nac ychwaith, y mae arnaf ofn, i'w mwynhau. Ac yn y nofel hon, ceir gorau ei athrylith, nid yng nghymeriadau'r Piwritaniaid ond yng nghymeriadau'r paganiaid y cywilyddiai ei oes wrth feddwl eu bod yn perthyn i'r teulu.

Y mae'n debyg y cytunir mai ei nofel gyfoethocaf ydyw 'Rhys Lewis,' ac yn hon fe bortreir Methodistiaeth Galfinaidd gyda chrafter cwbl anghyffredin. O dro i dro fe geisiwyd cymharu Daniel Owen â Dickens, eithr ni ddeallais erioed ar ba seiliau y gwahoddir ni i wneuthur hynny. Y mae'n wir bod llawer o'i arabedd yn dibynnu ar ei ddull o nyddu ei frawddegau, a bod hyn hefyd yn wir am Dickens; ond hyd y gwelaf, nid oes unrhyw debygrwydd pellach. Portreodd Dickens ei gymeriadau trwy ddisgrifio eu hynodion allanol, a mwydodd ei nofelau â chryn lawer o deimladrwydd dagreuol. Torrodd Daniel Owen yn is, a daeth â'i ddarllenwyr i gyffyrddiad â phwerau cyfrin na fedrir amau eu nerth. Po fwyaf a ddarllenwyf ar 'Rhys Lewis,' mwyaf yn y byd i mi yr ymddengys ei gorchest.

Methodistiaeth Galfinaidd ydyw ei maes, ac y mae i honno dri chyfnod — cyfnod y Tadau Methodistaidd, cyfnod y trefnu a'r datblygu, a chyfnod dirywiad chwarter olaf y bedwaredd ganrif ar bymtheg. Yn 'Rhys Lewis' fe gyffyrddir â'r tri, ond y cyfnod canol ydyw ei sylfaen, a chynnyrch y cyfnod hwnnw ydyw mwyafrif ei chymeriadau.

Y mae'n rhyfedd i Daniel Owen fyned heibio'r cyfnod cyntaf heb wneuthur nemor mwy na'i gyffwrdd. Buasid yn disgwyl i ramant bywyd diwygwyr y ddeunawfed ganrif apelio'n gryf ato, ac yn sicr yr oedd yn y cyfnod hwnnw ddigon o ddeunydd o'r math a garai — crwydriadau'r diwygwyr, y seiadau cynnar, a chefndir y ddeunawfed ganrif. Ar rai ystyron yr oedd Mari Lewis yn perthyn iddo. Yr oedd nwydau tanbaid y Diwygiad ynddi, eithr nid oedd i'w phrofiad y blagur dengar a nodweddai brofiadau'r dychweledigion cynnar. Fe'i ganed hanner canrif yn rhy ddiweddar. Yr oedd gogwydd ei hoes i'w herbyn, a threuliodd hi ei nerth i'w wrthwynebu. Dyheai hi am rasusau cyfrin i'w chyfareddu i ymwadu â'r byd hwn a'i deganau, pan ymboenai ei brodyr ynghylch erthyglau cred a threfniadau eglwysig. Edrychent hwy ymlaen, ac edrychai Mari Lewis yn ôl. Yn ôl yr oedd ei chyfnod, ac i'r ddeunawfed ganrif yn ddiau y perthynai.

Tra gwahanol ydoedd Abel Huws. Yr oedd ef yn anad neb yn blentyn ei oes, a chynrychiola'n deg ail gyfnod Methodistiaeth. Yn y cyfnod cyntaf y nwyd lywodraethol ydoedd honno a gyffrôdd yr arloeswyr cynnar i ddeffro'r wlad o'i chysgadrwydd materol. Iddynt hwy yr oedd pob cynulliad yn oedfa, a phob ysgubor yn allor. Yn yr ail gyfnod fe amcanwyd cyffredinoli profiadau ysbrydol y diwygwyr drwy eu corffori mewn cyffes ffydd ac enwad newydd. Byddai Dr John Williams, Brynsiencyn, yn bur hoff o ddyfynnu sylw a glywodd gan rywun nad oedd unrhyw werth mewn afon oni throid hi i gafnau melin. Gallai fod yn eithaf prydferth i'r llygad, ac yn burion testun i nyddu cerddi iddi, ond ni ddeuai'n gaffaeliad i fywyd gwlad nes rhoddai rhywun ambell olwyn ar hyd ei glannau! A phobl yr olwynion ydoedd arweinwyr ail gyfnod Methodistiaeth. Iddynt hwy yr oedd gweledigaeth y tadau wedi troi'n gredo a etifeddasant hwy, a'u tasg ydoedd diogelu'r weledigaeth, a llunio trefniadau i'w throsglwyddo i'r cenedlaethau a oedd i ddod. Ymledodd y syniad bod yn rhaid ei dysgu i'r plant a'i meithrin gyda rhai hŷn. Ac uwchlaw popeth yr oedd yn rhywbeth i'w defnyddio'n safon yng ngwahanol gylchoedd bywyd. I ddychweledigion y ddeunawfed ganrif yr oedd y weledigaeth newydd yn rhywbeth a gyflymai'r gwaed, ac a roddai hyfrydwch llesmeiriol i'r sawl a'i cafodd. Cododd hwy uwchlaw'r byd a'i ofalon. Yn wir, ac eithrio eu cwyn yn erbyn hualau'r cnawd, nid ymddengys eu bod yn ymwybodol ohono. Ond yn yr ail gyfnod fe drodd profiad yn broffes, ac ymagweddiad at fywyd yn erthyglau'r Cyffes Ffydd. Aeth seiadau profiad yn eglwysi, ac ar eu trothwy yr oedd 'amodau aelodaeth.' O'r tu mewn yr oedd 'rheolau disgyblaethol' a luniwyd i sicrhau cysondeb cydrwng proffes a buchedd. Dechreuwyd rhoddi pris ar y deall, a daeth diwinyddiaeth yn bwysig. Ymroddodd yr arweinwyr i drefnu, i hyfforddi, ac i ddisgyblu.

Ac y mae Abel Huws yn ddarlun gwych ohonynt. Ar gyfer y seiat yr oedd wedi ei gyflawn arfogi. Ond nid llai pwysig ydyw cofio ei fod hefyd yn llywydd y cyfarfod athrawon, ac yn athro'r seiat blant. Eglwys Bethel ydoedd ei ystad, a'i waith ydoedd gofalu amdani — ei gwarchod rhag drygau o'r tu mewn a pheryglon o'r tu allan. Eisoes yr oedd ynni'r diwygiad wedi troi'n ofalaeth dros drefniadau'r Cyfundeb. A thybed bod awgrym o ddirywiad yn y rheswm a ddyry Abel am ei fod mor hirymarhous yn dod i edrych am Mari Lewis pan garcharwyd Bob? Ofnai i'r Byd gamfarnu ei amcanion, ac i hynny beryglu'r Achos. Yr oedd yr ofnad hwn yn nodyn newydd.

Yn y cyfnod olaf y mae arwyddion dirywiad yn amlwg. Nid oes raid i ni ond bwrw golwg ar Rhys Lewis — y caricter, ac nid y nofel — i weled hynny. Nid oedd ef ond *sentimentalist* noeth. Fe'i clymid wrth ei grefydd gan ffasiwn ei ddydd, a chan y swyn a oedd iddo yn nawn ymadrodd y pregethwyr. Fe ddywedir mai'r esboniad ar lawer o boblogrwydd y theatr ydyw bod yr edrychwyr yn dychmygu'n hanner breuddwydiol eu gweled eu hunain yn cymryd lle'r actorion, ac yn cyfranogi o'u clod. Gellir ofni mai rhywbeth cyffelyb ydyw'r agoriad i garictor Rhys Lewis. Ar ei orau, nid ydoedd ond di-ddrwg-di-dda. Er ei fod yn addoli ei frawd fel arwr, ni cheir unrhyw awgrym bod syniadau Bob wedi hyd yn oed ddeffro'i chwilfrydedd. Nid oeddynt yn gyffredin i'r oes, ac felly fe lifent drosto. Ymddengys yn ddiymhongar; mewn gwirionedd, yr oedd yn llawn hunan-foddhad. Taflai olwg tadol a cheryddol dros yr effro hwnnw, Wil Bryan, neu ynteu fe'i 'nawddogai' yn annioddefol. Ac nid oedd ei fuchedd agos cyn uched â'i broffes. Onid ydwyf yn cam-ddarllen y bennod a edrydd hanes ei ymgom ddifrif ag Abel Huws, rhoddodd ei law yn nrôr ei feistr. Ac wedi marw Abel, pan ddaeth o hyd i arian yn y siop — arian na wyddai neb amdanynt — nid heb betruso llawer y trosglwyddodd hwy i'w gwir berchennog. A thrwy'r cwbl fe'i mantellai ei hunan â rhyw 'grefyddolder,' yn ôl arfer ffasiwn ei oes. Ac nid amheuwyd ef gan neb, ganddo ef ei hun na chan neb arall. Mewn gair, yr oedd argyhoeddiadau cryfion a chraffter ysbrydol y cyfnodau blaenorol yn dechrau gwanio, a'r weledigaeth yn prysur droi yn grefydd traddodiad.

Cyn gadael Rhys Lewis y mae'n rhaid imi sylwi ar ddau gymeriad arall — Bob a Wil Bryan. Cwynir weithiau fod Daniel Owen wedi lladd Bob cyn cyrraedd hanner ei nofel, a hynny am na wyddai beth i'w wneuthur ohono. Ond a ydym ni, sydd yn byw ddeng mlynedd ar hugain yn ddiweddarach, rywfaint nes i wybod? Tybiai cydoeswyr Daniel Owen eu bod yn byw mewn cyfnod newydd; fod pob rhyw frwydr wedi eu hennill a bod y wawr yn ymyl torri. Yr oedd Methodistiaeth gyfundrefnol wedi cyrraedd ei hanterth ac argyhoeddiadau'r werin wedi eu sefydlogi. I lygad cyffredin yr oeddys yng ngolwg gwlad yr addewid. Ond gwelodd Daniel Owen yn wahanol, ac nid oes dim a brawf ei graffter yn fwy na'r ffaith iddo gael cip ar yr ugeinfed ganrif a'i helbulon. Fe berthyn Bob i gyfnod newydd, cyfnod a oedd i weddnewid holl barthau diwydiannol Cymru, ac yn y sialens a ddyry i gredoau crefyddol a chymdeithasol ei oes, yr oedd yn ernes o'r hyn oedd i ddod.

Y farn gyffredin am Wil Bryan ydyw mai efô ydyw digrifddyn y nofel — yr *humourist*. Y mae'n ddiau ei fod yn hynny, ond yn fy marn i, nid dyna ydyw'r disgrifiad gorau ohono. Nid *humourist* ond *realist!* Efô ydyw'r dyn a saif o'r tu allan i'r ddrama ac a edrych ar y perfformio. Clorianna'r actorion. Canmola hwn a chondemnia arall. Ei linyn mesur ydyw deheurwydd yr actorion gyda'r rhan a ddewisasant. Yr oedd ei dad wedi dewis dwy ran yn nrama bywyd — siopwr a chrefyddwr. Ei ddrwg gan Wil ydoedd ei fod yn chwarae'r naill a'r llall yn sobor o sâl. Ar y llaw arall, perfformiai Mari Lewis ac Abel Huws yn dda. 'Gwisgent eu cylyrs yn first class,' ac am hynny fe'u canmola. Amlygodd Wil y duedd hon yn gynnar. Yn sêt y cloc, noson diarddel Bob, pan wrandawai Rhys ac yntau ar y drafodaeth yn y seiat, fe gofir ei sylw, — 'Mae Bob yn i misio hi.' Hynny ydyw, yr oedd ar fedr camgymryd y *cue*, ac mewn perygl o'i braenu hi o'r herwydd. *Straight part* oedd gan Tomos Bartley. Mewn geiriau eraill, nid oedd galw arno i actio, dim ond bod efô'i hun trwy gydol y ddrama, ac ystyriai Wil ei fod yn gwneuthur hynny yn ardderchog. O droi at y gynulleidfa, ychydig o feddwl a oedd gan Wil ohoni. Efallai bod rhyw ychydig o bobl ddeallgar, a wyddai 'be oedd be,' wedi eu gwasgar yma ac acw ynddi, ond pobl y galeri a'r seti chwech ydoedd y mwyafrif. O ganlyniad, yr oedd goleuadau llachar, *make up* lliwgar, gwisgoedd gwychion, a thriciau mwyaf amrwd y llwyfan, yn debyg o dalu. Mewn gair, yr oedd Wil yn gwybod ei Ddrama o bant i bentan, eithr fe ofalodd na chymerodd unrhyw ran ynddi ei hunan.

V

Nid oes ofod ond i grybwyll y drydedd nofel, — 'Enoc Huws.' Ynddi hi fe bortrëir bywyd diwydiannol Cymru yn chwarter olaf y ganrif ddiwethaf, a'r peth cyntaf a'n tery wrth ei darllen ydyw'r gwahaniaeth mawr sydd rhwng ei hawyrgylch ag awyrgylch y ddwy nofel arall. Ciliodd bywyd di-ofalon y ddeunawfed ganrif, ac anghofiwyd delfrydau hanner cyntaf y bedwaredd ganrif ar bymtheg. Yn eu lle, fe ddaeth ysfa newydd, rhyw ymgiprys am ddod ymlaen yn y byd, a gwanc am wneuthur arian. Hwn ydoedd cyfnod y clybiau adeiladu a'r cwmnïau llongau, a'i eiriau cynefin ydoedd *shares* a llogau. Y mae llawer wedi ei ysgrifennu ar y cnaf hwnnw, Capten Trefor, ond ni buasai ei ystrywiau'n bosibl oni bai ei fod yn byw mewn oes a addolai eilunod. Ni ffynna ef na'i debyg ond mewn adegau o ddirywiad. Ar lawer cyfrif yr oedd Enoc Huws ei hun yn batrwm o'i gyfnod; — gŵr cefnog, parchus, a phob un o'i syniadau yn *respectable.* Ystyriai'r oes ei bod hi ei hun yn brysur, ac nid oedd ganddi amser i lenydda nac i ymboeni gydag argyhoeddiadau. Fe'i llywodraethid gan y gwaith *mine,* ac wrth hwnnw y disgwyliai.

Er ei fod yn byw yn ei chanol, adnabu Daniel Owen yr oes honno, a dangosodd yn glir y gwyddai ef beth oedd ei gwerth.

257

23. Y Siswrn

ELVET THOMAS
Heddiw, ii (1936)

Y Siswrn: sef detholion prudd a dyddanol, newydd a hen, o weithiau Daniel Owen. Hugh Evans a'i Feibion, Cyf., Gwasg 'Y Brython,' Lerpwl.

Gan iddo fod 'allan o argraff' ers blynyddoedd enw'n unig oedd *Y Siswrn* i'r rhan fwyaf ohonom. Bellach, dyma gyfle i bawb ymgyfarwyddo â llyfr sy'n cynnwys rhai o bethau gorau Daniel Owen.

Pethau byr — nid nofelau'n ymestyn dros gannoedd o dudalennau — a geir yma, ond er iddo gyfyngu ar ei faes (ac, yn wir, oherwydd iddo wneud hynny), cawn yma esiamplau gwych o nodweddion amlycaf Daniel Owen, a gwelwn yn eglur gymaint gwell fel cyfanwaith fuasai ei nofelau pe baent hwythau hefyd wedi eu creu ar raddfa lai. Efallai mai prif bwysigrwydd *Y Siswrn* yw'r prawf a geir ynddo o feistrolaeth lwyr Daniel Owen ar ei ddeunydd pan gyfyngai ei hun i'r ffurfiau byr — y stori fer a'r ysgrif yn arbennig. Un stori, mewn gwirionedd, yw'r penodau ar ddewis blaenoriaid, ac un o'r straeon byr gorau yn y Gymraeg (ar waethaf rhyw anystwythder yn ei harddull) yw'r 'Ysmygwr.' Yr oedd gan Ddaniel Owen ryw ddawn arbennig i adnabod ei gyd-ddyn ac i'w adnabod ei hunan yn ogystal. Medrai chwilio conglau calon ei gymydog, ond gwyddai hefyd am fannau dirgel ei galon ei hun. Nid oes eisiau gwell esiampl o hyn na rhan gyntaf 'Yr Ysmygwr.' Ceir enghreifftiau ddigon o'i watwareg ddeifiol a'i arabedd a'i ffieidd-dra o bob math o 'hymbygoliaeth,' ond, yn bennaf oll, ceir yn *Y Siswrn*, fel yn y nofelau, restr o gymeriadau byw sy'n deilwng o gymryd eu lle ochr yn ochr â'r prif gymeriadau yn oriel y portreadau gorchestol a grewyd gan ddawn greadigol Daniel Owen. Drwy'r argraffiad hwn y daw'r rhan fwyaf ohonom, am y tro cyntaf, i adnabod William Thomas, y Pen Blaenor, George Rhodric y Teiliwr, Mr H Jones y Shop, yr hen wreigan dafodlym Gwen Rolant, y weddw dlawd o Aberdâr, a'r ysmygwr rhadlon. Cawn ynddynt hwy ddisgrifiad cryno o rai agweddau o'r gymdeithas honno yr oedd Daniel Owen yn byw ac yn bod ynddi.

Cawn hefyd ysgrifau modern eu ffurf sy'n debyg i ysgrifau Saesneg gorau yr oes bresennol. Prin iawn, ar y cyfan, yn ein llên ni yw ysgrifau cystal â 'Rhai o Fanteision Tlodi,' 'Y Capel,' ac yn enwedig 'Y Bethma.' Dengys y cyfan oll lle'r oedd diddordeb Daniel Owen, a bydd yn hyfrydwch gan lawer ganfod yn 'Llythyr fy Nghefnder' enghreifftiau o'i Gymreigrwydd a'i wladgarwch. Gallasai'r darnau a ganlyn fod wedi eu codi o weithiau Emrys ap Iwan:—

Dyledswydd pob cenedl ydyw ymaflyd yn manteision dysg a gwareiddiad; ond os esgeulusa ac os diystyra hi ei nodweddion cenedlaethol, y mae yn dianrhydeddu yr Hwn a'i gwnaeth yn genedl.'

'Mae'r Eisteddfod wedi dirywio i fod yn lle i Gymry wyntio eu Saesneg . . . os cyll y pulpud a'r Ysgol Sabothol eu nodweddion Cymreig, byddwn yn fuan wedi ein llyncu i fyny gan Ddicsionadafyddiaeth.

Ac onid tinc llais Syr Owen Edwards hefyd sydd yn y geiriau hyn? —

Pa ddarpariaeth sydd gennym ar gyfer y werin ddigrefydd a'n pobl ieuainc a fynnant gael darllen rhywbeth? Mae ein llenyddiaeth yn rhy unrhywiol, *classic,* trom a phrudd. Yn eisiau llyfrau Cymraeg *Cymreig* — gwreiddiol swynol, hawdd eu darllen, ond pur ac adeiladol.

Un gŵyn yn unig sydd gennym yn erbyn 'Gwasg y Brython' ynglŷn â'r argraffiad gwerthfawr hwn — sef, iddynt gadw at yr hen orgraff; ac onid gwell fyddai diwyg mwy modern ar y gyfrol?

24. Y Siswrn

D. JENKINS
Heddiw, iii, (1937)

Y Siswrn, gan Daniel Owen. Lerpwl, Gwasg y Brython, 1937. Tdd.
136, 2s. 6d.

Tipyn o *museum piece* yw'r gyfrol hon, mewn mwy nag un ystyr.
Fe'i hargraffwyd o blatiau'r argraffiad blaenorol, a chan hynny ceir
ynddo holl hynodion orgraff a rhyfedd addurniadau argraffwaith
diwedd y bedwaredd ganrif ar bymtheg. Nid wyf am ddweud ai da yw
hynny ai peidio, ond yn unig awgrymu'n eithaf cynnil y gall fod yn
well na gwaith ambell olygydd a chyhoeddwr yn newid testun llyfr
heb roi unrhyw eglurhad ar yr egwyddorion a ddilynwyd wrth wneud
hynny.

Ond mae *Y Siswrn* yn *museum piece* ar wahân i'w ddiwyg: llenllïain
Pedr ydyw mewn cynnwys, ac ynddo ddarnau o farddoniaeth gaeth a
rhydd, rhyw chwech ysgrif a ddau ddarn o ffuglen. Braidd yn llychlyd
y mae'r farddoniaeth wrth y rhyddiaith, ac y mae dyn yn chwant â
rhyfeddu wrth weld eu gosod ynghyd — ond hwyrach mai tebyg fydd
barn y beirniad a ddarlleno *Olion* neu *Synfyfyrion* ym 1990. Eithr yn
sicr y mae i'r rhyddiaith hynodrwydd nas medd y farddoniaeth, yn un
peth am ei bod yn brinnach. A rhyfedd yw gweld fel yr oedd Daniel
Owen wedi rhagflaenu oesau diweddarach yn ei arbrofion mewn
rhyddiaith. Mae sawl un o'r ysgrifau — yn arbennig iawn *Y Bethma*
— yn darllen fel cynnyrch ysgrifwyr y cyfnod diweddaraf; a theimlwn
debygrwydd nodedig rhwng *Darlun* a rhai o'r darnau yn *Cymeriadau*
Dr T. Gwynn Jones.

Yn y darnau ffuglen, serch hynny, y mae'r diddordeb pennaf: ac
yno anodd gwneud mwy na dweud Amen i eiriau Mr Saunders Lewis
— geiriau a ddyfynnir yn gamarweiniol braidd ar yr amlen bapur.
Ffurfia'r pum pennod — *Mr Jones y Shop a George Rhodric* a'r pedair
nesaf un stori o ryw ddeugain tudalen; a gellir cytuno â Mr Lewis mai

hi yw'r gwaith perffeithiaf ei ffurf a sgrifennodd Daniel Owen o gwbl. Yn arbennig y mae camp ar y diweddglo, lle y mae cymdeithas y Seiat yn gwisgo cnawd Gwen Rolant, a iaith urddasol y Seiat yn torri allan o'i genau. *Yr Ysmygwr*, stori y weddw o Aberdâr, yw'r darn arall o ffuglen: 'pennod agoriadol i hanes anysgrifenedig' yw'r isdeitl, ac er bod y bennod fel y mae hi yn cynnwys stori fer wych, rhaid cofio'r isdeitl wrth geisio beirniadu ei chelfyddyd, gan y ceir ynddi lawer o fanylion y buasai'r stori, fel stori fer, yn well hebddynt. Fel stori fer, stori'r weddw o Aberdâr yw *Yr Ysmygwr;* a phrin fod a wnelo hanes yr adroddwr am ei daith i'r orsaf i ddal y trên a'i deimladau am deithio ac am wyliau, â'r stori honno o gwbl. Nid yw diwedd y stori'n ei chloi'n rhyw gymen iawn ychwaith; ond yng nghymeriad y weddw y mae gwerth y stori. Ac er bod *Y Siswrn* yn ddigon anwastad, mae cymeriadau fel y weddw a'r Cymeriadau Methodistaidd yn peri inni fod yn falch o weld ei ail-gyhoeddi. A thrwy'r holl ddarnau rhyddiaith fe welir 'malais' Daniel Owen mewn brawddegau awchog — 'Can lleied ohonom ni, y tlodion, sydd yn gallu edrych ar bethau yn eu goleuni priodol, fel y gwnaeth y llwynog hwnnw gynt, yr hwn wedi methu cael y grawnwin a ddywedodd eu bod yn surion!'; 'rhoddodd besychiad cras, hyglyw, a'm hargyhoeddodd ei fod wedi ei hen arfer mewn Eglwys wâg'. Ac y mae *Y Bethma* megis yn rhoi cip ar weithdy llenyddol Daniel Owen a dangos defnyddiau crai y cymeriadau yn ei weithiau ef sydd bob un mor nodweddiadol ohono'i hun.

25. *Adolygiadau*

Y Llenor, xciii (1939)

Gwen Tomos, gan Daniel Owen. Argraffiad newydd wedi ei ddiwygio gan R. Parry, M.A. Wrecsam, Hughes a'i Fab, 1937. 5s. *Profedigaethau Enoc Huws*, gan Daniel Owen. Argraffiad newydd wedi ei olygu gan T. Gwynn Jones. Wrecsam, Hughes a'i Fab. 1939. 5s.

Cwyd ymddangosiad yr argraffiad newydd hwn o waith Daniel Owen hen gwestiwn sydd wedi bod yn blino llenorion Cymru, — a minnau yn eu plith, — er dechrau'r ganrif, hynny yw, er y pryd y dechreuwyd sylweddoli mor wahanol i gynnyrch llenyddol yr hen ganrif y disgwylid i gynnyrch y ganrif newydd fod. Gwnaed trefn o'r diwedd ar orgraff y Gymraeg, ac er nad yw'r trefniant newydd yn berffaith mwy nag y gall orgraff unrhyw iaith ddynol fod, gellir disgwyl yn awr i'r holl Gymry diwylliedig sillafu'r iaith yn yr un modd â'i gilydd. Nid yn unig fe safonwyd yr orgraff, ond fe gaed ffordd o drin ein cystrawen amgen na'i hystumio i ganlyn *jargon* y papurau Saesneg ac i guddio tlodi a diogi dynion na allent ac na cheisient feddwl yn glir na mynegi mewn geiriau plaen yr hyn a feddylient. Erbyn heddiw, eithriadol yw gweled plentyn ysgol yn ysgrifennu Cymraeg mor anghywir ag a geid gan athrawon ysgol hanner can mlynedd yn ôl.

Yr oedd Daniel Owen ysywaeth yn ysgrifennu ei gampweithiau pan oedd cystrawen ac orgraff yr iaith ar eu hisaf, ac nid ei fai ef ond bai ei gyfnod ydyw na ellir rhoddi'r hen argraffiadau o *Gwen Tomos* ac *Enoc Huws* i'w darllen yn yr ysgolion. Ymhen amser, yn ddiau, fe fydd cymaint o sicrwydd gan bawb sy'n medru Cymraeg fel y gellir astudio'r llyfrau hyn yn y ffurf yr ysgrifennwyd hwy gan yr awdur heb i hynny wneud dim niwed i arddull yr astudiwr ei hun; edrychir arnynt y pryd hynny fel esiamplau o Hen Gymraeg y bedwaredd ganrif ar bymtheg, yn union fel yr ydym ni heddiw yn darllen y Mabinogion yn

orgraff a chystrawen y bedwaredd ganrif ar ddeg a'r bymthegfed.
Ond mae pwnc arall, — a hwnnw yw'r anhawster y cyfeiriais ato ar
y dechrau. Pa cyn belled y gellir edrych ar *gynnwys* llyfrau'r
bedwaredd ganrif ar bymtheg fel adlewyrch o idiom feddyliol yr oes,
ac oherwydd hynny, fel dogfen hanesyddol werthfawr? Wrth dwtio
orgraff a chystrawen y prif ysgrifenwyr, a yw'n angenrheidiol hefyd
dwtio eu meddyliau? Neu ynteu a ydynt yn bwysig ynddynt eu hunain
fel y maent? I gymryd enghraifft led amlwg, a wêl rhywun rywdro
werth hanesyddol neu arall yn nhraethawd Ieuan Gwynedd ar
Ddafydd Ionawr, neu yn y cannoedd o dudalennau o sylwadaeth
gyffredinol sydd yn y cofiannau, ac a fyddant oherwydd hynny yn
werth eu cyhoeddi mewn argraffiad diwygiedig? I osod y mater yn
blaen iawn, a oes hawl gan olygydd wrth baratoi argraffiad newydd o
nofelau Daniel Owen i ymyrryd â sylwedd yr hyn a ysgrifennodd ef?

Yr oedd y cwestiwn hwn eisoes yn fy meddwl pan edrychais yn fras
drwy'r argraffiadau newydd hyn o *Gwen Tomos* ac *Enoc Huws*. Nid
wyf am roddi barn yn awr ar y nofelau hyn, gwneuthum hynny eisoes
yn y Llenor wrth ymdrin â llyfr nodedig Mr Saunders Lewis ar
Ddaniel Owen. Ond rhaid nodi hyn, — mae'r ffaith bod Mr Parry a'r
Dr Gwynn Jones wedi gweled yn dda gwtogi cryn lawer ar y nofelau
yn feirniadaeth hefyd ar gelfyddyd Daniel Owen, oherwydd ni all neb
wadu bod rhannau beichus a diflas ynddynt, a daeth y ddau olygydd o
hyd iddynt yn ddi-ffael. Mae'r nofelau, fel y maent yn awr, ym mhob
ystyr yn haws i'w darllen, ac mae'n sicr mai'r argraffiadau hyn yn unig
a ddarllenir gan Gymry yn y dyfodol. Mae'r ddiwyg, yn argraffu ac yn
rhwymo, yn haeddu'r ganmoliaeth uchaf, ac yr wyf i, fel un o blith o
Gymry sy'n dal i ddarllen Daniel Owen, yn teimlo'n ddiolchgar
arbennig i Hughes a'i Fab, y cyhoeddwyr gwreiddiol, ac i Mr Parry a'r
Dr Gwynn Jones am agor drysau posibilrwydd newydd i Ddaniel
Owen. Byddwn yn aml yn cwyno nad oes neb ond rhyw ddau awdur
yn ysgrifennu nofel hir o ddim gwerth yn y dyddiau hyn; trown i ail
ddarllen Daniel Owen yn yr argraffiad gwych hwn, ac efallai y
teimlwn ein colled yn llai.

Wrth gwrs, mae'r orgraff yn y ddau lyfr wedi ei diwygio yn
berffaith, a'r idiom drom Seisnigaidd jargonaidd wedi ei thacluso fel y
buasem yn disgwyl, dan law dau ysgolhaig llenorol. Aeth y Dr Gwynn
Jones gryn dipyn yn bellach yn ei newidiadau na Mr Parry, — er
enghraifft, yn *Gwen Tomos* (t. 60) buasai Gwynn Jones yn sicr wedi
troi *archadeiladaeth* yn *pensaerniaeth*, ond barnodd Mr Parry yn

ddoeth adael hen 'air gwneud' y bedwaredd ganrif ar bymtheg fel yr oedd, a gellid amddiffyn dull y ddau olygydd o drin eu testun. Y darnau a gadwodd Mr Parry allan o *Gwen Tomos* oed y rheini y gellid tybio amdanynt eu bod yn hirwyntog a dibwynt; er enghraifft, cadwodd allan y ddau baragraff moesegol a thrymaidd sy'n anurddo diweddglo'r stori. Ond cyn belled ag y gwelais nid yw Mr Parry yn ceisio 'coethi' Daniel Owen, ac yr wyf yn cytuno'n bendant ag ef yn hynny, ac yn anghytuno yn hyn o beth ag un egwyddor ddewisiadol sydd gan y Dr Gwynn Jones. Yr oedd Daniel Owen weithiau ychydig yn *sly* yn ei ddigrifwch ac yn meiddio sôn am bethau a oedd yn yn anathema i'r bedwaredd ganrif ar bymtheg, ac yr wyf yn barnu mai gwell fuasai peidio â'i barchuso fel y gwnaeth fy nghyfaill llednais mewn ambell le. Er enghraifft, ysgrifennodd Daniel Owen fel hyn (t. 14):

Yn wir, myntumiai rhai o'r cymydogion fod can lleied o ddyddordeb yn cael ei deimlo ynddo, fel na wyddid, am rai dyddiau, i ba ryw y perthynai, *ac mai yn ddamweiniol hollol y daeth y peth i'r golwg, a hynny drwy ddiofalwch Enoc ei hun* (fy italeiddio i). Y rheswm, etc.

Dyma a geir yn yr argraffiad newydd (t. 7):

Yn wir, maentumiai rhai o'r cymdogion na wyddid, am rai dyddiau, i ba ryw y perthynai. Y rheswm, etc.

Ond ni fynnwn i'r anghytundeb bychan hwn gymylu dim ar fy ngwerthfawrogiad o'r gwaith, — mae gan y Dr Gwynn Jones allu arbennig i siarad dros Ddaniel Owen, a dweud mewn cystrawen ac idiom glos a chywir yr hyn a ddywedai'r nofelydd yn anghryno ac afrosgo, a phe bai Daniel Owen yn fyw heddiw, yr wyf yn sicr y buasai ef ei hun yn croesawu'r gwelliannau, er na buasai efallai yn fodlon gweled ei ddigrifwch yn cael ei barchuso. Edrychaf yn awyddus am weddill y nofelau. Bydd cryn dipyn o waith ar *Rhys Lewis* a'r *Dreflan;* gobeithiaf mai i'r ddau ysgolhaig hyn y disgyn y swydd.

26. Daniel Owen

E. TEGLA DAVIES
Yr Eurgrawn, cxxxviii, (1946)

Daniel Owen, yr Wyddgrug, fu ef erioed. A phetai rhywun yn digwydd anfon llythyr i ryw dŷ yn Llandegla yn Iâl pan oeddwn yno'n blentyn, *Llandegla Near Mold* fyddai'r cyfeiriad, a *Llanarmon Near Mold* a *Llanferres Near Mold* fyddai Llanarmon a Llanferres yn Iâl, y pentrefi agosaf y byddem yn cymysgu fwyaf â hwynt. Erbyn hyn, *Llandegla, Near Wrexham* yw cyfeiriad Llandegla. Aeth yr Wyddgrug ymhellach a daeth *Wrexham* yn nes, ond yr adeg honno yr oedd cysylltiad yr Wyddgrug â'r pentref yn agosach. A'r pentrefi amaethyddol hyn oedd terfyn eithaf dylanwad yr Wyddgrug. Rhwng pentrefi'r ffin hon a'r Wyddgrug, ar bwys Llanarmon a Llanferres, yr oedd hen weithfeydd plwm, ac olion rhai wrth ymyl Treuddyn a Rhyd Talog, a hefyd weithfeydd glo ger Coed Talon a Threuddyn. I'r Wyddgrug yr oedd tynfa'r gweithwyr hyn. Yr oedd tynfa ffermwyr y ffiniau yno hefyd ar ddiwrnod ffair a marchnad. Ffermwyr yr ardaloedd hyn oddi amgylch, y mwynwyr a'r glowyr, a'r Wyddgrug ei hun, dyna fyd yr Wyddgrug. Ac yn yr Wyddgrug y trigai Daniel Owen. Edwyn fy nghyfoedion i yn bur dda y gymdeithas honno a ddeuai at e gilydd o dro i dro yn yr Wyddgrug, adwaenai'r to o'n blaen hi yn well, a dyma gymdeithas Daniel Owen, a'r Wyddgrug ei hun oedd ei chalon. Aelwyd y bu ef yn byw arni oedd aelwyd Abel Huws, y siopwr a blaenor yn *Rhys Lewis,* a fu mor garedig wrtho ef a'i fam, ond traddodiad y ffin oedd aelwyd yr hen ffarmwr, yn *Gwen Tomos,* Robert Wyn, Pant y Buarth. Adwaenai ef Robert Wyn y *blaenor Methodus,* a'r *dyn* fel math o hynodrwydd yn perthyn i'r blaenor. Stori gan gydnabod am ddyn od, ac nid profiad personol na dychymyg, yw hanes Robert Wyn yn shafio. Y mae arni flas y math o stori sy'n rhodio â'i phen yn y gwynt i'w bachu ei hun wrth y cymeriad od agosaf i law. Cyfarfyddem ni, bobl y ffin, â Robert Wyn, ddau neu dri ohono, ar y ffordd i'r Capel bob Sul, yn dyfod yn ffyddlon i'w gapel ei hun, gan gilwgu ar y Wesleaid a ddeuai i gyfarfod ag ef. O'r ffermydd gwasgarog rhwng Llandegla a Llanarmon y deuai. Enw ar ddyn yw Abel Huws, enw ar *ddosbarth* yw Robert Wyn. Eithr Robert Wyn fel *dyn* a adwaenem ni, am ein bod yn byw yn yr un fro ag ef, ond sïopwr o'r dref fuasai gŵr o fath Abel Huws inni. Cawsai Daniel Owen gymdeithas Abel Huws ar ei aelwyd, ond cyfarfod â Robert Wyn ar y stryd ar ddiwrnod Cyfarfod Misol a wnâi. Adwaenem ni Dwm Nansi yn well na Wil Bryan, canys buom yn cyd-chwarae a chyd-fynd i'r ysgol a chyd-ddringo coed â'i fath, a chyd-hela ar rai o'i helfeydd mwyaf rhamantus, a gwelsom ef yn gwneud gwaeth pethau nag a ddisgrifia Daniel Owen. Disgrifia ef Dwm Nansi'n dda, ond Wil Bryan yw ei ffefryn. Hawdd i'r cyfarwydd weld, wrth ddarllen *Gwen Tomos,* mai o hyd braich yr edwyn Daniel Owen y cylch hwnnw. Ac felly'r adwaenai'r ffermwr yntau. Pan oeddwn yn llencyn euthum ar bererindod i'r Wyddgrug. Holais hen ffermwr a oedd wedi ymneilltuo yno o'r wlad, am Daniel Owen, — 'Teiliwr da,' meddai, 'mi glywes ei fod o'n sgwennu llyfre, ond 'dwn i ddim am rheini.' Teiliwr yn unig oedd Daniel Owen iddo ef, ac nid ydych yn mynd at y teiliwr bob dydd.

Seml yw stori ei fywyd, sylfaen ei weithiau. Cartref tlawd, tlawd iawn, yn y dref, ac ôl tanchwa waith glo arno, a'r cyni wedi mynd i'w waed. Diddordeb yn helyntion y Capel a'r stryd, yn enwedig y strydoedd cefn, — cartref pob dirgelwch. Bachgen byw direidus, yn gapten y plant. Yn llencyn, am achub y byd drwg y ganed ef iddo, a chan mai'r unig lwybr i hynny i lencyn o'i gylch ef oedd drwy bregethu, wel, mynd yn bregethwr. Colli'r asbri a mynd yn ôl at deilwra. Methu oherwydd afiechyd, ac yn lle byw, rhaid, bellach, fodloni ar wylio pobl eraill yn byw. Dechreuodd drwy feddwl am achub y byd, a diweddodd drwy ddisgrifio i'r byd y rhan honno y trigai ef ynddi. Dywaid rhywun nad dyn yn byw yw nofelydd, ond dyn yn disgrifio pobl eraill yn byw. Y bobl hyn a allai *fyw* — a thrwy hynny a oedd mor wahanol iddo ef, hwy ynddynt eu hunain a oedd yn ddiddorol iddo, yn hytrach na dim a wnaent.

Ym mh'le y dechreuai ddisgrifio, a pheth a ddisgwyliem gan ei fath? Beth am ddechrau gartref yn ei dref ei hun, gyda'r bobl a adwaenai orau? A chawn yn union yr hyn a ddisgwyliem, — disgrifiad o blant a phobol ei febyd, mewn cartref, capel a stryd. Dyna yw ei ddau lyfr cyntaf — *Y Dreflan* a *Rhys Lewis*. Ai'r rheswm am y blas sur, neu chwerw, sydd arno weithiau, yw eiddigedd cudd at y rhai sy'n medru *byw*, yn ysu, megis, rhwng cig a chroen? Nid oes dim fel eiddigedd am agor ein llygaid i nodweddion ein cydnabod, a dadlennu ffug, ac weithiau weld ffug lle nad ydyw. Bu'r ddau hyn yn ddigon i ddihysbyddu bywyd y dref. Beth wedyn? Beth am y bywyd arall agosaf i law y tu allan i'r dref, bywyd y mwynwyr — eu tlodi a'u cyni, eu gobaith a'u siom, y ddichell a frashâi arnynt, ac a drigai, nid yn eu mysg yn y wlad, ond yn yr uchel leoedd yn y dref, a'r celwyddau i guddio'r twyll a'u cadwai, druain, ar fynd? A chawn hynny yn *Enoc Huws*. Gwelodd ef Sem Llwyd yn pesychu'n ddoeth ar stryd yr Wyddgrug ac yn poeri'n ddoethach, — corfforiad o ddirgelwch gwaith mwyn, a gwelai'r Capten Trefor yn swagro'n dduwiolaidd ar y stryd ac yn y capel, a pherswadio'r ehud ymysg y mân siopwyr i roi eu harian iddo, y bobl sydd bob amser yn caru bod wrth gynffon dyn amlwg. Amheuai Daniel Owen ef, a'i wylio, gan y deallai mor dda gyni'r mwynwyr, nid o fyw yn eu mysg, ond wrth edrych ar ei lyfr siop ei hun. Eithr *dosbarth* yw'r Capten iddo a *dosbarth* yw Sem Llwyd, ac nid neb a adwaenai'n bersonol, fel yr adwaenai Wil Bryan a Thomas Bartley.

Dihysbyddodd y cylch hwn yn *Enoc Huws*, ac yna dreio'i law ar gylch ehangach. Dull cylch y Tylwyth Teg o ymehangu yw ei ddull ef. Dywedir mai peth mor ddiramant â chaws llyffant *(mushrooms)* a greodd y cylch hwnnw a welir weithiau ar feysydd. Dechrau drwy dyfu ar lecyn arbennig, ond fel y dihysbydda faeth y tir ar y llecyn hwnnw, ymestyn ei wraidd am faeth arall gan dynnu o'r canol a ddihysbyddwyd, a mynd yn gylch amdano, nes o'r diwedd fynd yn gylch go fawr. Felly y lledodd awen Daniel Owen, nes cyrraedd byd ffermwyr y ffin, byd dieithriach o lawer iddo ef na byd y dref. A dyma fyd *Gwen Tomos*. Am bob darllenwr sy'n ymhyfrydu yng nghymeriadau *Gwen Tomos*, ymhyfryda hanner dwsin yng nghymeriadau *Rhys Lewis*, oherwydd edwyn Daniel Owen ei bobl yma yn well, a'u disgrifio'n fwy cynhesol. Adwaenai ef filain, adyn, y dref, Niclas, yn well na bilain y wlad, Mab y Plas. Teip o ddosbarth yw Mab y Plas — y syniad uniongred o Fab y Plas a geir mewn cymaint o nofelau. Yr oedd Niclas yn ewythr i Ddaniel Owen.

Po ddieithriaf iddo y bywyd a ddisgrifia, mwyaf yn y byd yr ymboena â'r stori fel stori. Adwaenai bobl yr Wyddgrug yn gampus;

hwy ynddynt eu hunain, fel pobl, oedd ei ddiddordeb, a'u cysylltiad â'i gilydd yn gymdeithas yn eilpeth. Hawdd credu ei fod yn taro i lawr nodiadau amdanynt i'w defnyddio pan ddeuai cyfle, fel y dywedir bod Trebor Mai yn ysgrifennu cannoedd o wahanol linellau cynganeddol ar wal ei weithdy, i'w cysylltu pan ddeuai hwyl a hamdden. Y mae arwydd o'r amlinellu hwn ar gymeriadau, i ryw bwrpas diweddarach, yn *Y Siswrn* a *Cymeriadau Methodistaidd*. Ni all cysylltu felly, mwy na chreu englyn felly, fod yn gwbl foddhaol. Arwydd o wrando ar storïau gwlad i bwrpas disgrifio bywyd nad yw'n ei gwbl adnabod yw *Straeon y Pentan*. Gwyddwn i am gnewyllyn amryw o'r storïau hyn, yn blentyn, fel storïau aelwyd, cyn erioed glywed am *Straeon y Pentan*. Crwydrent hyd ardaloedd y ffin nes iddo ef ddyfod o hyd iddynt a rhoi trefn arnynt.

Oherwydd ei fod fel hyn gymaint o dan ddylanwad cymeriadau a adwaenai, y mae'r stori, fel stori, yn anghelfydd o'i chymharu â'r cymeriadau sydd ynddi. Yr oedd bywyd y mwynwyr, fel pobl ar wahân i'w gilydd, ac nid fel dosbarth, yn ddieithriach iddo ef na bywyd y dref. Am hynny, ceisiodd lunio stori fwy uchelgeisiol, fel stori, yn *Enoc Huws*, a'r cymeriadau'n fwy dan ei awdurdod. Wrth ledu ei gylch i fyd y ffermwr, â'r awyrgylch yn ddieithriach fyth iddo, ac yma y chwysa fwyaf i greu stori fel stori. Gan nad oedd y cymeriadau mor adnabyddus iddo, gallai eu hystumio i'w bwrpas fel y mynnai, heb deimlo ei fod yn gwneud cam â hen ffrindiau. Nid adwaenai hwy'n ddigon da i wybod am y gymdeithas gadarn yr oedd ei gwraidd ynddi. Oherwydd hyn, annelwig yw *Gwen Tomos* yn ei bywyd cymdeithasol.

Gan hynny, yn gyffredin, nid y stori yn ei datblygiad sy'n bwysig ganddo ef, ond y cymeriadau sydd ynddi, a pho leiaf yr adnebydd hwynt, mwyaf cywrain y cais wneud y stori. Ffrâm yw hi, fwy neu lai celfydd, a phan na bo'r darlun yn glir cais wneud iawn am hynny drwy gerfio ychydig ychwaneg ar y ffrâm. Y mae ei gymeriadau'n eiddo Cymru ac yn rhan fythol o'i bywyd, fel Iolo Morganwg, Jac Glan y Gors, Dic Aberdaron, John Elias ac Islwyn; ond gwaith cartref, wrth synnwyr y fawd, yw'r ffrâm — y stori ei hun — gan ddyn wedi dysgu'r grefft drosto'i hun, ac ohono'i hun. Nid oedd yn byw mewn oes pan ysgrifennid llyfrau, ac y traddodid beirniadaethau dyfnddoeth yn yr Eisteddfod Genedlaethol, ar y gelfyddyd o ysgrifennu nofel. Gwnaeth ei orau i sgrifennu stori gelfydd, yn *Gwen Tomos*, ond methodd, mewn rhan am nad hyn oedd ei gryfder, ond yn fwy am nad oedd yn adnabod y gymdeithas y magwyd *Gwen Tomos* ynddi. Methodd yn *Rhys Lewis* am ei fod yn byw'n rhy agos at ei gymeriadau i'w hystumio, a'u gwerth personol iddo yn cymylu eu cysylltiad â'i gilydd.

Ei batrymau, gan hynny, oedd yr ysgrifenwyr agosaf i law. Nid oedd patrymau o unrhyw werth iddo yng Nghymru, canys pell o'i fyd oedd traddodiad llenyddol yr hen storïau Cymraeg clasurol. Nid oes unrhyw arwydd, chwaith, y gwyddai unrhyw iaith ond Cymraeg a Saesneg. Yn wir, dengys ei lyfr o bregethau — *Offrymau Neilltuaeth* — mai cyfyng iawn oedd ei fyd hyd yn oed yn y cylch y bu'n astudio fwyaf arno, — cylch diwinyddiaeth. Hen ffasiwn iawn yw ei ddiwinyddiaeth. A gwareiddiad Cymru'r bedwaredd ganrif ar bymtheg yw gwareiddiad Adda ac Abraham, ac yn ôl safonau hwnnw y bernir hwynt. Beth oedd yn fwy naturiol felly, i roddi awgrym iddo am batrwm, neu i wrteithio'i feddwl pan deimlai fod y tir wedi mynd yn dlawd, na thynnu nofel Saesneg i lawr a'i darllen? A phwy a ddarllenai'n bennaf? Onid yr un a ddarllenid gan bawb o'i anian ef, — Charles Dickens? Y mae ei grwydradau cyson oddi ar lwybr union y stori, megis hanes Thomas Bartley yn y Bala, fel crwydradau Dickens. Gwir na ladrataodd gymeriad oddi arno ef na neb arall, ond prin y mae amheuaeth nad oedd y gŵr hwnnw wrth ei benelin yn tynnu ei sylw at ambell gymeriad yn yr Wyddgrug a'r cylch, na buasai wedi sylwi arno oni buasai amdano ef.

Y rheswm bod disgrifio Natur yn y wlad mor brin yn ei weithiau yw am mai'r dref yw ei ddiddordeb mawr, er bod ei sylwadau arni yn glir pan ddigwydd disgrifiad ohoni, megis ei gymariaethau trawiadol yn *Offrymau Neilltuaeth.* Disgrifiodd yr hyn a welodd ac a ddychmygodd o ystafell gefn ei siop a thu ôl i'r cownter.

Dywaid y Doctor Ifor Williams ynglŷn â'r hyn a elwir yn farddoniaeth Llywarch Hen, mai rhan o stori ydoedd i ddechrau, fod y stori wedi diflannu gydag anser, ond y farddoniaeth yn aros. Dyna fydd tynged storïau Daniel Owen, hwythau. Ni chydiasant yn arbennig *fel storïau,* yn neb erioed. Gofynner i unrhyw un a'i darllenodd, hanes y cymeriadau ar wahân sy'n gloywi ei lygaid, nid yr hyn a ddigwyddodd iddynt fel cymdeithas, — nid y stori. Y mae'r cymeriadau'n adnabyddus i filoedd na fwriasant olwg erioed dros y storïau eu hunain. Ac y mae pob arwydd mai ychydig a ddarllenir arnynt heddiw.

Collir y storïau bob yn dipyn, ond erys Wil Bryan, Thomas a

Barbara Bartley a Seth, Mari Lewis, Abel Huws, Sem Llwyd, y Capten Trefor, yn rhan hanfodol o fywyd Cymru. A Robert Wyn yn troi i mewn weithiau fel un o hynodion bywyd. Disgrifiwr cymeriadau oedd Daniel Owen.

Erbyn cyrraedd y ffin, yr oedd wedi dihysbyddu ei gylch Tylwyth Teg. Nid oedd ganddo ddim mwy i'w ddweud, a thawodd.

27. Byd ac Eglwys Daniel Owen

T. J. MORGAN
Y Llenor, xxv (1946)

Un o ystrydebau'r haneswyr bellach yw dywedyd mai'r rheswm
pam na chafwyd ym Mhrydain yn niwedd y ddeunawfed ganrif
chwyldro cymdeithasol a pholiticaidd tebyg i'r un Ffrengig yw fod y
Diwygiad crefyddol wedi cael y blaen arno yma. Nid wyf am fod yn
ddibris o ystyr geiriau ac am droi'r gair 'chwyldro' i olygu chwyldro
ffigurol ond yr oedd yr adfywiad crefyddol ar un olwg yn chwyldro.
Mi wn yn burion hefyd ei bod yn demtasiwn fawr esbonio hanes fel
petai *raid* i chwyldro ddigwydd ym Mhrydain *onibai* am y Diwygiad
crefyddol, (er mwyn cael cyfatebiaeth ag un Ffrainc); eithr gan mai â
dynion y mae a wnelo hanes, nid wyf yn meddwl ei bod yn iawn i
hanesydd synio y *dylai* dim byd ddigwydd. (Mynd yn fwyfwy
ystadegol er hynny y mae gwyddor hanes yn ddiweddar, gan ddelio â
phopeth yn ôl rhyw 'ddeddfau' economaidd ar sail wyddonol
dybiedig, er bod gwyddoniaeth bur, diolch i'r Nefoedd, yn dod i
gydnabod fwyfwy y dichon fod rhywbeth anufudd i reol yn y
greadigaeth a'r creaduriaid sydd ynddi). Y cwbl yr wyf am ei
ddywedyd yma'n awr am ochr chwyldroadol yr adfywiad crefyddol
yw ei fod yn gyntaf yn fudiad gwerinol. Hwyrach fod ambell noddwr
o blith y dosbarth uchaf a bod yr arweinwyr ar y cyfan o blith
dosbarth y rhydd-ddeiliaid; gweithwyr y dref a'r wlad a roddai glust
i'w hapêl; hwynt-hwy a dyrrai'n gynulliadau mawrion i wrando'r
bregeth danllyd a'r anogaeth frwmstan; hwynt-hwy oedd y
pentewynion a achubwyd o'r gynnau dân. 'Chwi etholedigion
ysgybion y byd,' medd John Thomas, Rhaeadr Gwy[1] (gweinidog
gyda'r Annibynwyr ond Methodistaidd ei yrfa) ac y mae ganddo
bennill arall sy'n emyn sâl ond yn dystiolaeth werthfawr:

---

[1] Caniadau Sion 24.

Pan gwrthod y mae'r cyfoethogion / Efengyl Iesu yn ei gwlad,
Y mae'r tlodion gwael ysgybion / Yn derbyn iechydwriaeth
rad.[2]

Pan lwydda ymdrech y werin mewn chwyldro golyga'n
gymdeithasol fod gwerinwyr tlawd a fu gynnau'n daeogion israddol,
yn awr yn uwch na'u meistri breiniol. A dyna'n union oedd effaith y
chwyldro crefyddol — mewn termau ysbrydol, wrth reswm. Yn
gymdeithasol parhâi'r werin yn werin o hyd, ond yn eu crefydd,
hwynt-hwy oedd yr *élite*; dyna ystyr 'etholedigion.' A rhoddai'r
argyhoeddiad o 'sicrwydd' (priod-ddull 'cadwedigaeth') ryw hunan-
hyder i'r ysgubion cymdeithasol yma fel y gallent lordian ar briffyrdd
crefydd a mynd yn ffroenuchel heibio i dlodion difraint yr Eglwys, a'r
offeiriad ei hun a gŵr y plas yn dlotaf yn eu plith. Y mae rhyw falchder
annioddefol o sarhaus yn agwedd y Methodistiaid tuag at daeogion
ysbrydol yr Eglwys yn hanner cyntaf y ganrif ddiwethaf. Yn wir Mari
Lewis yw enw Marie Antoinette ym mrenhiniaeth yr etholedigion.
Dyna un o ogoniannau *Rhys Lewis*, yr ornest rhwng y ddwy
bendefigaeth: y person a'r sgweier ar y fainc yn cael eu ffordd yn
dymhorol; a Mari Lewis yn 'sgori' arnynt bob tro, yn ysbrydol.
Ond y mae pob cais i gymharu'r ddwy ffordd o chwyldroi'n mynd
yn ofer yn y pen-draw, gan fod dau ben-draw mor gwbl wahanol
iddynt. Cymhelliad a nod y naill oedd 'achub enaid,' ond sefydlu rhyw
fath o 'deyrnas nefoedd ar y ddaear' oedd amcan y llall. Am resymau
arbennig, sy'n codi o ansawdd crefydd swyddogol y ddeunawfed
ganrif, daeth y ddwy egwyddor fawr hyn i fod yn elynol i'w gilydd. Y
balchder a ymddiriedai yng ngallu dyn i ddyfeisio a llunio moddion
diogelwch a chynhaliaeth oedd pechod mawr y dosbarth gwyddonol
yng ngolwg y diwygwyr; ac o ffieiddio'r duedd hon i ddyrchafu gallu
dyn a'i reswm, daethpwyd hefyd i ddibrisio'r syniad fod modd
cyrraedd unrhyw nefoedd ar y ddaear. Yr oedd y byd yn lle gelynol.
Dyletswydd y Cristion felly oedd llwyr gydnabod ei anallu ei hun i
sicrhau unrhyw gadwedigaeth a chefnu ar y byd gelynol, a'i adael heb
gynnig ei wella fel byd:

Fel d'wed dy air, fy nyled yw / Credi dy hanfod di, fy Nuw;
Anghofio'm rheswm, mae'n rhy wan, / Ni fedd ef nerth i'm
tynnu i'r lan.[3]

---

[2] ibid 163.
[3] Williams, Hymnau (1811) 240.

Nid gorddweud yw hyn o gwbl, oblegid y mae mor wir heddiw ag yn amser yr adfywiad crefyddol, sef fod anghymod rhwng 'achub enaid' a 'sefydlu teyrnas nefoedd ar y ddaear,' rhwng nefgarwch a hiwmanitariaeth. Ac effaith dilorni balchder dyn a'r pechod o ymddiried yn ei alluoedd ei hun, fu anwybyddu a gwrthod meithrin y rhinweddau dynol a'r rhagoriaethau dynol, a hynny i'r fath raddau eithafol nes i grefydd yr achub fynd yn annynol, a golygaf wrth hynny — rhag i neb gamddeall fy marn na'm geiriau — iddi fynd yn 'inhuman.' Ac yn y fargen o achub enaid, rhaid oedd aberthu popeth a enillwyd drwy ddeall dyn, a'i ymdrechion i greu cysuron a dedwyddyd ar y ddaear, sef dysg a diwylliant a'r awydd i droi'r byd yn well lle a bywyd ar y ddaear yn fwy gwareiddiedig.

Dyna'n fras ac amherffaith (ond nid, gyda llaw, yn 'ysgubol') yr etifeddiaeth grefyddol a chymdeithasol a drosglwyddwyd i ofal y bedwaredd ganrif ar bymtheg. Ond ni all y safbwynt anghymodlawn yma barhau'n ddigyfnewid. Y mae hanes 'temtiad' Lewis Edwards yn ddameg o'r newid a ddaeth gyda threigl y blynyddoedd. Mynnodd fynd i Brifysgol Llundain er gwaethaf gwg a gomedd y saint, a phan oedd ar y daith cafodd gynnig gan ŵr cyfoethog i fynd i un o'r hen brifysgolion ar gost y cyd-deithiwr os troai'n eglwyswr. Bu agos iddo dderbyn ond nis gwnaeth; ond hyn sy'n bwysig, iddo yn y diwedd fynnu cael addysg brifysgol deilwng (a mynd yr ail dro i Edinburgh) a pharhau'n Fethodist yr un pryd. Ac y mae ei yrfa'n cynrychioli'r ymdrech i adennill y pethau y tybiai'r hen forwyr Methodistaidd fod rhaid eu lluchio dros y bwrdd ar y fordaith arw dros gulfor Amser, sef dysg a diwylliant ac urddas a choethder. Y mae gennyf un dyfyniad o'i eiddo ar fy nghof sy'n crynhoi'r genhadaeth newydd: 'One of the gloomiest signs of the times is the utter separation that has taken place in England between evangelical religion and all massiveness and strength of intellect. This has not happened in Wales because our greatest thinkers are in the ranks of religion.' Ni allasai ddywedyd hyn yn gynnar yn ei oes.

Pwysicach na phopeth arall oedd y ffaith fod y mwyafrif mawr o aelodau Methodistaidd erbyn canol y ganrif yn aelodau am eu bod yn blant ac yn wyron i rieni Methodistaidd. Mynychent gapel ac arddelent enwad, nid oblegid tröedigaeth hen-ffasiwn, ond am fod hynny'n beth normal a naturiol iddynt. Ac i'r mwyafrif mawr yma fe beidiodd crefydd â bod yn abnormal ac achub enaid yn gymaint o straen, fel petai sbrintwr canllath yn gorfod troi'n rhedwr marathon.

Nid oedd crefydd Methodistiaeth mwyach fel petai â'i hanadl yn ei dwrn; ac wrth i straen achub-enaid lacio tipyn deuai cyfle i oedi mwy uwchben dyletswyddau a diddordebau a berthynai i'r ddaear. A chydag amser peidiodd rhai o'r gwerinwyr â bod yn werinaidd, a pheidiodd rhai o'r gwladwyr â bod yn wladaidd. Mewn geiriau eraill yr oedd llawer o'r plant a'r wyron Methodistaidd wedi ymsefydlu yn y trefi diwydiannol newydd, yn arbennig yn Lerpwl a threfi eraill Sir Gaerhirfryn, ac wedi llwyddo fel Masnachwyr. A'r capeli a godwyd gan arian y dosbarth-canol yma a osodai safon i'r wlad i gyd. Yn Lerpwl yr oedd Henry Rees yn weinidog; ac yr oedd Henry Rees, mab ffarmwr o Lansannan, wedi priodi merch uchel siryf Môn. Ac o dan arweiniad yr eglwysi hyn y daeth chwaeth dosbarth-canol Lloegr i hudo ymneilltuaeth Gymreig ail hanner y ganrif ddiwethaf, ac y disodlwyd y seld dderw gan y seidbord mahogani. Dyma'r adeg y daeth y gair 'parchus' i gael arwyddocâd cymdeithasol yn hytrach na chrefyddol; a dyma'r dosbarth a godai eu plant i siarad Saesneg, gan fod digon o ddyddynwyr a glowyr ar ôl yn y wlad a'r pentrefi a ofalai fod cenhedlaeth arall o Gymry i lenwi'r capeli rhag i'r enwad ddirywio.

Y mae'n amlwg mai safbwynt y dosbarth-canol a oedd gan Daniel Owen pan ddechreuodd lunio'r peth a droes yn *Dreflan*. Yn yr ysgrifau a elwir *Cymeriadau Methodistaidd* ceir penodau ar y ddau flaenor, Mr Jones y *Shop* a William Thomas. Dyna'r gwahaniaeth cymdeithasol yn dod i'r golwg, fod y naill yn 'Mr' a'r llall heb gael yr un arwydd o barch. Siopwr bach yw Mr Jones sy'n ddigon llygadog i droi'n siopwr mawr, ac yn llwyddo cystal nes llwyddo i gael merch i amaethwr cefnog yn wraig a'r ddau lwyddiant yn rheswm dros dynnu'r arwydd 'Grocer' i lawr a rhoi 'Provision Merchant' yn ei le. Y mae yma wawd eisoes tuag at faldod cymdeithasol y dosbarth masnachol, ac y mae tynnu'r sein i lawr fel dameg. Fe ellir achub enaid groser, ond ni ellir sôn am enaid 'provision merchant' oblegid ni all fod yn un o 'ysgubion y byd.' Ac nid duwioldeb yw rhinwedd Mr Jones ond pethau fel lletya pregethwyr. Dywedir ei fod yn 'gefn mawr i'r eglwys mewn ystyr ariannol'; ac er bod mymryn o wawd yn y darlun o Jones, y mae'r gair 'parch' yn y dyfyniad a ganlyn yn ddigon diffuant: 'ac yr oedd y parch a delid iddo yn gyffredinol gan yr eglwys yn tarddu, nid yn gymaint oddiar yr ystyriaeth ei fod yn uwch mewn ystyr fydol na'r cyffredin ohonynt hwy, ond oddiar anwyldeb dwfn a gynhyrchwyd gan ei garedigrwydd, ei haelioni crefyddol, a'i gymeriad gloew.'

Y mae'n arwyddocaol mai'r *pen* blaenor o'r ddau oedd y gwerinwr William Thomas, gwas cyflog ar ffarm 'a ennillodd ei swydd, a'r *uchafiaeth* yn y swydd, yn gwbl yn rhinwedd purdeb ei gymeriad ac ysbrydolrwydd ei grefydd'; ac er cymaint ei dlodi efô oedd 'y cyfoethocaf tuag at Dduw yn yr holl gymydogaeth.' 'Llwch y llawr' yw defnydd a delfryd gwir grefydd o hyd. Fe roesai Jones ei siop a'i holl eiddo am gael meddu crefydd ac ysbryd William Thomas; ar y llaw arall, gofid mawr i William Thomas oedd cyfaddef na allai letya pregethwyr gan mor fychan oedd ei dŷ, ac na allai gyfrannu'n well tuag at achosion teilwng.

Y mae digon o gyfle yn y *Dreflan* i rannu Jones y Siop yn ddau a rhoi i'r naill, sef Mr Pugh, ei haelioni a'i ddynoliaeth braf a'r diniweidrwydd ieuengaidd a ddeil i gydnabod rhagoriaeth gwir dduwioldeb dynion fel William Thomas neu Benjamin Prŷs, ac i'r llall, sef Mr Smart, y duedd i newid ei 'arwydd,' oblegid fersiwn arall ar dynnu 'Grocer' i lawr a rhoi 'Provision Merchant' yn ei le yw'r tueddiadau yn Mr Smart i fod yn annhebyg i'w enwad Cymreig a gwerinol ac edmygu safon a ffasiwn yr Eglwys a'r Saeson. Gyda bwriad o wneuthur dameg ohono y dewiswyd enw Mr Smart a daw ei safonau i'r amlwg yn gynnar pan rydd ei farn ar y math o weinidog y dylai'r eglwys ei fynnu, sef gŵr, ymhlith pethau eraill, 'yn hawlio parch yr enwadau eraill, yn enwedig pobl Eglwys Loegr. Yr oedd pobl yr Eglwys, yn enwedig y boneddigion, yn dueddol i edrych i lawr ar bregethwyr Ymneilltuol; ac yr oedd eisiau iddynt hwy fel eglwys y Dreflan feddwl am rywun a fyddai yn glod iddynt fel Methodistiaid, a pheidio dychmygu am hen ŵr gwladaidd ac annhaclus, nac ychwaith hogyn byr a difarf.' Yn yr un cyfarfod daw'r elfen arall sydd yn Jones y Siop allan yng ngeiriau a chymeriad Mr Pugh, sef y parodrwydd i gydnabod William Thomas fel ei well: 'Ydach chi wedi consyltio Benjamin Prŷs ar hyn . . . Yr ydw i'n meddwl dase Benjamin Prŷs yma y base ni wedi setlo'r mater er's meityn.' A rhagoriaeth Benjamin Prŷs ar y rhai eraill yw mai ef yn unig a gafodd dröedigaeth glasurol, yr unig un a fu'n annuwiol ar un adeg cyn cael cyfnewidiad trwyadl a'r un a ŵyr am y gwahaniaeth rhwng y 'cynt' a'r 'yn awr.' 'Na ddychryned y darllenydd pan ddywedaf mai mantais mewn un ystyr ydyw ddarfod i ddyn fod yn annuwiol iawn ar un tymmor o'i fywyd os caiff ar ôl hynny grefydd wirioneddol . . . Anfynych y cyfarfyddir âg un fydd wedi ei ddwyn i fyny o'i ieuenctyd yn nghanol pethau crefydd nad ydyw yn teimlo anfantais am nad all gyfeirio at ddydd neu awr y cymerodd y cyfnewidiad mawr le . . .' Y mae'n nodedig fod angen i Daniel Owen ddweud 'Na ddychryned y darllenydd' a rhaid mai â phlant ac wyron Methodistaidd y mae'n siarad. Ni ddywedai 'Na ddychryned' wrth eu tadau a'u teidiau, oblegid tröedigaeth oedd *sine qua non* duwioldeb. Nid oedd modd bod yn dduwiol heb fynd drwy fwlch yr argyhoeddiad, o aflendid ac anghrediniaeth i gyflwr o wynfyd a 'sicrwydd.'

Ond rhyw barch fel petai at greiriau yw'r wrogaeth a roir i'r 'sant' ac y mae Daniel Owen yn ei chael yn wir anodd i droi pobl fel Benjamin Prŷs yn hoffus a hawddgar. Un rheswm am hyn oedd mai dynion diserch ac anhawddgar oeddynt, fel y bydd pobl a gafodd argyhoeddiad nes credu mewn rhyw 'absoliwt' annynol. Y mae dyn fel petai'n clywed ymdrech barhaus yng ngwaith Daniel Owen i ddyrchafu sirioldeb fel rhinwedd. Y mae'r peth fel haul tu ôl i gwmwl yn chwilio am agennau i fwrw pelydrau drwodd. A gwell ganddo na'r difrifwch trymaidd a beichus a nodweddir gan Benjamin Prŷs, sbonc haelfrydig a siriol dynion fel Mr Pugh. Rhinweddau dynol sy'n cael eu lle'n ôl. Ac odid na fyddai mwy ymhlith darllenwyr y *Drysorfa* a ddotiai ar dipyn o steil law-law â daioni nag a edmygai santeiddrwydd mewn brethyn cartre.

'Yr oedd y tŷ wedi ei ddodrefnu yn ardderchog; ond yr oedd rhywbeth mor gartrefol a Chymreig o gwmpas ei breswylwyr, fel yr oeddwn yn teimlo mor hapus a rhydd yno â phe buaswn yn y Tyddyn Bach.' Dyna ddisgrifiad y gweinidog newydd o dŷ Mr Pugh a'i awyrgylch — tŷ sy'n cyfuno lledneisrwydd a Chymreigrwydd, sy'n foethus ac eto'n ddilol; tŷ dyn wedi dyfod ymlaen a heb golli ei ben. Y mae Mr Pugh yn ŵr cefnog; eto i gyd, dillad plaen a wisga Mrs a Miss Pugh. Geilw'r gŵr a'r wraig ei gilydd wrth eu henwau cyntaf ac y mae angen dweud hyn oblegid byddai gŵr a gwraig o safle debyg yn nofelau Saesneg y cyfnod yn fwy poleit nag o annwyl ac yn galw Mr a Mrs ar ei gilydd. 'Yr oedd hyd yn nôd Miss Pugh yn galw Mr Pugh yn dad, a Mrs Pugh yn fam, ac ni chlywais mo honi unwaith yn ei hannerch fel *papa* a *mamma*.' Ystyr 'hyd yn nod' yw fod dyn yn disgwyl i ferch fel hon, a ddysgwyd i ganu'r berdoneg, arfer priodddull y *papa* a'r *mamma*. Rhinwedd arbennig yng ngolwg Daniel Owen yw bod dyn heb ei sbwylio. Dyna rinwedd y Puwiaid, ac y mae'n bosibl i Daniel Owen drefnu priodas rhwng Kit Pugh o'r dosbarth canol a'r gweinidog newydd a ddaeth o'r Tyddyn Bach. A Mr Pugh hefyd sy'n cael bod yn 'Gristion' yn ystyr oes Fictoria, sef y gŵr bonheddig sy'n garedig wrth y tlodion ac wrth y dyn sydd ar lawr ac yn y gwter.

Daniel Owen sy'n llefaru drwy Mr Pugh pan rydd ei farn ar Mr Smart wrth y gweinidog newydd ond bod diniweidrwydd di-weld a hygoeledd caredig Mr Pugh fel mêl dros bilsen y feirniadaeth chwerw: 'Mae rhai yn deyd mai'i falchder o ydi'r cwbl, ac mai dene ydi'r rheswm am i fod o mor grêt hefo pobl Eglwys Loegr. Choelia i fawr; dene ydi natur y dyn. Wyddoch chi be? mi fum i yn synu lawer gwaith fod Mr Smart heb fod yn Eglwyswr, achos mae pobol yr Eglwys, mi wyddoch yn fwy o foneddigion na ni yr Ymneillduwyr — yn fwy gysact rwsut; ac mi fase Mr Smart, fum i'n meddwl, yn fwy cyfforddus yn yr Eglwys nag yn y capel.' Sylwer wedyn nad yw'r gŵr hwn o fusnes yn dangos i bwy y bydd yn pleidleisio nes bod rhai'n meddwl mai tori ydyw, (a dyna ydyw, wrth gwrs, er na all Mr Pugh byth gredu hynny). Ond y peth rhyfeddaf amdano yw ei fod 'yn flaenor clyfar anwêdd; ond piti na nae o weddio yn gyhoeddus.' Gwaith 'ysgubion y byd' yw gweddio'n gyhoeddus; ac iawn am y diffyg hwn yn Mr Smart yw ei fod yn 'glyfar.' Yr ystyr yw 'cyfrwys,' mae'n debyg; beth bynnag ydyw, anodd rhoi ystyr foesol i'r gair.

Ac ni all y gweinidog ifanc, mab y Tyddyn Bach, deimlo'n gysurus yng nghartref y gŵr parchus hwn, lle y mae'n ofynnol yn anad popeth beidio â bod yn naturiol, rhag ofn bod yn fwlgar. Y mae'n anodd dweud fod Miss Smart yn ymgnawdoliad o ddim oblegid nid cnawd yw ond haniaeth o ffasiwn. Mewn gwirionedd, drwy eiriau haniaethol y disgrifir hi: 'mor eiddil â'r syniad mwyaf arddansoddol o feinder, ac yr oedd ei thaldra a dillynrwydd cyffredinol ei hysgogiadau, yn wir weddeiddlwys.' Rhaid wrth Gymraeg annaturiol i'w disgrifio. Nid rhyfedd i fab y Tyddyn Bach deimlo'n anghysurus ac yn lletchwith: 'Yr oeddwn yn ymwybodol fod Miss Smart yn edrych arnaf, ac yn ddigon naturiol hefyd, fel *clodhopper*.' Camp aruthrol Mr Pugh yw bod yn naturiol mewn lle o'r fath a bod yn *anghofus* o'i ymddygiad mewn tŷ lle yr oedd pawb yn gorfod cofio sut i ymddwyn. Gesyd ei draed ar y ffender a dyry ddigon o waith i Mrs a Miss Pugh osod yr *antimacassar* yn ôl ar gefn y gadair gan mor naturiol ddi-glem yw ffordd Mr Pugh o eistedd, oblegid er mwyn cadw antimacassar heb lithro oddi ar gefn y gadair, rhaid eistedd fel delw a hynny reit ar ymyl sedd y gadair, heb bwyso'n ôl yn gyfforddus byth. A choron y cwbl yw fod Mr Pugh yn arbed hyn o drafferth iddynt wrth luchio'r pilyn maldod ymhell oddi wrtho.

277

Y mae Daniel Owen yn dangos ei sbeit mewn dwy ffordd at y teulu hwn. Ni allodd Miss Smart, bid sicr, gael gŵr o blith bechgyn Capel y Dreflan, a phriododd fab y clochydd, y 'tarawodd arno wrth fynd yn achlysurol i eglwys y plwyf, am nad oedd hi, wrth gwrs, yn deall y bregeth Gymraeg yn y capel.' Dyna sy'n dod i ferched nad ydynt yn deall pregeth Gymraeg. Y cyfarfod sefydlu yw'r cyfle arall i Daniel Owen sarnu gwallt Mr Smart. Ef yw'r llywydd a rhoir yn ei enau yr araith salaf a draddodwyd erioed ac y mae'n sâl mewn gwirionedd am fod Mr Smart allan o'i elfen. ' 'Dydi yr hen Smertyn ddim yn gallu siarad mor deidi ar y *stage* ag yn ei barlwr; be wyt ti'n ddeyd?, ebe Mr Pugh wrthyf, gan roddi peneliniad i mi yn fy ystlys.' Heblaw'r ergyd fod Mr Smart yn ddyn gwych yn ei barlwr, y 'peneliniad' sy'n dangos teimladau dyfnaf Mr Pugh a Daniel Owen, oblegid y maent wrth eu bodd fod arwr y parlwr yn gymaint o ffŵl ar lwyfan capel. Wedi nifer o areithiau ystrydebol a gramadegol gan weinidogion y gymdogaeth ceir araith William Thomas, a ddaeth i gynrychioli mam-eglwys y gweinidog newydd. Gwladwr syml ydyw heb ei sbwylio ac ôl y pridd yn drwm arno; ond ceir araith wreiddiol iawn ganddo, yn llawn o arabedd a doethineb cefn-gwlad.

' 'Wel, wyddost ti be,' ebe Mr Pugh, 'yr ydw i'n leicio rhw hen sort fel ene. 'Rydw i'n ei theimlo hi yn fraint cael rhoi *lodging* i'r hen *foy* ene'.''

Yr ydwyf yn dod i deimlo fwyfwy ein bod efallai ormod o dan ddylanwad y syniad a fagwyd gan nofelau Lloegr, a'r feirniadaeth a esgorasant, wrth farnu *Rhys Lewis,* sef y syniad am 'gymeriad.' Yr oedd Daniel Owen ei hun, wrth gwrs, wedi ei drwytho yn y syniad hwn, fod eisiau gwŷr a gwragedd yn llawn o hynodion er mwyn iddynt fod yn 'gymeriadau,' fel rhai Dickens, yn wreiddiol ac yn wahanol i bawb arall. Nid wyf am fynd drosodd at ryw blaid feirniadol newydd a dilorni'r gamp o greu cymeriadau gwreiddiol; ond ymddengys i mi ei bod yn llai camp creu cymeriad o'r fath, rhyw grynhoad o hynodion, na llunio cymeriad cyffredin a dweud stori amdano.

Yn yr un modd bu raid i Daniel Owen ddyfeisio 'plot,' yn ôl gofynion yr oes. Y mae arnaf ofn fod arnaf 'gymhleth' yn erbyn diffiniadau haniaethol ac am hynny nid wyf yn gweld unrhyw ystyr i'r gair 'plot' ond yr ystyr syml a chyffredin, sef dynion drwg yn cynllwyno neu'n plotio i wneuthur niwed i ddynion da. Dyna syniad Daniel Owen ac o gredu ei fod yn ofynnol iddo gael 'cynllwyn' o'r fath yn ei nofelau, bu raid dyfeisio dihirod, sef dynion heb unrhyw gymhelliad ynddynt ond ewyllys i wneuthur drwg; mewn gair, peiriannau drygionus. Disgynyddion llenyddol yw'r rhain, mewn gwirionedd, i'r ysbrydion drygnaws a'r dieifl a'r cewri a'r gwiddanod a geid mewn storïau cyntefig, y pwerau drygionus a fyddai'n ymyrraeth â bywyd dynion meidrol.

Tynner i ffwrdd y ddeubeth hyn, sef yr awydd neu'r chwiw i greu cymeriadau gwreiddiol a'r ymdrech i ddyfeisio 'cynllwyn' (y 'Gwyddel' a Niclas y Garth Ddu, er enghraifft), y peth sy'n 'warged,' i arfer gair o'm tafodiaith,[4] yw gogoniant pennaf Daniel Owen, sef hanes teulu dinod a dihynodion Mari Lewis a'i dau fab, Bob a Rhys. Thema'r stori hon yw'r anghytundeb rhwng dwy weledigaeth, rhwng Mari a'i mab hynaf, a bod enaid y darpar weinidog, sy'n dyst ifanc i'r croes-dynnu di-ildio, yn cael ei lunio o deyrngarwch i'r ddau wrthwynebydd. Ac un ffordd o ddisgrifio'r ddwy weledigaeth anghytunus yw galw'r naill yn 'achub enaid' a'r llall yn 'deyrnas nefoedd ar y ddaear.' Gwych o beth fyddai pe codai rhyw Iolo Morganwg newydd yng Nghymru a chyhoeddi fersiwn diwygiedig ar y stori hon fel cyfieithiad o waith Danielin Owenovitch.

Daw'r rhwyg ysbrydol rhwng Mari a Bob i'r golwg yn union wedi i Bob ddarn-ladd Robin y Sowldiwr am gam-drin Rhys yn yr ysgol. Nid ymyrrodd y gyfraith â Bob am hyn ond fe dynnodd ei fam gyfraith eglwysig arno. Hyhi a aeth at Abel Hughes i ddweud yr hanes, ('os ydi pobol eraill am gelu anufudd-dod a drygioni eu plant, dydw i ddim'). A chofier hefyd mai ei phlentyn ei hun oedd yr un a ddioddefasai mor enbyd oddi wrth lid a digofaint yr ysgolfeistr. Greddf pob mam 'ddynol' fyddai amddiffyn mab fel Bob, hyd yn oed pe bai'n euog o drosedd yn ngolwg y gyfraith, a pha faint mwy fyddai awydd y fam i amddiffyn ei mab ac yntau wedi achub ei frawd rhag ei ladd gan farbariad? Nid yn unig y mae'n hawdd maddau i Bob; haedda ei ganmol, ac fe'i hedmygir gan bawb ohonom, hyd yn oed gan y Person. Ac eto i gyd, ei fam sy'n dwyn y 'cyhuddiad' yn ei erbyn. Ni all neb ddeall agwedd Mari Lewis yn hyn na chlywodd ddyn o grefydd absoliwt yn adrodd ei gyffes ffydd ac yn dadlau ei achos.

Ffurf *allanol* y ddadl gyntaf rhwng Bob a'i fam yw'r ystrydebau arferol, fod y genhedlaeth newydd yn fwy dysgedig a choeth a bod mwy nag erioed o'r blaen yn tyrru i wrando ar bregethu'r Efengyl, a'r fam yn dannod fod mwy o ddarllen ar y papur newydd nag ar y Beibl,

---

[4] O *gwagraid,* yr wyf yn meddwl y peth sy'n aros mewn *gwagr* (= gogr).

ac nad addysg a 'doethineb ddynol' yw anhepgor pregethu. Eithr yn fewnol y mae'r ddrama ddwysaf am fod y fam yn gorfod sylweddoli nad yw ei gweledigaeth hi yn eiddo i Bob. Y mae ei galon wedi ymgaledu. Gofid iddi yw ei weld yn ddifater ynghylch y brofedigaeth a'r 'cyhuddiad.' Y mae'n rhyfedd fod yr hen briod-ddull Catholig yn dod o'i genau i'w rybuddio: 'Ymgroesa, 'machgen i, ymgroesa!' Y mae'r diafol â'i gynllwyn yn ei fygwth. Taeru i amddiffyn ei enaid y mae'r fam. 'Wneis i ond fy nyledswydd' yw safiad Bob; 'Mae natur yn fy nysgu i wneyd hynny,' ei safiad wedi ei seilio ar gymhelliad sy'n faddeuadwy yng ngolwg dynion.

'Nid y natur lygredig sydd i dy lywodraethu, fy machgen,' ebe fy mam yn bruddaidd, 'ond yr anian newydd. Y mae'r gair yn deyd yn bendant, "Nid yn darawydd".' 'Adnod i esgob, ac nid i golier ydyw honyna, 'mam,' ebe Bob.

Y mae rhyw glyfrwch areithyddol, efallai, yn yr ateb yma o enau Bob; ond ei wir ystyr yw 'Adnod i Mari Lewis, ac nid adnod i Bob Lewis ydyw honyna.' Golyga nad ydyw Bob yn cydnabod deddf foesol ei fam, nac awdurdod y ddeddf hon arno. Ac nid difater oedd, fel y mynnai ei fam, nac yn galon-galed, eithr heb allu teimlo'r arswyd bwganol a deimlai hi. Wedyn daw'r bennod a edrydd hanes diarddel Bob. Y mae'n rhyfedd fod Daniel Owen wedi rhoi sylwadau cellweirus Wil Bryan ar 'Natur Eglwys' cyn dod at y cyfarfod ei hun; a dau beth sy'n dod i'r golwg yw fod dynion digon annheilwng oddi mewn yn y Seiat, nid yn unig yn cael llonydd ond yn cael bod yn farnwyr yn awr ar achos Bob. Y peth arall yw fod esiamplau ddigon i'w cael o archwiliadau ffurfiol yn y Seiat, bod edifarhau'n fater rhwydd, rhyw 'sorry!' o beth, ac mai dim ond ysgyrnygu dannedd yw cerydd y ddeddf foesol wedi'r cwbl. Ar y llaw arall, dyma ddyfyniadau sy'n grynodeb o achos Bob: 'Dywedwyd yno eiriau fel brâth cleddyf, yn enwedig gan John Llwyd. Teimlwn yn ddig enbyd wrtho, oblegid gan nad pa mor euog oedd Bob, gwyddwn ei fod yn well dyn gan mil o weithiau nag efe . . . gwyddwn fod ganddo galon mor fawr a theimladol fel y buasai yn aberthu ei fywyd, nid drosof fi yn unig, ond dros unrhyw un yn cael cam. Ond am John Llwyd, nid oedd ganddo ef gariad at ddim ond arian, ac nid oedd ei galon yn fwy na chalon pryf copyn. Eto hwn oedd y dyn a fwriai y llysnafedd mwyaf brwnt ar ben Bob y noson hono; ac y mae arnaf ofn nad ydwyf byth wedi maddeu iddo . . . yr oedd picellau gwenwynig rhagrithiwr culfarn yn ei galedu a'i ystyfnigo; a phrotestiai Bob ar goedd y seiat nad oedd ganddo ddim i edifarhau o'i blegid.' Dyna'r darpar weinidog yn gweld y ddeddf foesol yn cael ei gweinyddu a dyna'i eiriau ef ei hun: 'Ymddengys yn rhyfedd i mi yn awr *fod fy syniadau am amryw bersonau yn y seiat y magwyd fi ynddi wedi eu ffurfio tra yr oeddwn yn sêt y cloc.'

Y darpar weinidog sy'n parhau i groniclo ei dwf ar ddechrau'r bennod nesaf: 'Parodd yr amgylchiad i mi fyfyrio a dyfalu pa beth oedd crefydd, a pha beth oedd yn cyfansoddi pwysigrwydd a chysegredigrwydd aelodaeth eglwysig. Yr oedd gennyf eisoes ryw fath o syniad fod gwahaniaeth mawr rhwng crefyddwyr a 'phobl y byd' . . . ond rywfodd y noswaith hono, aethum i ammheu fy syniad . . . Ymholwn hefyd a fyddai Bob allan o'r Seiat yn waeth ac yn salach dyn na John Llwyd, yr hwn oedd yn y seiat.' Ac ymhen pymtheg ar hugain o dudalennau ar ôl hyn clyw Rhys ei frawd yn annerch ei gydweithwyr: 'a meddyliwn y fath bregethwr clyfar a wnaethai Bob pe buasai y seiat heb ei ddiarddel am y tipyn trosedd a wnaeth.' 'Tipyn,' sylwer. Ac onid oes yna hefyd ryw bigiad maleisus mai'r seiat a oedd ar fai am golli, nid aelod, ond 'pregethwr clyfar'? Byddai'n anodd i neb roi gwaeth lliw ar y Seiat na'r lliw a rydd Daniel Owen arni drwy hanes diarddel Bob. Dewisodd ei chynrychiolydd salaf i fod yn erlynydd nes bod holl fusnes y diarddel yn watwar. Eto i gyd, er bod Bob yn 'arwr' a gafodd gam yn yr ysgarmes hon, 'bu yr amgylchiad,' medd Rhys Lewis, 'yn achlysur i mi ffurfio syniad uchel am grefyddolder fy mam.' Nid paradocs, ond y ddau deyrngarwch, y ddau yn tynnu'n groes.

Yna daw hanes y ddadl rhwng y fam a'r brawd ar yr aelwyd ar ôl dychwelyd o lys y diarddel. Onid yw Bob yn rhoi pris ar fod yn aelod eglwysig? Nac yw, os oes raid iddo brynu ei aelodaeth drwy ragrithio. Protestia fod ei fuchedd yn ddifai a'i rodiad yn union ac nid oedd achub ei frawd ond 'y peth y buasai pob un â *gronyn o ddynoliaeth ynddo* yn ei wneyd' Ei fam yn dannod 'hunan-gyfiawnder' iddo ac mai 'stiffrwydd' oedd ei safiad di-ildio di-edifeirwch yn y Seiat, ond yn rhwydd gydnabod nad oes ei well fel mab na'i garedicach 'yn gweithio mor galed i gadw cartre, i'w fam a'i frawd.' Ond peth eilradd yw caredigrwydd Bob: 'Ond am dy enaid di yr ydw i yn sôn yrŵan. Dydi o fawr o bwys a gaf i damed ai peidio; ond y mae o anfeidrol bwys, fy machgen anwyl, fod dy enaid di a mine dan orchwyliaethe Ysbryd Duw.' Ac yna daw darn o enau ac o galon y fam drallodus sydd fel Salm, yn datgan ei sicrwydd ynghylch ei henaid ei hun, a'i gofid ynghylch cyflwr a thynged ei mab; a dengys ei geiriau fod ganddi synnwyr crefyddol a all glywed rhyw gyfrin ofal fel petai llaw ar ei hysgwydd: 'Bendigedig fyddo ei enw Ef! nid ydyw yn gadael llonydd i mi, ac yr wyf yn credu ei fod yn meddwl gneyd rhwbeth o hona i; ac o na allwn gael lle i feddwl fod o'n siarad rhwbeth hefot tithau! Mae dy weled mor ddidaro am gael dy ddiarddel yn tori fy nghalon, fy ngwas gwirion i. *Oddiallan y mae'r cŵn – oddi-allan y mae'r dryghin a'r ystorm. Yr wyt wedi mynd allan o gylch y cyfammod a'r eirioleth – yr wyt wedi colli'r cysgod, Bob bach.*' Yr oedd aelodaeth o'r Seiat yn rhiniaethol neu'n *numinous.* Os gallaf ei gyfleu heb haeddu cabl, yr oedd fel cylch cyfrin y Tylwyth Teg: yr oedd rhyw hud-a-lledrith oddi mewn i'r cylch, ond ei fod yn hud-a-lledrith hynaws yng nghylch y cyfamod a'r eiriolaeth.

Peth drygnaws neu 'bad-sacred' oedd bod allan o'r cylch; a pheth arswydus oedd hyn i Mari Lewis a'i diwinyddiaeth annynol, a phwyntia eiriau'r Hen Ficer fel pistol at ei mab:

Ond i'r cyndyn câs gwrthnysig / Mae Duw'n greulon ac yn ffyrnig.

Nid yw Bob yn brawychu o gwbl: 'dydw i ddim yn credu fod Duw yn "greulon ac yn ffyrnig" un amser.' Bob sy'n fodern yma, ond fe synnai'n fawr pe gallai wybod mai syniadau ei fam a fyddai'n fodern ac uniongred ymhen canrif ar ôl ei marw. Ateb naturiol y fam yw fod Duw bob amser yn greulon wrth yr annuwiol. Cyfle yw hyn i Bob i ddweud y gall dyn fod yn annuwiol oddi mewn i'r Seiat; a'r peth sy'n gyd-wirionedd â hyn yw fod modd bod yn ddyn da ac o fuchedd lân ac egwyddor union tu allan iddi.

Y mae'n hen arfer gan ddramawyr osod golygfa ac ynddi ysgafnder a digrifwch yn union ar ôl golygfa drist a dwys, i gael 'newid yr ymadrodd' fel petai. Hynny a wnaeth i Daniel Owen leoli'r bennod ar Seth a Thomas a Barbara Bartley ar ôl straen penodau'r diarddel a diflastod rhwyg yr aelwyd. Hyd yn oed yn y bennod newydd ni ellir dianc rhag sôn am 'achub enaid,' ac yma fe welir difrifwch Mari Lewis drwy sbectol diniweidrwydd: "Ddim yn gadwedig yn y diwedd? Be sy ar y wraig, dywed? chlywes i 'rioed am gam dro arni. . . Credu yr ydw i, wel di, Bob, os byddwn ni'n onest, a thalu'n ffordd, a byw rhwbeth agos i'n lle, y byddwn ni gyd yn gadwedig.' Fe allwn dosturio wrth Thomas am feddwl fod 'cadwedigaeth' yn beth mor rhwydd a normal. Gallwn dosturio hefyd wrth Mari Lewis am feddwl mai math o neurasthenia yw, oblegid y mae rhywbeth patholegol yng nghrefyddolder Mari Lewis.

Ar ôl ei ddiarddel rhoir i Bob gyfrwng arall o fynegiant a thry'n fath o Ddic Penderyn, yn 'undebwr' gweithfaol yn dadlau dros ei gyd-weithwyr yn eu brwydr yn erbyn trais eu cyflogwyr; ond nid yw'n benboeth a diddisgyblaeth ac yn ei holl ymdrechion fel diwygiwr cymdeithasol yn ei gylch bach ei hun pery'n gymedrol ei syniadau a thangnefeddus ei ffordd fel na all neb edliw iddo ei fod yn torri'r gyfraith. Sut bynnag, er cymaint ei ofal fe'i camgyhuddir a rhoir deufis o garchar iddo. Ar nos Sadwrn y daw'r plismyn i'r tŷ i fynd ag ef i gell y ddalfa. Ni all ei fam a'i frawd fynd i'r Capel y Sul; nid gweddus iddynt fynd i le o addoliad yn eu gwarth. Gwêl Rhys wŷr y capel yn mynd heibio i'r tŷ ar eu ffordd i'r oedfa, ond heb alw; ac yn dychwelyd, heb alw. Yr un peth yn y prynhawn. Cred yn sicr y daw rhywrai ohonynt ar ôl oedfa'r hwyr ond â mor ddiweddar fel na ellir disgwyl mwyach i neb ohonynt ddod y noson honno. Pan fônt wedi anobeithio ac ar fynd i'w gwelyau, clywir rhywun wrth y drws — a gwell dyfynnu rhag i neb gredu mai myfi sy'n dyfeisio — 'ac euthum innau yn awyddus i'w agor, *a gwelwn ddau o'r blaenoriaid - nage, gwelwn Thomas a Barbara Bartley, wedi methu o gydwybod fyned i'w gwelyau heb ddyfod i edrych pa fodd yr oedd fy mam yn ei helynt.* Ni fuasai yn bosibl ymron i ddau mwy annhebyg i fy mam o ran tueddiadau a chymeriad ddyfod i ymweled â hi . . . Yr oedd Thomas a Barbara wedi bod yn y *Crown,* ac wedi cael holl fanylion yr helynt.' Yr oedd y rhai a oedd debyg i Mari Lewis o ran tueddiadau a chymeriad wedi bod wrthi drwy'r dydd yn achub eu heneidiau ac ni fu cydwybod undyn byw ohonynt yn rhwystr iddo fynd i'w wely. Caradog Evans? Nage, Daniel Owen. Ac nid yw nofelydd sydd yn cymryd ei waith o ddifrif yn llunio personau yn fympwyol a pheri iddynt ymddwyn yn anghyson â'u cymeriad. Byddai'n well gan Daniel Owen, petai'r dewis ganddo, beri i gynrychiolwyr y Seiat alw ar Mari Lewis; ond nid oedd y dewis ganddo; y gwir oedd pobl fel hyn oeddynt, pobl a roddai gymaint pris ar dduwioldeb nes colli eu holl ddynoliaeth.

'Ond yr oedd o'n byw yn well na llawer ohonom ni sydd yn proffesu' — ei fam sy'n dweud hyn am Bob wedi iddo gael mynd i'r carchar. Gwir mai mam sy'n blino mwya ar 'i feddwl o — a hynny ydi be ddaw ohonom ni'n dau — sut y cawn ni damed.' A'r peth sy'n blino ei fam yw: 'Ydyn nhw yn cael Beibl yn *jail* dywed?' Ac y mae'r llythyr a ysgrifenna Mari at Bob yn y carchar yn rhyfeddod. Os gellir ei ddarllen gan gyfranogi o ysbryd Mari Lewis ac edrych ar bethau â'i llygaid abnormal hi, y mae'r llythyr eto fel Salm. O'i farnu ar lefel cig a gwaed, y mae'n galon-galed, gan ei fod yn anwybyddu cysuron ac fel petai'n ddigownt am bopeth ond yr enaid. Ac i fod yn deg â'r fam, y mae hi mor arallfydol ei meddwl a'i myfyrdod nes bod synhwyrau ei chorff wedi marweiddio a heb glywed dioddefaint y cnawd.

Ond hyn sy'n eithriadol, fod Daniel Owen, ar ôl dangos Mari Lewis fel oracl o ddiwinyddiaeth a chrefyddolder yn ymyl distadledd trwsgl Thomas Bartley a'i wraig, yn agor y bennod ar Abel Hughes drwy hir draethu ar rinweddau pobl debyg i Thomas Bartley; ac y mae'n ddigon amlwg fod y broblem yn poeni llawer ar feddwl Daniel Owen, a oedd duwioldeb a daioni'n hanfodol berthyn i'w gilydd, neu ynteu a allent fod ar wahân; ac odid na theimlai weithiau eu bod yn ddieithriaid i'w gilydd. 'Maent yn onest, diddichell, difalais, a chymwynasgar, yn garedig wrth ddyn ac anifail, ac yn hawddach ganddynt wneyd cam â hwy eu hunain nag â neb arall. Fel rheol nid yw y dosbarth hwn yn nodedig o ddeallgar, ac ymddangosant fel yn edrych ar bobpeth drwy eu calonau. Mae eu diniweidrwydd fel *remnant* o'r defnydd y gwnaed ein rhieni cyntaf ohono. Fel y dywedwyd *nid ydynt yn grefyddol yn ystyr dduwinyddol y gair,* ac eto *y mae llawer o'r hyn a ystyrir fel ei ffrwythau hi yn tyfu arnynt.*' Ac o'r holl gymdogion dim ond yr hen bâr diddiwinyddiaeth yma, a daearol ddigon eu gwelediad, sy'n dangos calon garedig tuag at Mari Lewis yn ei thlodi mawr; ac ni all Rhys beidio â 'synnu yn fawr at glaearineb swyddogion yr eglwys yr oedd ei fam yn aelod nid anenwog ohoni, o'i gyferbynnu â charedigrwydd a chydymdeimlad parod Thomas a Barbara Bartley.'

Nid yw Mari Lewis er hynny'n fodlon i'w mab dynnu'r casgliad naturiol o'r cyferbyniad hwn a deil i gredu fod ganddynt resymau digonol dros fethu dod i'w gweld. Ond pan ddaw Abel Hughes o'r diwedd nid yw Mari'n brin o dafod i ddweud wrtho am ei siom ei fod mor hir cyn dod. Esboniad Abel sy'n ddiddorol: 'Yn ôl yr hanes cyntaf yr oedd Bob yn un o'r rhai oedd yn euog o beth felly; a phe buasem yn rhedeg yma i gydymdeimlo â chwi, buasai rhywun yn ddigon parod i ddweyd mai yr un pethe oeddan ninnau a'r terfysgwyr, a buasai yr achos mawr yn dyoddef, a'r Enw rhagorol sydd arnom yn cael ei gablu. Mae yn dda gen i ddyweyd wrthoch, Mary, nad oes neb erbyn hyn yn credu yn euogrwydd Bob . . .' a'r canlyniad yw ei bod yn ddiberygl iddo ddod yn awr. Y mae'n amhosibl credu fod Daniel Owen heb fwriadu hyn fel gwawd — talp o resymeg sinical yn atal y ffrwd dosturi a ddylai ddarddu o'r galon. Y mae'n ddigon tebyg fod adnod i'w chael i gyfiawnhau'r callineb yma o gyfri'r gost cyn mentro i wneuthur cymwynas; gallaf feddwl am 'cyfrwys fel y sarff.'

Fe allwn basio'r bennod ar yr ymgom a fu rhwng Mari Lewis a Mr Brown y Person. 'Cocyn hitio' yw Mr Brown i ddicter a dirmyg Mari Lewis, dyna i gyd. Ni wnaeth ei garchariad i Bob feddalu dim. Siom fyddai ei weld yn plygu i ofyn am ei le yn ôl yn y Seiat oblegid ar unplygrwydd ei gymeriad y magwyd ein parch tuag ato. Nid yw ei fam yn ei weld yn troi at y Beibl mor aml ag y byddai gynt, a gofala osod y Beibl yn ei gyrraedd i'w demtio i fynd ato a llawenydd i'w chalon yw cael arwyddion yn y bore fod y Beibl wedi ei symud. Ond yn ei ddadleuon â'i fam deil yn ddigyfaddawd ynghylch ail-ymaelodi â'r Seiat. Rhagrith fyddai ymostwng i ymaelodi mewn enw'n unig. Cynnyrch y dadrithiad yw Bob; y trai ar ôl penllanw'r 'achub-enaid.' A dengys ei sgwrs â'i fam ei fod wedi ymgolli yn nyfroedd yr amhendantrwydd hwnnw a ddaeth dros feddwl ail hanner y ganrif ddiwethaf, y dymer y daeth 'honest doubt' i fod yn ddisgrifiad ohono ac yn arwyddair iddo. Safbwynt Bob yw ei fod yn 'ymbalfalu yn y tywyllwch.'

Ar un olwg y mae marw Bob a'i eiriau olaf fel stori bregethwrol. Mewn ffrwydriad yn y pwll llosgwyd ei ddau lygad o'i ben a bu'r anap yn ddigon iddo. Ychydig oriau y bu fyw ar ôl ei gario i'w wely gartref, a dim ond curiad ei galon oedd yn fyw gan fod ei feddwl ynghwsg a'i lygaid yn dywyll. Dadebrodd ddigon i yngan 'fod y goleuni o'r diwedd wedi dyfod.' Ni ellir disgwyl i Daniel Owen, wrth reswm, herio holl safonau ei oes a methu 'achub' Bob rywfodd. Ond a oes ystyr gudd yma, sef iddo ddal yn gyndyn a gwrthod ei achub tra oedd yn effro a'i gyneddfau ganddo'n llawn?

28. Enoc Huws
Nofel y Dirywiad

T. J. MORGAN
Llenor, xxvii, (1948)

Ceisiwyd trafod yn rhifyn cyntaf 1946 yr elfennau beirniadol sydd i'w canfod yn *Y Dreflan* ac yn *Rhys Lewis*. Y mae bwlch o ryw chwe blynedd rhwng *Rhys Lewis* ac *Enoc Huws*, ond y mae'r bwlch rhwng y cyfnodau a gynrychiolant yn llawer hwy. Lluniwyd *Rhys Lewis* o ddefnyddiau a theimladau ac argraffiadau a berthynai i blentyndod a mebyd Daniel Owen, ac er ei fod yn dangos fod gwedd annymunol ar fywyd crefyddol y genhedlaeth honno — yr hunandyb trahaus a ddeillia o gredu mewn etholedigaeth bersonol a *herrenvolk* ysbrydol, a'r erledigaeth hunan-gyfiawn sy'n hanfod mewn system o ddisgyblaeth eglwysig a ddyfeisiwyd i'r un pwrpas arbennig o gondemnio heresi a diffyg culni — fe roir i'r cyfnod er hynny yr ansawdd honno ond argraff ledrithiol fod mawredd yn hanfodol berthyn i'r bywyd sydd ar fynd o'r golwg dros y gorwel. Yr oedd dynion y cyfnod hwnnw yn gewri am mai plentyn a'u gwelodd, a chof y plentyn sy'n eu cofio; a llewycha rhyw ddisgleirdeb yn eu cymeriadau a'u campau am mai'r hud yn retina llygad plentyn sydd yn eu goleuo. Y mae edmygedd a rhyfeddod näif yn *Rhys Lewis* nas ceir yn *Enoc Huws*. Drych o'r bywyd cyfoes yw *Enoc Huws*.

Gwn o'r gorau fy mod yn anwybyddu celfyddyd Daniel Owen fel storïwr, ac y dylid rhoi llawer mwy o sylw i'w grefftwaith, yn enwedig wrth drafod *Enoc Huws*; ac nid oes gennyf fawr ddim sydd o werth i'w ychwanegu ar yr ochr honno. Fe allwn drafod, pe bai gennyf offer digonol, hoffter Daniel Owen o lunio ei stori o gwmpas thema 'y plentyn na wyddys yn sicr pwy yw ei dad a'i fam,' oblegid hynny yw'r elfen chwedlonol sydd yn y tair nofel, *Rh.L., E.H.* a *G.T.* Na thybier fy mod o'r farn fod hyn yn dadlennu rhyw gnofa neu graith yn isymwybod Daniel Owen; pwy a feiddiai ddadansoddi enaid yr un a

286

luniodd stori *Pwyll* ar sail ei thema, a'r un thema sydd yn *Pwyll*? Ond y mae'n beth diddorol, serch hynny, fod y syniad chwedlonol hwn mor fynych ac amlwg yn storïau Daniel Owen. Wrth gwrs, yr oedd yn ofynnol iddo gael rhyw gyfrinach, ac y mae ansicrwydd ynghylch gwir dad neu wir fam plentyn yn bwnc sy'n ennyn diddordeb eithriadol bob amser.

Fy rheswm dros ddweud mai'r gelfyddyd a ddylai gael fy sylw a thros fy esgusodi fy hunan am barhau i sôn am 'Fyd ac Eglwys'. Daniel Owen yw mai ychydig iawn o le sydd i'r Eglwys yn *Enoc Huws*, a phenodau amherthnasol, mewn gwirionedd, yw'r rheini lle y crwydra'r awdur oddi wrth y brif stori i sôn am Ddafydd Dafis a chyflwr crefydd. Naturiol felly fyddai tybio fy mod yn rhoi gormod o sylw i beth sy'n eilradd, os nad dibwys, yn y nofel, a'i barnu fel nofel yn unig. "Ni bydd y gwaith hwn yn dwyn gwedd mor grefyddol â'r *Hunangofiant*; bydd a wnelo â chymeriadau, gan mwyaf, nad oeddynt yn hynod am eu crefyddolder.' Dyna eiriau Daniel Owen ei hun yn y rhagarweiniad, ond ystyr dweud hynny yw hyn: gan fy mod yn trafod bywyd cyfoes rhaid i'm stori ddelio â chymeriadau heb fod yn grefyddol, ac â helyntion heb berthyn i'r eglwys, am fod ansawdd bywyd y dydd heddiw mewn ardal sy'n tueddu i fynd yn fwyfwy diwydiannol a Seisnigaidd yn llai crefyddol ac yn fwy bydol; yn llai ysbrydol ac yn fwy materol; y mae llygredd yn dechrau treiddio drwy gyfansoddiad ein bywyd Cymreig cynhenid, rhyw lacrwydd sy'n arwain at ddirywiad moesol; ni allaf osgoi gweld hynny, a'i ddangos yn fy stori, os disgwylir iddi fod yn ddrych i fywyd cyfoes, ac os yw'r hawl gennyf i farnu o safbwynt fy nhraddodiadau fel Cymro a Methodist a gwerinwr, heb fod yn benboeth ac eto'n Gymro; heb fod yn gul ac eto'n Fethodist; heb fod yn wladaidd nac yn daeogaidd, ac eto heb gywilydd arddel fy nhras ac felly'n gorfod teimlo'n ddig tuag at y dringwyr cymdeithasol wrth weld canlyniadau'r dringo, bydded lwyddiannus neu aflwyddiannus.

Nid yw wedi newid dim yn ei farn am safonau llym hen ddisgyblaeth hunan-gyfiawn y Seiat; a hyd yn oed ar ddechrau *Enoc Huws*, dyry esiampl ddeifiol o phariseaeth ddibechod a didostur yr hen safonau, sef y darn am y gweinidog Methodist yn gwrthod bedyddio'r baban a aned mewn gwarth. Dywedir fwy nag unwaith fod yr hen grefyddwyr yn gul, ac awgryma fod natur arbennig eu crefydd yn eu gwneuthur yn hunanol. Wedi i Susan Trefor gael digon o synnwyr yn ei phen i fod yn addas i ddatgan sylwadau'r awdur ei hun, gwneir iddi hi fynegi 'fod gormod o hunan mewn pobl dduwiol,' a'i disgrifiad ohonynt ychydig funudau cyn hyn yw eu bod 'yn snecio i'r nefoedd a gadael i bawb arall gymryd eu siawns.' Pan ddaw'r cyfle rywbryd eto, mi geisiaf olrhain yr adwaith yma (neu'r gwrthryfel) yn erbyn duwioldeb, a'r duedd i'w ddibrisio wrth ddangos ei fod yn anghymdogol, ac i ddangos ar yr un pryd fod amheuwyr a hyd yn oed baganiaid yn 'haws byw gyda hwy' — yn fwy hoffus, yn barotach eu cymwynas ac yn fwy di-hunan. Yr ydwyf wedi synnu — ac eto heb synnu — at amlder yr enghreifftiau yng ngweithiau T. Gwynn Jones, J. J. Williams, ac yn arbennig W. J. Gruffydd a D. T. Davies, o anrhydeddu dynion tebyg naill ai i Bob Lewis neu i Tomos Bartle, neu i ryw fath o gyfuniad o'u rhinweddau. Erbyn hyn, fel y gwyddys, y mae'r rhod lenyddol wedi troi o blaid aelodaeth eglwysig.

Sut bynnag am hynny, fe allem ddisgwyl i Ddaniel Owen, ac yntau'n ddisgybl i Lewis Edwards, deimlo fod angen i Fethodistiaeth ei diwygio ei hun, neu o leiaf, ei diwyllio ei hun. Y mae treigl amser wedi peri i naws grefyddol yr eglwys newid i gryn raddau am fod y dymheredd wedi gostwng. Nid Emrys ap Iwan yw'r unig un yn ei genhedlaeth sy'n meddwl nad oes raid i grefydd ymddwyn fel pe bai'r dwymyn arni o hyd. Gwneir i Ddafydd Dafis ei hun sylweddoli a chydnabod hyn, a heb lawer iawn o resynu chwaith er mor gul yw Dafydd. Yn lle trafferthu, fel y darfu i mi, yn yr erthygl gyntaf, i esbonio'r newid a ddaethai dros yr ymneilltuaeth ddiwygiadol, gallaswn fod wedi dyfynnu'r cwbl o enau Dafydd Dafid ei hun. Nid dychweledigion neu bentywynion wedi eu hachub o'r gynnau dân oedd corff mawr yr aelodau bellach, ond plant ac wyrion a gorwyrion i'r cenedlaethau a gawsai dröedigaeth a phrofiad o sicrwydd cadwedigaeth. Er na ddisgwyliem i Ddafydd Dafis ildio ar fater fel hyn, drwy ei enau ef y mynega Daniel Owen ei farn fod eisiau i'r eglwys newid rhywfaint ar natur ei chyfarfodydd ac ansawdd ei chenhadaeth a darparu moddion newydd ar gyfer y math newydd o brofiad crefyddol. Lleiafrif o'r aelodau (un o bob tri, meddai Dafydd) a fynychai'r Seiat; ac o'r rheini, ni allai neb draethu am ei 'brofiad' crefyddol yn yr hen ystyr. Oni ddylid troi'r Seiat oblegid hyn yn gyfarfod i drafod 'problemau' yn hytrach na 'phrofiadau'?

Gallwn fod yn bur sicr beth fyddai dewisiad Daniel Owen pe bai raid iddo ddewis rhwng Methodistiaeth yr athrofa a'r *Traethodydd* ar y naill law, ac adleisiau o Fethodistiaeth John Elias ar y llaw arall. Ond nid hynny oedd y dewis. Gellir bod o ddifri yn trafod problemau, i'r un graddau ag wrth draethu profiadau; yn llawn mor angerddol a diffuant er nad oes raid bod mor frysiog a chwyslyd. Ond y dewis a welai Daniel Owen oedd hyn: nid rhwng dau fath o ddifrifwch, ond rhwng difrifwch a diffyg difrifwch; nid rhwng crefydd gul, ragfarnllyd a chrefydd oleuedig a mawrfrydig, ond rhwng diffuantrwydd ac argyhoeddiad yr hen gulni, a sglein arwynebol a moesau da a rhagrith. A dyna pam y gyrrwyd Daniel Owen yn ôl yn *Enoc Huws* i ochri gyda'r Biwritaniaeth or-ddifrifol er nad hynny oedd ei ddelfryd; a'r ofn fod crefydd ei fam a'i athro a'i wlad yn colli ei grym a'i harwyddocâd o dan yr amodau a'r amgylchiadau newydd, sef, diwydiant, masnach, ymddyrchafu cymdeithasol a dyfod ymlaen yn y byd a dylanwadau Seisnig, a'i gorfododd i dynnu darlun eithafol a brawychus o ddirywiad moesol ac ysbrydol. Crefydd ysbrydiaeth oedd yn ei hanfod; ofnai na allai fod yn grefydd y deall; crefydd y bywyd gwledig ac anghymhleth oedd; anodd iddi fod yn grefydd i fywyd trefol a diwydiannol ac i oes newydd yr amheuon a'r problemau. Fe gawn weld yn nes ymlaen ei bod yn grefydd sy'n cydfynd â galwedigaeth a safle a diwylliant hen ffarmwr fel Dafydd Dafis, ond ei bod rywfodd yn anaddas ar gyfer ei gyd-aelodau'n byw yn y dref ddiwydiannol.

[Fe ychwanegaf y gymhariaeth hon mewn cromfachau am mai ychwanegiad ydyw at yr hyn a ysgrifennwyd uchod, ac am mai o ddarlith ar bwnc arall yr wyf yn dwyn yr eglureb. Ei hamcan yw egluro'r duedd honno yn y llenor ifanc i'w weld ei hun yn gwbl wahanol i genhedlaeth ei rieni, a'r newid hwnnw a ddaw drosto pan wêl fod cenhedlaeth newyddach wedi codi i haeru ei bod yn wahanol iddo yntau ac yn pwysleisio'r gwahaniaeth a'r anghytundeb. Pe gallem holi, fe ddywedai'r lliw oraens sydd yn yr enfys ei fod yn *hollol* wahanol i'r lliw coch sydd nesaf ato; byddai'n bendant nad coch mohono ac nad oedd arlliw o'r coch yn ei gyfansoddiad; a haerai mai melyn oedd yn gyfan gwbl. Ac yna pan welai'r lliw nesaf y pen arall, ac mai hwnnw oedd yn hollol felyn a heb rithyn o goch, byddai'n barotach i gydnabod fod llawer mwy o debygrwydd rhwng lliw'r coch a'i liw ei hun nag y tybiai ar y dechrau. Efallai mai ar ddiwedd yr ymdriniaeth hon y gwelir priodoldeb yr eglureb, ac mi fyddaf mor hy ag awgrymu wrth y darllenydd am ddod yn ôl ati wedi iddo ddarllen yr adran olaf — os cyrhaedda mor bell â hynny.]

Dengys *Y Dreflan* fod Daniel Owen yn teimlo fod perygl i Fethodistiaeth golli'r rheini a godai dipyn yn y byd cymdeithasol a masnachol am fod steil a ffug-ledneisrwydd mor anghytunus â chrefydd a oedd yn werinaidd a Chymreig yn eu haelodaeth a'u hansawdd, nid yn gymaint am na allai'r masnachwr trwsiadus a'i deulu lled-fonheddig oddef cydnabod yn ffigurol eu bod yn llwch y llawr ac yn ysgubion daear ac yn frwnt o'u pen i'w traed, ond am na fynnent gymdeithasu â'r ysgubion, *yn llythrennol*, yn y capel, ac eistedd o dan weinidogaeth pregethwyr tyddynnol eu gwisg a'u moesau, na derbyn eu disgyblu gan flaenoriaid duwiol, a chorniog eu dwylo a llym eu tafodau. Ymhlith rhai o'r enwadau sy'n parhau i'w cyfrif eu hunain yn etholedigion, ceir adran — math o sblit, hyd y deallaf — a'u geilw eu hunain yn *exclusive*. Dyweder os mynnir fod ystyr athrawiaethol i'r gair; ond athrawiaethol neu beidio, ei ystyr yw *exclusive*, a dim arall; a chadarnhad yw'r term hwn i'r gyfatebiaeth a awgrymais y tro o'r blaen rhwng 'etholedigion' ac *élite*. Yr ysgubion a gawsai dröedigaeth ac argyhoeddiad eu bod wedi eu breinio'n arbennig i fod yn gadwedig — hwynt-hwy oedd pendefigaeth y gymdeithas grefyddol. Y peth a welai Daniel Owen oedd fod rhai o aelodau Bethel yn peidio â bod yn etholedigion crefyddol, a heb brisio dim am golli'r fraint honno, ond eu bod yn awyddus i'w cyfrif eu hunain yn *élite*, a hyd yn oed yn *exclusive*. Nid rhaid dweud nad mater o athrawiaeth a dueddai Mr Smart at yr Eglwys — neu o leiaf, a wnâi i Mr Pugh dybio mai ynddi hi y dylai fod; mater o steil oedd, ac o safle gymdeithasol, *a* mater o iaith. A phen-draw'r duedd oedd Miss Smart; *exclusive* yw'r union air at ei disgrifio hi. Ond yn adeg *Y Dreflan* ar ei fywyd, pryd nad oedd Daniel Owen wedi troi ei argraffiadau o fywyd yn feirniadaeth ddwys a myfyrgar, gallai ysgafn gellwair am Mr Smart a'i deulu, a cheisio dangos drwy gyfrwng Mr Pugh a'i ferch nad oedd raid i ddyrchafiad mewn cymdeithas olygu ymwrthod ag Ymneilltuaeth a throi at yr Eglwys, ac nad oedd urddas a lledneisrwydd yn anghyson â Chymreigrwydd.

Ond y mae pobl uwch eu safle na siopwyr yn *Enoc Huws,* a phan ddechreuais i arfer y termau 'pendefigaeth' ac *élite* yn yr erthygl gyntaf, nid oedd gennyf ddim cof fod Daniel Owen yn disgrifio Mrs Trefor yn yr un termau. Wele ran o'r disgrifiad: 'Yr oedd hi yn un o'r rhai hyny ag sydd yn gwneud i fynu *aristocracy* Ymneillduaeth, y rhai sydd yn creu edmygedd ynom eu bod wedi cael y nerth i lynu efo chrefydd a pheidio mynd i'r Eglwys neu anghofio eu Cymraeg a myn'd at yr achos Saesneg.' Y mae'r cwbl bron wedi ei gronni yn y darn hwn, a sylwer yn arbennig fod eisiau nerth i lynu wrth grefydd y capel ac i wrthsefyll y dynfa naturiol i fynd i'r Eglwys neu at y Saeson. Y mae'r Cymro sydd yn Daniel Owen, a'r gwerinwr a'r ymneilltuwr yn dangos ei ddannedd yn y disgrifiad gwawdlyd. Eithr mewn brawddeg a geir cyn hyn — beth bynnag am y drefn o chwith — y mae'r dannedd hynny'n cnoi: 'Yn wir, yr oedd ar Mrs Trefor arswyd i'r Capten ddatguddio iddi gyfrinach a phwysigrwydd *ei safle gymdeithasol*, rhag y buasai hyny yn peri iddi ei edmygu yn ormodol a pheri iddo *anghofio Duw*.' Dyna'r dewis a welai Daniel Owen, yn y geiriau a roddwyd mewn llythyren italaidd.

Pa brofiad crefyddol a oedd yn bosibl i ddynion o'r safle gymdeithasol hon mewn capel tebyg i Bethel, a'i awyrgylch yn werinaidd, a'i safbwynt yn elynol tuag at yr Eglwys — ac i'r Eglwys yr âi'r rheini a oedd gyfacen â hwy? Sut y gallai Susan Trefor addoli gyda chynulleidfa Bethel, canys dywedir amdani, nid yn unig mai hi oedd y fwyaf prydweddol a ffasiynol a dysgedig o ferched y lle ond hefyd mai hi oedd 'y fwyaf *unapproachable* a berthynai i'n capel ni'? Dyna air sy'n go agos at 'etholedig.' Wedyn dywedir hyn: 'prin y golygai Miss Trefor fod neb o 'bobl y capel' yn gymwys gymdeithion iddi hi'; a dyna ddiffiniad o *exclusive.* A'r dull mwyaf effeithiol o ddangos diffyg diddordeb mewn rhyw achos yw cyfrannu gini tuag ato a chadw draw o'r cyfarfodydd: 'Ni fynychai Miss Trefor yr Ysgol Sabbothol, ond gwnai i fynu am hyny drwy roddi tê rhad i blant bach tlodion, ac ar y cyfryw achlysuron yr oedd hi ei hun hyd yn oed yn tywallt tê i'r cwpanau, a dywedid ddarfod iddi fwy nag unwaith roddi ei llaw wen dan ên ambell hogyn bach pengrych yn garuaidd ods. Dywedai rhai, oeddynt dipyn yn genfigenus, mai merch ieuanc benwâg a ffolfalch oedd Miss Trefor . . .' Ymhlith y rhai a ddywedai hynny yr oedd Daniel Owen, a hoffai yn ei galon allu dweud wrthi, 'Cedwch eich nawdd!'

Ond y mae ystyr arall i'r cwestiwn sut y gallai merch o'r fath fod yn aelod yn Bethel. Sut y derbyniwyd hi'n gyflawn aelod yn y lle cyntaf? A dyma'r ateb, a dyma arwydd o'r dirywiad, a gellir ei amseru oddi wrth y geiriau sydd mewn cromfachau: 'Hi (ar ôl marw Abel Hughes) oedd y gyntaf i gael ei smyglo yn gyflawn aelod heb ei holi.' Gan Abel Hughes y derbyniwyd ei thad, eithr nid heb ei holi a'i holi fel pe bai'n sefyll ei brawf mewn llys barn. Cyfrwystra a thafod Capten Trefor a'i cafodd i mewn, nid difrawder yr eglwys.

[Rhwng cromfachau eto, fe'm temtir yn y fan hon i gymharu Mr D. J. Williams â Daniel Owen. Llenor diddanol yw D.J.W. yntau wrth natur ac ansawdd brethyn cartre yn ei arddull; a phan nydda ei storïau o edafedd ei gofion am ei blentyndod, mewn cyfnod ac ardal heb wybod am berygl i Gymreigrwydd y bywyd gwerinol a gwledig a diuchelgais, teimlir fod yn ei feddwl a'i waith rywbeth mwy na blas ar adrodd stori, sef rhyw serenedd — ac ystyr hynny yw fod dyn neu gymdeithas heb ymwybod â pheryglon oddi fewn nac â bygythion o'r tuallan — a rhyw falchder diymffrost yn ei lwyth am nad oes awydd yn y llwyth i ddynwared eraill. Ond pan dry ei olwg ar fywyd mewn ardal ddiwydiannol, megis Cwm Tawe, fel y gwna yn *Goneril a Regan,* a'r *Cwpwrdd Tridarn,* daw elfen gref o ddicter a beirniadaeth foesol a llythol i'w waith; a gwell gair na 'llwythol' fyddai 'proffwydol,' os dyellir hynny mewn ystyr foesol ac nid yn ei ystyr almanacaidd. A'r rheswm am hynny yw mai *brad* a *dirywiad* a wêl amlycaf yn y bywyd diwydiannol a'r gymdeithas fodern; a'r pethau sy'n tanseilio Cymreigrwydd yr ardaloedd hyn ac yn peryglu einioes y llwyth yw safonau'r draper a'r awydd Seisnigaidd i ddringo'n gymdeithasol, a'r swanc a wna i fechgynnach a merchetos mindlws deimlo fod acen Gymraeg yn ddiraddiol, ac iddynt gefnu ar eu traddodiad ac addoli duwiau dieithr. Sylwer sut y dengys yr enw 'Loti Tŷ Gwyn' darddiad gwerinol a thyddynnol y fam; a phriodas y ffolfalch hon â chetyn o ddraper sy'n esgor ar Goneril a Regan. I ysgol breifat yr anfonir y rhain, a chanlyniad naturiol y fagwraeth faldodus a'r ysgol swanc yw bywyd ffast a chocteils, a dirmyg tuag at bopeth Cymreig. Anodd yw gweld bai ar Ragluniaeth am dalu'n hallt i Loti Tŷ Gwyn am fradychu ei thraddodiad Cymreig a gwerinol. Drych o Gymreigrwydd yw'r cwpwrdd tridarn; buasai yn nheulu Harri ers dwy ganrif a mwy, yn dal yn gyfan ac yn olygus ar hyd y cenedlaethau. Iawn oedd i'w berchennog deimlo'n falch ohono. Ond trosglwyddwyd yr hen gelficyn hwn, hen ddarn o dderi Caeo, i ardal ddiwydiannol a lle tebyg i Gwm Tawe eto. Ei berchennog nesaf fyddai John Hendri, nai Harri, y bachgen yr oedd yr ewythr wedi aberthu cymaint er ei fwyn, i roi addysg golegol iddo, ac wedi meddwl yn ei ddiniweidrwydd y gallai ennyn ynddo ymdeimlad o falchder ei fod yn deillio o ardal Caeo. Ffynhonnell o Gymreigrwydd gwerinol oedd Caeo, ac *arddel* y lle hwnnw oedd dyletswydd bywyd Harri Bach. Am iddo wawdio'r lle hwnnw y cynhyrfwyd Harri un tro i fwrw rhyw dynnwr coesau nes ei fod yn segur ar lawr. Ond er ei ymdrech i ennyn ym mryd ei nai yr awydd i arddel Caeo, clywsai sgwrs gyfrinachol rhwng John Hendri a'i chwaer a brofai fod John Hendri am gefnu ar ei feithriniad a'i addysg Gymreig, a bod bwriad ganddo i fradychu llwyth a delfryd ei ewythr a'i gynhaliwr. Nid ei afiechyd a laddodd Harri, ond y siomiant yma. Yn awr y gwelodd am y tro cyntaf fod tyllau pryfed yn y cwpwrdd a chasglu na pharhai harddwch a chadernid yr hen gelficyn balch lawer yn hwy.]

Rhaid casglu fod Daniel Owen erbyn hyn yn teimlo fod ymddyrchafu yn y raddfa gymdeithasol yn golygu gostwng yn y safon grefyddol, ac er mwyn cadw rhai tebyg i deulu Mr Smart ar ei llyfrau, a rhai o fath Susan Trefor — y merched a lanwai wacter eu bywyd drwy wneuthur *slipper tops* ac *antimacassars* — rhaid i eglwys Bethel ildio llawer iawn o'i gwerthoedd sylfaenol. Nid drwg gan Ddaniel Owen weld diflannu'r hen ddisgyblaeth fusneslyd ond noder beth a ddaeth yn ei lle: 'Sicr yw fod Abel Hughes, fel yr hen dadau yn gyffredin dipyn yn rhy blaen yn ei siarad; ond y mae yn ofnus mai ein perygl ni ydyw mursendod a gor-lledneisrwydd . . .' A cheir hyn eto o enau Didymus yn ei sgwrs â Dafydd Dafis: 'Mae ofn deud y gwir — y gorofal am beidio brifo teimladau *humbugs*, a merchetos yn magu eiddilwch moesol — yn codi to a ragrithwyr — yn gwneud rhagrith yn beth *respectable* . . '

Ac un o'r pethau yr oedd Daniel Owen yn fodlon dweud y gwir amdano oedd tlodi, ac yn ddig wrth eraill am ei guddio. Y mae'n amlwg fod llawer wedi barnu fod Rhys Lewis ar fai am sôn mor agored a digywilydd am ddygn dlodi ei gartref a distadledd ei dras a'r elfen o warth yn ei genhedliad. Pethau i'w cuddio oedd y rhain yn enwedig yn hanes dyn cyhoeddus y disgwylid nid yn unig i'w gynulleidfa a'i enwad ei barchu, ond gan ei fod hefyd yn cynrychioli ei enwad yng ngolwg y byd a'r enwadau eraill, i fod yn ŵr o urddas a methriniad da rhag i'w enwad gael ei ddirmygu a'i fychanu. Ceir ateb Daniel Owen i'w feirniaid ar y mater hwn yn y rhagarweiniad i *Enoc Huws* lle y sonia am ymdrechion Mr Daldygŵd i fwrw niwl anghofrwydd dros orffennol di-antimacassar, a'r arswyd sydd arno rhag i'r tylwythyn gwladaidd ymweld ag ef a'i fradychu; a sylwer fod Daniel Owen yn priodoli llawer o'r snobyddiaeth i faldod y merched sydd yn y teulu: 'Mae Mrs Daldygŵd a'r merched yn cytuno ag ef yn hyn, ac y mae arnynt arswyd gweled yr *horrid uncle*! . . . ac oherwydd ei dlodi y mae gan ei frawd a'i chwaer-yn-nghyfraith a'i nithoedd gywilydd o hono! . . . *Ond dyna fel y mae y byd yn myn'd – mae arnom gywilydd o'r graig y naddwyd ni allan o honi, a'r ffos y cloddiwyd ni o honi.*' Yn hyn o beth eto, y mae Daniel Owen yn torri llwybr i'r mynegiant cyson hwnnw sydd yng nghynhyrchion dechrau'r ganrif hon, sef y sylw a roir, nid i dlodi fel y cyfryw, ond i urddas er gwaethaf tlodi. Ac ai adwaith yn erbyn hynny yw'r duedd ddiweddarach byth yn ein llenyddiaeth i chwilio am 'fonedd' ac i alw sylw at ryw ddiferion pendefigol yng ngwythiennau'r werin Gymreig?

Y mae'r darlun sydd yn *Enoc Huws* o ddirywiad crefydd yn eithafol, wrth gwrs; anodd meddwl fod unrhyw eglwys ymneilltuol wedi disgyn fel y gwnaeth Bethel — beth bynnag, mewn cyn lleied o amser. Nid ar yr eglwys yr oedd y bai nad oedd ganddi neb o faintioli Abel Hughes i lenwi ei le. Mater o lwc yw fod eglwys yn digwydd cael dyn o arbenigrwydd eithriadol i'w harwain. Yr oedd y dynion a allasai deilwng lenwi swydd Abel yn llenwi swyddi eraill erbyn cyfnod *Enoc Huws*. Dylid cofio hynny pan geisir mesur 'talentau' a 'chymeriadau' ymhlith y werin heddiw wrth werin cyfnod blaenorol, sef bod cyfleusterau a deniadau amrywiol y cyfnod diweddar, er da neu er drwg, yn amddifadu'r werin o'i thalentau wrth fynd â hwy i blith dosbarthiadau eraill, fel yr eir â physgod o afon heigiog i'w gosod mewn afonydd eraill er lles pysgotwyr. Er enghraifft, nid yw'n afresymol meddwl mai ffarmwr fyddai John Morris-Jones petai wedi ei eni ddeugain mlynedd 'o flaen ei oes'; ac mai chwarelwr fyddai W. J. Gruffydd. Nid yw'n anodd cymhwyso'r gymhariaeth at seiat werinol Bethel. Fe fyddai Bob Lewis, pe bai wedi cael byw, yn gaffaeliad iddi; ond wedyn, pe bai wedi cael byw, swyddog o ryw fath fyddai i undeb ei gydweithwyr; a gallwn yn briodol ofyn ai blaenor ym Methel fyddai Abel ei hun pe bai wedi byw ddeugain mlynedd 'ar ôl ei oes'. Rhaid casglu rywfodd fod Bethel yng nghyfnod *Enoc Huws* yn gorfod ymdopi ar ryw weddill prin o dalentau; mai llaeth enwyn yw ei haelodaeth.

Y mae gwahaniaeth mawr rhwng Abel Hughes a Dafydd Dafis, h.y. y mae Dafydd yn llai o ddyn nag Abel; ond — a hyn sy'n arwyddocaol — y mae'r gwahaniaeth rhwng Dafydd ac Alexander Phillips yn anhraethol fwy, ac fe fydd yn ddrwg iawn ar yr eglwys pan ddaw'r amser y bydd Alexander Phillips yn ben-blaenor. Er cymaint o ddigrifwch a geir wrth ddarllen am ei sêl gyda'r canu, edrycher arno o safbwynt arall a sylweddolir mai trychineb o ddyn ydyw, yn flaenor ac eto heb fynychu'r Seiat ond siwrnai mewn siawns. Y mae'r ffaith fod dau enw i'r gŵr hwn yn ddrych, mewn gwirionedd, o'r ddwy ffordd sydd gan Ddaniel Owen o edrych ar bersonau ei stori nes bod argraff ar ein meddwl ei fod yn anwadalu yn ei agwedd tuag atynt. Y rheswm am hyn yw ei fod yn eu llunio yn 'gymeriadau' diddorol mewn comedi, ac yna ar dro yn eu trafod yn feirniadol ac yn dangos eu cymeriadau heb nodau dyfynnu. Pa faint bynnag o 'gymeriad' yw Eos Prydain, holer faint o gymeriad sydd gan Alexander Phillips. Nid efô yw'r unig un sydd i'w fesur yn ôl dwy safon — ei werth fel 'cymeriad' llenyddol, a'i werth mewn bywyd. Ar ôl blas ar ddarllen am yr Eos a'i *Vital Spark* a'i gael yn 'gymeriad' hoffus, yr ydym mewn rhyw ddryswch neu fad di-angor pan ddown at y bennod lle y gelwir ef yn 'hymbyg' yn ei wyneb a gorfod cydnabod ei fod yn haeddu'r gair. Hyn sy'n difetha *Enoc Huws* fel darn o gelfyddyd, sef bod dwy dymer wahanol yng nghyfansoddiad yr amryw benodau, a dau gymhelliad gwahanol tu ôl iddynt, y naill yn diddanol a'r llall yn feirniadol.

A'r baton yma o ddyn sy'n gyfrifol am drefnu drwy ddichell a chelwydd fod yr eglwys yn rhoi galwad i Obadiah Simon. Meddylier am ystrywio tu ôl i gefn y pen-blaenor wrth drefnu'r alwad, a bod gan flaenor na ddaw i'r seiat ond yn achlysurol ddigon o ddylanwad ar yr eglwys i gael ei ffordd; a bod eglwys Abel Hughes yn dewis rhyw Elmer Gantry o Gymro yn olynydd i Rys Lewis. Dyna ateb Daniel Owen i'r rheini a deimlai fel Mr Smart na ddylai'r eglwys ddewis rhywun gwladaidd a gerwin a bod eisiau dewis gŵr a enillai barch, ac yn enwedig barch yr Eglwys — parch, wrth gwrs, mewn ystyr gymdeithasol, nid parchedigaeth ac anwyldeb diffuant. O ffenestr siop Mr Smart y cafwyd Obadiah a'i wallt a'i fodrwy a'i fenig. A dyma'r enghraifft fwyaf eithafol o grefydd yn ymrwbio â'r byd a'i ffasiwn — ffasiynau dillad a ffasiynau meddyliol, — ac o adael i lacrwydd moesol ddod i lawr i'r dyfnder isaf er mwyn cyfathrachu â'r uchaf ei safle gymdeithasol yn yr eglwys a'r gymdogaeth (ac felly'r salaf ei foes); oblegid, hynny yw ystyr peri i Obadiah dderbyn ei wahodd i dŷ Capten Trefor a pheidio â gwrthod ei win a'i whisgi. Nid Alexander Phillips neu *Eos Prydain* a gyfrwys gynlluniodd yr alwad a roes Bethel i Obadiah Simon, ond Daniel Owen.

Nid awgrymu yr ydys fod Daniel Owen yn bwriadol lunio ei stori i fod yn foeswers ac yn ddameg, yn ôl egwyddor y storïau dirwestol am hynt y meddwyn a'i ddiwedd alaethus. Os hynny a dybir, mae arnaf ofn mai ofer fy holl ymdrech. Ceisio gweld yr ydym sut y mae ei feddwl yn gweithio, yn ei haenau cudd, wrth lunio ei stori a'i gymeriadau, oblegid credu mai'r bermanu dirgel yn yr haenau isaf sy'n gwir esbonio'r peth a gynhyrchir yn ymwybodol gan yr haenau uchaf. Gan fod Daniel Owen wedi ei drwytho yn nhraddodiad moesol y Seiat, a'i feddwl wedi ei gyweirio gan ei hyfforddiant athrofaol i ofyn cwestiynau moesol, ail natur iddo ef fyddai holi beth oedd effaith amgylchedd ac amgylchiadau tymhorol a galwedigaeth dyn ar ei grefydd a'i enaid. Y mae hyfforddiant rhai ohonom yn peri inni ofyn cwestiynau tebyg ynglŷn â phriod-ddull ac arddull. Os sylwir ar y darnau hynny lle y bydd Daniel Owen yn rhoi crynodeb o nodweddion cymeriad cyn ei gyflwyno i mewn i rediad y stori, fe ganfyddir mai atebion i'r cwestiynau hyn a geir, ynghyd â'r hynodion cynhenid sydd ym mhob dyn. Y mae'r math o grefydd sydd gan Ddafydd Dafis yn dibynnu i raddau helaeth ar ei alwedigaeth, ar y ffaith mai ffarmwr ydyw. A'r gŵr hwn, a all drefnu ei orchwylion fel na chaiff galwadau'r ffarm ymyrryd â'i ddyletswyddau crefyddol, sy'n dweud hyn am eraill, ac am siopwyr gan mwyaf: 'Ond y rheswm pennaf, yn ddiau, fod can lleied yn dyfod i'r cyfarfod eglwysig ydyw, diffyg chwaeth grefyddol, os nad diffyg hollol o grefydd. Mae y byd rywfodd erbyn hyn wedi cael y llaw uchaf arnom. *Yr ydym wedi ffurfio a llunio ein hamgylchiadau fel nad ydyw yn bosibl i grefydd gael chware teg.* Rhaid ydyw edrych ar ôl yr amgylchiadau . . . ond yr wyf yn meddwl fod yn bosibl eu trefnu yn well . . . Crefyddwyr mewn enw ydyw y nifer mwyaf o fasnachwyr trefi Cymru . . .' Ac ar ôl i Ddafydd ddweud hyn a llawer o bethau eraill, fe ddywed Daniel Owen ei hun: 'Ni chynigiais un wrthddadl . . . am nad oeddwn yn dewis ei flino, ac hefyd am fy mod yn cydweled â llawer o'r hyn a ddywedai.'

Ac os credai Daniel Owen fod crefydd yn dioddef pan fyddai gorchwylion siopwr yn ymyrryd â hi, pa obaith a oedd ganddi wrth gystadlu â masnach ar raddfa fawr, a phrysurdebau diwydiant ac arianfenter? Diffyg yn y gelfyddyd yw peri i'r Capten siarad yn ddiragrith am ei ragrith, ond diffyg neu beidio, dyma a wneir iddo ddweud am y tro y cyfarfu â Mr Fox ac y cytunasant i 'weithio' Pwllygwynt: 'Yr oedd wedi cael allan . . . fy mod yn Fethodist, ac ni wyddai yn iawn sut i siarad â fi . . . Mr Fox oedd ei enw, ac yr oedd yn ateb i'w enw i'r dim. Yr oedd yn grefyddwr mawr yn ei ffordd ei hun y diwrnod hwnw . . . pan oeddym yn cael cinio, ar ôl iddo ofyn bendith, holodd gryn lawer am hanes crefydd yn Nghymru, a chymerodd gryn lawer o drafferth i ddangos mai yr un pethau oedd y *Scotch Presbyterians* a'r Methodistiaid Calfinaidd. Gwyddwn o'r gorau mai yr un peth oedd o a minnau, ac ebe fi wrtho, 'Mr Fox, nid dyma'r pwnc heddyw . . . *Mi wn pan fydd gwaith mwn yn y cwestiwn na chaiff crefydd, gyda chwi, fod ar y ffordd i'w rwystro i'w wneud yn llwyddiannus . . .*"

Gwelwn yn gyntaf fod yma ymgais i droi crefydd yn llawforwyn i anonestrwydd. Ond wedyn fod yn rhaid rhoi crefydd o'r neilltu os yw busnes o'r fath i lwyddo. A sylwer ar eirioni'r geiriau 'mai yr un peth oedd o a minnau'. Nid amddiffyn gwŷr yr arianfentro yr ydys wrth ddweud nad oedd gan Ddaniel Owen ddim profiad personol o'r isfyd ariannol, a diau mai o nofelau Saesneg y cafodd ei syniadau am nigromawns masnachu. Yn wir, er mai geiriau Cymraeg arfera'r Capten, Saesneg yw ei gystrawen a'i briod-ddull. Ond galwer Daniel Owen yn ddiniwed os mynnir am goleddu syniad mor fwganol, ei argraff a'i argyhoeddiad oedd fod y fywoliaeth hon yn fydol a bod ei bydolrwydd yn ysu'r bywyd crefyddol, fel cancr anwelladwy. Nid un o enedigion Bethel yw Capten Trefor a'i fydolrwydd; dyn dwad yw ef i Fethel. O lyfrau y daeth; ond y 'cymeriad' llenyddol yn unig a ddaeth o nofelau Saesneg. O'r byd arall y daeth yr hanfod, y gallu drygnaws sy'n temtio Denman a Hugh Bryan (a hwy yw aelodau Bethel) ac yn eu hudo i drueni a dinistr, ac sydd hefyd fel rhyw dynged faleisus yn sathru ar lawenydd rhai diniweitiach na hwy. Lledrith o Satan ei hun yw Capten Trefor, yr hanfod drygionus sy'n dwyn melltith ac aflwydd ar bawb a ddaw i gyfathrach ddi-wyliadwraeth ag ef. Ac er mor felodramataidd yw i'n golwg ni, fe hidlodd Daniel Owen i bersonoliaeth y Capten yr holl argraffiadau arwsydlawn am y Gŵr Drwg a ymwasgasai i'w enaid yn blentyn, a hynny mewn cyfnod pan oedd Satan fel person heb ei ganslo o'r dychymyg, ac mewn awyrgylch lle sonnid yn ddi-baid a bygythiol fod y cythraul real yma yn llechu yn ymyl dynion a phlant yn barod i'w crafangu.

Anodd casglu mai comedi gymdeithasol yw *Enoc Huws* oddi wrth yr ymdriniaeth ddifrifol hon — gor-ddifrifol, efallai. Os comedi yn unig y bwriadwyd i'r stori fod, y mae'n rhyfedd nad oes yn y brif stori yr un cymeriad y gellir ei hoffi chwaethach ei edmygu. Mewn gwirionedd yr oedd yn rhaid i Ddaniel Owen, hyd yn oed os oedd yn torri cynllun ei stori wrth wneud hynny, ddod allan o *drawing-room* ei stori a mynd i siop grydd i gwrdd â dyn y gallai ei hoffi, ac i gegin ffarm i gwrdd â dyn y gallai ei barchu. Afraid sôn am y crydd. Ond y mae'n werth galw sylw at y modd y mae Daniel Owen yn mynd i drafferth fawr i ddileu'r argraff anffafriol a roir gan farn awdur y comedi neu gan frawd Bob Lewis ar y blaenor hen-ffasiwn, ac yn ychwanegu sylwadau mab Mari Lewis: 'ni fyddai yn ceisio dilyn yr amseroedd . . . Ni welid Dafydd byth mewn cyngerdd nac Eisteddfod . . . Yn ei olwg ef nid oedd bywyd yn dda i ddim ond i fod yn grefyddol, *ac yn grefyddol yn yr ystyr a roddai ef i grefydd.*' Brawd Bob Lewis sy'n dweud hyn, a gellid dyfynnu darnau tebyg, er enghraifft, na welodd neb ef yn chwerthin erioed. Ond sylwer ar ail gymal y sylw canlynol: 'Yr oedd ef yn gul, fel y dywedwyd, ond nid yn sarrug.'

Mentrais ddweud yn yr erthygl gyntaf ei bod wrth natur, neu oherwydd eu crefydd, yn ddiserch. Dyma ddileu yn y darlun o Ddafydd Dafis ryw gymaint o'r galon drom, gystuddiedig, a'r olwg sabothol guchiog. Nid yw Dafydd mor haearnaidd chwaith, gan ei fod yn fodlon diwygio cyfarfodydd y Seiat ryw gymaint; ac nid yw mor ystyfnig geidwadol nes credu fod mynychu'r seiat yn anhepgor i sicrhau bywyd tragwyddol. Ond i'n pwrpas ni, dyma'r ddwy frawddeg bwysicaf, nid am eu bod yn disgrifio Dafydd yn gywirach na'r gweddill o'r bennod hon, ond am fod y darnau a rof mewn llythyren italaidd yn dangos y ddau Ddaniel Owen: 'Yr oedd ei lwyrfrydedd yn y peth yr oedd ef yn hynod ynddo, wedi sicrhau iddo fwy o barch nac o edmygedd, *yn enwedig yn mhlith y bobol ieuainc. . . Fel yr wyf yn heneiddio, ac yn fy oriau mwyaf prudd,* byddaf yn mron meddwl mai bywyd fel yr eiddo Dafydd Dafis ydyw yr unig fywyd gwerth ei fyw.' A'r cymrodedd yma o ddwy farn yw'r peth sy'n gyson nodweddiadol o Ddaniel Owen, a'r gwir Ddaniel Owen yw'r cyfaddawd rhwng y ddwy farn; fe'i gwelir yn y geiriau 'yn mron meddwl.' Ac os edrychir eto ar un o'r dyfyniadau uchod: yr oedd ganddo wrthddadl i gondemniad Dafydd Dafis, ond dewisodd beidio â'i datgan rhag ei flino; a heblaw hyn, yr oedd yn cydweld â llawer o'r hyn a ddywedasai'r hen flaenor; nid cydweld â phob peth, ond â llawer.

29. Saunders Lewis

J. GWYN GRIFFITHS
(*Gwŷr Llên*, Griffiths a'i Frodyr, 1948. *Rhan o'r erthygl.*, *td. 135*)

[Ar ôl trafod cyfrol Mr Lewis ar 'Pantycelyn']
   Nid mor ddisglair, ond sylweddol er hynny, yw'r astudiaethau ar Ieuan Glan Geirionydd a Cheiriog a Daniel Owen. Dangosir yn dyner y cyfyngiadau a roed ar y ddau olaf gan y gymdeithas fwrdais o'u cwmpas. Daw peth newydd i'r golwg yn y bennod ar *Gwen Tomos*, sef yr elfen o feirniadaeth gymdeithasol sydd yn y nofel; y tro hwn yr oedd Daniel Owen yn trafod cymdeithas y tu allan i'w gylch trefol ei hun, ond beirniadaeth y Seiat a geir ganddo. Mae Mr Lewis wedi arfer gormodiaith yn ei bennod gyntaf i'r llyfr hwn. Er enghraifft, sonia am waith Daniel Owen fel 'cyfanwaith cymesur, di-remp.' Cywirir hyn yn y diweddglo wrth grybwyll mai 'gwendid ei dair nofel bwysig yw eu bod yn rhy hir. 'Mae hyn, gyda llaw, yn tynnu oddi wrth werth yr haeriad bod llenorion o Gymry (megis Daniel Owen) yn hoffi arfer ymatal artistig, ac na phoenir hwy gan 'ddolur rhydd llenyddol' y llenorion Nordig. Cytunaf â Mr Thomas Parry ar y mater hwn: diogi yw'r prif reswm am gwtogrwydd ein ffurfiau.

30.   *Nofel a Dalfyrrwyd*

KATE ROBERTS
Y Faner, (9.2.1949)

Rhys Lewis, gan Daniel Owen. Argraffiad newydd wedi'i olygu gan yr Athro Thomas Parry. Huws a'i Fab. 8/6.

Fe ddywedwyd lawer tro fod nofelau Daniel Owen yn rhy hir. Yn hyn o beth nid oeddynt yn wahanol i nofelau Saesneg ei gyfnod. Yr oedd hi'n oes hamddenol i ysgrifennu ac i ddarllen ynddi. Ond mae'n gwestiwn gennyf a oes gan yr oes yma yr un hamdden i'w roi i ddarllen y manylion bychain yr ymdrafferthai nofelwyr oes Daniel Owen â hwy. Y cwestiwn i'w ofyn pan wneir argraffiad talfyredig fel hyn ydyw: 'A amharwyd ar werth llenyddol nofel wrth ei thalfyrru?' Dyna'r unig beth sy'n bwysig, oblegid os yw golygydd yn myned i dynnu allan bethau sy'n mynd i wneud y llyfr yn salach o safbwynt llenyddol yna, nid oedd yn iawn tynnu dim ohono. I ba beth y mae awdur yn manylu? I roddi mwy o oleuni ar ei gymeriadau, ar amgylchiadau, ar le ac ar ddigwyddiadau yn y stori.

Nod yr awdur

Mae arno eisiau cyfleu i'r darllenydd bob dim a wêl ef yn y stori a edrydd er mwyn rhoi darlun a rydd wrth fodd y sawl sydd am ei ddarllen. Os gwelodd ef gymeriadau fel hyn a fel hyn, yna rhaid eu disgrifio. Un ai mewn gweithredoedd, neu mewn geiriau yn eu genau hwy eu hunain, neu mewn geiriau gan yr awdur. A'r digwyddiadau yr un fath, mae digwyddiadau'n codi'n aml o weithredoedd y cymeriadau. Y lle a'r amgylchedd wedyn, disgrifir y rheiny gan yr awdur, weithiau â manylder anniddorol, weithiau ag ychydig darawiadau cyflym â'i bin dur. Y cwestiwn ydyw a oes angen yr holl fanylder yma i gyfleu lle, a digwyddiad a chymeriad i'r darllenydd.

Dyna oedd y ffasiwn ers talwm. Heddiw ni cheir mohono, a'r casgliad y dof fi iddo ydyw fod nofelwyr heddiw yn medru cyfleu'r holl bethau hyn â dim ond rhyw awgrym yma ac awgrym acw, a bod y darllenydd yn cael llawn cystal golwg ar dref a pherson â phe dywedid llawer iawn yn rhagor. Nid yw nofelau Ffrainc, yn ôl yr hyn a welais mewn cyfieithiadau, yn euog o'r disgrifiadau hir-wyntog yma. Mae rhywbeth yn swta, yn frathog, yn sych ac yn mynd yn syth at y pwynt yn nofelau Ffrainc, ac eto fe ddywedant y cwbl.

Gwn fod yna feirniaid a darllenwyr sy'n hoff o ddisgrifiadau hir, a gor-farddonol, barddonllyd bron, a dywedant eu bod yn ychwanegu at werth y gwaith, yn ychwanegu at ei harddwch yn union fel mae tlysau a gemau neu ridens ar ddillad yn ychwanegu at harddwch y sawl a'u gwisga. Mater o chwaeth yw efallai. Gwell gan rai bethau plaen a gwell gan rai addurniadau. Ond os yw'r peth plaen yn rhoi i chwi y cwbl sydd arnoch ei eisiau, ac wrth hynny, ni olygir y stori foel, eithr y pleser arall eich bod wedi cael golwg ar bob pant a phoncan a chongl mewn cymeriad a'ch bod wedi cael digon o ddisgrifiad o le i fedru gwneud i chwi ymhyfrydu yn ei harddwch neu wfftio at ei hacrwch, credaf fod hynny'n ddigon. Pob peth sydd dros ben hyn, mae fel gormod o siwgr yn eich te, neu ormod o wermod yn eich ffisig. Gellwch ddal peth, ond nid gormod.

Gwaith yr Athro

Ar ôl darllen yr argraffiad newydd hwn o *Rhys Lewis*, credaf nad amharwyd o gwbl ar werth llenyddol y stori wrth ei thalfyrru. Nid crynhoi'r stori a wnaeth yr Athro Thomas Parry, buasai hynny'n ei ddamnio drwy dynnu stamp Daniel Owen oddi arni, eithr tynnu tameidiau ohoni yma ac acw nad oedd eu gwir angen, a hefyd peidio â thorri gormod. Bûm yn siarad â dau a ddarllenodd yr argraffiad newydd hwn ac a ddarllenasai yr hen argraffiad fwy nag unwaith, un, yn hen wraig 89 oed, a'r llall yn ddyn ieuanc 24, a'r ddau'n dweud na welent hwy lawer o wahaniaeth. Ac yn ôl yr hyn a welaf fi yn yr argraffiad newydd, credaf ei fod yn ganmil gwell i blant a phobl ieuainc ein hysgolion heddiw, yn enwedig gan fod cyflwr y Gymraeg fel y mae. Fe gânt bleser mawr o'i ddarllen, ac wrth gwrs mae gwella'r iaith a'r orgraff yn fantais bendant. Gwn y geill rhai hen ddarllenwyr wrthwynebu (er na chlywais neb) ar y tir y gwrthwynebant bob newid. Ond gan nad amharwyd ar werth llenyddol *Rhys Lewis* fel nofel, ni welaf fod lle i gwyno. Gwnaeth Thomas Parry wasanaeth mawr wrth ei golygu.

31. 'Rhys Lewis', Nofel Deffroad y Gweithiwr Cymreig

KATE ROBERTS
Y Faner (20.12.1950)

Fe sgrifennwyd cymaint am weithiau Daniel Owen fel mae'n anodd dweud dim byd newydd amdano. Nid fy mwriad heno yw ychwanegu at y beirniadaethau llenyddol a wnaed ar ein prif nofelydd, eithr sgwrsio am rai pethau bychain diarffordd yn 'Rhys Lewis' y gallwn fyned heibio iddynt wrth gloriannau'r nofelydd mawr hwn o Gymro.

Fe ddywedwyd lawer gwaith na chyfleodd Daniel Owen awyrgylch lle yn ei nofelau, hynny yw, ni chawsom wybod ganddo, yn fanwl beth bynnag, sut le yw'r Wyddgrug a'r cyffiniau. Rhyw ambell gyfeiriad yma ac acw a gawn. Mewn pobl a chymeriadau yr oedd diddordeb Daniel Owen, ond yr oedd ei wreiddiau ef ei hun mor ddwfn yn ei ardal, fel ein bod yn hollol sicr, na allai'r bobl yna fyth godi o unman arall ond o'r Wyddgrug.

Awyrgylch cymeriadau

Awyrgylch cymeriadau sydd ganddo ac nid awyrgylch lle, ar wahân i ambell gyffyrddiad yma ac acw. Ac yn y cyffyrddiadau cynnil hynny, fe all godi darlun byw o flaen eich llygaid. Cymerwch hanes claddu Seth, bachgen Tomos a Barbara Bartli. Wedi cael disgrifiad manwl iawn o'r claddu a'r arferion a oedd yn bod y pryd hynny, tua diwedd y disgrifiad cawn hyn:

> 'a thoc ar ôl hynny (sef ar ôl gweld Tomos Bartli yn dychwelyd adref o'r Crown rhwng dau gymydog) clywais James Pwlfford yn myned heibio i'n tŷ ni gan ganu "Ar lannau Conwy ar fy nhro".'

Y tro cyntaf y darllenais hwnnw erioed, cyfleodd y frawddeg fer yna
i mi, dŷ distaw, Rhys, ei fam a'i frawd yn eistedd wrth y tân yn darllen,
ac yna o'r tawelwch y tuallan, y dyn yma yn dychwelyd o'r angladd
wedi meddwi, yn canu pwt o hen gân, a honno yn darfod yn y
tawelwch arall, yr ochr arall i'r tŷ, a gwelais yr holl beth. A dyna brif
amcan storïwr, yw gwneud i chwi weld. Cymerwch eto y noson y bu'r
damp yn y Caeau Cochion, pan laddwyd Bob Lewis:

'Yr wyf yn meddwl mai ymhen ryw bythefnos ar ôl yr ymgom
uchod, yr oeddwn yn dychwelyd o'r wlad, wedi bod yn hebrwng
parsel o'r siop — oblegid y misoedd cyntaf y bûm gyda Abel Hughes
fy ngwaith gan mwyaf oedd negeseua. Yr oedd yn noswaith hyfryd, ac
yr oeddwn yn gynefin iawn â'r ffordd — yn adnabod pob tŷ, gwrych,
gwal a charreg filltir. Tybiwn fod pob coeden yn dweud "Nos dawch"
wrthyf, ac yn cydnabod eu bod yn fy nghofio yn dda oddi ar yr adeg yr
arferai Wil Bryan a minnau fyned y ffordd honno i hel nythod adar ac i
gasglu cnau.'

Yn awr, sylwer, nid wedi dodi'r darn yna i chwi a minnau wybod sut
wlad a oedd o gwmpas Yr Wyddgrug y mae Daniel Owen, ond i
ddangos pa mor hapus y gall dyn fod yn mwynhau natur o fewn
munud i bethau mwyaf trychinebus bywyd. Y munud nesaf yr oedd
Rhys yn llamu dros y gwrychoedd i gyfeiriad cartref i wynebu peth fel
hyn:

'Yn bur fuan cyrhaeddais i olwg ein tŷ ni a gwelwn fod Bob wedi
dyfod adref. Ond pa fodd? Mewn trol a gwellt ynddi, a dau ddyn, un
o bobtu iddo, yn ei gynnal. Yr oeddwn yn ei ymyl mewn eiliad. Clywn
ef yn griddfan wrth gael ei gludo i'r llofft. Yr oedd fy mam cyn
wynned â'r galchen, ond yn berffaith dawel; yr oedd Bob cyn ddued
â'r gloyn, ac wedi ei losgi yn golsyn, ond yn hollol lonydd. Yr oedd ei
lygaid disglair a deallgar wedi eu llosgi yn glir allan o'i ben — ac eto yr
oedd yn fyw. Ni buaswn yn ei adnabod o holl bobl y byd. Gwelwn fod
Doctor Bennett, sef doctor y gwaith, yn yr ystafell ond ysgydwai ei
ben yn anobeithiol. Treiglai deigryn i lawr grudd y doctor, a
chenfigennwn wrtho, oblegid ni allwn i wylo. Mae'r brofedigaeth
weithiau mor llym a miniog, fel y mae'r arwyddion cyffredin sy
gennym i ddangos ein bod yn ei theimlo yn gwrthod ei gwasanaethu o
wyleidd-dra. Felly y darfu iddynt ymddwyn tuag at mam a minnau y
tro hwn. Ni fedrem wylo. Wedi i rywun, nid wyf yn cofio pwy, roddi
llymaid o ddwfr iddo, ymddangosai fel yn bywhau ychydig, a
dywedodd yn eglur, "Mam". Nesaodd fy mam ato, ac ebe hi — 'Wyt

ti yn gweld tipyn fy machgen i?' (Nid oedd fy mam yn deall ar y pryd ei fod wedi colli ei ddau lygad).

'Ydwyf mam', ebe fe, 'mae y goleuni o'r diwedd wedi dyfod.' Ymhen ychydig eiliadau ychwanegodd yn Saesneg,

'Doctor it is broad daylight.'

Y funud nesaf yr oedd Bob wedi gadael ar ei ôl yr holl ofnau a'r tywyllwch i mi ac eraill.'

Gwelwch pa mor alluog yr oedd Daniel Owen mewn gwirionedd yn medru dwyn y fath gyferbyniad mewn cylch dau dudalen. Nid un oedd ef i wastraffu geiriau i ddisgrifio natur yn farddonllyd a mursennaidd er mwyn creu rhyw fath o awyrgylch.

Cario dadl i'w phen

Ond, fe ymddengys weithiau fel petai'r nofelydd yn gwastraffu geiriau. Dyna'r dadleuon hir yna rhwng Bob a'i fam, a rhwng Mari Lewis ac Abel Hughes. Ond mae'n rhaid eu cael. Ni ellir awgrymu dadl fel y gellir awgrymu darn o olygfa; rhaid cario dadl i'w phen, ac nid ei gadael ar ei hanner, er mwyn cael yr ymresymiad yn glir.

Cymerwn enghreifftiau eraill o'r manylrwydd hwn. Dyna lythyr Mari Lewis i Bob pan oedd yn y carchar. A ydych chi'n cydweld fod yn rhaid i Daniel Owen ei roi i lawr i gyd fel y cododd ef o'r copi rhwydd y bu'n rhaid iddo ei wneud gan ei fam? Oni fyddai'n well gennych fyned ymlaen â'r stori nag aros gyda'r llythyr sy'n gwneud fawr ddim ond dyfynnu adnodau? Mae'n debyg y byddai, os eich amcan wrth ddarllen stori ydyw rhedeg i'r diwedd i weld beth sydd wedi digwydd. Nid ysgrifennu ar gyfer pobl wael na phobl sy'n benthyca llyfrau o lyfrgelloedd a'u darllen wrth y llath am dair ceiniog yr wythnos yr oedd Daniel Owen, nage, ond gwir lenor yn dangos nerth a gwendid ei gymeriadau, ac mae'r llythyr hwn yn Rhys Lewis yn ddrych godidog i gymeriad y wraig hynod hon, a ddyfynnai adnod ar ôl adnod heb ymgynghori gymaint ag unwaith â'i Beibl, a rhoi'r bennod a'r adnod yn berffaith gywir, er mwyn cynnal enaid ei mab, ac a angofiasai'n llwyr fod ganddo'r fath beth â chorff, ar wahân i'r peth ffurfiol hwnnw, 'gan obeithio dy fod yn iach fel yr ydan ninne.' Ni ofynnodd hi gymaint ag unwaith na dymuno y câi ddigon o fwyd a chynhesrwydd. Yr oedd enaid Bob yn bwysicach ganddi, ac onid oedd hi'n gweld yn achlysur ei garcharu, obaith y deuai i'r seiat yn ôl, 'yr un peth' y sonia amdano yn y llythyr?

Cymerwch enghraifft arall o'r manylrwydd yma. Chwi gofiwch i Rys Lewis ei gael ei hun yng ngardd Niclas y Garth Ddu un noson, ac i'r creadur hwnnw glebran rhyw druth ryfedd wrtho fel hyn: 'Pwy ydyw Niclas y Garth Ddu? O b'le mae o'n dwad? I bwy mae o'n perthyn? Sut mae o'n perthyn? Sut mae o'n byw? Mi leiciech i gyd wybod, ond chewch chi ddim. Rydech chi'n meddwl mai ffwl ydi Niclas, a ffwl ydi o hefyd. Pwy oedd tad Niclas y Garth Ddu? David Niclas, Esquire, dyn mawr, dyn call, merchant, cybydd, idiot. Ddaru o lwgu ei wraig cyn i Niclas y Garth Ddu gael ei eni, — nage ar ôl iddo gael ei eni? Pwy welodd fam Niclas y Garth Ddu yn marw? Faint dalodd David Niclas, Esquire, merchant, cybydd, idiot i'r Doctor am beidio deud? I ble y daru David Niclas, Esquire, merchant, cybydd idiot anfon Niclas y Garth Ddu i gael ei fagu? Ddaru o gynnig canpunt am roi gwenwyn iddo fo? Ddaru o gynnig dau gant? Pryd daru David Niclas, Esquire, merchant, cybydd, idiot, ddallt nad oedd gan Niclas y Garth Ddu ddim mennydd? Faint ddaru o gynnig i'r schoolmaster am ei ladd o efo Latin? Ddaru o gynnig canpunt, ddaru o gynnig dau gant? Ddaru David Niclas, Esquire, merchant, cybydd, idiot, gael strôc unwaith? Ddaru o gael strôc ddwywaith? Ddaru o gael strôc deirgwaith? Pan gafodd David Nicolas, Esquire, merchant, cybydd, idiot, y strôc olaf, ddaru Niclas y Garth Ddu eistedd ar i frest o a gwasgu i wddf o? etc., etc.'

Rhaid inni stopio yn y fan yna, oherwydd prinder amser, er mai holl bwynt yr ymresymiad yw dangos meithder y gleber, nid wallgof, ond gnafaidd yna. 'Lol-mi-lol', meddwch chi, 'anniddorol'; ie, o safbwynt y darllenydd brysiog anystyriol. Ond nid lol i'r darllenydd ystyrgar. Pe gorffenasai'r gleber ynghynt, fe gymerasech mai dyn gwallgof a siaradai, ond fe gariwyd y gleber ymlaen yn ddigon hir i chi weld mai cnaf oedd y dyn. Nid oedd eisiau i Daniel Owen drwy Rys Lewis egluro hyn y yn y paragraff dilynol.

Trwy chŵydd-wydr

Cymerwch bron bob dim yn y nofel, ac fe'i disgrifir gyda'r manylrwydd mwyaf, a thrwy hynny yn unig y cewch yr astudiaeth o bersonau ac o gymdeithas yr oedd yr awdur am i chwi ei gael. Nid trwy siarad yn gyffredinol a chrynhoi y mae ysgrifennu nofel, ond trwy chŵydd-wydr. Fe fyddai'n rhyfedd o dda gennym heno roddi hanes ymweliad Tomos Bartli â'r Bala, ond ein anhawster ydyw fod yn rhaid inni dorri pob dim ar ei hanner. Os dymunai rhywun fod cwtogi ar ddadleuon diwinyddol Mari Lewis ac Abel Hughes a Bob, neu ar gleber Niclas y Garth Ddu, rwy'n siŵr na ddymunai neb gwtogi ar sgyrsiau Wil Bryan a Tomos Bartli. Nid er mwyn gwneud i chwi a minnau chwerthin y rhoddwyd sgyrsiau'r ddau olaf mor fanwl. Maent yno am yr un rheswm yn union ag y mae'r dadleuon diwinyddol yno. I ddangos a phrofi: dangos y gymdeithas, a dangos y dyn yn y gymdeithas. Dangos Wil Bryan, y dyn caredig o'r byd, sydd rywle hanner y ffordd rhwng cymdeithas y rhai sy'n canu emynau a chymdeithas y rhai sy'n canu maswedd. Dangos Tomos Bartli, heb ddim ond crap ar bethau'r ysbryd, ond yn ddoethur yn y ddoethineb fydol sy'n sylwi ar bethau cyffredin bywyd megis magu moch a ieir.

Fe hoffwn sôn am bethau bach eraill sy'n dangos gallu Daniel Owen. Soniais ar y dechrau am awyrgylch ei gymeriadau. Mae hyn yn eglur iawn yn ei ddisgrifiad o Seth.

'Ychydig oedd yr amser a dreuliai gartref. Yr oedd Seth rywfodd yn gallu bod yn hapusach ymhobman nag yn nhŷ ei dad a'i fam. Os digwyddai i mi godi yn fore, byddwn yn sicr o weled Seth. Os byddwn allan yn hwyr, byddai Seth ar fy llwybr yn rhywle. Os byddai helynt yn y dref, un o'r rhai cyntaf a welwn fyddai Seth. Os byddai tŷ neu das wair ar dân, yno hefyd yr oedd Seth. Ymhob cyfarfod pregethu, cyngerdd a darlith, yr oedd Seth yn un o'r gynulleidfa; oblegid yr oedd ganddo drwydded i fyned i bobman, gan na ofynnid tocyn iddo gan enwad na phlaid.'

Mae rhywbeth annaearol, fel stori ysbryd yn hanes Seth. Sylwch fel y daw y gair 'yno' i mewn o hyd, ac mae Seth ei hun fel rhyw ysbryd holl-bresennol. Dyma un o'r disgrifiadau perffeithiaf o'r math yma o gymeriad y gwn amdano.

Cymeriadau'r capel

Clywn yn aml fod Daniel Owen wedi gosod cymeriadau'r capel ar lwyfan rhy uchel. Ond nid yw'n ddall i'w gwendidau, gyda hyn o wahaniaeth, ei fod yn manylu mwy ar eu rhinweddau, ac yn awgrymu eu gwendidau. Cymerwch helynt carcharu Bob, pwy a ymwelodd â Mari Lewis a Rhys gyntaf? Swyddogion y capel? Nage.

'Yr un funud, curodd rhywun wrth y drws, ac euthum innau yn

awyddus i'w agor, a gwelwn ddau o'r blaenoriaid — nage, gwelwn Tomos a Barbara Bartli, wedi methu o gydwybod fyned i'w gwelyau heb ddyfod i edrych pa fodd yr oedd fy mam yn ei helynt . . .'

'Mae yn gof gennyf fy mod yn synnu'n fawr at glaerineb swyddogion yr eglwys yr oedd fy mam yn aelod nid anenwog ohoni, o'i gyferbynu â charedigrwydd a chydymdeimlad parod Tomos a Barbara Bartli.'

Chwarae teg i galon a phen Daniel Owen am ddweud hynyna. Hoffwn sôn am un olygfa arall sy'n dangos craffter adnabyddiaeth Daniel Owen o'r naturol ddynol. Yn syth wedi marw Bob aeth Mari Lewis a Rhys i fyw i'r Twmpath at Tomos a Barbara Bartli. Yr oedd y ddau yn fawr eu galar, a bore trannoeth, y bore ar ôl y gladdedigaeth wir, er ceisio eu cadw rhag pendrymu, aeth Tomos â hwy i weld y moch, a'r ieir, a rhoddir inni ei siarad yn fanwl fel arfer, siarad a lifai dros ben a chalon Mari Lewis fel dŵr dros gefn chwiaden. Meddyliwch am y sefyllfa, Mari Lewis newydd golli ei bachgen drwy ddamwain chwerw, y bachgen a oedd yn ffon cynhaliaeth iddi, y bachgen y bu'n ceisio ei ennill yn ôl i'r seiat yn ofer; a Tomos yn sôn am rinweddau moch ac ieir, pethau nad oeddynt o unrhyw ddiddordeb iddi hi, ar unrhyw bryd, ac yn sicr nad oeddynt o ddiddordeb yn awr, pan oedd ei galar fel plwm ym mhwll ei chalon. A fu erioed y fath agendor rhwng dau, un mewn galar a'r llall yn ceisio ei chysuro. Ond er bod wrth ei gilydd, a ellwch chwi ddweud pa un o'r ddau oedd hoffusaf? Ni allaf fi.

'Mary, dyma'r moch gore fu gen i rioed am ddwad yn 'u blaene. Rown i'r un ffig am fochyn os na fydde fo'n farus. Mi fyte rhein y cafn bydae nhw ddim yn cael'u pryd yn'i amser. Hwn ene, heb yr un gynffon, ydi mistar y cafn. Mi fydda'n wastad yn magu dau — achos mae nhw'n dwad yn'u blaene'n well o lawer — lladd un a gwerthu'r llall. Fydda'i byth yn rhoi India mêl iddyn nhw achos mae'r bacyn pan rowch chi o o'flaen y tân yn mynd yn llymed cyn bod yn ddigon. Tatws a blawd haidd ydi'r stwff gore i besgi moch os ydach am facyn da, a berwi tipyn o ddalan poethion weithie iddyn nhw fel newid. 'Does dim byd gwell i fochyn pan fodd o wedi colli'i stumog na berwi pennog coch yn i fwyd o. Pa faeth sydd mewn soeg i fochyn? Dim at ôl. Wyddoch chi be Mary? Fytwn i byth facyn bydae raid imi brynu bacyn y Merice ene. Be wyddoch chi ar be mae nhw'n cael i pesgi? Mae nhw yn deud fod moch yn y Merice yn byta Blacks fydd wedi hapno marw yn y coed, ac mi greda hynny yn hawdd.'

A sylwasoch chi cyn lleied o ferched sydd yn y nofel hon? Yr unig un o bwys ydyw Mari Lewis ei hun. Dim ond cip a gawn ar y lleill, Barbara Bartli a Miss Hughes, chwaer Abel Hughes, a chip bychan iawn ar fam Wil Bryan. Yn wir, nid oes ond un ddynes yn y nofel a Mari Lewis wrth gwrs yw honno. A bron na ddywedwn nad dynes fenywaidd o gwbl yw hithau; mae hi'n siarad ar ddiwnyddiaeth fel dyn, a phetai hi'n fyw heddiw, fe aethai drwy Rydychen ac fe fuasai ar Seiat Holi'r BBC. Nid oes awyrgylch tŷ o gwbl gan Ddaniel Owen yn 'Rhys Lewis', ryw fymryn wrth sôn am dŷ Abel Hughes a'r 'Twmpath', tŷ Tomos Bartli. Y cyfan a glywn am allu coginio Mari Lewis ydyw ei bod wedi anfon cacen cyn i Bob ddyfod adref o'r carchar.

'Mae o'n taro i'm meddwl i y byddai Bob yn ffond ryfeddol o gacen gyrans . . . Os rhedi di i'r siop i nôl gwerth tair ceniog o'r peillied gore, dimewerth o gapten soda a chwarter o gyrans, fydda i dro yn i gwneud hi.'

Yr oedd pethau'n wahanol yn 'Gwen Tomos' ac 'Enoc Huws.' Yno cawn nid yn unig astudiaethau o ferched a thipyn yn eu pennau, fel Gwen Tomos, Elin Wyn a Siwsan Trefor, eithr fe gawn ddisgrifiadau o bobl mor syml â Beti Wyn, Pant y Buarth, Mrs Anwyl, y Bedol, a dynes mor gymhleth â Nansi'r Nant. A gwyddom rywbeth am gegin y Wernddu, a llawer iawn am gegin Pant y Buarth. Ond mae mwy o awyrgylch y capel hyd yn oed ar aelwydydd 'Rhys Lewis.' Ond nofel yn troi o gwmpas y capel yn gyfangwbl yw hi. Fe ellid cael nofel gyflawn o hanner cyntaf 'Rhys Lewis' hyd farwolaeth Mari Lewis, sy'n ganlyniad anocheladwy marw Bob. Ac fe ellid dweud, er nad yw hynny yn amlwg ar yr wyneb, mai'r gwrthdarawiad sy'n uchafbwynt i'r nofel, yw'r gwrthdarawiad sydd rhwng Bob a'i fam ar fater torri Bob allan o'r seiad ac yntau'n gwrthod dychwelyd. Yn wir dyna yw thema'r hanner cyntaf, er bod llawer peth arall i mewn. Cododd Daniel Owen holl broblem trefn addysg y pryd hwnnw, a Bob yn amddiffyn cam Rhys pan gurwyd ef gan Robyn y Sowldiwr. Mae'r cwbl a ddilyn ym mywyd Rhys, y fam a Bob, yn dibynnu ar benderfyniad Bob yn gwrthod cydnabod iddo wneud dim o'i le, a thrwy hynny wrthod myned yn ôl i'r Seiad. Yr un agwedd yng nghymeriad Bob a fu achos yr helyntion yn y Caeau Cochion a'i garchariad. Mae'r pethau eraill, y dadleuon rhwng Bob a'i fam, rhwng

Mari Lewis a Mr Brown, rhwng Mari Lewis ac Abel Hughes yn troi o gwmpas y digwyddiadau yna, a hyd yn oed ddyfod o Barbara a Tomos Bartli yn aelodau eglwysig. Dyna (sef ei fod allan yn y byd) a oedd fwyaf ar feddwl Mari Lewis pan oedd Bob yn y carchar, dyna fyrdwn ei llythyr, dyna ei gofid pan oedd Bob yn yr Angau, a gallodd droi ei eiriau olaf yn braw pendant iddi ei hun fod Bob wedi dyfod yn ôl i gwmni'r saint er na ddychwelodd i'r seiad weledig ar y ddaear. Nofel Bob yw hanner cyntaf Rhys Lewis, a nofel deffroad y gweithiwr Cymreig.